시베리아 문화

우리가 알지 못했던 오늘날의 시베리아

이 책은 한국연구재단의 지원(NRF-362-2009-1-B00005)으로 발간되었음.

시베리아

우리가 알지 못했던 오늘날의 시베리아

문화

L. V. 드미트리예바 외 지음
강덕수 · 라승도 · 김연수 · 강규은 옮김

S I B E R I A

목차

S I B E R I A

역자 서문

시베리아는 무엇인가?
신비의 땅?
유형의 땅?
자원의 땅?

시베리아는 우리에게 오랫동안 신비의 땅이었다. 갈 수 없는 곳. 그곳에 어떤 사람이 살고 있을까? 사람이 살 수는 있을까? 모든 게 궁금하였다. 70년대 불어온 솔제니친의 소설은 시베리아가 유형의 땅이었음을 알려 주었다. 그 아픔의 역사는 현대적인 것만은 아니었다. 이미 18세기 제정 러시아 시대에 시작된 비극이었다. 러시아 문화사에 언급되는 비중 있는 지식인 대부분 척박한 시베리아 땅에서 꽃을 피우고자 인생의 일부를 묻었다. 그들이 시베리아에 온 것은 자발적인 것이 아니었다. 그러나 그들은 러시아인 특유의 숙명처럼 그것을 받아들이고 시베리아를 위해 최선을 다했다. 글을 모르던 원주민들을 위해 학교를 세우고 도서관을 열었다. 원주민들의 말을 연구해 사전을 만들어 그들의 말이 보존될 수 있게 해 주었다. 제정 러시아 시대가 끝나고 소비에트 시대가 되어서도 시베리아는 여전히 유형지로서 유용하였다. 스탈린은 그곳에 "굴라그"(GULAG, 교정노동수용소)라는 거대한 인간 지옥을 만들어 유형의 땅으로서의 이미지를 굳히었다. 사람의 발길이 잦아지면서 발밑에 숨어 있던 자원들이 차차 모습을 드러내었다. 석유, 가스, 다이아몬드, 석탄, 철, 금, 멘델레예프 주기율표에 나오는 모든 원소가 시베리아에 묻혀 있다는 게 밝혀졌다. 이제 시베리아는 "자원의 땅"으로서 그 가치를 뽐낸다.

그래도 궁금하다. 시베리아는 언제부터 존재했으며, 어떤 사람들이 어떤 문명을 일구었을까? 한국인도 상당 부분 북쪽 시베리아에서 왔다는데 그것을 밝힐 수 있는 어떤 실마리는 있을까?

"시베리아 문화사"는 시베리아에 관심을 가졌던 모든 한국의 독자들에게 진지하게 시베리아에 대한 궁금증을 풀어준다.

먼저 본서는 시베리아의 자연과 문화를 현대적 관점에서 개괄한다. 동서로 7,000km, 남북으로 4,000km에 이르는 광대한 영토의 자연경관과 특이사항들을 기후와 지형에 따라 기술하고 있다. 75%가 산악과 고원으로 이루어진 시베리아의 지형이 어떻게 툰드라, 타이가, 스텝으로 구분되는지 상세히 설명하고 있다. 시베리아라는 이름도 숲과 기후와 관련지어 여러 가지 가능한 연원을 소개하고 있다.

시베리아에 문명은 있었는가? 찬란했다는 말은 할 수 없지만, 아시아와 유럽을 연결하는 고리로서 시베리아에서는 나름의 문화가 꽃피었다가 지기를 반복했다. 원시, 중세, 근대로 나누어 시베리아에서 발전했던 문화들을 역사문화학적 관점에서 기술하고 있다. 현재도 시베리아에는 180여 개에 이르는 민족들이 살고 있다. 알타이, 투르크, 우랄, 사모예드, 퉁구스-만주, 더 세부적으로는 타타르, 투바, 추바시, 키르기즈, 야쿠트, 위구르, 네네츠, 에네츠, 한티, 만시, 케트, 에벤키, 에벤, 나나이, 그리고 고아시아어족으로 분류되는 유카기르, 축치, 니브흐, 코략 등등. 이 민족들은 흡수와 혼합, 그리고 경쟁을 통해 새로운 문화를 만들어 내었다. 이들이 만들어낸 문화는 무엇인가? 이 문화들 가운데에는 스키타이 문명으로부터 아르잔 문화, 파지리크 문화, 살비크 문화와 같은 고대 문화들이 있다. 고대로부터 중세를 거치는 긴 시간 속에서 소멸된 민족도 있고, 살아남은 민족도 있다. 왜 어떤 문화는 소멸되고, 어떤 문화는 살아남았는가? 민족과 문화의 관계는 왜 중요한가? 본서는 이러한 문제를 예술과 종교의 관점에서, 그리고 문화사적 관점에서 파악하고 있다.

그러면 시베리아가 어떻게 제정 러시아에 편입되었는가? 러시아 문화를 수용하면서 고유한 원주민 문화는 어떻게 원형을 유지할 수 있었는가? 원주민들이 러시아 문화와 제도를 받아들이는 과정에서 유형수들의 역할은 얼마나 긍정적이었는가? 러시아 문화의 흡인력으로 인한 구심적 단일성과 원주민 문화를 보존하려는 원심적 다양성 사이에 갈등은 없었는가? 음악, 미술, 문학 등의 장르별로 유형적 차이는 없었는가? 시베리아의 근대화 과정은 도시화라 할 수 있다. 이런 과정에서 농촌과 도시는 문화적으로 어떤 차이를 보이고 있는가? 시베리아의 현대화가 2차 세계대전으로 인해 가속화되었다는 것은 역사의 아이러니이다. 본서의 6장은 역사적 증거를 바탕으로 그 과정을 설득력 있게 제시한다. 전쟁으로 인해 시베리아는 빠르게 산업화되고 도시화되었다. 그 힘을 바탕으로 시베리아는 유럽 러시아권과 다른 시베리아 문화를 만들 수 있었다. 이러한 변화를 주도한 것은 중앙 러시아에서 유배된 지식인이 아니었다. 이제 시베리아에서 나고 자란 새로운 세대들이 음악, 미술, 문학을 주도하며 시베리아의 예술을 만들었다. 이들은 더 나아가 “시베리아자치주의”라는 단체까지 결성하게 되었다. 비로소 시베리아에 대한 자기 정체성을 고민하고 추구하는 단계에 이르게 된 것이다.

본서는 시베리아의 원초적 존재로부터 고대 부족사회, 근대 제정러시아, 소비에트 시대를 거쳐 오늘날에 이르기까지의 시베리아를 역사 문화적 관점에서 세밀하게 논증한 통사이다. 이런 측면에서 본서는 문학 연구자, 정치학자, 역사학자들에게도 러시아 연구의 지평을 우랄산맥을 넘어 북태평양 연안까지 닿는 시베리아로 확장시켜 줄 것이다. 마지막으로 본서가 신비의 땅, 시베리아에 관해 궁금했던 모든 한국인들의 호기심을 풀어줄 청량제가 되기를 바란다.

본서를 소개해준 레나 시도로바(Lena Sidorova, 북동연방대학교 문화학부) 교수에게 감사드린다. 이 책의 번역과 출판에 관한 모든 권한을 위임해준 모솔로바(L.M. Mosolova, 페테르부르그 게르첸사범대학교 문화이론-문화사학과 학과장) 교수에게 감사드린다. 본서의 번역을 지원해준 한국연구재단과 한국외국어대학교 러시아연구소에도 감사드린다. 그리고 본서의 출판을 맡아준 한국외국어대학교 출판부에도 감사드린다.

2019. 8.

역자 대표 강덕수 교수

S I B E R I A

서문

『시베리아 문화』는 '러시아연방의 다문화 공간' 총서의 네 번째 책으로 러시아 최대의 다민족 지역 중의 하나인 시베리아의 역사를 문화학적 관점에서 개관한다.

16세기에 러시아 민족이 모스크바 제국의 국경을 넘어 동쪽으로 이동하기 시작하여 스텝 지방, 아무르강 연안(프리아무리예), 연해주 지역(프리모리예)이 러시아 제국에 완전히 편입된 것은 19세기 중엽이다. 그렇다고 하나의 지역으로서 시베리아에서 문화가 형성되고 발전하기 시작한 시기를 16세기로 가정하는 것은 아니다. 본서는 시베리아의 문화 현상을 이 지역 사람들의 활동 방식의 총체로 간주하여 원시시대와 고대의 초기 문화 형태에서부터 시작하여 현대 문화의 특성을 기술하는 것으로 끝난다.

본서에서는 시베리아를 옴스크주, 톰스크주, 케메로보주, 노보시비르스크주, 이르쿠츠크주, 치타주, 크라스노야르스크 변강, 알타이 변강, 부랴트공화국, 하카스공화국, 투바공화국, 알타이공화국, 에벤키 자치구, 타이미르 자치구를 포함하는 현대 러시아의 연방관구로 보기도 하고, 야말-네네츠 자치구와 한티만시 자치구를 포함하는 튜멘주와 사하공화국에까지 이르는 역사문화권역으로 보기도 한다.

민족적으로 매우 다양한 시베리아의 문화를 “나무를 너머 숲을 보기”를 전제로 하는 역사문화학적 관점에서 개관한다.

시베리아의 초기 도시 문명을 정의하기 위한 토대로 세계적으로 중요한 고대 문화 기념비들(아르잔 고분, 파지리크 고분, 살비크 고분 등)을 살펴보고, 중세의 민족 문화와 도시 문화, 그리고 시베리아 민족들의 전통문화 연구에 큰 관심을 기울인다. 근대 시베리아의 문화 운동 편에서는 러시아 최초의 요새 도시의 출현으로부터 시작하여 근대 예술문화의 가장 중요한 기념비들(토볼스크 크렘린, 시베리아 소피야 성당 등)의 특징을 기술하는 것으로 마무리된다.

또한 본서는 소비에트 시대의 문화도 다루고 있다. 소비에트 문화의 유형학적인 특징을 서술하고 물질기술 문화, 농업 문화, 사회조직 문화, 정신문화를 분석한다. 본서의 마지막 장은 현대 시베리아의 건축문화와 관련된 예술 발전 문제에 할애되었다.

『시베리아 문화』를 준비하는 데에 다양한 사료들을 발굴하여 많은 민족들의 문화에 대한 방대한 분량의 텍스트를 연구하고, 이 모든 자료들을 시기별로 문화학적으로 종합하는 일에 문화학자들의 많은 노력이 필요했다.

극동, 러시아 남부, 우랄 지역의 문화에 대한 세 권의 전작과 마찬가지로 본서의 집필에 상트페테르부르크뿐 아니라 게르첸 국립사범대학교와 협력하는 러시아 여러 지역 대학의 연구자들을 포함한 많은 집필진이 참여했다. 페테르부르크에서는 게르첸 국립사범대학교의 문화이론·문화사학과 학과장이며 예술학 박사인 L. M. 모솔로바 교수가 ‘러시아연방의 다문화 공간’ 총서의 연구책임자와 주편집인을 맡아주었다. 같은 과의 드미트리예바 교수도 본서의 책임편집자로서 많은 부분을 집필했다. 국립 에르미타시 미술관의 V. V. 셀리바노프 교수와 L. S. 마르사돌로프 박사, 러시아 국립박물관의 T. A. 쿠바노바 박사가 참여했다.

지방에서는 글린카 노보시비르스크 국립음악원의 K. M. 쿠를레냐 총장, 알타이 국립사범대학 철학·문화학과의 E. I. 발라키나 교수, 알타이 국립공대 문화·통신공학과의 I. A. 제르노센코 교수가 집필진으로 참여했다. 이들 외에도 게르첸 국립사범대학교에서 박사학위를 받은 M. R. 마냐히나 박사가 제4장의 4.3절을 집필했다.

본서는 상당히 혁신적이다. 문화학적 관점에서 최초로 시베리아 연방관구 민족들의 사회문화적 경험을 역사 체계적으로 기술했기 때문이다.

저자들은 시베리아 문화 연구의 결과들이 체계적이고 적절한 문화정책을 시행하기 위한 학문적 기반이 될 수 있기를 바란다. 문화정책은 시베리아 연방관구의 (예술뿐만이 아니라) 모든 사회문화적 조직들을 통합적으로 포괄해야 한다.

『시베리아 문화』가 시베리아와 러시아의 모든 민족들이 문화를 창조한 역사적 경험에 관심이 있는 이들에게 유용한 책이 될 것이라고 확신한다.

러시아 게르첸 국립사범대학교 총장
V. P. 솔로민

제1장

현대적 관점에서 본 시베리아 자연과 문화

S I B E R I A

1.1 시베리아의 자연적 특성

L.V. 드미트리예바

러시아 지도로 본 시베리아: 경계와 주체

특정 지역에서 문화의 역사적 변화 과정은 구체적인 기후와 지형 조건에 의해 정해진다. 오스왈드 슈펭글러에 의하면 문화는 모두 고유한 지형에서 생성되는 과정에서 토지에 대한 인간의 집착을 강화한다.[1] 또 슈바르트(V. Shubart)에 의하면, 같은 공간에서 생활하는 모든 사람의 지역적 일체성은 지역 발전의 원칙에 의해 인종과 관계없이 만들어진다. "대지의 힘은 피의 힘보다 더 원초적이고 강하다." 슈바르트는 민족과 종족은 대지의 영혼에 의해 형성된 결과물이며 멘탈리티는 거주지에 의해 결정된다고 말했다. "민중 정신은 지형의 정신으로부터 자라난다. 민중 정신은 지속적인 민족적 특성을 각인시킨다."[2] 그래서 자연환경의 지역적 특성

1) *Шпенглер О.* Закат Европы: Очерки морфологии мировой истории. Т. 2. – М.: Мысль, 1998. – 607 с.
2) *Шубарт В.* Европа и душа Востока // АУМ: Синтез мистических учений Запада и Востока. – Нью-Йорк, 1990. № 4. С. 24.

을 고려하지 않고는 문화 유전자의 지역적 규칙성 문제를 해결할 수 없다.

물리적, 지리적 관점에서 시베리아는 독특한 점이 많은 지역이다. 시베리아는 약 천만 입방 킬로미터를 차지한다. 이는 지구 면적의 약 1/10에 해당된다.[3] 현대 러시아의 행정 지역 지도는 지역 정치적 전략에 의해 수정이 가해졌다. 2000년에 구성된 시베리아 연방관구는 역사적 경계를 거의 반 토막으로 만들었다. 오비강과 남시베리아 일부를 시베리아에 포함하는 대신 예니세이 분지까지로 축소하고 거의 모든 서시베리아 지역(쿠르간과 한티-만시 자치구와 야말-네네츠 자치구를 포함한 튜멘주)과 광활한 동쪽 지역인 야쿠티야를 배제했다. 국가의 내부 경계는 항상 가변적이고 조작적이라 할 수 있지만, 그로 인해 역사-문화적으로 중요한 2개 지역을 배제한 시베리아 문화 유전자 지도는 불완전하고 단편적이 될 것이다. 따라서 이 책의 저자들은 우랄로부터 태평양에 이르는 전 지역을 시베리아라는 개념에 포함시키고자 한다.

북빙양에 면한 시베리아 대륙의 북쪽 끝(첼류시킨곶)에서부터 알타이산맥, 몽골, 카자흐스탄의 건조한 초원까지 이르는 거리는 약 4천 킬로미터이다. 서쪽의 우랄로부터 동쪽의 콜리마강 분지에 이르는 거리는 7천 킬로미터에 달한다. 서쪽 경계는 스베르들롭스크주와 코미 공화국에 닿아 있다. 시베리아의 남쪽 경계는 첼랴빈스크주 남동쪽 우랄산맥 동부 경사면에서 시작한다. 시베리아의 동쪽과 서쪽 경계는 예니세이강을 기준으로 나뉜다. 아르군강과

---

3) Все статистические данные заимствованы из источников: *Михайлов Н. И.* Сибирь: Физико-географичейсий очерк. – М., 1956 и *Трофимук А.А., Николаев С.М.* Сибирь: Географические контрасты, геологические особенности, минералогические ресурсы и проблемы их освоения. – Новосибирск, 1979.

실카강의 합류 지점 부근의 치타주 동쪽에서는 동부 경계가 지난다. 이 경계는 시베리아를 극동 지역과 구분한다.

시베리아 자연경관

시베리아는 온난한 북위 지역에 특징적인 모든 식물 생태계가 나타난다. 초원, 삼림초원, 타이가, 삼림툰드라, 툰드라, 그리고 극지방 황무지로 구분된다. 이러한 특성으로 인해 경제 활동, 이주 현상, 종족의 혼합에서 다양한 유형의 "고전적" 양상이 만들어졌다.

전통적인 녹갈색 톤으로 채색된 러시아 지도에 눈길을 준다면, 이 지도에 자연의 갈색 음영을 아끼지 않았음을 금방 알아챌 수 있다. 서시베리아 평원과 북쪽(북시베리아, 중부 야쿠티야, 야노-인디기르카, 콜리마 저지대)에서부터 구별되는 "청색대"를 제외하고는 시베리아의 나머지 모든 지역이 갈색으로 채색되어 있다. 산악 지역은 고생대 말기와 삼엽기 초기에 서시베리아 평원에 존재했으며, 오늘날의 저지대는 지각의 기복이 집중적으로 평준화된 결과이다. 시베리아의 산악 지역에서는 지각 변동이 오늘날에도 지속적으로 나타나고 있다. 예를 들어, 바이칼호수 지역에서는 최근 200년 간 진도 9까지 이르는 지진이 800회나 관찰됐다. 1862년 이런 지진의 결과로 바이칼호수로 들어가는 셀렝가강 삼각주 100㎢가 함몰됐다.[4)]

시베리아 지역의 약 3/4은 산악과 고원으로 이루어져 있다. 제일 높은 산은 알타이의 벨루하산(4,506m), 동사얀의 문군-타이가산(3,976m), 야쿠티야의 포베다산(3,147m)이다. 서시베리아 저지대와

---

4) *Трофимук А. А., Николаев С. М.* Сибирь: Географические контрасты, геологические особенности, минералогические ресурсы и проблемы их освоения. – Новосибирск, 1979.

나란히 알타이의 산악지역이 펼쳐져 있다. 사얀, 자바이칼, 스타노보이산맥, 북동 지역 산들의 높은 봉우리는 동시베리아의 동쪽과 남쪽에 걸쳐 거대한 반원형을 만들고 있다. 북쪽에는 툰드라 평원 위로 브란타산, 푸토란산, 프론치세프산맥과 체카롭스크산맥이 솟아 있다.

아마존 열대 삼림과 함께 시베리아 삼림이 지구의 허파라고 불리는 것은 우연이 아니다. 끝없는 바다와 같은 시베리아 타이가('*숲으로 덮인 산들*')은 우랄산맥 경사면으로부터 시베리아 동쪽 경계까지, 삼림툰드라로부터 몽골까지 그 넓이가 7백만 ㎢에 달한다. 시베리아의 숲은 러시아 전체 숲의 80%에 해당된다. 숲이 이처럼 넓은 면적을 차지하는 나라는 지구상 어디에도 없다. 이곳에서는 매년 약 2백만 톤의 잣, 2백만 톤 이상의 버섯과 9백만 톤의 다양한 열매가 자라난다.

북부 지역의 풍광에 크게 영향은 주는 것은 동토 지대이다. 이것은 표층수와 지하수 체계에 영향을 주고 물이 지하로 스며드는 것을 막으며 평야가 늪지대로 바뀌는 것을 촉진한다. 이런 이유로 나무뿌리들은 주로 수평으로 뻗어나간다. 그 결과 적응력이 약해 심한 바람이 불 때는 풍해를 입은 수목들이 타이가에 넘쳐난다. 이러한 자연으로 인해 사람들의 발길을 거부하는 시베리아 타이가는 많은 신화를 만들어 냈다. 시베리아에서는 이렇게 지나기 어려운 타이가 지역을 '*우르만*'(침엽수림)이라고 부른다.

시베리아 전체 면적에서 약 300만 ㎢는 서시베리아 대평원이 차지한다. 이 지역은 실제로 수식어 '대(위대한)'를 붙일 만하다. 서시베리아는 세계에서 가장 넓은 평원이다. 코사레프(M.F. Kosarev)의 지적에 의하면, 서시베리아는 다른 어떤 지역보다도 커서 물리적-

지리적 관점에서 '관념의 대륙'[5]에 가깝다. 이것은 실제로 넓게 펼쳐진 허리띠 모양에 대륙성 기후를 가진 이상적 평원이다. 서시베리아는 또한 세계에서 늪이 가장 많은 평야지대이다. 오비강과 이르티시강 사이의 바슈간스크 습지 하나만 해도 면적이 7백만 헥타르에 달한다.

시베리아라는 명칭의 어원이 '삼림 습지'나 '울창한 숲'을 뜻하는 몽골어의 "shiver", "shever" 또는 '*습지*', '*소택지*', '*저지대*', '*습지 초원*'을 뜻하는 타지크어의 "shiber", "shiver"와 관련되어 있다는 것은 우연이 아니다. 여기에 시베리아의 기후와 자연적 특성을 특징짓는 '*차가운*', '*한기*', '*혹독한*', '*잔인한*'이라는 뜻을 가진 러시아어 단어 sever(민속설화 식으로는 siver)가 어원이라는 19세기 말, 20세기 초에 널리 퍼진 가설[6]을 덧붙인다면, 시베리아 지역은 "인간이 살기에 혹독한 조건을 갖추어 인구밀도가 지극히 낮은 지역"[7]으로 특징지어질 수 있다.

그러나 1950년대에 이미 정치사회 운동인 '시베리아 자치주의회' 대표자들은 "우랄에서 동쪽으로 펼쳐진 광대한 지역이 혹독한 기후와 긴 겨울로 손님을 맞지 못하는 황무지이며, 문화를 만들 수 없고 살기에도 고통스러운 땅"이라는 당시 널리 퍼져있던

---

5) *Косарев М. Ф.* Древняя история Западной Сибири: Человек и природная среда. – М.: Наука, 1991. – 300 с.

6) *Флоринсий В. Н.* Заметка о происхождении слова «Сибирь» // Известия Томского университета. 1889. Кн. 1, отд. II. С. 4-14; *Михайлов Н. И.* К истории появления и распространения слова «Сибирь» // Ученые записки Московского университета. 1954. Вып. 170. – С. 113-119.

7) *Архипов С. А., Вдовин В. В., Мизеров Б. В., Николаев В. А.* Западно-Сибирская равнина: История развития рельефа Сибири и Дальнего Востока. – М.: Наука, 1970. – 181 с.; Природные условия центральной части Западно-Сибирской равнины / Под ред. Г. В. Добровольского, Е. М. Сергеевой, А. И. Герасимовой. – М.: Изд-во МГУ, 1977. – 216 с.

견해가 잘못된 것이라고 생각했다. 오미치 야드린체프(Omich N.M. Jadrintsev)는 특히 향토사학자의 입장에서 이렇게 말했다. "북극권으로부터 중앙아시아 초원지대를 일별하면, 시베리아는 모든 기후를 포함하고 있다. 영원히 녹지 않는 빙하로부터 중앙아시아의 혹서에 이르기까지, 생명이 없는 툰드라와 북빙양 해변에 매머드 뼈가 산재되어 있는 동토 황무지로부터 꽃들로 뒤덮인 알타이 산자락의 낙원에 이르기까지 모든 기후대가 포함돼 있다."[8)]

이 지역의 이국적 자연을 두고 '시베리아 자치주의자들(oblastniki)'은 시베리아 타이가를 아메리카 처녀림과 비교하여 시베리아 팜파스라 부르고, 알타이와 미누신스크 지역의 아름다운 풍광을 가리켜 시베리아의 스위스, 산맥을 타고 흐르는 이르티시강을 시베리아의 라인강이라고 하였다.

시베리아의 수로 체계

지역 문화 잠재력의 기본은 수로 체계를 바탕으로 형성된다. 메치니코프(L.I. Mechnikov)는 수로체계로 지구상의 에너지 흐름을 분석했다.[9)] 시베리아는 3개의 큰 강 수원을 가지고 있다. 규모로 볼 때 세계적인 강들인 오비강(연간 400km^3), 예니세이강(연간 624km^3), 레나강(연간 540km^3)은 러시아에서 수량이 가장 많다. 이들 강의 수량은 각각 200만 km^2에 달하고 길이가 4~5천 km에 이른다. 시베리아 강들의 평균 길이는 100만 km 이상이다. 강폭은 장소에 따라 몇십 km가 되는 곳들이 있다. 시베리아 강들로 유입되는 수량

8) *Ядринцев Н. М.* Сибирь как колония. – Тюмень: Издательство Ю. Мандрики, 2000. – С. 15.
9) *Мечников Л. И.* Цивилизация и великие историчесские реки: Статьи. – М.: Издательская группа «Прогресс», «Пангея», 1995. – 465 с.

의 80%가 녹은 눈과 얼음, 비로 이루어진다. 20%만이 지표수이다. 봄철 범람 시기에 큰 강들은 수위가 급격히 상승한다. 예를 들어, 레나강은 10m, 니즈니퉁구스카강은 25m 상승한다.

수량이 300만 ㎢로 유라시아에서 가장 큰 *오비-이르티시강* 유역은 서시베리아 평원을 가로지른다. 오비강 계곡은 하류에서 폭이 120㎞이고 깊이는 50m까지 달한다. 이르티시강의 왼쪽 지류인 토볼강은 미아스강과 합쳐진 이세티르강을, 타길강과 네이바강와 합쳐진 투라강을, 소시바강, 로지바강, 펠름강과 합쳐진 타브다강을 우랄산맥에서 맞아들인다. 서시베리아 저지대의 주요 강들은 남쪽에서 북쪽으로, 초원과 삼림초원에서 타이가 지역으로 비교적 평탄한 평원 지대를 흘러간다. 이 강들은 철기시대부터 서시베리아 지역이 남쪽의 목축-농경 지역과 밀접한 경제-문화적 관계를 맺도록 도왔다. 시베리아 강 수로들의 유리한 위치는 이 지역의 사회-경제적 발전을 가속화시키는 환경이 되었다. 오비강과 예니세이강, 레나강은 수많은 지류로 인해 고대부터 동서를 잇는 수로망을 형성했다.

기후와 기온의 특이성

시베리아는 대륙이다. 북쪽 해안만이 북빙양에 둘러싸여 있다. 이 바다는 거대한 빙하의 저장고로 카르스크해, 랍테프해와 동시베리아해로 나뉘어 있다. 대륙성이라 불리는 기후는 지구상에서 시베리아와 필적할 만한 곳이 별로 없다. 여름과 겨울의 기온 차가 엄청나게 큰가 하면, 온대가 있다. 그리고 강수량이 많지는 않지만, 계절에 따라 매우 불균등하다. 시베리아의 혹독한 기후는 지리적 특성 때문이다. 시베리아는 대륙이라 부를 만큼 넓어 따뜻한 바다와는 멀리 떨어져 있으며, 북쪽으로는 평원 지대가 북빙양으로부터 불어오는 차가운 북극풍을 그대로 통과시켜준다. 여기에 남쪽은 산악지형이어서 중앙아시아의 건조한 공기 유입을 가로막고 있다.

시베리아는 지리적으로나 기후적으로 양극단을 보이는 지역이다. 차갑고 건조한 대륙성 공기는 이 지역에서 낮은 겨울 온도가 장기간 유지되게 한다. 이곳의 1월은 동일 위도 지역보다 5-15℃ 더 춥다. 1월의 평균 기온은 –13℃(시베리아 남부)에서 –50℃(베르호얀스크)이다. 겨울 기후는 -53℃(시베리아 남부)와 –70℃(야쿠티야)까지 내려가는 혹한이 지속되는 게 특징적이다. 0.2m에서 1.5m까지 눈으로 덮여 있는 날이 남쪽에선 160~170일, 북쪽(야말, 북타이미르)에선 270~280일까지 이른다. 비혹한기는 북쪽이 50일, 남쪽이 130일로 평균 기온은 +1.5℃~–16℃(타이미르)에 이른다. 시베리아의 여름은 짧지만, 무덥다. 가장 따뜻한 달은 7월이다. 평균 기온은 +1℃(첼류스킨-타이미르곶)에서 +19℃(야쿠츠크)와 21℃(크라스노야르스크 변강주)로 큰 편차를 보인다. 동일 위도에서는 여름 기온이 동시베리아에서만큼 높은 지역이 세계 어디에도 없다. 여름에 이곳 최고 기온은 +40℃이다. 강수량은 150mm에서 600mm로 일정하지 않다. 비는 대부분 여름 후반기에 내린다. 이곳에서는 가뭄, 건조풍, 먼지를 동반한 폭풍이 드물지 않다.

시베리아의 대륙성 기후가 낳은 가장 중요한 결과는 토양이 속까지 얼어 동토대가 광범위하게 형성됐다는 것이다. 동토 지역은 800만 ㎢이상이고 동토층은 200~500m이며 1.5km에 이르는 곳도 있다. 동토대 특정 지역은 동토 유형에 따라 자연 기념비로 지정되어 있다. 예를 들어, 야쿠츠크 부근의 지표 얼음층인 *울라한 타른*, 알타이 공화국 탄광 지대의 지하 얼음층 *차간-우준*, 동사얀 지질 단면의 영구동토 흔적 *묘르즐리 야르*(얼어 있는 절벽)가 있다.

영구동토는 북부 지역 지형에 커다란 영향을 주고 지표수와 지하수 체계에도 영향을 미친다. 우선 물이 지하로 스며들지 못하게 하고 평원을 늪지대로 만든다. 이런 이유로 나무뿌리들이 주로 수평으로 뻗어나가서 생존율이 낮고 센 바람에 풍해를 입는다.

시베리아 자연 지형 보호

자연과 지형적 특성의 다양성을 결정하는 것은 자연을 이루는 구성요소들의 상호 작용과 제약이다. 끊임없는 상호작용으로 나타나는 것이 자연 지형이다. 이는 자연을 이용할 뿐만 아니라 보호도 한다는 기본 명제에 해당된다. 시베리아의 접근 금지 시스템은 국가적 차원에서나 세계적 차원에서 가장 규모가 크다. 지역 차원의 수많은 자연 기념비, 자연공원과 수렵 금지구역 외에 '러시아 연방 특별 보호지역 총목록'은 시베리아 지역에 25개 연방 금지구역을 적시하고 있다.[10)]

러시아 국가 자산에 포함된 서시베리아 자연 목록에는 야말-네네츠 자치구의 *그단스크*와 *베르흐네타좁스크* 금지구역, 스레드니 프리오비예와 오비강 북부의 전형적인 환경 시스템을 보호하고자 하는 한티-만시스크 자치구의 *유간스크* 금지구역과 *말라야 소시바* 금지구역이 들어 있다.[11)] 지역 유산 목록에는 토볼스크와 인근에 있는 *알라페이스크산*이 들어 있으며, 지형과 역사적 기념

---

10) Сводный список особо охраняемых территорий Российской Федерации. – М., 2001; Заповедники Сибири: В 2-х т. / Под. ред. Д. С. Павлова. – М.: Логата, 1999.

11) В краю селькупов: Красноселькупский район: Природа. Люди. Экономика. Экология. – Екатеринбург: Средне-Уральское книжное издательство, 2000; *А. С. Байкалова, Е. Г. Стрельников, О. Г. Стрельникова.* Юганский заповедник. – Тюмень: СофтДизайн, 1998. – 160 с.; *Васин А. Н., Васина А. Л.* Заповедник «Малая Сосьва». Фотоальбом. – М., 2000; *Гарновский К. В.* В Кондо-Сосьвинском заповеднике. – М., 1993.

지로서 키셀렙스크산, 파닌산, 축만곶, 아르히예레이스크숲, 자발노예묘지, 수즈군스크언덕, 베르신스크분지, 주라옙스크숲 등이 있다.[12)]

시베리아 최초의 금지구역 중 하나인 말라야 소시바는 이미 1929년 콘도-소시바 프리오비에 자연환경과 서시베리아 타이가의 동식물 생태계 유전자 보호구역의 시범지역으로 지정됐다. 타이가 원주민 한티-만시족은 이 땅의 부지런한 주인이었다. 모든 부족은 타이가에 자기 몫의 땅인 세습지가 있었다. 그곳에는 사냥길, 물고기잡이와 딸기 채취 장소 외에 '성지'(현지어로 엠-타헤 또는 예등 타갓)로 불리는 금지 구역이 있었다. 그곳에서는 사냥만 아니라 나무 베기와 나뭇가지 꺾기도 금지됐다. 금지구역 말라야 소시바는 수 세기에 걸쳐 내려온 원주민들의 자연보호 전통을 흉내 낸 것이다. 그래서 "원래부터 금지된" 구역에는 17세기에 이미 시베리아에서 멸종된 것으로 알려진 북아시아 원산지의 수달이 오늘날까지도 잘 보존되어 있다.

동시베리아 지역의 금지구역은 다양하고 많다. 타이미르 자치구에는 *대북극 금지구역*, *푸토란스크 금지구역*과 함께 *타이미르 생태 금지구역*이 있다. 크라스노야르스크 변강주에는 *사야노-수센스크*와 *중앙시베리아* 생태 금지구역, 기암절벽 생태금지구역 석주들이 있다. 이르쿠츠크주에는 *바이칼-렌스크*와 *비팀스크* 금지구역이 있다. 에벤키 자치구에는 *퉁구스*와 *중부 시베리아* 생태 금지구역이 있다. 일림피이스크 자치군에는 '*러시아 연방의 지리 중심*'이라는 공식 명칭을 가진 의미 있는 자연 기념 지역이 있다.

그러나 남시베리아만 해도 유네스코 세계자연유산 목록에 포함

---

12) *Белослудцева О., Климова Л.* Сокровища Алафейской горы // Памятники Отечества. – М., 2002. № 56. – С. 141-145.

된 특별한 자연 지역들이 있다. 그중에는 *알타이* 금지구역 중 일부인 고르니알타이의 동부와 텔레츠크호수, *카툰스크* 금지구역, 벨루하산과 우콕고원이 있다. 이 지역에서 잘 알려진 곳들로는 *쿠즈네츠크 알타우* 금지구역(케메로바주), *소혼딘스크* 생태 금지구역(치타주)이 있고, 공화국 차원의 금지구역들로는 *바이칼*과 *바르구진스크* 금지구역(부랴티야), *아자스*와 *웁스누르스카야 코틀로비나* 금지구역(투바), *하카스* 금지구역(하카시야)가 있다.

특별 보호 경관지역은 하카시야 공화국의 복합자연지역 *시라*에 있는 공화국 자연 금지구역 *차즈*(하카스크)와 *이유스크* 복합보호지역이다.[13] 차즈 금지구역에서 보호하는 주요 대상은 초원지대 식물군락이다. 이곳에는 저수지 역할을 하는 많은 호수가 있다. 이 가운데에는 하카시야에서 가장 깨끗한 잇쿨 호수와 벨로예 호수가 있다. 그곳에 둥지를 틀고 서식하는 160종의 새 중에는 플라밍고도 있다. 시라 복합지역의 특이성은 자연 금지구역의 다양성뿐만 아니라 수천 년 동안 교체된 민족들의 수많은 고대 기념유적과 문화에 있다. 벨르이 유스 강의 중류 유역에는 보호해야 할 이국적인 암석층들이 있다. 그중에는 30개 이상의 동굴이 있는데 암벽화가 그려진 곳도 있다. 인간의 고대 정착지와 연관된 것은 *순두키산맥*이라 불리는 자연 기념유적이다.

시베리아의 자연 복합지역에는 환경적, 학문적, 문화적, 심미적 관점에서 독특하고 값을 매길 수 없는 *자연 기념비*라 할 만한 지형이 적지 않다. 시베리아에서 가장 큰 바이칼호 주변에는 자

13) Постановлением Правительства Российской Федерации от 04.09.1999 No. 1004 заповедники «Чазы» и «Малый Абакан» объединены в один – «Хакасский»; См.: Жемчужина Хакасии. Природный комплекс Ширинского района / Под ред. В. П. Парначева. – Абакан, 1998.

연 유적과 역사적 기념물이 엄청나게 많다. 오클라드니코프(A.P. Okladnikov)는 이것을 '아시아 내륙의 바다'라고 말했고, 베르그(L.S. Berg)는 '자연의 기적'이라고 불렀다. 이들 중 원시적인 아름다움을 나타내어 주는 것들은 샤만 곶 *부르하나*와 *쿠르간* 문화를 보유했던 고대인들의 징표 모양의 *스키페트르 절벽*(역자 주: 의미는 '왕홀')이다. 이들은 이미 오래전부터 바이칼호수의 상징으로서 대중 출판물 표지에 실리곤 했다.

놀라운 매력을 보여주는 것은 알혼섬의 자연기념물인 *사간-후순곶*이다. 사간-후순은 1km 높이로 수직에 가까운 암벽이다. 이 암벽은 백옥색 대리석으로 진홍색 이끼가 빽빽이 덮여 있다. 러시아에서 이에 못지않게 독특한 또 다른 곳은 타제란 초원이다. 이 곳은 바이칼 유역 지역의 광물 창고라고 불린다. 직경 4km에 달하는 지역에서 7년 동안 120개의 광물이 발견됐고 새로 발견된 광물 30종에 이름을 새로 붙여야만 했다.[14)]

바이칼 유역 지역의 자연 금지구역에서는 또 하나의 탁월한 자연 역사 기념물인 암각 절벽 *사간-자바*가 있다. 이것은 바이칼의 암벽 제단이다. 타제란 초원의 검은 암벽을 배경으로 흰 대리석 벽이 튀어나와 있다. 이 벽의 반들반들한 표면에는 2500년 전 고대 화가들이 2~50cm에 달하는 그림과 형상들을 새겨놓았다.

특이한 자연현상들은 부랴티야 공화국의 북바이칼 자연 지구를 특별하게 해준다.[15)] 커다란 심미적 가치를 대표하는 것은 *이닌*

---

14) *Брянский В. П.* Памятники природы. – Иркутск: Восточно-Сибирское книжное издательство, 1983; *Беляк И.* Край причудливых скал. – Красноярск, 1952. – 132 с.

15) *Иметхенов А. Б.* Памятники природы Бурятии. – Улан-Удэ: Бурятское книжное издательство, 1990; *Иметхенов А. Б., Тулохонов А. К.* Особо охраняемые места Бурятии. – Улан-Удэ, 1992.

*스크 암석정원*이다. 바르구진스크 계곡의 남서 지역에는 10㎢의 넓이에 4~5m 크기의 화강암 덩어리가 땅 밑에서부터 자라나고 있다. 아마도 이것은 고대에 있었던 대변혁의 흔적일 가능성이 있다. 지형적인 돌출 형태가 심미적으로 의미 있다고 인정되는 것은 동시베리아 지역의 *크라스노야르스크 석주*들이다. 이것들은 오랜 풍화가 낳은 결과물이다.[16)]

프롤린스크 연방 금지구역(바이칼 북동 해변)에는 '*투랄의 노래하는 모래들*'(에벤키어로 '*으르렁대며 노래하는 모래*')이라고 불리는 장소가 있다. 해변을 따라 걸으면 가죽구두에서 나는 것 같은 삐걱거리는 소리가 난다. 바람이 일고 파도가 칠 때면 움직이는 모래알들이 바이올린 현 위를 활이 가볍게 미끄러지는 소리가 끊어졌다 이어지며 계속된다. 신화에서는 투랄의 모래가 내는 노랫소리를 노래하는 사이렌 처녀와 모래로 덮인 도시들의 종소리와 연관시킨다. 현대 과학은 이 기념물을 가장 신기한 자연 현상으로 간주한다.

자바이칼 지역의 독보적인 장소는 아긴스크부랴트 자치구의 *알하나이스크산맥*이다.[17)] 유라시아 침엽수림과 다우리야 대초원 사이의 지역적 특이성 때문에 다양한 동식물 생태계가 어우러져 있다. 이 덕분에 알하나이의 생태적 의미는 대단히 크다. 그 밖에 국립공원에는 알하나이산과 역사적으로 불교의 성지와 연관된 자연기념물들이 있다. 알하나이스크 자연 성지는 북부 불교의 5개 성지 중 하나이며 아긴스크 부랴트인들의 정신적 본향이다.

이 지역의 이름은 시베리아 토착민들이 자기네 땅의 명칭을 설

---

16) *Кислов Е. В.* Памятники природы Северо-Байкальского района. – Улан-Удэ: Издательство БНЦ СО РАН, 2001.

17) Алханай: природные и духовные сокровища / Под. ред. М. Ц. Игитиловой. – Новосибирск: Издательство СО РАН, 2000.

명하는 신화와 관련이 있다. 그래서 포타닌(N.G. Potanin)은 '시베리아'라는 용어를 부랴트인들의 전설에서 찾을 수 있다고 보고 몽골과 부랴트 설화에서 구전되는 산 이름인 *숨브르*와 연관시켰다. 그리고 부랴트 설화에 따라 바다에서 나왔다는 전설의 *시베르*와의 관련성도 찾아냈다.[18)]

인간적 지형으로서의 시베리아

시베리아의 자연계는 (식물, 토양, 물, 광물) 자원들의 보고일 뿐만 아니라 인간의 생활환경을 구성하기도 한다. 시베리아 주민들의 전통적인 경제활동 구조는 모두 식생대 선택에 달려 있었다. 네네츠인은 이끼류와 관목숲이 자라는 툰드라를, 만시인은 타이가 침엽수림을, 한티인과 셀쿠프인은 순록 목축, 어업과 사냥을 선택했다. 여러 유형의 식물계와 기후대로 나타나는 시베리아 자연조건의 다양성은 전통적인 경제 활동을 구분 지어 사냥, 어로, 목축, 양봉, 농업 형태로 나타났다. 농업에 관해서는 남시베리아와 서시베리아 남부의 유리한 기후 조건을 주목해야 한다. 서시베리아 남부는 광대한 흑토대를 포함하고 있어 러시아에서 볼가강 유역 지역 다음으로 비옥한 지역이다. 브렘(Brem)은 흑토대가 시베리아의 진짜 황금이라고 말하기도 했다.

시베리아 원주민들은 북동 아시아로 이주한 고대 튀르크인들을 *수베르*라고 불렀다. 그들이 이 땅을 '살기에 적합한 땅'이라는 의미로 *예르-수브(Jer-Sub)*라고 부른 것은 우연이 아니었다.[19)] 시베리아의 타이가 숲을 2만~2만5천 년 전에 개간이 시작된 인류 서

---

18) *Потанин Н. Г.* Воспоминания // Литературное наследство Сибири. – Новосибирск: Зап.-Сибир. кн. изд-во, 1983. Т. 6. – 336 с.

19) *Сулейменов О.* Аз и Я. – Алма-Ата: Жазушы, 1991. – 276 с.

식지 중 하나로 지목할 수 있도록 최근 고고학적 발견들이 증명해 준다. 시베리아 토착민들의 인종적 유전자는 고대로부터 진화된 것으로 경제, 기술, 문화면에서 구세계(아시아, 유럽, 아프리카) 사람들에게 뒤떨어지지 않는다는 것이다. 인류 기원설에 상당히 불리한 지역이라고 간주되는 시베리아 타이가나 툰드라에서조차 뒤떨어졌다거나 퇴보되었다는 증거는 아무것도 발견되지 않는다.

시베리아 연구는 전 세계 문화사에서 제기된 많은 근본 문제에 대한 단서를 제공하고 아메리카 대륙의 이주가 어떻게 이루어졌는지에 대한 질문에 제일 먼저 답을 줄 수 있을 것이다. 남시베리아와 인접 지역들(카자흐스탄, 중앙아시아)은 아시아 대륙에 있었던 많은 문명의 발생과 직접적으로 관련돼 있었다. 시베리아의 고대 문화가 한국, 쿠릴, 알레우트섬, 일본에 영향을 미쳤다는 것은 논란의 여지가 없다.[20] 오늘날 시베리아의 역사-문화 지역의 형성은 *다양한 역사-문화 생태계를 연결하고 구성하는 소통 체계*로 볼 수 있다. 유라시아에서는 이 지역을 통해 다양한 형태와 규모로 동과 서 사이에서, 다른 인류 서식지 사이에서 접촉이 이루어졌다.

---

20) *Васильев Е. А.* Особенности формирования и генезиса первобытных культур таежной полосы Западной Сибири // Культурологические процессы в Западной Сибири / Под ред. Л. М. Плетневой. – Томск: Изд-во ТГУ, 1993. С. 12-13; *Деревянко А. П.* Сибирь доисторическая // Наука и жизнь. 1994. № 11. С. 64-70; *Кызласов Л. Р.* Сибирь. Взгляд из прошлого в будущее // ВМУ. Сер. 8. История. 1993. № 4. 47-60.

S I B E R I A

1.2. 시베리아 문화 연구사

E.I. 발라키나, I.A. 제르노센코

시베리아 문화 연구의 역사는 지역 연구 분야에서 가장 논쟁적인 분야 중 하나이다. 러시아의 문화와 지리에서 시베리아 공간에 관한 문제는 한눈에 보일 만큼 간단한 문제가 아니다. 다양한 역사 시기에 따라 국가의 행정 구역은 지리적 경계와 일치하지 않는 경우들이 있지만, 시베리아는 여러 가지 비유적인 상징을 얻었다. 예를 들어, 19세기 말~20세기 초 톰스크주는 광대한 지역(약 765㎢)을 차지했다. 이 주는 오늘날의 톰스크, 케메로보, 노보시비르스크주와 카자흐스탄의 동카자흐스탄과 세미팔라틴스크주, 알타이 변강주, 오늘날 크라스노야르스크 변강주 일부를 포함했다. 그 당시 이 지역에는 시베리아인 천만 명 중 5백만 명이 살고 있었다.

시베리아는 16세기 말 모스크바 왕국에서 러시아인들이 동쪽으로 이주하기 시작하면서 러시아 제국에 스테프노이 변강, 프리아무르와 프리모리에 지역이 편입된 19세기 중엽에 경계가 형성됐다. 1918년에 이미 유명했던 동양학자 큐네르(N.V. Kjuner) 교수는 블라디보스토크 대학교 역사인문학부에서 시베리아 역사와 지리를 강의하면서 '시베리아'라는 용어의 의미에 관한 조건을 제안했다. "오늘날 이 이름은 정확하게 확립되지 않고 다양하게 해석되는 거대한 공간을 차지한 나라에 적합하다. 지역적인 크기를 보는 관점에 따라 시베리아를 다양하게 생각할 수 있다."[21] 큐네르 교수는 시베리아의 역사적 개념과 지리적 공간이 일치하지 않는 일은 항상 있어 왔다고 지적했다. 그럼에도 그는 시베리아에 극동과 스테프노이 변강을 포함하는 광의의 시베리아를 주장했다.

이와 동시에 반대의 입장이 힘을 얻어 '시베리아'는 점차 축소되고 러시아 행정지도에서 사라지기도 했다. 우랄에서 태평양에 이르는 '거대한' 시베리아를 지역적으로 세분하는 과정이 진행됐다. 오늘날 시베리아 지역에 포함되어 있는 많은 지역들 사이에는 발전의 수준에서 큰 차이가 있다. 그런 지역들로는 옴스크, 이르쿠츠크, 케메로보, 톰스크, 노보시비르스크, 치타주, 크라스노야르스크와 알타이스크 변강주, 야쿠티야, 부랴티야, 알타이 공화국, 하카시야, 투바, 에벤키와 타이미르 자치구를 들 수 있다.

신화에서 지리학적, 민속학적 발견까지

시베리아는 기원전 5세기 이미 헤로도토스의 지도에서 '어둠의 땅'이라는 이름으로 오늘날 지도와 거의 같은 경계로 표시됐다. 헤로도토스에 의하면, 그곳에는 1년에 6개월씩 잠을 자는 사람들이 사는데 그들은 대머리에 개의 얼굴을 하고 있었다.

중세기에는 유럽의 여행자들이 이 지역에 반(半)인간이 살고 있

21) *Кюнер Н. В.* Лекции по истории и географии Сибири. Курс, читанный на историко-филологическом факультете во Владивостоке в 1918-1919 гг. / Составлен на основании записок слушателей под ред. проф. Н. В. Кюнера. Владивосток, 1919. – С. 16.

다는 믿기 어려운 증언을 남겼다. 노브고로드의 약탈자들은 11세기 문헌에서 "바다 위에는 식인종 인간들이 살고 있다"고 말하면서 "동쪽 나라에 알려지지 않은 사람들"에 관한 회상을 기록했다.[22]

시베리아 지역과 이곳에 사는 사람들의 문화에 흥미를 보인 초기 기록들은 대부분 체계가 없이 자의적이고 감정적이었다. 진정한 학문적 연구와는 거리가 멀었다. 신비의 땅과 이 땅에 사는 사람들에 대한 신화적인 기술은 해답을 주기보다는 더 많은 수수께끼를 불러일으켰다. 이는 많은 용감한 사람에게 신비의 땅으로 조사를 위해 떠나가고자 하는 의욕을 불러일으키는 시베리아 신화의 바탕이 됐다.

러시아 역사 문헌에서 '시베리아'라는 용어는 '시베리아 연대기'라는 이름으로 17세기에 이르러 나타난다. 이런 작가 중 한 사람인 사아바 예시포프(Saava Esipov)는 시베리아를 타타르 칸국에 속하는 이르티시강 변의 도시라고 부르며, 시비르카강을 언급한다.[23] 이러한 가설은 18세기 타티셰프(V.N. Tatishchev)에게서 확인된다. 그에 의하면 오늘날 전해지지 않는 스탄케비치의 연대기에 '시베리아'라는 단어가 "네가 중심이다, 또는 첫째이다"[24]라는 뜻으로 나온다는 것이다. 이는 시베리아가 이르티시강 변의 타타르 도시에서 시작됐다는 것이다.

그러나 역시 18세기에 유명했던 사학자이자 시베리아 전문가이며 노르만스크 이론의 저자 중 한 사람으로 <시베리아 역사>의

---

22) Сказание о человецех незнаемых на восточной стране и языцех розных // Сибирь в XVII веке / Сборник старинных статей о Сибири и прилежащих к ней землях. – М., 1890. С. 3-6.

23) Сибирские летописи. – СПб., 1907.

24) *Татищев В. Н.* Избранные труды по географии России. – М., 1950.

저자인 밀레르(G.F. Miller)는 '시베리아'라는 이름이 러시아에서 우랄산맥 너머의 지역 사람들을 처음 만난 페름과 즈랸 사람들의 언어에서 나타났다고 추측했다.[25]

시베리아에 대한 큰 관심은 외국인들에게서도 나타났다. 1375년에 카탈로니아 지도가 출판됐는데 거기에 *세부르*(Sebur)라는 단어가 보인다. 그리고 페르시아 백과사전 편집자 라시드 아드-딘(1247~1318)의 연대기에는 ***이비르***(ibir), ***시비르***(sibir)라는 민족들이 언급된다.[26] 6세기 고트족 역사가 요르단(Iordan)의 저서와 비잔틴 연대기에는 북동쪽 민족 ***사비르***(sabir)가 거론된다.

역사학자이며 민속학자인 파트카노프(1861~1918)는 토볼주 타타르족 전설에서 이러한 정보들을 확인한다. 전설은 홍수 직후 시베리아에 정착한 고대민족 ***스브르***(syvyr 또는 sybyr)에 관한 이야기를 전한다. 이 땅을 통해 몽골-타타르족이 지나가고 나서 스브르족은 땅속으로 사라졌다. 전설은 지하 민족에 대한 많은 이야기 중 하나이다. 파트카노프는 고대 도시와 성채들이 나타나는 비슷한 전설들을 한티족에게서 발견했다. 한티족은 이러한 시설들이 모두 솜씨 좋은 대장장이이며 주물공들이었던 고대 민족 ***시비르***(sivir)족의 것이었다고 믿었다.[27]

동부 에벤키인들에게서는 타이가 ***시비르***(sivir)에서 태어났다는 최초의 인간 코닥촌에 관한 신화가 전해진다.

고고학 자료와 문헌들은 기원전 1000년 말부터 서시베리아에 정착한 민족들의 인종적 기원을 결정할 수 있는 근거를 제공한다.

---

25) *Миллер Г. Ф.* История Сибири. – М.–Л.: Изд-во АН СССР, 1937. – 607 с.

26) *Рашид ад-Дин.* Сборник летописей. – М.–Л.: Издательство Академии Наук СССР, 1952. – Т. 1, кн. 1, 2.

27) *Патканов С. К.* Остяцкая молитва. – Тюмень, 1999; Патканов С. К. Очерк колонизации Сибири. – Тюмень, 1999.

보야르시노바(Z.Ja. Bojarshinova)의 의견에 따르면, 이들은 '**시프르**(sipyr)'라고 자칭하는 고대 우그르인들의 조상이었다.[28)]

르네상스는 인류를 위대한 지리적 발견으로 이끌었다. 지칠 줄 모르고 부와 명예를 좇는 탐험가들을 유혹한 것은 인디아, 아메리카, 아프리카만 아니라 광대한 시베리아도 있었다. 시베리아에 관한 정보를 전한 사람들은 이탈리아인 율리이 폼포니 레트, 프란체스코 다-콜로, 파벨 요비야, 폴란드인 마트베이 메홉스키, 독일인 지기스문드 게르베르시테인이었다.[29)] 르네상스 과학의 특징인 신화와 현실의 불가분성은 작가의 신빙성 있는 경험뿐만 아니라 소문과 때로 검증되지 않은 사실들을 바탕으로 한 텍스트의 구성에서 나타났다. 다-콜로(1519)의 <보고서>에는 카렐족과 유그르족이 "숲과 나뭇가지로 지은 특이한 오두막 외에는 집도 없고 지붕도 없다. <...> 그들은 사냥에서 잡은 짐승 고기를 먹고 무두질도 덜 된 가죽을 듬성듬성 꿰매어 입고 다닌다. 그들은 태양, 금성, 숲 그리고 뱀을 숭배한다..."[30)] S. 게르베르시테인이 쓴 <모스크바에 관한 소고>(1549)도 좋은 예이다. 그는 여기서 "우측으로 소스바 지역을 지나면 오비강까지 도달할 수 있다. 이 강은 호수 중국해로부터 시작된다."[31)]고 썼다.

1582년 예르마크의 원정과 1583년 시베리아 칸국의 멸망 후 러시아인들이 꾸준히 동진하면서 시베리아 개발이 시작됐다. 이때

---

28) *Бояршинова З. Я.* Население Западной Сибири до начала русской колонизации. – Томск: ТГУ, 1960.

29) Опубликованы в кн.: Сибирь в известиях западноевропейских путешественников и писателей / Предисловие, редакция и комментарии М. П. Алексеева. – Иркутск, 1941.

30) Цит. по: *Алексеев М. П.* Сибирь в известиях иностранных путешественников и писателей. – Иркутск, 1932. – С. 86-87.

31) Там же. – С. 103-104.

관리들과 차르 정부 간에 서신이 활발하게 오갔다. 카자크, 농민들의 탄원서, 지휘관과 관리들의 서신, 답사자들의 이야기들(하급 관리들이 오두막에서 목격자들의 말을 듣고 기록한 소식들)은 성채 건설, "호전적인 야만인들"과의 충돌, 러시아에 병합하고자 했지만, 아직 차지하지 못한 땅으로 원정을 간 이야기들로 가득 찼다.[32)]

바로 이 당시 시베리아 개별 지역들에 대한 지도 작성이 체계적으로 시작되어 1667년에는 토볼스크 사령관 고두노프(P.I. Godunov)의 지시로 전 시베리아의 일반 지도가 최초로 제작됐다.[33)] 또한, 시베리아 연구에서 역사와 지리에 관한 원천 자료들로는 스파파리(N. Spafarij)의 도보 여행기[34)]와 연대기 <시베리아 기록(약 1667년)>[35)]을 들 수 있다. 그러나 시베리아 지도 작성에 특별히 이바지한 사람은 '토볼스크 귀족의 아들' 세묜 레메제프(1642~1720 이후)이다. 그는 당국의 요청에 따라 몇백 장의 지도를 그렸다. 이 중 23장의 지도로 구성된 <시베리아 지도첩>[36)]은 시

32) *Оглоблин Н. Н.* Обозрение столбцов и книг Сибирского приказа (1592-1768). Т. I-IV. – М., 1895-1902; *Бахрушин С. В.* Научные труды. Т. III. – М., 1955; Записки русских путешественников XVI-XVII вв. – М., 1988; Дополнения к актам историческим. – СПб., 1867; большое собрание воеводских отписок, челобитных, послужных списков содержится в Российском государственном архиве древних актов (фонды 130, 199, 214) и Архиве Академии наук СССР (фонд 21).

33) Опубликована в кн.: *Титов А.* Сибирь в XVII веке. – М., 1890.

34) Путешествие чрез Сибирь от Тобольска до Нерчинска и границ Китая русского посланника Николая Спафария в 1675 г. // Записки ИРГО по отд. этнографии. – СПб., 1882.

35) Летопись «Описание Сибири» опубликована в сборнике «Сибирские летописи» (СПб., 1907); подобные документы: «Записки сибирской истории служащие» и «Летописец вкратце» вошли в сборник «Древняя российская вивлиофика» (М., 1788).

36) Чертежная книга Сибири 1701 года С. У. Ремезова. – СПб., 1882; Подробное описание чертежей С. У. Ремезова и список помещенных на них надписей даны в статье: Розен М. Ф. Вершина реки Оби и Телецкое озеро на первых чертежах и картах Сибири // Страны и народы Востока.

베리아의 거의 모든 도시와 마을을 포함했다. 가장 의미 있는 업적은 <지방 도시 지도책>이다. 이것은 171쪽(17x23cm)으로 된 지도첩으로서 1697~1711년 사이에 레메조프가 만들었다. 1921년 해외로 반출된 이 지도첩은 1958년 네덜란드에서 바그로프(L.S. Bagrov)에 의해 출판됐다.[37] 이 밖에도 레메제프는 시베리아 역사와 예르마크의 원정에 관한 연대기를 쓰고, 민족지학서인 <시베리아 민족과 경계에 관한 기술>을 출판했다. <레메제프의 두 번째 기술>에서는 서시베리아 원주민들의 종교관을 비중 있게 다뤘다. 이교도와 불교에 관한 정보를 신학적 편견 없이 제공하고, 시베리아 민족들의 정신문화에 담긴 포괄적 특성을 객관적으로 서술했다.

여행가들의 초기 회상기들은 17세기 연대기 소설(쿤구르스카야, 예시폽스카야, 스트로가놉스카야)로 계승됐다. 대체로 다민족 국가인 러시아에서 시베리아 지역의 역할에 대한 문제가 역사학계에서 제기된 것은 오래된 일인 것으로 보인다. 러시아에서 엄청난 자원을 가진 광대한 지역을 본격적으로 개발하는 것은 400년 전에 시작됐다. 그 당시 시베리아 주민 수는 24만 명을 넘지 않았다. 즉 1㎢에 대략 0.16명이 살았다.

사료편찬에서 일어난 질적인 변화는 표트르 대제가 단행한 개혁의 결과로 러시아 문화에서 발생한 문화적 변동과 완전히 일치한다. 시베리아 역사에서 도시화의 전조는 17~18세기 초에 나타난다. 시베리아의 관청에는 시베리아 도시들의 건설과 발전 역사

Вып. 18. – М., 1976.

37) The Atlas of Siberia by Semion U. Remezov. Facsimile edition with an introduction by Leo Bagrov. 1958. S-Gravenhage, Supplement 1. – Jmago mundi.

에 관한 자료와 정보들이 쌓였다. 이 자료들은 17세기 시베리아 도시 역사에 관한 일반적인 사실과 정보를 담은 레메제프의 저서들과 18세기 초의 일반적인 문헌들에 반영됐다.

시베리아라는 주제를 학문적으로 발전시킨 최초의 시도는 캄차카 대원정에 나선 메세르시미트와 밀레르가 진행한 시베리아 탐사에서 시작된다.[38)]

18세기에는 학자와 관리 중에서 훌륭한 연구자가 많이 나왔다. 당시 시베리아 연구는 자연과학 중심이었다. 그러나 시베리아 지역 연구는 대체로 포괄적인 특성을 유지했다. 시베리아의 주지사로 나중에 상원의원이 된 표도르 소이모노프(1692~1780)는 수로학, 역사, 자연 지식, 지도에 관한 저서들을 내놓았다. 그의 저서 중 가장 유명한 것으로는 <동해에서 러시아인들이 이룬 항해와 발견>, <고대 속담: 시베리아는 노다지다>, <전 시베리아 농사 개설>을 꼽을 수 있다. 이는 시베리아의 가능성을 평가한 최초의 시도 중 하나다.

당시 뛰어난 연구자였던 G.M. 레노반츠, P.S. 팔라스, F.I. 게르만이 시베리아의 풍부한 자연과 지하층을 연구하기 위해 이곳을 방문했다.

레노반츠는 콜리바노-보스크레센스크 공장들에서 몇 년 근무하고 나서 1788년에 <알타이스크산맥 광물과 지리, 다양한 정보>를 독일어로 출판했다. 이 책은 1792년에 러시아어로 번역됐다. 나중에 탐험대 대장이 된 필립 리데르는 가장 큰 복합금속광산을 최초

---

38) *Новлянская М. Г.* Даниил Готлиб Мессершмидт и его работы по исследованю Сибири. – Л., 1970; *Элерт А. Х.* Экспедиционные материалы Г. Ф. Миллера как источник по истории Сибири. – Новосибирск, 1990; *Резун Д. Я.* О работе Г. Ф. Миллера над источниками по истории городов Сибири. – Новосибирск, 1982.

로 발견한 사람으로 시베리아 자연에 대한 사려 깊은 연구자였다.

1771~1773년에는 40년 이상 러시아의 자연과 역사를 연구해 온 뛰어난 자연과학자 표트르 팔라스(1741~1811)가 시베리아를 탐사했다. 그의 학문적 관심은 매우 넓었다. 알타이에 체류하는 동안에는 알타이 광석의 특성과 성층 조건을 연구하여 출판했다. 또한, 그는 (핀족이 만들어냈다고 하는) 고대 광석 제품들에 관심이 있었다. 이나강과 차리시강의 동굴을 조사하면서는 고대인의 유물과 나무와 뼈로 만든 장식품들을 발견했다. 그는 산호와 다른 화석들이 묻힌 석회암을 분석하고 나서 알타이 지역들에서 발견된 바다 생물체 흔적이 언젠가 이곳에 바다가 있었음을 증명해준다고 말했다.

베네딕트 게르만(1755~1815)은 우랄스크, 네르친스크, 알타이스크 공장들에서 광범위한 자료를 수집하고 세 권짜리 저서 <시베리아 광산과 공장>을 펴냈다. 이것은 광산업 역사에 관한 자료로 오늘날에도 귀중하게 평가된다. 그의 또 다른 대작인 <시베리아 광물 여행>은 시베리아 광물학과 지질학에 관한 중요한 정보를 담고 있다. 특히 궁전과 사원의 인테리어 장식으로 모스크바와 페테르부르크에서 수요가 많은 세공석(벽옥, 반옥 등)에 관한 정보가 많았다.

1733~1743년 북부 대탐사는 인류 역사상 최대 규모였다. 탐사대는 6개 해상팀과 1개 육로팀 '아카데미'로 구성됐다. 그들의 임무는 바이칼에서 동쪽으로 이미 개척된 지역을 조사하는 것이었다. '아카데미' 팀에는 러시아에서 근무하고 있는 유럽인 학자들인 I.G. 그멜린 교수와 G.F. 밀레르 교수, 학술원 회원 I.N. 크로예르 등이 있었다. 그 밖에 러시아 학생 5명과 측지학자 4명, 통역사와 화가들이 참여했다. 몇 권으로 이뤄진 그멜린의 <시베리아 식물

상>, 밀레르의 기본 저서 중 첫 권인 <시베리아 역사>와 <시베리아의 일반 지리>, <시베리아 민족 서설>, <아무르강 유역의 국가 역사> 등의 저술이 탐사 결과물로 나왔다. 시베리아 파견 당시 학생이었던 크라셰닌니코프(S.P. Krasheninnikov)는 <캄차카 땅의 기술>을 통해 캄차카반도의 자연뿐만 아니라 이곳에 사는 민족들의 역사와 문화, 생활도 연구한 뛰어난 학자가 됐다.

학술원 교수이자 러시아 역사 편찬자였던 게라르드 밀레르(1705~1783)의 시베리아 원정은 진정한 학문적 업적이었다. 그는 시베리아 20개 도시의 고문서 자료를 조사하고 나서 나름의 사회학적 연구를 통해 독특한 역사적, 지리적, 민족적 정보를 총합한 책을 출판했다. 밀레르와 그를 이은 I.E. 피셰르[39]는 시베리아 개발을 '귀족의 역사 편찬' 입장에서 분석하고 평가했다. A.P. 우만스키에 의하면, 그들은 토착 민족의 사회적 구조를 러시아 방식으로 살펴보고, 생활과 정치 현상을 러시아식 정의로 재단하여 봉건적이라고 간주했다. 그들은 시베리아 '점령'과 '정복' 이론의 지지자들이었다. 시베리아 토착 민족 공후들이 서로 협력하거나 러시아인들과 협력할 때 보여준 기본적인 행동 동기들에 대해서는 타산적인 계산이 깔려 있다고 보았다.

자연과학과 산업의 측면에서 일어난 시베리아에 대한 관심은 토착 문화에 대한 연구로 이어졌다. 북부 대탐사대의 업적으로 주목할 만한 것으로는 역사학자 밀레르 교수의 시베리아 민족 전설 수집, 예식과 풍습 기록, 고대 시설과 비문 탁본, 고대 유적 발굴, (사라져가는 언어들을 포함한) 시베리아 언어 사전 작성이었다. 이와 함

---

39) Сибирская история Иоганна Фишера. – СПб., 1775; *Фишер И. Э.* Сибирская история с самого открытия Сибири до завоевания сей земли Российским оружием. – СПб., 1874.

께 그멜린 교수의 저서 <시베리아 여행>(괴팅겐, 1752) 제3권에는 남시베리아 튀르크족들의 노랫말이 최초로 기록되어 있다.

탐사 참여자들의 여행기에는 시베리아 도시 건설 역사뿐만 아니라 시베리아 주민 생활과 행동 관찰, 도시와 마을 기록도 담겨 있다. 이 작업은 1734~1742년 시베리아의 모든 도시로 보낸 밀레르 교수의 설문에서 시작됐다. 이는 뒤이어 1761~1764년 학술원 설문에 대해 시베리아 전 도시가 보낸 답신으로 계속 이어졌다. 이 설문과 답신을 중앙과 시베리아 도시 관청 사이에 주고받은 사무적인 관청 문헌으로 치부해서는 안 된다. 이 설문 문항들은 러시아 학자 미하일 로모노소프와 밀레르 교수가 서유럽에서 얻은 학문적 경험을 이용하여 작성한 것이기 때문이다. 이 설문에 대한 답신을 작성하려면 시베리아 역사에 관한 고문서 자료를 섭렵해야만 했다.[40)]

1730~40년대와 1760~70년대 탐사 참여자들인 그멜린, 게오르기, 팔라스, 팔크 등은 동시베리아와 서시베리아 민족들의 생활과 풍습, 언어, 종교 전반에 관한 가장 흥미로운 자료들을 수집했다. 그러나 시베리아에 관한 비중 있는 연구서들은 19세기 인문주의 시대에 가서야 비로소 나오기 시작했다.

19세기 시베리아 연구

19세기에는 민속학 자료들이 집중적으로 축적됐다. 이러한 연구를 시작한 사람은 알타이 구전 민족 문학과 민속학의 선구자인 러시아 정교 사제장 V.I. 베르비츠키였다. 그의 작업을 계승한 사

40) *Резун Д. Я.* Современная урбанистика и сибирское городоведение XVII – первой половины XIX вв. // Источниковедение и историография городов Сибири конца XVI – первой половины XIX вв. – Новосибирск, 1987.

람은 탁월한 시베리아 선교사 N.Ja. 비추린(야킨프 신부)[41]이었다. 그는 언어와 생활방식, 음악 작품에 따라 알타이 민족을 남부와 북부로 구분하는 원칙을 연구 방법에 도입했다. 그리고 알타이 민족들의 악기와 ('카이'라고 하는 후두 발성) 창법을 최초로 기술했다. 지금까지도 학문적 가치를 잃지 않고 있는 가장 중요한 업적은 *<알타이어 문법>*과 *<알타이어와 알라닥스크어 방언 사전>*이다. 하지만 그는 알타이 민족들과 러시아 관리들의 상호 관계를 기술할 때 원주민의 구전에 의존했고, 조사된 사건들의 역사적 진실성을 설명해줄 수 있는 문서 증거를 활용하지 않았다. 특정 시기에 대한 연구에서는 그와 같이 역사적 사실에 민속학적으로 접근하는 것이 종종 가능하다.[42] N.M. 야드린체프, G.N. 포타닌, V.V. 라들로프, N.A. 아리스토프 등은 튀르크족의 민속과 언어, 설화를 연구한 저서를 내놓았다.[43]

고고학자이자 향토학자인 G.I. 스파스키와 19세기 초 콜리바노-보스크레센스크 공장 대표이며 톰스크 주지사였던 P.K. 프롤

41) *Бичурин Н. Я.* (отец Иакинф). Историческое обозрение ойратов или калмыков с XV века до настоящего времени. – СПб., 1834; *Он же.* Собрание сведений о народах, обитавших в Средней Азии в древние времена. – М.–Л., 1950. Т. 1.

42) *Костров Н. А.* Предания томских инородцев о подданстве их России // Труды IV Археологического съезда в Казани в 1877 г. – Казань, 1884; *Вербицкий В. И.* Алтайские инородцы. – М., 1893.

43) *Спасский Г. И.* Телеуты или белые калмыки // Сибирский вестник. Ч. XIII, XIV. – СПб., 1821; *Вербицкий В. И.* Словарь алтайского и адагского наречий тюркского языка. – Казань, 1884, *Ядринцев Н. М.* Сибирские инородцы. – СПб., 1891; *Потанин Г. Н.* Телеутские материалы // Труды Томского общества изучения Сибири. Т. III – Томск, 1915; *Радлов В. В.* Образцы народной литературы тюркских племен. – СПб., 1866; Он же. Этнографический обзор тюркских племен Южной Сибири и Джунгарии. – Томск, 1897; *Аристов Н. А.* Заметки об этническом составе тюркских племен и народностей и сведения об их численности // Живая старина. Т. VI. – СПб., 1896.

로프도 시베리아 연구에 많이 이바지했다. 이 두 사람이 수집한 역사적 저술, 몽골과 티베트의 문헌들, 민속자료들은 오늘날 국립 에르미타시박물관 수장고, 러시아국립도서관, 국립역사박물관에 보관되어 있다.

그리고리 스파스키(1783~1864)는 시베리아에서 근무하는 동안(1803~1809) 시베리아 역사와 고고학, 민족학, 문학 자료를 수집했다. 예를 들어 L.P. 포타포프 같은 연구자들은 스파스키가 시베리아 민족들, 특히 알타이족의 풍습과 생활, 신앙을 처음으로 진지하게 연구했다고 평가한다. 가장 중요한 업적은 *코이발어 사전*이었다. 코이발스크족은 알타이족보다 더 동쪽에 거주하다가 사라진 민족으로 스파스키에 의해 최초로 발견됐다. 스파스키는 몇 년에 걸쳐 <시베리아 통보>와 <아시아 통보>에 시베리아 민족과 이웃 민족들의 관계를 다룬 저술을 발표했다.[44]

V.G. 미르조예프[45]에 의하면, (19세기~20세기 초 역사학자와 민속학자, 고고학자들 등) 대다수 학자가 그들의 역사 연구 방향이 무엇이든 모두 '*밀레르와 피셰르 학파 출신*'(A.P. 우만스키)임을 주목해야 한다. 이들은 역사·문화 연구에 관한 방법론적 관점에서 밀레르와 피셰르의 논문과 저서들을 기본으로 삼고 있다고 한다. 이와 관련하여 G. 겔메르센, G.I. 스파스키, V.K. 안드리예비치, P.I. 네볼신, P.A. 슬롭초프, N.A. 코스트로프 등의 저서에서 오늘날 연구자들은 시베리아의 사회·정치 발전 과정에 대한 경향적 평가와 사실관계를 둘러싸고 실수들을 발견한다. 그러나 이것이 그들의 연구 결

---

44) «Сибирский вестник» издавался с 1818 по 1824 гг.; «Азиатский вестник» - с 1825 по 1827 гг.

45) *Мирзоев В. Г.* Историография Сибири. XVIII век. – Кемерово, 1963. – С. 91.

과를 학문적으로 배제할 이유는 되지 않는다. 오히려 그러한 업적을 비판적으로 되돌아볼 필요가 있다.[46)]

지방학자들인 N.M.야드린체프와 G.N. 포타닌의 저서는 대부분 밀러와 피셰르의 관점을 따르고 있다. 그러나 이들은 시베리아 역사 자료 범주를 확대하고자 했다. 구비전설 대신 고고학적 기념비, 개별적인 발굴, 텔레스, 텔레우트, 키르기스, 몽골 등 특정 민족들, 17~18세기 역사적 사건들과 관련 있는 장소들을 연결시키고자 하면서 때때로 그 의미를 재평가하기도 했다.

서시베리아에 관한 고고학적 연구는 1810~20년대에 스파스키와 K.F. 레데부르[47)]가 시작하여 19세기 말~20세기 초 V.V. 라들로프와 A.V. 아드리아노프, N.S. 굴랴예프, N.M. 야드린체프가 계속 이어갔다.

19세기 시베리아 민속학과 고고학 연구에서 탁월한 공헌을 보여준 사람은 세계적 명성을 지닌 튀르크 학자로 학술원 회원이었던 *바실리 라들로프*(1837~1918)였다. 그는 청동기와 철기시대의 고대 매장지를 발견하고 기술했다. 그리고 남시베리아의 새로운 문화 역사 시대를 구분 지었다. 이에 따라 파지리크 쿠르간족이 청동기와 연결됐다. 그의 조사는 나중에 <시베리아로부터>[48)]라는 제목의 독일어 책 두 권에 담겨 출판됐다.

---

46) *Словцов П. А.* Историческое обозрение Сибири. – СПб., 1836; *Небольсин П. И.* Покорение Сибири. – СПб., 1849; *Костров Н. А.* Предания томских инородцев о подданстве их России // Труды IV Археологического съезда в Казани в 1877 г. – Казань, 1884; *Андриевич В. К.* Сибирь в XIX столетии. – СПб., 1889.

47) *Ледебур К.* Путешествие через Алтайские горы и джунгаро-киргизскую степь, предпринятое в сопровождении господина Д. К. Мейера. Ч. II. – Путешествие А. Бунге в восточную часть Алтайских гор (на нем. языке). – Берлин, 1830.

48) *Радлов В. В.* Из Сибири. – Лейпциг, 1893.

1860년 러시아 지리학회에서 유명한 독일인 학자 칼 리테르(Karl Ritter)의 세 권까지 저서 <아시아 지리학>이 P.P. 세메노프-탄-샨스키의 번역으로 출판됐다. 이 책은 알타이-사얀산맥과 강, 호수, 동식물계, 광산업에 관해 기술하면서 레데부르, 분게, 스파스키 등이 이룩하고 리테르가 체계화한 민족 연구를 상당히 많이 포함했다. 여기에는 광산 지역의 농촌 마을과 유목민의 주거, 전통, 생활방식, 성격의 특성이 상세하게 기술되어 있다. 또한, 리테르는 자신의 저서에서 고대 '핀족 무덤'을 여러 번 언급했다. 그는 고대 쿠르간족의 파괴자들인 시베리아 스키타이 연구를 위해 중요한 주제들을 제시했다.

탄-샨 산악주를 처음으로 연구한 사람은 *세메노프*(1827~1914)였다. 이 때문에 세메노프라는 그의 성에 탄-샨스키라는 성이 덧붙여졌다. 탐사 당시 그는 <아시아 지리학> 4권 분량에 해당하는 막대한 자료를 수집했다. 그는 1856~57년 겨울을 바르나울에서 보내면서 수집한 자료들을 분석하고 시베리아 최초의 향토박물관 소장품들을 연구했다.

러시아와 외국 저명 학자들이 보여준 시베리아에 대한 학문적 관심은 시베리아 출신 활동가들의 의식을 일깨웠다. G.N. 포타닌, V.A. 오브루체프, M.A. 우소프, B.P. 베인베르그 등은 톰스크에서 몽골과 중앙아시아에 이르는 탐사를 진행했다. 그들의 작업으로 세계 학문의 황금기가 조성됐다. 혁명 전 톰스크 학자들은 학파 형성에 기초를 놓아 소련 시절 많은 인정을 받았다. 오브루체프를 단장으로 하는 지질학자들은 금과 석탄, 철광, 비철금속과 다른 많은 유용자원 광산을 발견하는 데 도움을 주었다.

시베리아 연구에서 의미 있는 역할을 수행한 사람은 이르티시 지역 카자크 장교 가정에서 태어난 *그리고리 포타닌*(1835~1920)이었다. 그는 고문서 전문가로서 나중에 시베리아와 중앙아시아 전문 저명 여행가이자 연구자가 되었다. 1874년 포타닌은 세메노프-탼-샨스키의 지시로 네 권짜리 <아시아 지리> 저서의 보완 작업에 투입됐다. 아시아와 자바이칼, 키르기스 초원지대 탐사 당시 포타닌은 시베리아 거주 러시아 카자크 주민의 생활과 농사, 양봉, 목축, 상업, 민속의술, 시베리아 민족들의 가족 관계, 미신 등에 관한 자료를 광범위하게 수집했다. 1866~1867년 모스크바에서 <시베리아 역사 자료: 모스크바대학교 부설 왕립 러시아 고대사 학회 강독>이 출판됐는데, 포타닌의 연구는 1권과 4권에 포함됐다.

스테판 굴랴예프(1805~1888)는 알타이 역사와 민족, 민속학을 연구한 저명 학자이자 발명가였다. 그의 가장 유명한 저서로는 <시베리아 윤창곡>(1839)과 <알타이 석공들>(1845), <남시베리아 민족 개론>(1848)이 있다.

굴랴예프는 알타이 광산청 채금산업과 자문위원으로 일하면서 동시에 민속학과 고고학, 광물학, 품종 개량학을 연구했다. 알타이에서 그는 많은 분야에서 최초를 기록했다. 벨로쿠리힌스크의 라돈 온천에 관심을 기울여 그곳에 진료소를 세웠고, 사탕무와 담배 파종법을 개량했고, 어업을 연구했다. 그는 양모피 물감 발명으로 유명해졌다. 양모피 물감으로 만든 '바르나울카' 외투는 알타이 밖에서도 수요가 밀려들었다. 굴랴예프는 적은 수입으로 공공도서관을 열었다. 바르나울에는 중학교를, 시베리아에는 대학교를 세우는 일에 앞장섰다. 그는 평생 민요, 민속 서사시, 설화를 수집했고 바르나울 근처 에레스트니 마을의 민요 가수 레온티이 투피친의 재능을 발견하고 그에게서 20편 이상의 서사시[49]를

49) *Гуляев С. И.* Былинные песни Алтая. – Барнаул, 1988; *Он же.* Былинные песни Южной Сибири. – Барнаул, 1989.

채록했다.

니콜라이 야드린체프(1842~1894)는 평론가이며 사회 활동가이자 시베리아 연구자로서 고고학자이며 민속학자였다. 1860년대에 시베리아자치주의단체에 가입하여 이론가가 되었다. 러시아지리학회 서시베리아 분원 회원으로 두 번에 걸친 알타이 지역 탐사에서 이주 문제를 연구하면서 민속과 생물학 자료를 수집했고, 인류학에 관해서도 많이 연구했다. <알타이의 큰사슴 사육>과 <서시베리아와 고르니알타이 여행> 같은 그의 논문은 지금도 학문적 가치를 인정받고 있다. 미누신스크 변강과 오르혼 상류 탐사 결과는 두 권짜리 저서 <시베리아 이교도들의 생활과 현대 상황>(1891)과 <식민지로서의 시베리아>(1892)로 출판됐다. 야드린체프는 1882년부터 페테르부르크에서 <보스토치노예 오보즈레니예>와 부록으로 출판된 최초의 시베리아학 정기간행물 <시베리아 선집>의 편집을 맡았다. 그의 문학 논문 중 시베리아와 연관된 것으로는 <시베리아 출판의 기원>과 <시베리아 시의 운명과 시베리아의 고대 시인들> 등이 있다.

1845년에는 러시아지리학회가 창설되어 시베리아에 대한 학문적 연구가 체계적으로 수행되기 시작했다. 그 결과 1891~92년에 유명한 문헌학자이며 시베리아 전문가인 V.I. 메조프의 <시베리아 서지학> 전집이 출판됐다. 세 권으로 구성된 이 책에는 시베리아 민족 관련 명칭 약 1,000개가 새로 수록되었다.

러시아지리학회가 포타닌, Ch.Ch. 발리하노프, A.V. 아드리아노프, A.K. 쿠즈네초프, G.F. 카타나예프, V.V. 사포지니코프와 러시아지리학회 서시베리아 분원, 동시베리아 자바이칼 분원 회원들의 활동에 관해 지역 고문헌 자료를 출판한 일은 가치 있는

대단한 업적으로 평가된다.[50)]

시베리아 지리와 동식물상, 자연자원과 기후 특성에 관한 지리학적, 자연과학적 연구는 19세기 전반기에 사실상 완성됐다. 이로써 시베리아 지형과 주민, 민족 특성, 생활과 전통에 관한 기본 정보가 집대성됐다.

이와 별도로 주목해야 할 것은 시베리아 문명의 형성과 발전에 관한 저술들이다. 이 주제에 관해 최초로 출판된 것은 민족학교 교장 I.F. 밀레르가 쓴 18세기 말 19세기 초 이르쿠츠크주 학교들에 관한 역사 실록이다.[51)] 곧이어 이와 유사한 기록들이 나왔다. S.L. 추드놉스키는 톰스크주에 관해, P. 골루베프는 고르니알타이 관구에 관해, G.Ja. 말랴렙스키는 전 시베리아에 관해 역사 실록을 출판했다.[52)] 소련 시절 초창기에 시베리아 교육 역사를 연구하려는 시도가 있었다.[53)] 하지만 이러한 문제의식은 이후 오랫동안 학자들의 관심권에서 사라졌다. 1974년에 이르러서야 비로소 노

50) *Семенов П. П.* История полувековой деятельности Императорского Русского географического общества. – СПб., 1896 г. ; *Козьмин Н. Н.* Исторический очерк деятельности Восточно-Сибирского отдела Русского географического общества за 50 лет. – Иркутск, 1904; Обзор деятельности Забайкальского отдела Русского географического общества и краевого музея имени А. К. Кузнецова за 30 лет. – Чита, 1924; Записки Западно-Сибирского отдела Русского географического общества. – Омск, 1927.

51) *Миллер И. Е.* Краткое историческое обозрение учебных заведений в Иркутской губернии: Периодические сочинения о успехах народного просвещения». – СПб., 1810.

52) *Чудновский С. Л.* Исторический ход народного просвещения в Томской губернии. Ч. I, II. – Томск, 1884, 1885; *Голубев П.* Народное образование. – Историко-статистический сборник по вопросам экономического и гражданского развития Алтайского горного округа. – Томск, 1890; *Маляревский Г. Я.* Очерк истории и современного состояния народного образования в Сибири. – СПб., 1896.

53) *Юрцовский Н. С.* Народное образование в Омской губернии. – Омск, 1923; Он же. Очерки по истории просвещения в Сибири. – Новониколаевск, 1923.

보시비르스크에서 A.N. 코필로프의 단행본 <17세기~19세기 초 시베리아 문화생활 고찰>이 고문헌과 문학 자료를 부록으로 달고 출판됐다. 이 책은 시베리아 학교 역사를 매우 자세하게 조명하고 있다.

19세기 역사학에서는 제정 러시아의 시베리아 정복에 대한 개념이 주요 논점이었다. 자치주의 회원들은 시베리아가 러시아의 식민지라고 선언했다. 이들은 시베리아 관련 대중 이야기들을 근거로 중앙과 지방의 상호 관계 문제를 예리하게 제기했다. 그러자 작가이자 역사학자였던 D.L. 모르돕체프가 시베리아자치주의 회원들에 반대하고 나섰다. 그는 중앙이 지방을 흡수하고 지방에서 아주 뛰어난 지식인들을 소외시키는 것은 불가피하다고 확신했다.

슬로프초프의 저서 <시베리아 역사 평론>은 시베리아의 도시화를 새로운 학문적 방향으로 제시했다. 그는 시베리아 도시 발전에서 지역적 특성을 최초로 관찰했다. 이와 함께 '도시형 생활' 같은 애매하고 연구되지 않은 현상을 주목했다. 17세기 후반 시베리아 도시와 요새들의 역사에 관한 정보들도 비교적 새로웠다.[54)]

'자치주의 회원'들의 저서들에서는 시베리아가 시적으로 형상화됐고, 소수민족의 전통과 민족적 공통성에 대한 연구 문제가 제시됐다. 아울러 시베리아 문화의 아시아적 성격과 고대 튀르크 기원이 강조됐다. 야드린체프는 이른바 '아시아적 러시아'를 연구의 기본으로 삼았다. 그럼에도 19세기 말 20세기 초 제정 러시아 정부는 유럽 전통에 기초한 러시아 문화를 주도했다.

A.V. 아노힌은 시베리아와 알타이 민족 관련 연구에서 특히 많이 이바지했다. 그는 일차 자료를 직접 얻으려고 튀르크계 언어를

---

54) *Словцов П. А.* Историческое обозрение Сибири. – СПб.: Тип. И. Н. Скороходова, 1886.

공부하고, 튀르크 신화와 민족 서사시를 이해하고 기념비적 민족 작품들을 번역하여 출판했다.

19세기 말 20세기 초 시베리아에서 역사 교육을 받고 연구 조사를 전문적으로 수행하는 사람들이 상당수 생겨났다. 그들은 지금도 학문적 가치가 떨어지지 않는 주제별 선집을 출판했다. 도시 역사 연대기를 편집하고 박물관과 역사학회 등을 만들었다. 시베리아 향토학자들은 러시아 역사학의 기본 저서들에 관심을 더 많이 기울였고, 모스크바 학자들은 시베리아 출신 학자들의 구체적 연구를 자주 인용했다. 그러면서 이 두 조류의 '융합' 가능성이 생겨났다.

20세기의 시베리아 연구

혁명 전에 형성된 시베리아 연구의 발전적인 학문 방향을 하나로 통합하는 일은 이뤄지지 못했다. 20세기 초부터 러시아에서는 러시아 문화를 완전히 다른 틀로 바꾸는 역사적 사건들이 지속해서 일어났다. 1917년 혁명과 뒤이은 내전, 마르크시즘으로 무장되어 완전히 일방적으로 기울어진 새로운 소비에트 사회의 형성은 시베리아에서 있었던 역사·문화 과정에 대한 학문적 연구 수준을 급격히 떨어뜨렸다. 전쟁과 혁명의 화염 속에서 많은 원고와 고문서가 불타 사라지거나 약탈됐고, (D.Ja. 레준의 비유적 표현을 빌리자면) 여러 세대에 걸쳐 러시아 귀족들이 수집해 놓은 개인 장서들이 "담배를 마는 궐련 포장지로 버려졌다."

20세기 초 십여 년 동안 러시아에서 일어난 정치적 격랑 속에서 시베리아는 특별한 장소가 되었다. 러시아 중심부에서 거의 무혈로 전격적으로 일어난 소비에트 정권의 확립이 시베리아에서는 볼셰비키와 백군 사이의 가장 치열한 대립으로 격화되었다. 이것은 특히 러시아와 시베리아 민족들의 문화 발전 과정에서 가장 큰 비극이 되었다.

혁명과 내전은 학계 활동에도 심대한 영향을 끼쳤다. 1924년까지 시베리아 지역에서 학문적 활동이 중단됐고, 이 시기 전쟁과 정치 상황은 역사학 논문들에 반영됐다.[55)]

원시적 자유인과 유목적 자연인 전통이 강한 시베리아에서 새롭게 등장한 전체주의적 권력은 비정상적으로 보였다. 당연히 주민들의 극렬한 비타협적 저항이 일어났다. 소련의 중앙집권화는 은밀한 저항에 부딪혔다. 시베리아 지역을 특징지은 현상 중 하나는 '붉은 비적' 또는 '시베리아 반혁명군'이었다. V.I. 시시킨에 의하면, "기본적으로 붉은 비적이 나온 배경에는 소비에트 정부 체계의 잔혹한 조직적 중앙집권화와 전시공산주의 체제에 의한 노역의 의무를 둘러싸고 터져 나온 자유 지향적인 시베리아 주민들의 불만이 깊게 깔려 있었다."[56)]

20세기 초 많은 향토학자가 "특권계급으로부터 축출되는" 불행을 겪으며 탄압받거나 처형되었다. 이후 1920~30년대에 이들을 대신하여 새로운 향토 연구 운동이 일어났다. 그러나 새로운 학자들은 숫자가 많았어도 교육 수준이 매우 낮았다. 그중에는 지난 세기 역사 문헌들과 관련하여 경험도 전혀 없었고 직업적 훈련도

55) Хроника гражданской войны в Сибири 1917-1918 гг. / Сост. В. Максаков и А. Турунов. – М. –Л., 1926; *Молотов К.* Контрреволюция в Сибири и борьба за Советскую власть. – Саратов, 1921; *Гессен И. В.* Архив русской революции: В 18 тт. – Берлин, 1921-22; *Каржанский Н. (Качанов).* Чехословаки в России: По неизданным официальным документам. – М., 1918 и др.

56) *Шишкин В. И.* Красный бандитизм в Советской Сибири // Советская история: Проблемы и уроки. – Новосибирск, 1992; *Парфёнов П. С.* Сибирские эсеры и расстрел славгородских крестьян в августе 1918 г. (к процессу эсэров) // Пролетарская революция. 1922. № 7. – С. 59-71.

받지 못한 사람이 많았다. 향토 연구의 주제도 바뀌었다. 기본적으로 연구자들의 관심은 지리·경제와 통계, '노동자와 농민' 관련 민속학에 있었다. 이들은 17~18세기 시베리아 도시들과 정착지에 관한 역사적 기술에서 사실관계를 모르거나 역사적 사건의 설명에서 이데올로기적 도식주의라는 실수들을 저질렀다.[57)]

시베리아의 도시화와 관련한 일부 향토지리 연구에는 기존 발전 단계를 계승하는 관계가 기적처럼 담겨 있었다. 이런 연구가 새로운 사실들을 제시하지는 않았지만, 시베리아 도시들과 관련한 과거 자료들을 사실에 근거해서 제대로 연구했다.[58)]

러시아 전 지역에서 볼셰비키 권력이 점차 강화됨에 따라 갖가지 이상적 목표를 추구하는 운동이 다양한 형태로 생겨나 전개됐다. 그러나 본질은 반볼셰비키 방향을 띠고 있었다. 1920년대 반대파들의 문헌과 구호를 분석해 보면 이 운동 참가자들에게는 러시아 사회정치 체제 문제에 대해 일치된 견해가 없었다는 결론에 이르게 된다. 다양한 정치 세력의 반대파들을 하나로 묶은 것은

57) См. например: *Каптерев Л.* Заселение Тагильского края: (Историко-экономический очерк) // Материалы по изучению Тагильского округа, - Тагил, 1928. Вып. 2. С. 4-30; *Кудрявцев Ф. А.* Восстания крестьян, посадских и казаков Восточной Сибири в конце XVII века. – Иркутск, 1939; *Тарасенков Г. Н.* Туруханский край. Экономический обзор с историческим очерком. – Красноярск, 1930; *Черных Г.* Ярмарки Иркутской губернии. – Иркутск, 1927. Сибирская сосетская энциклопедия. Т. 1-4. – Новосибирск, 1929-194? (последний том не вышел, существует только в машинописном варианте).

58) *Михайловская А. И.* Братский острог: (Историко-археологический очерк). – Иркутск, 1928; *Козьмин Н.* Очерки гор. Верхнеудинск. Прошлое города // Жизнь Бурятии. – Верхнеудинск, 1925. № 5-6. – С. 118-122; *Смирнов В. А.* Триста лет жизни города Красноярска // Триста лет города Красноярска. 1628-1928. – Красноярск, 1928. – С. 3-18; *Кузьмин В. И.* Основание и прошлое Красноярска // Справочник по г. Красноярску на 1923 год. – Красноярск, 1923. – С. 3-60; *Смирнов В. А.* Исторический очерк Приенисейского края. – Красноярск, 1926. Ч. 1.

공산주의 체제를 인정하지 않는다는 점이었다.[59)]

내전 과정에서 있었던 동부 지역 반볼셰비키 운동에 주어진 특별한 역할은 사라졌다. 바로 서시베리아 옴스크는 반혁명의 가장 중요한 중심지였다. 옴스크 정부가 러시아 유일의 합법 정부라는 이들의 주장은 모든 '백군' 지역에서 인정됐다. 당연히 옴스크 정부의 역사는 전통적으로 많은 연구자의 관심을 끌었다. V.V. 가르미자, G.Z. 이오페, N.S. 라리코프, S.G. 리프시츠, A.N. 니키틴, M.E. 플로트니코바 등은 연구 논문에서 정부 구성과 구성원들의 정치적 성향, 시베리아 반볼셰비즘 파벌들의 투쟁과 '옴스크 당국'의 정치적 발전 사이의 상호 관련 문제를 다뤘다. 1918년 1월부터 6월 사이의 사건들도 많은 출판물에서 집중적으로 연구됐다. 반소비에트 투쟁 시기 시베리아에서는 반혁명적 '국가 체계'의 기틀이 마련됐다.[60)]

신생 국가에서 객관적 상황들이 합쳐지고 주관적 요인들이 영향을 끼쳐 독특한 상태가 조성됐다. V.V. 모스콥킨이 정리한 바에 의하면, 1921년 2월과 3월에 많은 면에서 국가 권력의 운명이 무력 전쟁으로 결정됐지만, 이는 러시아 중심부에서가 아니라 머나

59) Хроника гражданской войны в Сибири 1917-1918 гг. – М.–Л., 1926; *Шумяцкий Б.* Сибири на путях к Октябрю. – М., 1927; *Троцкий Л.* О Сибири. – Новосибирск, 1990 (из архивов госбезопасности); *Буревой К.* Колчаковщина. – М., 1919; Чехословаки в Самаре: (По данным Высшей Военной Инспекции) – М., 1918.

60) *Белоусов Г. М.* Эсеровское вооруженное подполье в Сибири (1918 г.) // Сибирский исторический сборник. Вып. 2 – Иркутск, 1974; *Лившиц С. Г.* К истории Западно-Сибирского комиссариата // Вопросы истории СССР. – Барнаул, 1974; *Ларьков Н. С.* Антисоветский переворот в Сибири и проблема власти в конце весны – летом 1918 г. // Гуманитарные науки в Сибири. – Новосибирск, 1996, № 2. С. 24-30; *Шиловскйи М. В.* Новониколаевск как столица «белой» Сибири: (К истории Западно-Сибирского комиссариата) // Вопросы краеведения Новосибирска и Новосибирской области. – Новосибирск, 1997. С. 103-105.

먼 서시베리아 지방에서 일어난 일이었다.

20세기에 들어서면서 시베리아 연구의 중심지는 모스크바와 페테르부르크(레닌그라드)에서 시베리아 대도시로 점차 옮겨갔다. 시베리아 연구에서 외국 학자와 수도권 학자들의 주도 시대는 끝나가고 있었다. 시베리아에서는 고유한 학문적 기반이 성장하고, 교육과 학문의 중심이 발전되어 독특한 시베리아 지식인층이 형성됐다. 학문적 출판은 주요 행정 중심지 주변에 집중됐다.

소비에트 시절 시베리아의 사료 편찬은 몇 단계로 구분할 수 있다.

소비에트 정권 확립 시기부터 1930년대 중엽까지 소비에트 시베리아의 문화와 학문적 활동은 대부분 전국적 사건들과 직접 관련되어 있었다. 사회 기관들의 예속 체제와 경직된 이념적 강령은 국가 중심부와 주변부의 동시적인 문화 발전에 심각한 영향을 끼쳤다. 러시아 전체에 걸쳐 세계관과 정치적 사건들이 바뀌면서 시베리아에서도 생활이 바뀌었다. 사회생활 변화는 연구 주제와 방향 선택에서 결정적인 요인으로 작용했다. 그 결과 예를 들어 혁명 후 십여 년 동안 학문과 예술에서 꾸준한 관심 대상으로 떠오른 것은 시베리아에서 소비에트 권력이 확립되는 과정과 내전이 발발한 특이성이었다.[61]

이 당시 활발하게 연구된 것은 시베리아에서 소비에트 권력을 위해 벌어진 새로운 투쟁 과정, 혁명적 사건들과 초기 단계의 사

---

61) *Турунов А. и Вегман В.* Революция и гражданская война в Сибири: (Указатель книг и журнальных статей). – Новосибирск, 1928; Профсоюзы Сибири в борьбе за власть Советов. – Новосибирск, 1928; Хроника гражданской войны в Сибири 1917-1918 гг. – М.–Л., 1926; Красная Армия Сибири. – Новониколаевск, 1922; *Хейфец К.* Белый бандитизм: Советы без коммунистов (история Нарымско-Сургутского бандитизма) // Былое Сибири. – Томск, 1923.

회주의 건설이었다.[62] 시베리아에서 일어난 혁명 과정의 특성과 난관의 문제에 관한 흥미 있는 역사 자료들이 연구 논문들에 포함됐다. 그리고 일차적 결론을 통해 일반화가 시도되면서 지속적인 연구를 위한 문제들이 새롭게 제기됐다. 혁명과 내전에서 노동자 계급이 수행한 역할의 의미가 특별한 관심을 받았다. 이와 관련된 논문들이 안고 있는 문제점들은 시베리아와 러시아 전체에서 일어난 사건들을 분리시키고 실제 사건 참여자였던 저자들의 주관적 관점이 편향적이었다는 것이다.

시베리아의 혁명적 변화는 중부 러시아와 비교해서 특별한 반향을 일으켰다. 국가의 정치 개혁은 지역의 인종학적, 인구학적 지도와 환경, 경제, 원주민의 모든 관습과 가치 체계, 문화의 정신적 기반을 송두리째 바꾸어 놓았다. 국가의 새로운 이념이 시베리아 소수민족의 전통 의식 속에 파고들었다. 이것은 문화 건설이라는 정치 선동 작업을 토대로 한 것이었다. 이 시기 역사·문화 관련 논문들은 시베리아 지역 소비에트 권력의 확립과 강화에 집중됐다. 시베리아 개별 지역들의 소비에트 권력 확립 투쟁에서 보여준 공산주의자와 노동계급, 농민의 역할, 소비에트 권력 확립 과정의 특성에 관해 많은 연구가 20세기 전반에 이루어졌다.[63]

이 당시 잡지에는 주로 외국과 백군 계열 망명 작가들의 회상과

---

62) Профсоюзы Сибири в борьбе за власть Советов. – Новосибирск, 1928; Хроника гражданской войны в Сибири 1917-1918 гг. / Сост. В. В. Максаков и А. Турунов. – М.–Л., 1926; *Шумяцкий Б.* Сибири на путях к Октябрю. – М., 1927; *Ильюхов Н., Титов М.* Партизанское движение в Приморье. 1918-1920 гг. – Л., 1928; *Сибиряков В.* Что принес Колчак сибирским рабочим и крестьянам. – М., 1919.

63) *Избекова А. А.* Победа колхозного строя в Якутской АССР. – Хабаровск, 1958; *Увачан В. Н.* Переход к социализму малых народов Севера. – М., 1958; *Хаптаев П. Т.* Октябрьская социалистическая революция и гражданская война в Бурятии. – Улан-Удэ, 1964.

연구(V. 그렙스의 논문, A. 부드베르크 남작의 일기, 자넨과와 D. 우오르트 등의 일지)가 실렸다.[64] 많은 연구가 외국 출판사들에서 나온 점이 특징적이었다. 나머지는 원고 상태로 배포되다가 20세기 말 페레스트로이카 이후에서야 출판됐다.

1930년대 중엽부터 60년대까지 시베리아 문화사 연구는 대폭 축소됐다. 연구가 극단적으로 이념화되어 실제 사건과 사실들이 자주 왜곡됐다.[65] 시베리아 문화 자료들이 계속해서 축적되고 단행본이 출판됐지만, 많은 자료가 이념에 의한 도식주의에 빠져 난국을 감추려는 특징이 있었다. 이 시기의 학문적 중요성은 바로 당시의 고문헌 자료에 대한 연구가 활발하게 시작됐다는 데서 찾을 수 있다. 이로써 진실을 담은 문헌이 학계에 많이 유통될 수 있었다. 문헌집과 회상록이라는 새로운 유형의 출판이 유행했다.[66]

2차 세계대전 이전의 역사·문화 과정은 역사 저술에서 별로 다

64) *Жанен М.* Отрывки из моего сибирского дневника // Колчаковщина: Из белых мемуаров / Под ред. Н. А. Корнатовского. – Л., 1930; *Сахаров К. В.* Белая Сибири. – Мюнхен, 1923; *Гине Г. К.* Сибирь, Союзники и Колчак. 1918-1920 гг. (Впечатления и мысли члена Омского Правительства): В 2 т. – Пекин, 1921; *Зензинов В.* Из жизни революционера. – Париж, 1919.

65) *Цыпкин С.* Дальневосточные большевики на путях к Октябрю. – Хабаровск, 1934; *Вегман В., Циркунов Ю.* Сибирская Красная гвардия и отряд Петра Сухова. – Новосибирск, 1934; *Шорников М. М.* Большевики Сибири в борьбе за Октябрь. – Новосибирск, 1947; *Молотов Вл.* Большевики Сибири в период гражданской войны (1918-1919 гг.). – Омск, 1949; Сибирская советская энциклопедия. Т. 1-4. – Новосибирск, 1929-194? (последний том не вышел, существует только в машинописном варианте) и т. п.

66) За власть Советов: (Сборник документов). – Красноярск, 1957; В борьбе за власть Советов. – Тюмень, 1957; Большевики Западной Сибири в период подготовки и проведения социалистической певолюции. – Новосибирск, 1957; Как мы боролись за власть Советов в Иркутской губернии. – Иркутск, 1957; *Бажеев Д. Г.* Коммунистическая партия – организатор и вдохновитель партизанской борьбы в Бурятии. – Улан-Удэ, 1960; *Волков И.* Воспоминания бывшего царского каторжанина // Пути революции. 1922. № 1. – С. 13-38.

뤄지지 않았다. G. 도쿠차예프의 단행본 <대조국전쟁 전야의 시베리아와 극동 노동자 계급>(노보시비르스크, 1965)은 좋은 사례를 보여준다. 이 책은 많은 고문헌을 바탕으로 경제와 노동자 계급의 발전에 관한 기본 과제들을 다루고 있다. 그러나 새로운 시베리아 문화 건설 문제는 저자의 관심 밖이었다. 시간이 조금 더 지나서 역사·문화 과정의 성패와 미완의 잠재력을 알 수 있게 되자 학자들의 주요 관심사는 집단화와 산업화로 옮겨 갔다.[67]

1940년대 시베리아에서는 학술 논문이 거의 출판되지 않았다. 후방 지역의 모든 자원이 전선 지원을 위해 보내졌다. 하지만 전쟁 승리 이후 20년간 대조국전쟁과 시베리아 사람들의 역할에 관한 연구가 물꼬처럼 터져 나왔다. 정치, 역사 논문과 단행본이 주류를 형성했다.

1956년 이후 페레스트로이카가 시작되기 전까지 시베리아를 포함한 소련의 역사에 대한 연구가 대량으로 쏟아져 나왔다. 이 시기 연구의 특징은 당과 정부가 부과한 국가적 과제들을 해결해야 하는 방향성과 계획성에 있다. 제20차 공산당 전당대회(1956)는 소련 학자들에게 사회주의 사회 건설 영웅들의 진실한 이야기와 다양한 창조 과정을 재현하도록 요구했다. 이와 관련하여 시베리아 전역과 개별 지역들에 관한 기술을 일반화하고 체계화하는 연구들이 비중 있게 진행됐다. 논문집과 소련 공산당 전당대회와 간부회의 보고 기록물이 주류를 이뤘다. 그중에는 경제와 문화, 주

67) *Касьян А. К.* Первые шаги колхозного строительства в Омской деревне. – Омск, 1958; *Степаничев И. С.* Борьба Иркутской организации КПСС за коллективизацию сельского хозяйства. 1928-1930 гг. – Иркутск, 1958; *Беляев И. К.* Социалистическая индустриализация Западной Сибири. – Новосибирск, 1958; *Потемкин В.* Коммунистическая партия – организатор строительства и освоения КМК. – Кемерово, 1957 и др.

민 구성과 이동에 관해 시베리아 전체 차원에서 일반화할 수 있는 사실 자료가 많이 포함되어 있었다. 시베리아 역사와 문화에 관한 진지한 연구물과 개별 지역 발전에 관한 논문들이 이 시기에 많이 출판됐다.[68)]

시베리아 연구의 특성은 논쟁적인 저술들에 드러나 있다. 그중 하나가 벨랴예프(I.K.Beljaev)의 단행본 <서시베리아의 사회주의적 공업화>(노보시비르스크, 1958)이다. 이 책은 소비에트 정권 40년간 서시베리아 지역의 공업 발전을 기술해 놓았다. 지역 문화 문제를 전반적으로 다뤘다고 주장하는 논문집들이 특히 많이 출판됐다. 이들은 무엇보다도 개별적 성격을 띤 산발적인 논문들을 연결시켜 주었다. (극동을 제외한) 시베리아 관련 자료들을 통합하려는 시도들은 V.P. 사프로노프, M.M. 쇼르니코프, M.I. 스티쇼프, I.F. 플로트니코프 등[69)]의 단행본에서 처음으로 이뤄졌다.

시베리아 지역 역사·문화 연구 과제는 1930년대에 이르러 학문으로 자리 잡았다. 이때 소비에트 정권 수립 기념 논문집들과 내전과 집단화를 되돌아보는 회상록들이 출판됐다. 소비에트 시대 야쿠티야와 부랴티야, 하카시야, 투바의 역사, 문화, 민족을 체계적으로 아우르는 본격적인 학술연구는 1950년대에 처음으로 이

68) История Сибири с древнейших времен до наших дней: В 5-ти т. – Л., 1968; *Соскин В. Л.* Очерки истории культуры Сибири в годы революции и гражданской войны. – Новосибирск, 1965; История Якутской АССР: В 3-х т. – М.–Л., 1963; История Бурятской АССР: В 2-х т. – Улан-Удэ, 1958; История Тувы: В 2-х т. – М., 1964.

69) *Сафронов В.* Октябрь в Сибири. – Красноярск, 1962; *Шорников М. М.* Большевики Сибири в борьбе за победу Октябрьской революции. – Новосибирск, 1963; *Стишов М. И.* Большевистское подполье и партизанское движение в Сибири в годы гражданской войны (1918-1920 гг.). – М., 1962; *Плотников И. Ф.* Большевистское подполье в Сибири в период иностранной интервенции и гражданской войны (1918-1920 гг.). – Свердловск, 1966.

뤄졌다. 바로 이때 부랴티야와 투바, 야쿠티야의 오로치, 에벤, 에벤키 그리고 축치, 울치, 네네츠, 니브하, 케트 같은 개별 민족 역사를 다룬 단행본이 처음으로 출판됐다.[70)]

1960~70년대 문화 건설 문제에서 관건은 소비에트 인간형을 애국심으로 육성해야 하는 것이었다. 이와 관련하여 가장 많이 출판된 것은 대중적, 사회평론적 성격의 논문들이었다. 대조국전쟁에서 시베리아 사람들이 이룩한 업적과 미개간지와 휴경지 개간과 대규모 발전소 건설에서 소비에트 인간형이 보여준 영웅적 행위들이 주요 주제를 형성했다. 이들 논문은 오늘날에도 기본 자료로 어느 정도 활용될 수 있다. 그러나 감정적으로나 선동적으로 쓴 논문들에서는 역사적 사건들을 둘러싼 이념적 논쟁의 평가가 주류를 형성했고 사실이나 결론들은 실수투성이였다.[71)] 이와 동시에 국가 역사, 소련 공산당, 경제, 사회주의 문화 건설을 다룬 논문들이 나타나기 시작했다.[72)]

새로운 프롤레타리아 문화를 건설하는 과정에서 소비에트 시베리아 역사의 주요 세력은 농민과 연합한 노동자 계급이었다. 시베

70) *Тугутов И. Е.* Материальная культура бурят: Этнографическое исследование. – Улан-Удэ, 1958; *Вайнштейн С. И.* Тувинцы-тоджинцы: (Историко-этнографические очерки). – М., 1961; *Ларькин В. Г.* Орочи. – М., 1964; *Николаев С. И.* Эвены и эвенки Юго-Восточной Якутии. – Якутск, 1964; *Вдовин И. С.* Очерки истории и этнографии чукчей. – М.–Л., 1965; *Смоляк А. В.* Ульчи: Хозяйство, культура и быт в прошлом и настоящем. – М., 1966; *Хомич Л. В.* Ненцы: Историко-этнографические очерки. – М.–Л., 1966; *Таксами Ч. М.* Нивхи. – Л., 1967; *Алексеенко Е. А.* Кеты: Историко-этнографические очерки. – Л., 1967.

71) *Жихарев Н. А.* В борьбе за Советы на Чукотке. – Магадан, 1959; *Сафронов В.* Октябрь в Сибири. – Красноярск, 1962; *Солодянкин А.* Коммунисты Иркутска в борьбе с колчаковщиной. – Иркутск, 1960 и т. п.

72) *Шакин А. М.* Омская область в послевоенные годы. – Омск, 1953; Культурное строительство в Сибири 1917-1960 гг. – Новосибирск, 1962 г.; Народы Сибири. – М.–Л., 1956 и др.

리아 연구도 예외는 아니었다. 전쟁 와중에 진행된 사회주의적 관계 강화는 시베리아에서 지식인들의 특별한 위치와 소비에트 문화 발전에서 이들이 담당한 역할에 대한 학문적 관심을 불러일으켰다. 유배되었던 대표적 혁명가들의 생애와 활동에 대한 논문들이 1980년대 말부터 나왔다. 그러나 유형당한 인민주의자들의 역사와 사회평론적 저술, 시베리아 원주민에 관한 연구물은 숫자가 적었다. '시베리아 유형수들의 문화적 영향'과 '시베리아 문화에서 지식인이 담당한 역할'을 주제로 다룬 일반 논문들은 없었다.

소비에트 시절에는 다양한 분야를 다룬 연구가 계속해서 출판되면서 시베리아 연구가 체계적으로 실현됐다. 무엇보다도 소련 과학아카데미 소속 연구소들의 주관 아래 역사-지형학자들의 공동 연구가 집중적으로 출판됐다. 예를 들면, 1968년 레닌그라드에서 출판된 <시베리아 역사> 5권과 V.G. 미르조예프의 역사 연구, L.M. 고류시킨과 N.A. 미넨코의 유명한 저서가 있다.[73)]

특별한 연구 방향은 시베리아 문명이 태동하는 고대부터 시베리아에 도시 문화가 형성되는 과정을 천착하는 시베리아 도시화 연구였다.[74)] 시베리아 도시들의 역사를 다룬 논문들은 <시베리아 소비에트 백과사전>을 통해 출판됐다.[75)] 또한, R.M. 카보, V.V. 랍

73) *Мирзоев В. И.* Историография Сибири XVIII в. – Кемерово, 1963; *Он же.* Историография Сибири. 1-я половина XIX в. – Кемерово, 1965; *Горюшкин Л. М. и Миненко Н. А.* Историография Сибири дооктябрьского периода (конец XVII – начало XX в.) – Новосибирск, 1984.

74) *Кызласов Л. Р.* Письменные известия о древних городах Сибири. – М., 1992; *Марсадолов Л. С.* Астрономическая обсерватория в Горном Алтае // Археологические культуры Евразии и проблемы их интеграции. – СПб., 1991.

75) *Бахрушин С. В., Петров А. И., Юрцовский Н. С., Соколов М. П.* – статьи в разделе «Города» // Сибирская советская энциклопедия. Т. 1. С. 702-724. – Новосибирск, 1929.

체비치의 논문들과 시베리아 도시 유형을 연구한 노보시비르스크 역사학자 D.Ya 레준의 저서들이 있다.[76)]

시베리아 문화를 다룬 논문들과 사회평론들도 있다. 모든 글이 동일한 정치적 논조로 쓰여 문화 발전에 대한 소련 정부의 입장을 반영했다. 시베리아 소수민족 지역에서 문화 혁명은 합법적 차원의 통합 과정으로 진행됐다. 시베리아에서는 소수민족 지식노동자층의 형성과 민족문화센터 설립 같은 부가적인 과제들을 해결해야 했다. 문화 건설의 기본 바탕은 소련 소수민족 발전과 다양한 민족의 프롤레타리아 문화 확립 과정에서 러시아 문화가 담당한 주도적 역할을 인정하는 것이었다.[77)]

이와 함께 소련 학자들은 시베리아 고고학과 생활, 언어, 민족, 종교 연구를 계속했다. A.V. 아노힌, S.A. 토카레프, L.O. 포타포프, S.I. 루덴코, A.G. 다닐린, L.E. 카루놉스크, S.S. 수라지코프, N.A. 바스카코프 등의 저술은 <시베리아 민족들>과 <시베리아 역사·민족 지도>, <시베리아 소비에트 백과사전> 같은 기본 자료를 활용했다.[78)] 시베리아 민족사 연구도 전반적으로 이뤄졌다. 대

---

76) *Кабо Р. М.* Города Западной Сибири: Очерки историко-этнографической географии (XVII - первая половина XIX в.) – М., 1949; *Рабцевич В. В.* Сибирский город в дореформенной системе управления. – Новосибирск, 1984; *Резун Д. Я.* Очерки истории изучения сибирского города конца 16 – первой половины 18 века. – Новосибирск, 1982; *Он же.* Очерки истории изучения сибирского города: 18 век. – Новосибирск, 1991; *Он же.* Новации и традиции в городской культуре Сибири 17 – начала 20 вв. // Духовная культура народов Сибири: традиции и новации. – Новосибирск, 2001; *Резун Д. Я., Васильевский Р. С.* Летопись Сибирских городов. – Новосибирск, 1989.

77) Культурное развитие Красноярского края. – Красноярск, 1988; Культурное развитие советской сибирской деревни. – Новосибирск, 1980; Культурное строительство в Иркутской области (1917-1967) ; Сб. документов. – Иркутск, 1980; Культурное наследие Алтая: Материалы Всероссийской конференции – Барнаул, 1992, и др.

78) Народы Сибири // Народы мира (ред. Левин М. Г., Потапов Л. П.) – Л.,

표적인 사례로는 오스탸크족과 시베리아 타타르족, 예니세이 키르기즈족을 다룬 S.V. 바르후신의 연구, 부랴트-몽골 역사를 다룬 A.P. 오클라드니코프의 연구, 알타이족 역사를 다룬 L.P. 포타포프의 연구, 야쿠트족과 알타이족 역사를 다룬 S.A. 토카레프의 연구를 들 수 있다.[79] 특히 의미 있는 연구로는 고고학적, 인종학적, 문헌적 자료들을 이용하여 선사시대 민족의 과거 역사를 재구성한 오클라드니코프의 저서와 아주 다양한 자료를 바탕으로 구석기 시대부터 현재까지 아시아 전체에 퍼져 있는 알타이족 역사를 재구성한 포타포프의 저서를 들 수 있다.

러시아의 남진 식민 정책을 밝히고 그 특성을 파헤친 S.V. 바흐루신과 V.V. 바르톨드 같은 역사학자들은 중요한 결론을 제시한 연구를 수행했다.[80] 광범위한 사실에 바탕을 둔 Z.Ya. 보야르시노바와 V.I. 슌코프의 연구는 러시아인 정착지만 아니라 원주민의 생산력까지도 파괴한 유목민들의 러시아 마을 공격의 부정적 역할과 소수민족 교육에 끼친 러시아 식민정책의 긍정적 역할을 다뤘다.[81]

1956; Историко-этнографический атлас Сибири. – М.–Л., 1961; Сибирская советская энциклопедия. Т. 1-4. – Новосибирск, 1929-194? (последний том не вышел, существует только в машинописном варианте)

79) *Бахрушин С. В.* Енисейские киргизы в XVII веке // Бахрушин С. В. Научные труды – М., 1955; *Окладников А. П.* Очерки по истории бурят-монголов – Л., 1937; *Потапов Л. П.* Очерки по истории алтайцев. – Новосибирск, 1948, 1953; *Токарев С. А.* Общественный строй якутов XVII-XVIII вв. – Якутск, 1945; *Он же.* Докапиталистические пережитки в Ойротии. – М.–Л., 1936 и др.

80) *Бахрушин С. В.* Очерки по истории колонизации Сибири в XVI-XVII вв. // Бахрушин С. В. Научные труды, 1955; *Бартольд В. В.* Истории изучения Востока в Европе и в России. – Л., 1925.

81) *Бояршинова З. Я.* Население Томского уезда в первой половине XVII века. // Труды ТГУ. – Томск, 1950; *Шунков В. И.* Очерки по истории колонизации Сибири в XVII - начале XVIII вв. – М.–Л., 1946.

20세기 역사학자와 민속학자, 언어학자들의 연구는 시베리아 민족 문화의 신화적, 종교적 기반에 큰 관심을 기울였다. 1948년에 이미 포타포프는 자신의 단행본 <알타이족 역사 개론>에서 알타이족의 신앙인 부르하니즘[82]의 특성을 분석했다. 1993년에는 그의 역작 <시베리아 샤머니즘>이 출판됐다. 이 책은 샤머니즘을 원시적 신앙으로서가 아니라 인간의 사회·문화적 세계가 반영된 고유한 구조와 가치관을 가진 문화적 상수의 온전한 시스템으로 인정한 최초의 연구서이다.

시베리아 샤머니즘,[83] 알타이족 신화와 종교 세계 연구에 크게 이바지한 학자들로는 A.M. 사갈라예프와 A.S. 수라자코프를 들 수 있다. S.K. 팟카노프와 V.I. 아누친은 예니세이 오스탸크족 연구에, L.R. 크즐라소프는 하카스족 연구에, I.N. 게무예프는 만시족 연구에 이바지했다.[84]

1990년대부터 오늘날에 이르기까지 꾸준한 관심을 끄는 연구는 과거와 현재에서 시베리아의 경험을 일반화하고 시베리아의 실제 업적과 잠재력을 평가하여 현재 상황을 이해하고 미래의 발전 가능성을 가늠해 보는 작업이다. 20세기 말에서 21세기 초로

---

82) По этой же проблематике вышла монография: *Данилин А. Г.* Бурханизм. – Горно-Алтайск, 1993.

83) *Ксенофонтов Г. В.* Легенды о шаманах. – Иркутск, 1928; *Алексеев Н. А.* Шаманизм тюркоязычных народов Сибири. – Новосибирск, 1984; *Кенин-Лопсан М. Б.* Обрядовая практика тувинского шаманства. – Новосибирск, 1987; *Анучин В. И.* Очерк шаманства у енисейских остяков // Сборник музея антропологии и этнографии. Вып. 2. – СПб., 1914; *Михайлов Т. М.* Бурятский шаманизм. – Новосибирск, 1987.

84) *Сагалаев А. М.* Алтай в зеркале мифа. – Новосибирск, 1992; *Он же.* Мифология и верования алтайцев: Центрально-азиатские влияния. – Новосибирск, 1993; *Суразаков С. С.* Алтайский героический эпос. – М., 1983; *Патканов С. К.* Остяцкая молитва. – Тюмень, 1999; *Гемуев И. Н.* Мировоззрение манси: Дом и Космос. – Новосибирск,1990.

이어지는 전환기는 시베리아 지역 문화에 대한 관심을 새롭게 불러일으켰다. 이 시대 연구의 기본은 문화적 방향성과 개념적 특성에 관한 것이다. 러시아 개별 지역들에서 일어난 자발적인 발전을 독립적으로 이해해야 한다는 것은 러시아 문화체계에서 시베리아라는 장소적 의미와 현재 상황을 분명하게 이해해야 한다는 과제를 시베리아 연구자들에게 안겨 주었다.

최근 나온 논문 대다수에서 보이는 특징은 기존에 연구된 문제들을 이념으로부터 자유로운 새로운 환경에서 되돌아본 데 있다. 그에 따라 페레스트로이카 시기에는 많은 과거 논문이 공개되고 엄격한 이념적 지침이 제거된 상황에서 역사적 사건들의 의미를 새로이 볼 수 있게 되었다. 21세기에 들어와서는 내전 당시나 혁명 직후 쓰인 시베리아 백군 운동에 관한 논문이 많이 출판될 수 있었다.[85)]

20~21세기 전환기에 러시아 역사학계에서는 19세기 시베리아 관리들에 대한 연구가 활발하게 진행됐다. 이와 관련하여 많은 연구자의 관심을 끈 것은 (혁명 전 시대를 포함한) 19세기 시베리아 관리들에 대한 연구사였다. 시베리아 통치의 특성과 당시 관리들의 활동상은 시베리아 지역 관리로 일했던 포타닌과 야드린체프가 중요한 주제로 제기했다. 이들이 특별히 관심을 기울인 문제는 러시아 제국에서 시베리아의 특별한 위치와 러시아의 시베리아 통치

85) *Верстюк В.* Комбриг Нестор Махно. – Харьков, 1990; *Комин В. В.* Махно: Мифы и реальность. – М., 1990; *Семанов С.* Махно как он есть. - М., 1991; Нестор Иванович Махно: Воспоминания, материалы, документы. – Киев, 1991; *Полторак С. Н.* «Красная» и «Белая» Россия: (Два взгляда на проблему российского гражданства бывших военнопленных Первой мировой войны) // Новый часовой. 1996. № 3. С. 91-96; *Шушпанов С. Г.* Забытая дивизия // Белая армия: Белое дело. – Екатеринбург, 1997. № 3. С. 7-28.

의미였다. 그들은 진지한 변화 필요성을 근거로 시베리아 지역 통치를 신랄하게 비판했다.[86)]

시베리아 역사·문화 연구의 기본 자료는 지금까지도 고고학에서 나오고 있다. 매년 여름 시베리아와 모스크바, 상트페테르부르크 대학교와 박물관들이 수백 회에 걸쳐 고고학 탐사를 진행하면서 시베리아 지역의 자연과 정신세계 연구가 양적으로 매우 풍부해졌다.

20세기 초 고고학에서 스키타이 시베리아 연구[87)]가 자리를 잡으면서 서시베리아 남쪽에 정착한 위구르-사모예드 민족의 고대 문명 세계를 찾아냈다. 20세기 고고학자들은 대체로 시베리아 연구에 특별한 관심을 보였다. 1924~27년 알타이에서 스키타이 시대의 쿠르간족을 발견한 획기적 사건 이후 고대 문화에 대한 연구가 체계화되기 시작했다.

매장지에서 발견된 엄청난 유물들은 1930~60년대 남시베리아와 동카자흐스탄에서 고고학 붐을 일으키기에 충분했다. S.I. 루덴코, S.V. 키셀레프, M.P. 그랴즈노프, G.P. 소스놉스키, L.E. 옙튜호바, V.P. 레바셰바, S.S. 체르니코프의 연구는 시베리아 지역의 고대 문화 유형을 구성하는 고고학 자료의 기본이 되었다.

이러한 발견은 역사·문화적 가치에서 G. 실리만과 G. 카르테르의 발견을 뛰어넘었다. 시베리아 고고학의 '황금시대'는 많은 유물

86) *Кошкаров А. Ю.* Российская историография губернского управления в Сибири в 1708-1822 гг.: Автореф. дис. на соик. учен. степ. канд. ист. наук. – Тюмень, 2003.

87) *Руденко С. И.* Горноалтайские находки и скифы. – М.–Л., 1952; *Он же.* Культура населения Горного Алтая в скифское время. – М.–Л., 1960; *Полосьмак Н. В.* Погребение знатной пазырыкской женщины на плато Укок // Алтаика. – Новосибирск, 1994; *Молодин В. И.* Эпоха неолита и бронзы лесостепного Обь-Иртышья. – Новосибирск, 1977.

을 발굴했다. 1920~40년대에는 S.I. 루덴코와 M.P. 그랴즈노프가 에르미타시 박물관 스키타이 컬렉션의 근간이 된 파지리크, 바샤다르, 투엑티의 쿠르간족 황제들을 발견했고 1960년대에는 S.S. 체르니코프가 칠릭틴스크 '황금' 무덤을 발견했다. 1969~70년 카자흐스탄에서는 K.A. 아키셰프가 '황금 인간'의 장례복을 입은 부자 삭스족 묘지를 발견했고, 1971~74년 투바에서는 장엄한 무덤 '아르잔'이 발굴됐다. 이곳에 묻힌 사람은 시베리아 대부족 연맹의 통치자이거나 '족장 중의 족장'일 것으로 추정됐다(그랴즈노프와 M.K. 마아나이-오올이 발견). 1990~1995년에는 N.V. 폴로시마크와 V.I. 몰로디나가 탐사대를 이끌고 남알타이 우코크고원을 조사했다. '알타이 공주'라는 칭호를 받은 스키타이 여사제의 무덤이 온전한 상태로 발견됐다. 이는 역사·문화적 관점에서 독보적인 것이다.

1980~90년대 시베리아 고고학에서는 세계적 규모의 발견이 이어졌다. 고대 도시로 밀교 중심지였던 아르카임과 미누신스크 분지의 밀교 중심지, 우코크고원의 황제 무덤들과 여사제의 무덤, 알타이 변강 차리시스크 지역에 있는 센텔레카의 '시베리아 스톤헨지'가 바로 그런 발견에 해당한다. 오늘날 고고학은 인공구조물을 단순히 기술하는 일반적인 방법에서 벗어나 조사된 대상의 사회·문화적 의미와 개념을 천착하고 문화적 보편성을 찾아내고 있다. 이러한 관점에서 특별히 주목되는 것은 A.P. 우만스키, V.D. 쿠바레프, E.A. 오클라드니코바와 N.V. 폴로시마크의 연구들이다.[88]

---

88) *Уманский А. П.* Телеуты и их соседи в XVII – первой четверти XVIII века. Ч. I, II. – Барнаул, 1995; *Кубарев В. Д.* Древнетюркские изваяния Алтая. – Новосибирск, 1984; *Окладникова Е. А.* Петроглифы Средней Катуни.

현대 문화는 새로운 문제들을 계속 만들어내고 있다. 이를 이해하려면 과거의 문화 발전 경험을 고려해야 한다. 20세기 말 시베리아 학술 연구 분야에서는 시베리아의 기원과 민족들에 대한 민속학적, 고고학적 연구 주제들이 제기됐고, 관료와 상인계층, 지식인, 기업 정신과 문예 진흥 같은 분야에서는 과거와 현재의 사회·문화적 현상들에 담긴 본질을 생각해 보게 되었다.

"과도기에 시베리아가 어떤 의미인지를 놓고 문제가 새롭게 대두됐다. 오늘날까지 기원이 불분명한 이 명칭은 많은 신화나 환상, 역사적 의미를 만들어 냈다. 19세기 시베리아 원주민들은 어떻게 왔는가? 세계 최초 지도들에서 시베리아는 어떻게 표시될 수 있었는가? ... 민주화 과정에서 다양한 문화의 혼재는 생활권과 정신 영역의 상호 진화 문제이며, 미래 세기에 가장 중요한 문제가 될 수 있다."[89] A.P. 카자르킨 교수의 감성적인 문제 제기는 공동저서 <세계 문화 속에서 본 시베리아>의 출판을 예고해 주었다. 이 책의 제목은 세계 문화라는 광대한 문맥에서 시베리아의 본질을 숙고하기 위한 통일성과 체계성을 다루는 것처럼 보인다. 그러나 이것은 문제 제기에 불과하다. 이 책은 논문 선집으로서 시베리아와 세계 문화의 상호 영향에 국한되어 있기 때문이다.

"시베리아 밖에서 시베리아의 자립성에 관해 생각하는 학자들을 찾을 수 있을까?" 이 말은 카자르킨 교수가 공동 저서에서 제기한 문제이다. 실제로 20~21세기 전환기에 시베리아 문화를 다

– Новосибирск, 1984; *Она же.* Средневековые наскальные изображения урочища Кара-Оюк // Региональные культуры средневековья на территории России. – СПб., 2001; *Полосьмак Н. В.* Всадники Укока. – Новосибирск, 2001.

89) Сибирь в контексте мировой культуры: Опыт самоописания: Коллективная монография. – Томск: АНО Из-во «Сибирика», 2003. – С. 5.

룬 단행본들이 노보시비르스크와 톰스크에서 출판됐다.[90] 중요한 문제들이 제기된다는 사실 자체가 러시아의 지역 문화에 대한 진정한 연구가 오늘날 시급하게 해결해야 할 과제라는 것을 말해준다.

90) Бурятия: Концептуальные основы стратегии устойчивого развития. – М., 2000; *Кулемзин В. М.* Обыденное и сакральное в традиционной культуре народов Сибири // Сравнительно-исторческое и типологическое изучение языков и культур. Часть II. – Томск, 2000; Сибирь в контексте мировой культуры: Опыт самоописания. – Томск, 2003; *Мордкович В. Г.* Сибирь в перекрестье веков, земель и народов: Очерки этно-экологической истории региона. – Новосибирск, 2007, и. т. п.

제2장

시베리아의 원시-고대 사회 문화 유산

S I B E R I A

2.1. 시베리아의 원시문화

V.V. 셀리바노프

호모 에르가스터(Homo ergaster), 시베리아 구석기 문화의 창시자

20세기 말 21세기 초 고고학 연구 결과에 따르면 인류는 약 2백만 년 전에 고향인 아프리카 북동부 지역을 떠나 북쪽으로는 남유럽으로, 동쪽으로는 중동과 이란고원을 거쳐 캅카스 지역으로 이주하기 시작했다는 사실이 밝혀졌다. 이들 지역에서 발견된 원시 인류의 유해는 주요 특징을 살펴보면 다름 아닌 아프리카 이주자들의 것이라는 사실을 알 수 있고, 석기 시대를 살았던 고대인들이 동쪽과 시베리아 방향으로 이주했다는 사실을 일깨워준다.

아프리카 밖 지역에서 발견된 가장 오래된 유적은 캅카스의 조지아 남부 지방에 있는 드마니시 마을에서 발견된 고인류 유적(마을로 추정됨)이다. 이 유적지는 최소 180만~160만 년 전에 생겼다. 고고학자와 인류학자들은 이 시기의 인류를 라틴어로 호모 에렉투스(Homo erectus), 즉 '직립인'으로 부르지만, '일하는 사람'을 뜻하는 호모 에르가스터(Homo ergaster)라는 다른 명칭도 있다. 안전한 새 거주지를 찾기 위해 아프리카에서 이주한 인류의 명칭이 생긴 것이다. 이 인류는 전기 구석기 시대(고고학명 아슐기)를 살았다.

인간은 이미 이 시기에 나무를 베고, 먹거리용 식물 뿌리를 채집하는 데만 아니라, 위험한 적과 조우했을 때 중요한 사냥 도구와 무기를 생산하는 데도 필요한 가장 단순한 석기 가공 기술을 갖추고 있었다. 현재 드마니시 유적은 호모 에렉투스가 아프리카 북동쪽에서 이주했다는 사실을 보여주는 가장 오래된 증거다. 캅카스 남부 지방에서 발견된 이 유적을 통해 아프리카에서 남아시아와 동남아시아, 시베리아 지역으로 향한 인류의 주요 이동 궤적을 그려볼 수 있다. 전문가들은 이 유적과 아프리카 대륙 간에 연관성이 있다고 확신한다. 이 지역의 석기 제작 기술이 동아프리카와 남동아프리카 지역에 살았던 원인(猿人)들의 기술과 별 차이가 없기 때문이다. 드마니시 유적을 연구한 고고학자와 인류학자들은 재를 발견하면서 이 원인들이 처음으로 불을 사용한 인간일 수도 있다는 결론을 내렸다. 유적 연구 결과 이 원인들은 또한 분절어를 통해 대화하기 시작했을 것으로 추정된다.

고고학자들은 아프리카에서 아시아로의 인류 이주를 연구하는 과정에서 1백만 년도 더 전에, 심지어 최대 180만~160만여 년 전에 인류가 동아시아와 동남아시아 지역에 정착했다는 명백한 증거들을 발견했다. 또한, 타지키스탄과 카자흐스탄, 몽골 알타이 지역과 남부 시베리아 지역에서까지도 고대 인류의 초기 유적이 점차 발견됐다. 수천 년의 세월에 걸쳐 서로 분리된 두 갈래의 주요 이주 행렬이 있었을 것으로 추정되며, 석기 가공 기술의 차이가 이를 뒷받침한다.

아마도, 카자흐스탄 스텝 지역과 그곳의 자원을 발견한 고대 인류는 시베리아의 황야로 더 이상 파고들지 않으며 당분간 이곳에 안주했다. 더욱이 대륙 빙하가 백색의 적막을 그리며 이들의 길을 가로막고 있는 상황이었다. 시베리아 대부분 지역이 두꺼운 빙하로 덮여 있었던 *빙하기*가 끝나지 않았음에도 불구하고, 인간은 기온이 상승하기 시작하고 빙하가 개활지를 뒤로하며 북쪽으로 물러간 *간빙기* 때 시베리아에 진출할 수 있었다. 그러나 이후 빙하기가 또다시 도래해 광활한 시베리아를 차디찬 얼음으로 덮고 동물과 인간을 삶터에서 몰아냈다. 가장 두꺼운 빙하는 경계가 서시베리아 오비강과 예니세이강 중류 지역까지 이르렀다. 그렇게 인간과 식생, 동물은 새로운 지역으로 진출하기도 했고, 빙하로 인해 두꺼운 진흙층과 점토층 아래에 삶의 흔적을 남긴 채 또다시 물러나기도 했다. 남부 시베리아에 인류가 살았다는 사실을 보여주는 가장 오래된 유적은 약 60만 년에서 80만 년 정도 된 것으로 추정된다(초기 아슐기).

그러나 마지막 빙하가 녹으면서 시베리아의 광활한 벌판은 소생하기 시작했다. 빙하로 덮여 있었던 오비강과 예니세이강, 안가라강이 빠른 유속과 풍부한 수량을 드러냈고, 바이칼호수도 윤곽을 보이기 시작했다. 녹림과 침엽수림이 남쪽에서 북상하기 시작했고, 시베리아 타이가 지역의 식생은 더욱 풍부해졌다. 울창한 타이가 숲과 개활지, 강가를 따라 영양, 당나귀 등이 나타났고, 북빙양해 인근과 툰드라 지역, 탁 트인 넓은 땅에 털코뿔소와 매머드, 순록 무리, 영양, 황소, 야생마가 등장했으며 툰드라와 그 인접 지역에서는 북극여우와 큰뿔양이 모습을 드러냈다. 타이가 숲에서 사냥은 고대인들에게 어렵고 위험한 일이었다. 야생 동물과 맞서 싸워야 하는 것만 아니라, 깎아질 듯한 절벽 아래의 거칠고 유속이 빠른 강, 건너갈 수 없는 습지, 쓰러지고 반쯤 썩은 거대한 나무 몸통으로 온통 뒤덮여서 통과할 수 없는 숲, 마지막으로 타이가의 골칫거리인 어마어마한 모기와 먹파리 떼도 초기 시베리아 정착민들에게 위협적이었다.

따라서 고고학자들이 빙하 지역에서 꽤나 멀리 떨어진 강기슭에서 시베리아의 초기 개척자들이 살았던 유적을 발견한 것은 놀라운 일이 아니다. 고대 개척자 무리들은 이런 지역에 정착해 머물렀던 것이다. 그러나 고대인들이 수렵을 하기 위해 짐승들의 뒤를 쫓고, 동물과 물고기가 풍부한 새로운 경작지를 발견하기 위해 해빙 후 소생하는 새로운 땅을 찾아 깊숙한 곳으로 들어가지 않을 수 없었다. 원시 공동체는 편안하고 안전한 장소를 찾기 위해 계속해서 움직였다. 변함없는 호기심은 그들을 또다시 강물의 흐름을 따라 북쪽으로 향하게 하였다. 그곳에서는 추운 겨울과 짧은 여름, 기나긴 백야와 해가 지평선 너머로 지지 않는 백주가 이들을 기다리고 있었다.

타이가의 삶은 고대인들에게 녹록지 않았다고 추측해 볼 수 있다. 그러나 냉혹한 시베리아 타이가는 원인들을 담금질하여 우두머리를 중심으로 똘똘 뭉친 강하고, 인내심이 많으며 용맹한 사람들로 이루어진 특별한 인종으로 만들었다. 문화 부문에서 가장 눈에 띄는 성과는 매머드와 털코뿔소, 군서 동물 등 개별 동물에 대한 몰이사냥이 제대로 조직되기 시작했다는 점이다. 이를 위해서는 용의주도한 사냥 계획과 몰이 중 사냥꾼들의 세심한 역할 분담, 엄격한 규칙, 창이나 작살, 양날돌도끼 등 석기나 뼈, 목제 무기를 다루는 높은 수준의 기술이 요구됐다. 많은 전문가는 시베리아의 초기 정착민들이 호모 에렉투스의 초기 진화 과정에서 이미 손짓이나 몸짓으로 무언가를 설명하는 등 난해한 소리를 냈을 뿐만 아니라, 분절어를 차근차근 익혀가며 상호 의사소통을 할 수 있었을 것이라고 추측하는데, 이는 우연이 아니다. 그렇지 않았다면 어떻게 고대인들이 몰이사냥을 의논하고 수렵 시 역할을 분배할 수 있었겠는가?

구석기 시대는 매우 오랫동안 지속됐다. 구석기 시대는 인간이 아시아와 시베리아 남쪽과 남동쪽으로 천천히 이주했던 약 2백만 년 전에 시작해 원인들이 이미 시베리아에 도착해 개척을 처음 시작했던 시기에 끝났을 것으로 추정된다. 당시 원인들은 고고학자들이 돌도끼라고 명명한 다용도 석기를 이미 사용하고 있었다. 돌도끼는 대부분 한 면이 잘린 큰 돌덩이로, 매끄러운 도끼 모양으로 덕분에 한 손에 쥐기 용이했다. 다른 한 면은 대각선으로 강하게 타제돼 예리한 절단면이 만들어졌다. 훨씬 더 세밀한 작업용으로는 특수 석기인 막대형 돌망치가 사용됐다. 이 돌망치는 예리한 절삭날이 만들어져야 하는 쪽을 타격했고, 그러면 돌덩이의 절단면이 더 균일하고 예리해졌다.

돌도끼가 제작되는 과정에서 창끝이나 작살 촉으로 활용된 돌조각들이 생겨나기도 했다. 둥그스름한 돌판에서 떨어져 나온 이 돌조각들은 많은 경우에 한쪽 표면이 다듬어진 후 긁개나 밀개, 기타 유용한 석기로 변신하기도 했다. 전기 구석기 말에는 이런 도구가 매우 다양했다. 동물 가죽을 자르고 벗겨내기 위한 도구, 찌르개나 창끝, 인간의 생활을 편리하게 해 주는 기타 유용한 도구를 새롭게 만들기 위해 동물 뼈를 자르고 균열을 내는 도구 등이 있었다.

특히 노동 도구와 그 제작법의 발전을 여실히 보여주는 것으로는 동시베리아의 남쪽 국경인 몽골 알타이 지역에서 발견된 후기 구석기 시대의 유적지 20곳이 있다. 고르니알타이 지역의 유명 유적인 *데니소바 동굴*은 현재 시베리아 고고학자들에 의해 잘 연구된 상태다. 데니소바 동굴은 유적의 발전 과정을 분명히 보여주는 22개 문화층을 가지고 있다. 초기 문화층은 약 34만 년에서 22만

년 전에 형성됐을 것으로 추정된다(전기 구석기 시대는 기원전 8만여 년 전에 끝났을 것으로 추정됨). 그러나 이런 연도들은 매우 잠정적인 것이다. 이 시기는 멸종 중에 있던 원인(고대인) 외에도 원시인이 아니라 (이전에 존재한) 고대인이라는 의미의 *고인류*(paleo-anthropoid)라는 명칭을 얻은 새롭고, 훨씬 더 진화한 인류 유형이 생겨났다는 것을 가리키는 것으로 가정해야 한다.

호모 사피엔스 네안데르탈레스(Homo Sapiens Neaderthales): 무스티에기의 숭배 문화 형성

시베리아 개척과 인간 진화의 다음 단계는 중기 구석기시대나 무스티에기로 명명된다. 무스티에는 전기 구석기시대보다 훨씬 더 진화한 고대인의 흔적이 처음으로 발견된 프랑스 동굴(Le Moustier)에서 딴 이름이다. 고고학과 인류학에서는 이 고대인을 *네안데르탈인*이라고도 부르는데, 프랑스에서 발견된 동종 인간의 흔적이 독일 네안데르탈 골짜기에서 발견됐기 때문이다. 중기 구석기시대 혹은 무스티에기는 시베리아의 유적지에서 잘 나타나지 않는다. 그러나 시베리아보다 조금 더 남쪽에 있는 키르기스스탄에서는 이 시기의 유적이 발견됐다.

1920년대 우즈베키스탄 테시크타시 지역에서 보존 상태가 좋은 무스티에기 소년의 무덤이 발견됐다. 소년의 유해는 구덩이에 마구잡이로 던져진 것이 아니라 모든 격식에 따라 매장됐다고 할 수 있다. 소년은 잠자는 자세로 무덤에 조심스레 눕혀졌으며, 그 옆에는 그를 저승세계로 인도해 줄 물건들이 놓여 있었다. 시베리아 역사에서 무스티에기를 부정하는 것은 타당치 못할 것이다. 그러나 석기 제작의 발전 과정이 타이가 지역에서 어려운 삶의 여건으로 인해 매우 제한적이거나 중단됐기 때문에 무스티에기의 흔적은 발굴된 유적지에서 충분히 발견되지 않았을 수도 있다.

어쨌거나 네안데르탈인의 흔적은 시베리아에 남았다. *쿠즈네츠크 알라타우 구릉*과 *드부글라스크 석굴*, 예니세이강 상류의 *카멘느이 분지 II* 유적에서 출토된 유물 중에는 무스티에 문화에 속하는 것으로 추정되는 물건들도 있다. 인간이 후기 구석기 이전에 타이가 숲과 늪지대로 작은 무리를 이뤄 들어왔을 가능성도 있다. 냉혹한 기후 조건과 불리한 지세, 야생의 시베리아 타이가와 폭이 넓고 유속이 빠른 강은 당시에 드넓은 시베리아 개척을 가로막았다. 인간은 아직 자연의 장벽과 성공적으로 맞서 싸울 만큼 강하지 못했다.

그러나 중기 구석기시대 자체는 전기 구석기와 후기 구석기를 연결하는 중요한 과도기였다. 인간 진화에서 중기 구석기시대야말로 토테미즘의 태동과 맹수에 대한 독특한 태도의 확립을 보여주는 유적의 등장과 연결될 수 있다. 이것을 시베리아 곰 숭배와 축제의 형성 기반으로 볼 수 있다. 이 시기에는 공동체의 내부 결속이 크게 강화됐는데, 이는 망자에 대한 존중이 표현된 매장지로도 증명된다. 전문가들은 이를 죽음이나 산 자와 죽은 자 간의 경계에 대한 최초의 생각이라고도 여긴다. 천연 재료를 가지고 실물 크기로 죽은 짐승 모형을 만들어 독특한 숭배 대상으로 삼은 것도 중기 구석기 시기의 특징이다. 그중 스위스와 오스트리아의 여러 동굴에서 만들어진 동굴 곰 '모형'이 대표적이다. 이런 종류의 의식은 시베리아 여러 민족의 전통이기도 했다.

성공적인 진화와 뇌 용량 증대라는 괄목할 만한 발전을 고려하면 네안데르탈인을 '손재주 있는', '곧게 서' 혹은 '일하는' 사람으로만 정의하는 것은 합당치 않다. 20세기 중반부터 네안데르탈인은 매우 합리적인 존재로 인식되기 시작했다. 그 덕분에 이제 네안데르탈인의 공식 명칭은 복잡한 라틴어 조합인 호모 사피엔스 네안데르탈레스(Homo Sapiens Neanderthales, '슬기로운 네안데르탈인')가 됐다. 네안데르탈인(혹은 *고인류*)의 진화는 갑자기 중단됐다. 네안데르탈인 중 일부가 현생 인류 쪽으로 진화했고, 또 다른 일부는 진화를 멈추고 점차 멸종했을 것으로 추정된다. 그 자리를 현재의 모습을 띤 새로운 종의 인간이 차지했다.

후기 구석기시대의 호모 사피엔스 사피엔스(Homo Sapiens Sapiens), 초기 예술 형태의 창시자

라틴어로 호모 사피엔스 사피엔스(Homo Sapiens Sapiens, 슬기롭고 슬기로운 사람)로 불리는 신인류가 차츰 시베리아의 진정한 주인이 되기 시작했다. 구석기시대의 막을 내리는 후기 구석기시대가 도래했다. 약 3~4만 년 전에 시작됐을 것으로 추정되는 후기 구석기시대에는 공동의 지식과 경험, 문화 보고에 다음과 같은 새로운 성과가 포함된다. 첫째, 신인류의 주요 거주 형태를 구성하는 공동체가 강력한 내부 결속을 얻게 됐고, 이는 사냥 성공률을 많이 높여줬다. 둘째, 신인류의 일상생활에서 공동체와 종족 내부 모두의 법적 관계에 대한 기반을 놓는 자연법에 대한 생각이 생겨났다. 셋째, 도덕성을 구체적으로 실현하는 장례를 통해 공동체 시스템에는 장례식 없이 고인과 작별할 수 없다는 도덕 관념과 윤리의식이 형성되기 시작했다고 추론해 볼 수 있다. 넷째, '타이가의 주인'인 맹수 숭배를 통해 신인류들 사이에서 행동을 조절해주는 믿음 요소가 생겨나기 시작했다고 볼 수 있다. 다섯째, 신인류 역사상 가장 두드러지는 사건으로, 이 시기에 *예술*이 탄생했다. 현대인의 시선으로는 우스꽝스럽고 원시적인 것 이상도 이하도 아닌 당시 예술은 모든 종류의 창작 예술로 발전되었다.

후기 구석기시대의 예술은 나름의 방식으로 인간과 동물의 형태를 온전히 전달해주는 회화와 조각이 대표한다. 이와 더불어 인간의 목소리와 타악기, 목관 악기로 연주되는 음악도 있다. 후기 구석기시대에는 이미 극화된 공연도 존재했는데, 이는 전체 공연의 일부인 합창이 주로 수반되는 춤, 무언극, 개별 연기로 구성됐다. 마지막으로 이 시대에는 전설, 신화, 민담 등의 설화로 대표되는 언어적 표현 형태의 예술도 존재했다. 후기 구석기시대의 예술은 공동체와 부족의 정신생활에 적극적인 영향력을 끼치는 강력한 문화층을 형성했다.

이 시기에 혈연 공동체가 살았던 터나 마을은 성공적인 어로와 수렵이 보장된 지역에 주로 집중됐다. 후기 구석기시대는 내부에 화덕을 갖춘 주요 주거 형태인 막집과 움집이 생겨난 것도 특징이다. 막집과 움집은 죽은 동물의 뼈나 나무 기둥, 돌과 같이 주변에서 구할 수 있는 다양한 재료로 만들어졌다. 안가라강의 지류 기슭에 있는 부레티 유적의 움집 재료 중에는 매머드의 대퇴골과 엄니도 있다. 고대 시베리아의 사냥꾼과 채집자들의 터가 안가라강 상류와 레나강, 니즈냐야 퉁구스카강(예니세이강 지류) 상류, 예니세이강 상류, 바이칼호수와 셀렝가강이 만나는 남동쪽 호숫가를 따라 대거 발견됐다.

수 세대에 걸쳐 2~3천 년 이상 고대인들이 정주하였던 유적들도 이 시기의 특징으로 간주할 수 있다. 이를테면 이런 유적으로는 안가라강 중상류 북부 지역에 있는 *우스티-코바* 마을 인근의 거주지가 대표적이다. 이곳에서는 사슴 잔해가 가장 많이 발견됐고, 그 밖에 매머드, 큰사슴, 들소, 야생마, 엘크 등 다양한 동물 잔해가 1만 점 이상 나왔다. 이는 높은 수준의 사냥 조직력과 꾸준한 사냥 전통을 증명해준다. 고고학자들이 이 유적에서 발견한 기타 발굴물 중에서 매머드 뼈와 엄니 조각으로 만들어진 매머드 조각품과 뼈 구슬, 구멍 뚫린 동물 이빨 등이 특히 귀중한 가치가 있다. 당시 이런 유물은 얇은 끈으로 연결돼 목걸이로 쓰였으며, 장신구로도, 공동체 혹은 부족 내 지위 표식으로도 이용됐을 가능성이 크다.

시베리아 중석기와 신석기시대 주요 유산

어렵고 고되었던 몰이사냥은 1만 년에서 1만 2천 년 전 사이에 중단되어 점차 사라졌으며, 약 40~60명으로 구성된 대규모 공동체가 와해됐다. 그 대신 대규모 몰이사냥 없이도 가족에게 음식을 필요한 양만큼 충분히 공급하는 사냥꾼과 채집가 등 '떠돌이'로 이뤄진 소규모 가족 공동체가 생겨난다. 이는 *활과 화살*이 발명된 덕분에 가능했다. 중석기로 불리는 시베리아 문화사의 새로운 단계가 이렇게 시작되었다. 이 시기는 지구 온난화 시기와 맞물려 기후 변화로 인해 동식물계가 변화했다. 매머드가 자취를 감추고 그 자리를 순록과 말 등 발굽동물이 차지했으며, 늑대와 노루, 사이가산양 등 산림 동물이 널리 퍼졌다.

어로 도구도 크게 발전했다. 시베리아에 흐르는 강에 적합한 작고 견고한 뗏목이 처음 생겨났고 새총과 밧줄이 사용되었다. 이주생활을 하는 소규모 가족 공동체는 더욱더 독립적이고 개별적인 생활을 하게 됐다. 당시 시베리아에서는 서유럽보다 훨씬 더 빨리 어로용 작살이 발명됐다. 그뿐만 아니라 고대 시베리아인들은 또다시 서유럽보다 더 앞서 당시 유럽에서 보편적이었던 외날 화살촉과는 구별되는 양날 화살촉을 역사상 최초로 만든다.

이 시기에 시베리아에서는 최초로 동물이 사육됐다. 고고학자들은 안가라강 등지에서 인간이 기른 사냥개로 추정되는 개 뼈를 발견했다. 죽은 가축의 뼈만 이들의 관심을 끈 건 아니었다. 훨씬 더 흥미로운 사실은 사육되고 가축화된 개가 전통 의식에 따라 묻힌 매장지가 발굴된 것이었다. 개가 일부 정착지에서 인간과 동등하게 매장될 수 있는 공동체의 온전한 일원으로 간주됐다고 추측해 볼 수 있다.

중석기는 매우 짧은 시기로, 생존 방식이 바뀐 시기이자 개별 사냥 도구인 활과 화살이 발명된 시기이다. 수렵 도구 중 가장 중요한 활과 화살이 발명되면서 과거와 미래 사이에, *구석기 시대*의 대규모 몰이사냥과 *신석기 시대*의 농사와 가축 사육 사이에 경계가 뚜렷하게 나타났다.

중석기와 신석기시대의 가장 독특한 특징 중 하나는 인류가 진흙 가공 기술을 보유하기 시작하여, 토기가 일상생활에 등장해 점차 장식으로 꾸며지거나 색채가 입혀지고 그림이 그려졌다는 사실이다. 석재 가공 도구와 노동 도구 제작 기술의 발전도 매우 중요하다. 이 시기에 인간의 손은 매우 발달해서 가장 세밀한 작업까지도 할 수 있도록 손가락의 미세한 움직임이 안정적이고 정교해졌고, 인간은 손을 사용하는 데 집중하는 방법을 익히게 됐다. 그 결과 큰 노동 도구 외에도 더 작은 도구들이 만들어지기 시작했고, 작은 조각을 가공하는 기술과 이런 조각을 석재로 활용하는 기술이 생겨났다. 재료를 남김없이 활용하는 시기가 바야흐로 도래한 것이다. 중석기 유적에서는 돌을 타격할 때 생기는 가공되지 않은 돌조각의 비중이 크게 줄어들었다. 이와 더불어 *잔석기(세석기)* 제작을 통해 날이 잘 갈린 석재 부착물이 달린 목재 자루나 뼈 자루로 만들어진 새로운 종류의 노동 도구가 개발될 수 있었다. 이런 결합식 도구로는 주로 길이 1.2~2cm, 폭 0.3~0.4cm의 칼처럼 생긴 세석인이 대표적이다. 결합식 도구는 자르고 긁어

내는 용도로, 예리한 칼이나 단검 등 종류가 다양하다.

그러나 세석인의 등장과 더불어 인류 역사상 가장 중요한 발명품이 된 것은 *낫*이었다. 인류는 낫이 없었다면 농업으로 넘어갈 수 없었을 것이다. 큰 경작지에서 곡물과 풀을 벨 수 있는 도구 없이는 농사일을 효율적으로 계획하기 어렵기 때문이다. 그리고 농업으로의 전환이 시베리아 지역 전반의 특성은 아님에도 불구하고, 낫과 풀을 베는 도구의 등장이라는 사실 자체는 농업만 아니라 방목이라는 여건 속에서도 겨우내 동물을 먹이기 위한 건초를 마련한다는 측면에서도 중요했다. 신석기시대의 또 다른 기술 혁명으로는 석기용 마연 도구와 천공 도구의 발명을 들 수 있는데, 이는 도구 자체의 효율성을 크게 높여줬다.

시베리아에서 중석기시대는 유럽 고고학에서처럼 구석기, 특히 신석기시대와도 모순되는 시기가 아니다. 구석기에서 중석기시대로의 이동은 자연스럽게 이뤄졌고, 도구 제작과 주거 건축에서 구석기시대의 전통이 대부분 유지됐다. 중석기에서 신석기시대로 이동하는 과정도 마찬가지로 점진적이고 단계적으로 이뤄져서 중석기 문화의 옛 특징이 많이 유지됐다. 시베리아에서는 역사적으로 가장 중요한 경제 발전 요소가 대부분 어로와 임업, 수렵이었다. 따라서 이곳에서 거주한 부족들이 고갈되지 않는 동일한 자원에 기대는 경제의 안정성 덕분에 사회가 꾸준히 발전하고 전통이 강화될 수 있었을 것이다.

시베리아 남부 지역에 살았던 민족들은 중석기시대에도, 신석기나 청동기시대에도 시베리아 민족들에 큰 영향을 주지도 않았고, 줄 수도 없었다. 그래서 시베리아 민족들은 정체성을 유지할 수 있었다. 더욱이 남아시아나 동남아시아의 농업 국가들은 시베리아 타이가의 남쪽 경계를 이루는 광활한 스텝 지역을 개척한 목축 부족과 마찬가지로 농업이나 목축에 부적합한 시베리아 땅에 큰 관심을 갖지 않았다. 이로 인해 신석기뿐만 아니라 동석기 시대, 청동기시대에도 동서 시베리아의 문화는 내적 독자성과 독창성을 유지하며 발전해왔다. 심지어 기원전 4~3세기 고대 아시아 문명이 시베리아 경계까지 다다랐던 시기에도 시베리아 문화는 아시아 문명의 영향을 받지 않고 정체성을 유지했다.

가옥과 일상생활의 전통성은 고대로부터 16~18세기까지 보존 되었다. 오랜 기간에 걸쳐 이어진 대표적인 가옥 형태는 면적 35~40㎡로 경사로나 계단식 입구를 가지고, 중앙에는 화덕을 갖춘 움집(옙스튜니하 I, 타시코보 I)이었다. 이런 가옥에서는 일부 경우 문화층의 두께가 매우 두꺼워 집이 수세대에 걸쳐 오랫동안 사용됐다는 사실이 증명된다. 정착 생활도 시작되었다. 이는 소규모 공동체의 삶을 성공적이고 안정적으로 유지해주는 경제 활동 덕분일 가능성이 크다. 석조 건축의 조상 격이라고 할 수 있는 석축도 주목할 만한 특징이었다.

시베리아는 구성 요소가 균일하지 않았다. 서시베리아는 야말 반도 등 북쪽의 툰드라 지대와 서시베리아 평원의 습지대, 남쪽의 스텝 지역과 바라빈스크 저지대 등으로 구성되었다. 이는 농업에만 아니라 목축업에도 큰 어려움을 낳았다. 동시베리아는 북쪽 극지 저지대와 중심부 시베리아 고원, 남부 사얀산맥과 험준한 산세의 자바이칼 지역으로 이뤄져 있다. 동시베리아 지역은 거주 조건이 훨씬 더 유리했으며, 더 주체적이고 독립적인 지역이었던 것 같다. 안가라강과 예니세이강, 레나강 기슭에 집중된 동시베리아 유적지는 여러 부족과 민족이 이 지역에서 일상생활을 영위해 나가는 데 서시베리아에서보다 훨씬 더 큰 성공을 거뒀다는 사실을 보여준다.

동서시베리아 역사에서 전환점이 된 일은 금속 제련으로, 처음에는 청동이, 이후에는 동이 주물됐다. 시베리아 청동기시대는 기원전 약 3세기 중엽에 꽃을 피운다. 이 시기에 서시베리아 남부 지방에는 농업과 목축업이 점차 시작된 반면, 동시베리아 전역에서는 여전히 수렵과 어로가 지배적이었다.

시베리아 청동기시대는 청동 주전자와 그릇을 중심으로 하는 생활용품과 무기의 변화와 관련이 있고, 주물 덕분에 빠르게 전파된 청동 장신구가 성행했다. 청동 도끼와 곡괭이, 갑옷과 투구, 전투용 도끼와 검이 제작됐고, 소와 말 등 수레용 가축을 중심으로 하는 가축 사육 지역이 확대됐다. 또 썰매가 생겨나 전파되고, 바퀴가 일상생활에서 사용됐다. 이와 동시에 청동 조각상과 화로가 생겨나 전파되기 시작했다. 생활 형태와 특징이 변화하고, 사회구조가 복잡해지면서 불평등의 조짐이 나타났는데, 이는 장례 문화의 특징과 종류로 미루어 짐작할 수 있다. 마침내 문화와 전통에서 인종적 특성들이 형성되기 시작했다.

시베리아 원시 문화 형성의 특징

동서시베리아 지역에서 석기·청동기시대의 문화 발전 과정은, 첫째, 시베리아 지역의 *내적 독자성*과 발명품과 발굴물의 독특성을 보여준다. 둘째, 굳건한 전통과 더딘 경제·문화 발전에 반영된 시베리아 문화가 발전하는 *조건의 특징*을 강조해준다. 셋째, 시베리아 발전 과정이 세계사에서 중요한 구성 요소이자 세계 문화 발전 과정에서 독특한 위치를 차지한다는 사실을 확인해준다. 넷째, 시베리아 문화 발전 과정이 자연을 소중히 여기는 태도와 합리적인 자원 이용을 바탕으로 자연과 밀접한 독특한 문화 형태를 만들어냈음을 알려준다. 다섯째, 인간이 한 지역에서 전기 구석기시대부터 기원후 16~18세기까지 어떻게 전통을 유지하고 심화시키며, 자연과 공생하며 독특한 발전 과정을 이룩했는지 알 수 있게 해준다. 여섯째, 경제 활동의 특징과 자연과의 밀접한 관계, 그리고 수렵과 어로가 시베리아의 독특한 전설과 신화, 민담의 기원이 됐다는 사실을 보여준다. 일곱째, 시베리아의 독특한 윤리 규범과 신앙이 자연과의 긴밀한 관계를 바탕으로 형성됐다는 사실을 알려준다. 여덟째, 회화와 음악, 극예술, 구전설화 등 세계 예술의 보고를 이루는 시베리아 민족들의 예술적 특성을 보여준다. 아홉째, 시베리아의 독특한 영성과 내부적 관계는 역사 발전 과정에서 단일 국가를 이루는 민족 통합의 바탕이 된다는 사실을 일깨워준다.

다시 말해 시베리아의 원시 문화는 세계 문화사에서 독특한 현상으로 간주된다. 그 뒤를 이은 시베리아 철기시대 공동체의 복잡한 발전 시기를 통해 현대에 이르기까지 이후의 문화들이 원시 문화의 발전 단계를 얼마나 계승했는지를 살펴보고 평가해볼 수 있다. 고대 시베리아 문화의 분석을 통한 원시 시대의 고찰은 현대에 이르기까지 문화적 발전 단계에서 야기되는 많은 문제와 모순들이 석기시대와 청동기시대의 시베리아 문화와 역사적 연관성을 가지고 있음을 보여준다.

S I B E R I A

2.2 시베리아의 원(原)도시 문명과 고대 성소

L.V. 드미트리예바

도시, 문명화의 요인

문화의 기원에서 도시화의 근원과 도시의 역할은 정착지에서 점진적인 문명 발전에 대한 인간의 '일목요원한' 생각을 보여주는 매우 중요한 주제다. 도시는 다른 문화적 전형들과 마찬가지로 획기적 현상으로서, 이후 국가적, 지역적으로 복잡하고 기나긴 발전의 길을 걸어왔기 때문이다. 지난 수십 년간 고고학 탐사를 통해 초기 도시 문화가 보존된 지역이 러시아를 포함한 전 세계 곳곳에서 모습을 드러냈다. 그러나 획기적인 발견물이 아니면 평범한 고고학적 자료가 광범위한 지역 사회의 유산이 되는 경우는 드물었다. 시베리아의 열악한 기후 조건 때문에 이곳의 역사·문명 발전이 '더뎠다'는 편협한 고정관념을 깨주는 평범한 사실 하나만 예로 들어보자.

오늘날 학계에 익히 알려진 고대의 요새화된 주거지는 북쪽 경계선이 우랄산맥 동부와 서시베리아의 삼림 지대를 지난다. 5,500여 년 정도 된 유적이 있는 이 지역에는 오비강 우측 지류 중 한곳에 자리 잡은 *신석기시대 최북단 요새 도시 암냐 I*도 있다. 고고학자들에 따르면[1] 이 방어 시설은 *세계에서 최초로* 수렵채집 사회가 구축한 것이다. 이는 이미 신석기시대에 시베리아 타이가 지역 원주민들이 동유럽 사람들보다 더 빠르게 발전했다는 사실을 보여준다.

이것은 고대 문화에 관한 고고학 자료를 문화학적 관점에서 비교하고 일반화하는 것이 매우 중요하다는 점을 보여준다. 이는 고대 시베리아와 러시아·유라시아 기타 지역이 걸어온 역사·문명 발전의 길이 동등하다는 사실과 이 발전이 전반적으로 점진적인 성격을 띤다는 사실을 증명해주는 (늘 반론의 여지가 없는 건 아니더라도) 타당한 논거를 갖기 위함이다.

시베리아에 존재한 초기 원도시 문화에 대한 논의는 도시와 도시 이전의 비도시를 구별하는 도시 구분 기준에 대한 정의와 초기 도시의 역사가 시작되는 '출발점'에 대한 정의에서 시작돼야 한다. 기원전 6000년대 초반의 이른바 신석기혁명 시기에 인류 발전사에서 중요한 변화가 발생한다. 이런 변화의 가장 중요한 원인이 된 것은 수렵채집 경제에서 생산 경제로의 이동이다. 농경사회의 등장과 정착생활의 확산은 원시 문명의 탄생으로 이어졌다.

바딤 마손은 '*도시-기념비적 건축물-문자*'로 이뤄진 '보편적' 문명 공식을 내놓았다. 이 삼위일체에서는 바로 도시가 최고 역할을 담당한다. 그에 따르면, 문명 형성 조건은 적절한 경제와 문화, 지적 잠재력이 누적되는 도시에서만 발전하기 시작한다. "기념비적 건축물도, 문자도 빈 공간에 존재한 것이 아니다. 사원과 궁전은

---

1) Борзунов В.А. К вопросу о генезисе и функциях урало-сибирских укрепл енных жилищ // Актуальные проблемы древней и средневековой истори и Сибири. - Томск:Изд-во ТГУ, 1997. - С.224-236

대개 도심을 장식했고, 도시에는 초기 문명의 교육을 받은 인재들이 집중됐다. '문명'이라는 개념의 어원 자체가 '키비타스(civitas)'에서 유래된 데는 그럴만한 이유가 있다."[2)]

도시 계획의 역사·문화적 단계로서의 원도시

바딤 마손과 유리 안드레예프 같은 학자들은 이미 신석기시대 초기에 이른바 *유사도시*가 출현했다고 말한다. 도시 이전의 이런 공동체 형태는 자연환경과 경관에 완벽히 순응하면서 역사적·시간적 안정감을 보장받게 됐고, 서쪽으로는 스페인과 모로코에서 동쪽으로는 티베트와 중국에 이르는 광활한 지리적 공간에 걸쳐 폭넓게 확산됐다. 학계에 가장 잘 알려진 신석기시대의 유사도시로는 위대한 여신(비옥한 대지의 여신)을 숭배한 증거가 발견된 기원전 7000년대 초 소아시아 *차탈회위크*와 가장 오래된 밀 경작의 흔적이 발견된 팔레스타인의 여리고를 들 수 있다.[3)]

도시는 *다양한 기능을 수행*하는 마을이라는 특성을 갖는다. 공동체는 역사적 시간이 흐르면서 경제, 사회, 종교, 정치, 군사 등의 과제를 더욱 많이 떠안게 됐는데, 이는 이런 과제의 실현을 보장하는 독특한 사회·문화적 환경이 갖춰졌음을 추측케 한다. 바로 원도시에 앞서 언급된 사회관계의 총체가 집중되기 시작하는 것이다. 원도시란 유사도시와 도시 사이의 중간 단계에 있는 마을 형태다. 원도시는 도시 기능의 표현 정도나 기능 '분류'의 완전성 면에서, 즉 질적인 측면에서보다는 양적인 측면에서 훨씬 더 성숙

---

2) Массон В.М. Первые цивилизации. - Л.,1989.С.11
3) Николаева Н.Ф., Сафронов В.А. Истоки славянской и евразийской мифол огии. - М.: Белый волк, 1999. - 310 с.

한 도시 형태와 구별되는 도시의 '발아' 형태다.[4)]

원도시는 생산 활동만 수행하는 고립된 공동체 마을인 평범한 농업 취락이나 유사도시 형태의 마을과는 다르게 이런 기능들을 모으고 통합해 독특한 사회적 공간으로 편성함으로써 취락 계층에서 지배적 위치를 차지하고 지역 전체를 아우르는 중심지 역할로 나설 수 있다. 뚜렷한 사회·문화적 계층 구조는 보통 원도시가 수행한 기능의 다양성에 부합한다. 원도시의 인구는 사회, 직업, 인종 구성면에서 어떤 유사도시보다도, 심지어 가장 큰 유사도시보다도 훨씬 더 복잡하고 다양하다. 원도시는 인구 구성이 이질적이기는 했지만, 대다수가 원칙적으로는 농경민으로 구성됐다. 원도시와 유사도시 사이의 뚜렷한 차이점도 여기에 있다. 이처럼 유라시아, 더 나아가 전 세계에 걸쳐 도시의 발생은 초기 농경민의 정착 문화와 관련돼 있고, 기원전 4000~1000년 전의 초기 독립국가 형태의 형성 시기와 맞물린다.

유라시아에서 초기 농경 문명이 발생한 주요 지역으로는 인도반도(하라파, 모헨조다로), 메소포타미아의 '사원 도시'(우루크, 우르, 니푸르), 엘람왕국의 '사원 도시'(수사, 찬두베흐, 초가미쉬), 고대 이란의 '사원 도시'(바레인, 오만, 샤르이쇼흐타, 고딘, 하산루, 딘하테페), 투르크메니스탄 남부 지역의 '사원 도시'(나마즈가테페와 알틴테페), 우즈베키스탄 남부 지역 '사원 도시'(사팔리테페, 자르쿠탄), 자캅카스 지역 '사원 도시'(드빈, 테이셰바이니, 밍게차우르, 히르사, 호블레), 중국 상나라의 '사원 도시'(얼리터우, 정저우)가 있다.

다양한 수준과 형태, 도시화 참여도를 가진 유라시아 지역의 여러 농경 사회는 도시화 과정에 편입됐는데, 이런 과정은 농경 사

---

4) Массон В.М. Первые цивилизации. - Л.: Наука, 1989.С.182.

회가 새로운 역사적 상황으로 이동하는 데서 완전성과 공통의 방향성을 띠었다는 사실을 보여주는 지표였다. 원도시 형태에서 고유한 도시 형태로의 이동은 부족 체제에서 고전 사회로 완전히 넘어갈 때만 가능했다. 독특한 사회 조직으로서 도시의 등장이라는 사실 자체는 역사적으로 새로운 공동체 발전 단계인 문명의 시작과 관련돼 있다.

시베리아 원도시 문명의 구분 근거

여러 민족의 역사적 활동 중심지였던 도시들의 문명화 역할을 고려하지 않고는 어떤 지역의 역사도 재건될 수 없다. 도시화는 모든 역사·문화 지역 발전의 전형이자 결과이다. 시베리아도 예외는 아니다. 시베리아 고고학자들(레오니드 키즐라소프, 베라 코발료바, 알렉세이 티바넨코, 블라디미르 마튜센코, 아나톨리 마르티노프 등)이 수집한 자료에 따르면, 시베리아의 많은 민족과 인종 집단은 출발점이 기원전 3000~1000년 전으로 거슬러 올라가는 독자적인 원도시 문화를 가지고 있었다.

시베리아 타타르인들은 고도로 발달한 문명을 가진 신화 속의 '추지'족이 고대 시베리아 최초의 원시 부족이라고 생각했다. 추지족은 도시 문화를 포함한 시베리아 원주민들의 모든 문화유산과 함께 멸망했다. 바실리 타티셰프, 세묜 레메조프, 다니엘 메세르시미트, 필립 스트랄렌베르크, 페터 팔라스, 알렉산드르 라디셰프 등 초창기 러시아·시베리아 역사학자와 탐험가들은 추지족이 남긴 시베리아 원주민의 원도시 자료를 가지고 있었다.[5)]

문명사에서 도시 개념은 원칙적으로 *석벽이나 요새*를 의미한다.

---

5) Кызласов Л.Р. Письменные известия о древних городах Сибири. - М.: Изд -во МГУ, 1992. С. 125.

이 개념은 로마 문화에서 유래된 '*도시*(*urbs*)'가 '*벽으로 둘러싸인 마을*'이라는 뜻에 근거를 두고 있다. 크레타·미케네 문명에서 도시는 피난처 이상도 이하도 아니었다. 로마 요새 *카스트룸*은 제국의 국경을 수호하고 도시가 그 주변에 형태를 갖출 수 있도록 핵심 역할을 수행했다. 많은 프랑스 도시는 초기에 *보르즈*(*bordj*)라 불린 군사 요새였다. 시베리아 이주의 전초기지였던 요새 시설들도 도시의 기원이 됐다. 그러나 시베리아의 독창적인 요새 시설은 이미 고대사에서 수 세기에 걸쳐 이어진 전통을 갖고 있어서 시베리아 원주민들의 원도시 문명 발전을 위한 기반이 될 수 있었다. 시베리아라는 지명의 기원을 둘러싼 여러 가설 중 하나가 시베리아라는 말이 '*요새*'를 뜻하는 튀르크어 '*시베*'(*sibe*)나 '*쉬베*'(*shibe*)에서 나왔다고 주장하는 것도 우연이 아니다.[6)]

고고학 자료를 살펴보면, 배수로와 보루, 나무 방책을 갖춘 튼튼한 흙 요새가 청동기시대 말에 오비강과 이르티시강, 토미강 등 서시베리아를 흐르는 큰 강들의 유역에 우후죽순 생겨났다. 복잡한 구조를 띤 많은 요새 도시가 토볼강 좌측 지류를 중심으로 나타났다. 초기 철기시대와 중세시대에는 시베리아 전역에 걸쳐 요새 도시가 폭넓게 확산됐다.

서시베리아 타이가 인근 지역에 있는 유명한 청동기시대 마을 유적 중에는 견고하게 지은 *체르노오제르스코예 요새 도시*(옴스크 북쪽 100km 지점)가 있는데, 이는 *안드로노보* 문화[7)] 유적이다. 이 요새 도시의 배수로와 보루는 계단식 비탈 가장자리에 있는 사각형

---

6) Советская Сибирская энциклопедия: В 5-ти т. T.IV. / Гл.ред. Б.З.Шумяцкий. - Нью-Йорк: Norman ross publishing jnc, 1992. С. 890.

7) Косарев М.Ф. Второй период развитого бронзового веке Западной Сибири(андроновская эпоха) // Археология СССР.Эпоха бронзы леской полосы СССР / Под ред. Б.А.Рыбакова. - М.: Наука, 1987. - С.279.

형태의 땅을 둘러싸고 있다. 보루 외부는 나무 방책으로 에워싸여 있었고, 배수로 중간 부분에 수직으로 박혀 있는 기둥들은 요새 도시로 드나들 수 있는 접근로를 고정시켜줬다.

시베리아 '도시계획 전통'에서는 '곶 요새(promontory fort)' 형태의 건축물이 우세했다고 한다. 학자들이 바로 이런 형태의 요새가 '고전' 도시로 발전했으리라고 추측하는 것은 우연이 아니다. 지형을 잘 활용한 곶 요새는 방어와 무장에 유리한 자연조건을 갖춘 높은 곳(20~30m)에 위치했다. 초기 철기시대에 이런 요새 도시는 주로 우랄 인접 지역과 카마강 인근 지역, 이르티시강 중하류 지역의 삼림초원 지대에 있었다. 전형적인 곶 요새로는 *로자놉스코예 요새 도시*(사르가트 문화)가 있다.[8] 비탈면 높이가 25m 이상인 두 협곡 사이의 높은 곳에 위치한 이 요새 도시는 지면 쪽에서 폭 최대 15m, 깊이 약 1.5m의 배수로로 방어되며, 배수로 양 끝에는 두 보루의 흔적이 보인다. 로자놉스코예 요새 도시는 험준한 벼랑에 감춰져 있어 이르티시강에서는 거의 보이지 않는다.

고대 시베리아의 특징으로 또 다른 흥미로운 마을 종류로는 세르게이 톨스토프가 아베스타(역자 주: 조로아스터교 경전)를 인용해 호레즘(역자 주: 11~13세기 아랄해 부근에 있던 왕국)과 관련시켜 처음으로 구분한 개념인 '*거주벽 요새*'가 있다. 1984~86년 토볼강의 한 계곡에서 거주벽 요새 형태에 속하는 초기 청동기시대(기원전 3000~1000년)의 원시 시베리아 유적이 발견됐다. 이 유적의 중심지는 이세티강 유역의 원도시 *타시코보 II*이다.[9]

---

8) Корякова Л.Н. Поселения саргатской культуры // Древние поселения Урала и Западной Сибири: Сб. научных статей. - Свердловск: УрГУ, 19 84. - С.61-79.

9) Ковалева В.Т. Ташковская культура раннего бронзового века в Нижнем Притоболье // Материальная культура древнего населения Урала и Запад

시베리아 원도시의 구조적 특징

타시코보 문화는 동서로는 50~100km, 남북으로는 200~250km에 달하는 영토를 아우른다. 이 지역의 유적은 토볼강 지류인 이세티강, 우카강, 투라강, 이스카강 등을 따라 네 가지 종류로 구별된다. 종류마다 면적이 1,000~2,000㎡에 달하는 타시코보 II, 자보도우콥스코예 X, 안드레엡스코예오제로 XIII, 이스카 III 마을이 대표적이다.

타시코보 II 마을에서는 중앙에 둥근 화덕이 있고, 정확히 평행을 이루는 벽으로 둘러싸인 직사각형 모양의 통나무집 11채를 조사했다. 이들 집은 마을 터를 중심으로 타원형을 이루며 방사형으로 배치됐다. 직사각형 모양의 집 주변은 최대 너비가 2m인 '입구'로 개방된다. 집과 집 사이는 칸막이벽을 통해 추가로 둘러싸이고, 마을은 거주벽이 갖춰진 나름의 나무 요새 형태로 바뀌었다. 요새 내부 폐쇄 공간의 중심부에는 숭배 의식용으로 추정되는 열두 번째 '집'이 있었다.

타시코보 II 복원은 시베리아의 원도시가 방사형 배치로 이루어졌다는 이론을 탄탄하게 뒷받침해준다.[10] 시베리아 도시계획 형태는 기원전 2000년대 초반의 아파나시예보 문화의 초기 유적부터 이후의 안드로노보 문화, 카라숙 문화에서도 계속해서 발전한다. 기원전 2000~1000년 사이에 '둥근' 형태의 대표 도시로는 이심강 유역의 *로기노보 요새 도시*가 있다(로기노보 요새 도시는 이르티시강의 *체르노오제리예 III*, 이르티시강 중하류 지역의 *노보니콜라엡스코예 IV*, 예니세이강의 *카멘느이 로그 I*에 로기노보형 요새 도시라는 명칭을 부여했다). 기

ной Сибири. - Свердловск: Изд-во УрГУ, 1988. - С.29-47.

10) Проскурякова Т.С.Раннесредневековое строительство юга Сибири // Архитектурное наследство. 1982. № 30. С.95-102.

원전 약 1000년 전(후기 청동기에서 초기 철기시대로의 전환)에 우랄산맥 동쪽과 서시베리아 삼림초원 지대에서 고로홉스카야와 사르가트-바라빈스크 문화에 속하는 동일 혈통의 부족들이 요새 도시 주변을 따라 가옥을 원형으로 배치했고, 중심부 고지대는 빈 공간으로 남겨뒀다(옴스크 주변의 *볼쇼이로그 요새 도시*, 이심강 유역의 *리하첩스코예 요새 도시*).

앞서 살펴본 고고학 자료를 보면 시베리아 원도시들이 동심으로 배치됐고, 특별 계획에 따라 건축됐다고 결론지을 수 있다. 타티야나 프로스쿠랴코바는 '중심부가 고정된 원형'의 도시계획 형태가 시베리아 지역의 특징이라는 점을 밝히면서 이것이 청동기시대 말기에 형성된 둥근 형태의 유목민 거주지에 반영된 태양 숭배와 관련돼 있다고 말했다.[11] 인류 역사상 고대 시대 내내 원형 주거 배치 구조는 다른 '도시계획 형태들'보다 우위에 있었다. 우크라이나 남서부 지역의 초기 농경문화인 트리폴리에 문화와 남우랄 지역의 아르카임, 아메리카 원주민들과 일부 유럽, 아시아, 아프리카 고대 민족들의 원도시도 원형 구조를 띠고 있었다.[12]

원도시 중심지인 타시코보 II를 발굴하고 이를 역사·문화적으로 이해하려는 시도를 통해 고대 서시베리아에 도시화된 환경이 존재했고, 당시 공동체가 이런 환경을 개발하기 위한 내부 준비가

---

11) Там же.

12) Вохменцев М.П. Истоико-культурные параллели зауральским памятника м с круговой планировкой // http://www.ipdn.ru/rics/doc0/DA/1-voh.htm; З данович Г.Б., Батанина И.М.《Страна городов》- укрепленные поселения э похи бронзы XVIII-XVI вв. до н.э. на Южном Урале // Аркаим: Исслед ования. Поиски. Открытия. - Челябинск: Изд-во ЧГУ, 1995. - С. 54-62; Зол отарев А.М. Родовой строй и первобытная мифология. - М.: Наука, 1964. - 328 с.; Топоров В.Н., Мейлах М.Б. Круг // Мифы народов мира: Энцикло педия: В 2 т. / Гл. ред С.А.Токарев.. - М.: Советская энциклопедия, 1992.Т.2. - С. 18-19.

되어 있었다고 볼 수 있다. 남우랄 지역의 *신타시타 유적*보다 훨씬 더 오래된 시베리아 타시코보 원도시는 신타시타 유적에 유기적으로 통합된다. 타시코보 문화와 페트로프카-신타시타 문화의 원도시들은 동서로는 150km, 남북으로는 400km에 달하는 우랄산맥의 시베리아 고지대를 따라 우랄강과 토볼강 사이 지역까지 연속으로 이어진다. 이들 유적은 비슷한 세계관으로 긴밀하게 연결돼 있고, 유사한 과제를 수행했으며, 신석기시대와 금석병용기시대부터 인도유럽인들이 정착했던 지역과 일치한다. 이런 인접성은 시베리아의 여러 민족이 인류 사회의 주요 발전 흐름에서 동떨어지지 않았다는 사실을 증명한다.

'배화신전': 원 시베리아인들의 숭배 행위에 담긴 신화적 의미

벽과 배수로로 둘러싸인 고대 도시는 초기에 건설자와 주민들의 우주관이 투영된 것으로 인식됐다.[13] 따라서 도시의 '심장'은 사원으로서 항상 천신의 지상 가옥이자 '도시 생활양식의 전형이며 보관소'로서 신성하고 특별한 장소였다.[14] 이런 역사적 규칙에 따라 타시코보 II와 같이 계획된 고대 시베리아 원도시들은 태양신과 달신의 화신인 불의 사원을 독자적으로 갖추고 있었고, 원도시 주민 중에는 신성한 불을 수호하는 제사장이 있었다고 추측할 수 있다.

고대 시베리아인들의 우주론을 구성하는 기본 요소인 불의 역할은 의례 장소를 연구할 때 특히 분명히 나타난다. 불의 흔적은

---

13) Элиаде М. Космос и история. - М.: Прогресс, 1987. -311с.

14) Массон В.М. Раннеземледельческие общества и формирование поселени й городского типа // Ранние земледельцы: Этнографические очерки. - Л.: Наука, 1980. - С.178-185

신석기와 청동기시대부터 중세시대까지 시베리아 대다수 매장지에서 발견된다.[15] 고대 시베리아인의 신앙에서 불 숭배가 오래된 전통이라는 사실은 이르티시강 중하류 지역에 있는 신성한 매장지의 장례식을 복원해보면 드러난다. 이런 매장지 중에는 타라강 범람원에 있는 *오쿠네보 V, VII*과 오미강 유역에 있는 *로스토프카*와 *소프카 II*가 있다. 이들 유적을 베다어로 쓰인 인도아리아 장례 절차의 관점에서 고찰하는 연구 경향이 흥미롭다.[16]

고대 시베리아의 여러 부족에서 고인을 저승으로 보내는 방식은 제각각이었고, 무덤 형태도 달랐다. 그러나 많은 매장지가 둥그스름한 형태로 봉분 아래에 있거나 원형 울타리로 둘러싸여 있다는 공통점도 있다. 무덤 주위를 보루나 배수로로 에워싸는 전통은 철기시대 초기 옴스크 인근 이르티시강 중하류 지역(아바트 문화, 체르노오제리예-2)에도 있었다. 고리형 구조는 타가르 문화의 '망자의 집'이나 청동기시대 남시베리아 우유크 문화의 의례 시설에서 특징적인 요소였다.[17] 튜멘주 남부 *노보-샤드리노 II*는 철기

---

15) Косарев М.Ф. Заданая Сибирь в древности. - М.: Наука, 1984. - 243с.

16) Жаронкин В.Н. О некоторых зороастрийских четрах в тагарской культуре // Археология, палеоэкология и этнология Сибири и Дальнего Востока. Тезисы докладов к ⅩⅩⅩⅩⅥ РАСК. - Иркутск: Изд-во ИрГУ, 1996. Ч.2. - С74-77; Хвостов В.А. Ранний комплекс могильника Окунево Ⅴ,Ⅶ в связи с погребальным обрязом индоариев // Археологические микрорайоны Западной Сибири: Материалы научной конференции. - Омск: ОГУ, 1998. - С.72-75.

17) Кузьмина Е.Е. Древнейшие скотоводы от Урала до Тянь-Шаня. - Фрунзе: Илим, 1996. - 132с.; Проскурякова Т.С. Строительная культура Сибири Ⅶ-Ⅳ вв. до н.э. // Архитектурное наследство. 1999а. № 37. - С. 119-132; Чайлд Г. У истоков европейской цивилизации. - М.: Иностранная литература, 1952. - 468с.; Тиваненко А.В. Древние святилища Восточной Сибири в эпоху камня и бронзы. - Новосибирск: Наука, 1989; Корякова Л.Р., Стефанова Н.К. Памятники у д. Ново-Шадрино на юге Тюменской области // Древние поселения Урала и Западной Сибири: Сб. научных статей. - Свердловск: УрГУ, 1984. - С.105-114.

시대 초기 유적에 속한다.[18] 이 유적은 고리형 배수로 8개와 제방으로 구성된다. 고리 모양은 구조가 각기 다른 무덤으로 잘 알려진 토볼강 인근의 독특한 철기시대 매장 형태이기도 하다.

매장 의식에서 불의 역할을 증명해주는 흥미로운 구조물은 이르티시강 중류의 가장 큰 청동 주물 중심지였던 로스토프카 매장지에서 발견됐다.[19] 이것은 매장지에 유기적으로 배치된 '화장터'다. 청동기시대 매장지에 이런 구조물이 있는 경우는 더 있다. 로스토프카 '화장터'와 시기상으로 가장 가까운 *옐로보 II* 매장지(톰스크 오비강 인근)가 대표적이다. 이 매장지에서는 흥미롭고 상징적인 유물인 큰사슴 모양의 작은 뼈 드리개가 발견됐다.[20]

시베리아 타이가 지역에서 발견된 고대 동물 문양 중에서는 큰사슴이 가장 흔하다. 무엇보다도 생산적 의미를 담고 있고, 삶의 원천과 밝은 시작을 형상화하는 큰사슴 숭배는 청동기시대에 널리 전파된 태양 숭배와 천상 세계 관념과 관련돼 있다. 고대 우랄·시베리아 암각화에 나타난 큰사슴은 대부분 태양 상징을 수반한다.[21] 태양을 상징하는 큰사슴 형상은 고대 시베리아인의 신앙에서 중요한 위치를 차지했다.[22] 시베리아 모든 민족에는 우주의 큰

18) Там же. - С.105-114.
19) Матющенко В.И., Синицына Г.В. Могильник у деревни Ростовка вблизи Омска. - Томск: Изд-вл ТГУ, 1988. - 134 с.
20) Студзицкая С.В. Искууство Восточного Урала и Западной Сибири в эпох у бронзы // Археология СССР. Эпоха бронзы леской полосы СССР / Под ред. Б.А.Рыбакова. - М.: Наука, 1987. - С.323.
21) Мошинская В.И. Древняя скульптура Урала и Западной Сибири. - М.: На ука, 1976. - 130 с.; Мартынов А.И. Символы солярного культа на петрогля фах Сибири // Конференция《Релиниозные представления в первобытно м обществе》. - М.: ИНИОН АН СССР, 1987. - С.89-91.
22) Косарев М.Ф. Древняя история Западной Сибири: Человек и природная с реда. - М.: Наука, 1991. - 300 с.; Косарев М.Ф. Западная Сибирь в древнос ти. - М.: Наука, 1984. - 243 с.; Толпеко И.В. К вопросу о зооморфниых изо бражениях Западной Сибири в эпоху бронзы // Археология Западной Си

사슴을 둘러싸고 여러 가지 전설이 존재한다. 그중 태양을 훔쳐 천상의 타이가로 가져가버린 우주의 큰사슴 헤글렌과 주야 교대로 관장하는 수호령인 전사 마인에 대한 에벤키 신화가 가장 유명하다. 마인은 날개 달린 신을 신고 큰사슴을 쫓아가 자정 무렵 따라잡아 사람들에게 다시 낮을 돌려준다.

불의 사원과 성소는 보통 *조로아스터교*의 존재를 뒷받침해주는 강력한 증거로 간주된다.[23] 메리 보이스가 '아베스타의 민족'을 '안드로노보 문화 공동체에 스며든 고대 이란 기층민'의 종교 숭배로부터 추론한 것은 우연이 아니다.[24] 시베리아 천문 성소 발굴은 연구자들[25]에게 서시베리아를 우랄산맥 남동부 지역과 더불어 고대에 가장 성행했던 종교 중 하나를 창시한 인물이자 '아베스타' 경전의 저자 조로아스터가 태어나 살았을 가능성이 있는 곳으로 꼽는 근거를 제공한다. 조로아스터교의 본산이 '호레즘'이나 '메디아', '아케메네스'였을지 모른다고 추정해볼 수 있다. 또 '아베스타' 경전에 조로아스터교의 발생 지역과 시기에 대한 정보가 원칙적으로 부재한다[26]는 레오니드 렐레코프의 의견을 부정하지 않아도 조로아스터교의 기원이 기원전 1000년대 초반으로 거슬러

бири: Тезисы докладов научной конференции. - Омск: ОмГУ, 1988. - С.65-67.

23) Рапопорт Ю.А. Религия Древнего Хорезма: Некоторые итоги исследовани й // Этнографическое обозрение. 1996. № 6. - С. 53-92.

24) Бойс М. Зороастрийцы. - М.: Наука, 1987. - 302 с.

25) Быструшкин К.К. Аркаим - суперобсерватория древних ариев? // Урал. 1996. № 1. - С. 164-174; Кириллов А.К., Зданович Г.Б. Археоастрномические исследования на городище Аркаим // Археоастрономия: Проблемы станов ления. Тезисы докладов международной конференции. - М.: Институт арх еологии РАН, 1996. - С. 69-71; Озаренов Ф.Н. Русский след уходящих арьев // Варвары: Сборник по истории древнего мира и средневековой Европы / Под ред. В.П.Тулаева. - М.: 《Метагалактика》, 1999. - С.69-91.

26) Лелеков Л.Ф. Авеста в современной науке. - М.: Тип. Мин-ва культуры, 1992. - 362 с.

올라가는 등 시베리아·우랄 고대 도시들의 존재 시기와 맞물린다고 추정해볼 수 있다.

조로아스터교의 점성술은 인간과 자연, 우주 변화의 상관성을 가장 완벽하게 설명한 분야 중 하나다. 앞서 강조된 내용은 시베리아 도시화 역사를 이란인과 힌두인의 선조이자 고대 슬라브인 및 루시와 관련돼 있는 아리아인의 고향 문제와 결부시켜준다.[27] 인도와 이란의 영웅·신화 서사시는 머나먼 북국과 신성한 수미산에 관한 내용을 포함하고 있다. 그래서 학자들은 "...북극 너머가 아니라면, 우랄산맥을 따라 시베리아 북쪽의 우랄강과 토볼강 골짜기에, <중략> 기원전 1000년대 중반 시베리아 고대 도시가 여럿 존재했던 곳에[28]" 인도·이란인의 고향인 '행복국'이 존재했다고 추측한다.

글레프 레베데프는 이런 맥락에서 러시아 거시지리 공간 안에 시베리아의 위치를 설정하며 이렇게 말했다. "북빙양을 따라 광대한 툰드라까지 이어지는 드넓은 시베리아 타이가 지역은 서쪽과 남쪽, 동쪽으로는 우랄, 알타이, 파미르, 텐산, 동시베리아 베르호얀스크-콜리마산맥으로 이루어진 반원형에 둘러싸여 있다. 이 지역은 북빙양으로 흘러 들어가는 인적 없는 거대한 세 강(예니세이강, 오비강, 레나강)이 있는 *고대 '상춘국인'들의 진정한 세계*이며, *신화*

---

27) Бонгард-Левин Г.М. От Скифии до Индии: Древние арии: Мифы и история. - М.: Мысль, 1983. - 206 с.; Гусева Н. Арьи, славяне: Соседство или родство? // Древность: Арьи. Славяне / Под ред. Н.Гусевой. - М.: МП《Палея》, 1996. - С.63-87; Демин С. Гиперборея - северная прародина // Варвары: Сборник статей по истории древнего мира и средневековой Европы / Под ред. П.В.Тулавева. - М.: Метагалактика, 1999. - С. 7-57; Кузьмина Е.Е. Откуда пришли индоарии? Материальная культура племен андроновской общности и происхождение индоиранцев. - М.: МГП《Калина》, 1994. - 463 с.

28) Кызласов Л.Р. Первогорода древней Сибири (в бронзовом и раннем железном веках) // ВМУ.Сер.8.История.1999.№ 3. - С.118-119.

속 수미산과 그 주변 산을 연상시킨다."[29]

시베리아의 원도시들은 타이가 지역의 가장 열악한 환경에서 형성된 시베리아 원주민들의 물질적, 정신적 유적의 총체를 반영하며, 원도시의 문화적 전통은 고립돼 발전한 것이 아니라 유라시아의 광활한 초원과 삼림초원 지대의 여러 문명과 밀접한 관련 속에서 발전했다. 이처럼 시베리아 문명의 태동은 원시성에서 역사적으로 새로운 사회문화 발전 단계로 나아가는 과정의 일부를 구성한다. 이런 맥락에서 시베리아는 수메르 문명, 인더스 문명, 중국 문명, 이란 문명, 지중해 문명, 소아시아 문명 등 세계 고대 문명과 단절될 수 없다. 이 과정은 공통의 역사 발현 속에서 분리될 수 없기 때문이다.

---

29) Основания регионалистики: Формирование и эволюция историко-культурных зон / Ред. А.С.Герд, Г.С.Лебедев. - СПБ., 1999. - С.95.

S I B E R I A

2.3 시베리아의 고대 유목 문화

L.S. 마르사돌로프

기원전 4~3세기 시베리아 초원 지대에서는 고대 부족들이 새로운 경제 활동 형태인 유목과 반유목 목축으로 완전히 전환했고, 향후 문화·역사 발전 방향을 결정한 새로운 사회·경제, 정치·이념 관계가 형성됐다. 승용(乘用)과 만용(輓用)으로 말이 이용되면서 사회, 문화, 정치, 경제 조직 수준이 다양한 부족 간 정보 전달이 가속화하고 확대됐다. 기원전 4세기보다 훨씬 더 전부터 이용됐던 유라시아 초원길은 매우 중요한 세계관과 조화로운 예술적 형상, 선진 장비와 무기, 마구 등의 발명이 널리 전파되는 데 이바지했다.

행군과 가장 중요한 무역로 관리, 부족 간 혼인, 다양한 출신 배경, 풍부한 목초지와 광산, 기타 수많은 요인이 시베리아 유목민의 계층화를 촉진했다. 적의 재산이나 약점, 자연재해는 재산과 영토의 재편으로 이어지는 군사적 충돌을 종종 초래했다. 동에서 서로, 남서쪽에서 북동쪽으로, 그리고 그 반대 방향으로 여러 부족과 문화 요소가 수 차례 침투했다.

유라시아 초원 벨트에는 독특한 통합체인 '스키타이-시베리아'

문화가 현지 문화와 더불어 형성됐다. 기원전 8~3세기 시베리아의 모든 고고학적 문화는 크게 두 가지 문화적-연대적 단계로 나뉜다. 이는 동유럽의 초기 스키타이 시대 그리고 스키타이 시대와 일치한다. 각 단계는 장례 의식과 장신구, 무기, 마구, 주전자 형태, 동물의장 등의 뚜렷한 특징을 띠고 있다.

고대 시베리아 부족들의 물질문화

고대 시베리아 부족들의 복잡한 생활은 현재 연구된 모든 고고학적 유적 전체를 살펴보아야 온전하게 상상해볼 수 있다. 이 유적들은 기원전 1000년 전부터 기원전 1년 전 사이의 유적으로, 기능에 따라 주거 유적, 무덤 유적, 생산 유적, 군사 유적, 숭배 유적, 교통 유적 등으로 나뉜다. 이 중에서 가장 활발히 연구된 것은 무덤과 그 구성 시설(봉분, 지하 묘, 석제 고부서, '고리', 묘비인 발발석 등)로 이뤄진 무덤 유적이다. 지금까지도 시베리아에 있는 마을, 야외 및 동굴 주거지, 생산 작업장(뼈조각, 도제, 제철 및 석가공 등)이나 채굴 작업장(시굴갱, 갱내채굴, 노천채광, 지하 통로, 광산, 하치장), 채석장(돌 채취장, 하강용 비계 설치 장소, 석제 반제품 가공용 장소)과 목축·농경지(부대시설, 방목지, 들판, 농로) 같은 주거 유적과 생산 유적이 충분히 연구되지 못했다. 또 초소, 요새, 도로, 산길 보호 '벽', 도로 안내석 등 군사 및 교통 유적에 대한 연구는 훨씬 더 미흡하다.

당시 유물들은 개인용품과 일상도구, 제례 도구, 노동 도구, 의복, 무기, 운송수단, 마구 등 크게 몇 가지로 분류할 수 있다. 여러 고분에서 발견된 암각화와 출토품을 통해 알타이 지역에서는 운송수단 중에서 군사용 마차와 결혼식용 마차, 무거운 물건과 통나무 운반용 짐썰매와 짐마차가 널리 쓰였음을 알 수 있다. 칼과 거울, 그릇, 장신구 등도 다양한 용도로 쓰였다.

시베리아 유목 민족들의 정신문화

인간과 주변 환경 사이의 상호 작용은 인간 지식의 총체인 '세계 모형'을 통해서 거의 완벽하게 상상해 볼 수 있다. 세계 모형은 역사적 시간과 공간·영토적 환경과 긴밀한 관련이 있고, 종교, 학문, 문화, 기술 부문의 성과에 담긴 가장 가치 있는 인간 경험을 반영한다. 기원전 1000년 전부터 기원전 1년까지는 구전과 기록물로 전해진 종교적 전통으로 확립된 성경과 아베스타 경전, 주역('역경'), 도교, 베다, 브라흐만, 붓다, 그리스, 켈트 등의 *세계관*이 존재했다. 이 시기에 카자흐스탄 등 중앙아시아와 동유럽 남부 지방의 단일 초원 벨트에 거주한 사카족과 스키타이족은 독자적인 세계 모형을 갖추고 있던 민족으로 고대 시베리아 민족과 가장 유사했다.[30] 유라시아 유목민들은 여러 가지 세계관에 등장했다. 이들은 커다란 의미와 신성한 기능을 다양하게 갖춘 세계산과 신목, 연꽃, 천체 등에 걸쳐 문화적·학문적 식견을 겸비하고 있었다.

숭배 유적은 성소(계곡의 '순록 모양'의 돌, 판석묘비; 동굴속의 틈새, 암굴, 모자이크, 암벽화; 산등성이와 꼭대기, 산길에 있는 오보(역자 주: 서낭당 같은 곳), 장식, 석비, '문', 암각화)와 천문 관측지(굴, 흙·돌 '구덩이', 개별 돌배열과 판석묘열, 암각화), 매장 문화재와 기타 개별 숭배 시설(판석묘, '고리', 장식, 암각화)로 나뉜다.

유라시아 초원길을 따라 물질적 도구와 새로운 발명품 그리고 혁신적 사고도 널리 퍼졌다. 이런 맥락에서 석상과 암각화, 거울 등에 가장 잘 나타난 우주론이 흥미롭다. 예를 들면 우스티-부흐타르마에서 발굴된 청동거울은 일상용품으로도, 축소된 우주 모형으로서의 의식 용품으로도 간주할 수 있다. 청동거울은 다른

30) Акишев К.К. Искусство и мифология саков. - Алма-Ама, 1984; Раевский Д.С. Модель мира скифской культуры. - М., 1985.

여러 기능과 더불어 태양력으로서의 독특한 역할도 수행했을 수 있다. 이 거울은 완전한 '동물' 달력은 아니고, 원형 평면에 숫염소와 순록이라는 두 가지 주요 형상만 제시된 부분적인 달력이다. 무늬의 기저에는 유라시아에서 공통으로 찾아볼 수 있는 성스러운 시·공간에 대한 사상이 깔려 있다.

석상은 이상화된 남성 전사의 모습을 의인화한 형상일 뿐만 아니라, 복잡한 기호이자 고대 유목민에 공통적인 '세계 모형'의 일부다. 석상은 천상과 중간, 지하의 세 가지 세계에 비교될 수 있는 3단 수직 구조를 띠고 있으며, 중요한 의식 장소에서 고정점 역할을 수행했다. 석상 표면에 나타난 모든 형상과 선은 엄격히 선별돼 표현됐고, 당시 존재한 신화를 반영한다.[31] 석상 상당수는 윗변이 동고서저 형태로 비스듬하다. 이는 태양이 동쪽에서 떠서 서쪽으로 지는 것과 관련돼 있을 가능성이 크다.

고대 사얀·알타이 유목민들이 매우 수준 높은 수학 지식을 가지고 있었다는 사실도 언급할 필요가 있다. 이들은 크고 작은 시설을 표시하거나 특히 의식 용품을 비롯해 노동 도구, 식기류, 장신구, 무기와 단순하고 복잡한 도안, 평면·입체 도안과 사물 등을 제작할 때 원형과 정삼각형, 이등변삼각형, 정사각형, 직사각형, 평행사변형, 마름모형, 그네형, 원뿔형, 직각형 등의 형태를 활용했다. 무엇보다도 길이와 부피, 무게(고체와 액체) 단위에 대한 수요는 이미 태곳적부터 있었다. 여러 기록물이나 민족지학 자료를 보면, 기원후부터 약 14~20세기까지는 신체나 그 일부의 길이와 비

31) Кубарев Д.В. Древние изваяния Алтая (Оленные камни). - Новосибирск, 1979; Савинов Д.Г. Оленные камни в культуре кочевников Евразии. - СПБ., 1994; Худяков Ю.С. Херексуры и оленные камни // Археология, этнография и антропология Монголии. - Новосибирск, 1987. - С. 136-162.

교되는 척도가 공간 측량단위로 쓰였다. 이때 주요 길이 단위로 쓰인 것은 사젠, 완척, 뼘, 손가락 길이, 발 폭 등이었다. 척도의 기본은 대부분 항상 사젠(혹은 튀르크계 민족의 쿨라시)이었는데, 사젠은 소(小)사젠(혹은 직선 사젠, 약 180cm)과 대(大)사젠(혹은 곡선 사젠, 약 220cm)으로 나뉘었다. 예를 들면 아르잔 고분의 봉분을 둘러싼 고리 모양의 석축은 높이가 40대사젠(88m)에 달하고, 울루크호롬과 칠리크타-5, 투에크타-1 고분의 석축은 높이가 30대사젠(66m)이다. 파지리크와 시베 고분 석축의 높이는 약 20대사젠(42-45m)이며, 중형 고분은 5~10대사젠(11~25m), 소형 알타이 고분의 높이는 1.5~5대사젠(3~11m)이다. 작은 물건을 제작할 때는 완척, 손바닥 길이, 뼘, 손가락 길이 등이 척도로 활용됐다. 이런 척도는 꼭지 장식이나 작은 금속판 등 의식 용품이 제작될 때 가장 엄격하게 적용됐다. 작은 길이 단위는 복잡한 동물 형상을 스케치하거나 형상의 일부를 표현할 때도 이용됐다.

유목민들에게 부피 기준은 약 0.28~0.3리터들이(=1단위)의 작은 잔이나 병이었다. 소형 고분에서 발굴된 병 부피가 1~5단위에서 10~15단위에 이르렀다면, 중형 고분에서는 부피가 5~15단위에 이르렀고, 부자들의 무덤인 대형 고분에서는 30~50단위 들이의 병이 발견됐다.

기초 수학 교육은 개인적으로만 아니라, 많은 사람이 돌이나 나무로 된 다양한 시설을 건축하는 데 참여하는 연례 의식 행사에서도 이뤄졌을 것이다. 이들은 동시에 건축물과 주변 자연환경이 조화를 이루도록 하는 비법을 터득했다. 이런 비법은 지금까지도 유목민들이 임시 거처나 정주지를 마련할 때, 유르타 등의 가옥을 배치할 때, 방위와 시간을 가늠할 때, 신체와 관련한 척도를 활용할 때 쓰인다.

예술문화: 스키타이인의 '동물 형상'

일상생활과 신성한 생활의 보편적인 코드인 이른바 '동물 형상'은 유목민들의 삶에서 큰 의미가 있었다. 맹수(흑표범, 표범, 호랑이, 사자, 늑대)와 발굽동물(사슴, 큰사슴, 숫양, 숫염소), 조류(독수리, 매, 비둘기), 물고기, 뱀, 귀뚜라미, 기타 '신화 속' 여러 동물(그리핀, 날개나 뿔이 달린 사자 등) 형상이 대표적인 예이다. 동물 형상 모형은 동물을 간결하면서도 생동감 넘치게 표현하고 가장 중요한 특정 부위를 강조하는 것이 특징이었다. 맹수의 형상은 때때로 상징적이거나 개략적인 이미지로 대체됐다. 맹금류의 형태는 큰 눈과 날카로운 갈고리 모양의 부리로 표현됐고, 발굽동물은 발굽 기호로, 사슴은 가지뿔 등으로 대체됐다. 단독 문양이나 쌍문양, 복수 문양과 맹수들의 역동적인 투쟁 형상이 유명하다. 어떤 동물의 몸통이 다른 동물의 일부로 자연스럽게 자라나는 복합수형도 특징적이다. 이때 주로 강력한 초자연적 성질을 갖는 터무니없는 형상이 새롭게 생겨난다. 동물 형상은 고대 예술, 스키타이-시베리아 및 중세 예술과 의식 행위의 주요 주제 중 하나다.[32)]

당대의 이상적 수준에 도달한 동물 형상은 기본적으로 구성과 구조 측면에서 조화로웠고, 예술성이 뛰어났다. 장식의장용 형상들은 수요도 많고 인기도 높아 장인들에 의해 수 차례 복제됐다. 한 민족에서 다른 민족으로 '릴레이(평화적, 군사적, 상업적)' 방식을 통해 사상과 사물, 회화가 정치적 경계와 다양한 예술의 사상적 뿌리와는 별개로 초민족적 국제 현상으로서 광활한 영토를 따라

32) Королькова Е.Ф. Теоретические проблемы искусствознании и《звериный стиль》скифской эпохи. - СПБ., 1996; Селиванов В.В. Человек и зверь; (О двуз ведущих темах палеолитического искусства) // Первобытное искусс тво. - Новосибирск. 1976. - С. 25-39.

빠르게 전파됐다. 주로 개별적인 동물 형상과 복잡하지 않은 도안, 장식 양식 등이 복제됐다. 형상과 도안, 양식이 초기 발생지에서 멀어지면 멀어질수록 원래 이미지와 비교하기가 더 어려워진다. 한 동물 형상이 인근 지역에서 숭상되는 다른 동물의 형상으로 대체되는 경우도 적잖았다. 그러나 이런 경우에도 사물(거울, 병, 벨트버클 등)의 기능이나 여러 형상이 전달되는 재료(돌, 뿔, 금 등)와는 무관한 양식적 특징은 보존됐다.

순록, 숫염소, 말 형상뿐만 아니라 맹수 등 다른 짐승의 형상도 기원전 1000년 이후로 폭넓게 확대됐다. 양식과 연대 측면에서 유사 동물 문양은 오르도스-내몽고-몽골-투바-몽골알타이-동알타이 및 서알타이-텐산-캅카스-소아시아-그리스 등을 따라 태평양에서 대서양까지 이어지는 하나의 '사슬'로 통합될 수 있다. 넓지 않은 곳에선 한 군데에 두 개 이상의 양식과 예술 분파가 동시에 존재했을 가능성도 충분하다.

시베리아 고대 문화의 역사적 사명과 근대성

기원전 8~7세기는 키메르인과 스키타이인, 사카인 등 대규모 유목민만 아니라, 소규모 무장 유목민도 흥망성쇠를 겪은 시기다. 고고학자들은 기원전 8~7세기 유목민 지도자들이 묻힌 대형 고분 중 일부만 연구했을 뿐이다. 그중에는 사얀의 복잡한 대형 유적인 아르잔, 카자흐스탄의 칠리크타와 베샤티르, 터키의 고르디온, 캅카스 북부 지역의 켈레르메스, 불가리아의 프티차타 묘가 있다. 이들 고분의 규모는 알타이 지역의 파지리크, 바샤다르, 투에크타와 카자흐스탄의 이시크, 동유럽의 스키타이 왕과 고위층의 고분, 몽골의 노인울라 등 상류층 유목민들이 매장된 후기 고분들과 비교된다. 몽골족의 머나먼 군사원정 이전에는 거란족과 튀르크족, 흉노족, 훈족, 사르마트인, 스키타이인, 키메르인의 점령이 있었다는 사실을 언급해 둘 필요가 있다. 시베리아의 여러 민족은 그 이후 알타이와 인근 지역 문화에 지대한 영향을 끼쳤다.

여러 기록물과 고고학적 자료를 살펴보면, 키메르인들은 기원전 7세기 프리기아 왕조의 여러 전투에 참전했다.[33] 기원전 7세기 말에서 6세기 초는 동쪽의 메디아 왕국과 서쪽의 리디아 왕국이 아시리아와 이들이 점령한 영토를 차지하는 등 소아시아와 서남아시아에 새로운 제국들이 생겨난 것이 특징이다. 기원전 7세기 말 혹은 6세기 초에 리디아의 알뤼아테스왕은 '키메르인들을 아시아에서 추방했다.(헤르도토스 I, 16). '추방'이라는 단어가 키메르인들의 완전한 멸망을 뜻하는 건 아니다. 이는 키메르인들이 서남아시아에서 쫓겨나 어딘가로 떠났다는 의미일 가능성이 크다. 고고학 자료가 축적됨에 따라 키메르인들이 추방된 이후 이들의 운명에 대한 의문이 생길 수 있다. 알타이 문화에서 갑자기 발생한 수많은 변화는 키메르인들이 서남아시아에서 추방돼 산맥이나 초원길을 따라 서남쪽과 동북쪽에 있는 동유럽 초원지대, 중앙아시아, 알타이 등으로 이동했다는 사실로 설명될 수 있다. 먼 길을 간 키메르인들은 이들이 지나온 지역(중앙아시아, 카자흐스탄 등)의 의식과 사물의 형태를 일부 취했을 수 있지만, 시간상으로 이들이 이런 거리를 이동하는 데는 1~2년, 혹은 수년이 걸렸을 수 있다. 알타이에 도착한 유목민들(파지리크인의 조상)은 시신을 안치할 때 머리를 동쪽으로 두는 전통이나 '군사 장비', 깊은 구덩이에 시신과 말을 함께 묻는 순장, 나무 덧널, 긴목항아리, 구멍 두 개에 크고 둥그스름한 재갈끝을 가진 굴레이음매, 서남아시아식 동물 형상

33) Алексеев А.Ю., Качалова Н.К., Тохмасьев С.Р. Киммерийцы: Этнокультурная принадлежность. - СПБ., 1993; Иванчик А.И. Киммерийцы. - М., 1996.

(그리핀, 사자, 사이가산양 등) 등 독자적인 전통 의식을 함께 가지고 왔다. 무장 유목민 집단은 투에크타와 바샤다르 지역의 '주요' 골짜기를 차지하면서 알타이의 여러 지역으로 영향력을 빠르게 확대했다. 알타이 파지리크 문화(기원전 6~4세기)의 지배 계층을 구성한 후, 이 지역에 거주하던 마이에미르계 종족인 쿠르투스인, 이르티시인, 쿠윰인 등을 복속시켰다.

많은 연구자는 파지리크 귀족의 의복 양식(남성은 가슴팍을 잠그는 셔츠, 여성은 긴 치마처럼 생긴 셔츠 등)과 좁은 소매를 가진 의식용 '칸디스'가 주로 서남아시아와 중앙아시아 의복의 특징이라는 결론에 도달했다. 인류학자들도 당시 서남아시아와 중앙아시아 외모를 가진 코카서스인들이 알타이 지역에 살았다는 사실을 언급한다.[34) '서남아시아-코카서스' 계열의 외모를 가장 대표적으로 살펴볼 수 있는 인류학적 형상으로는 큰 펠트 카펫 위 왕좌에 앉아 있는 여왕 앞에 서 있는 긴 다리의 순종 아랍산 말에 탄 전사 그림(큰 코, 근사하게 구불거리는 콧수염, 파상모)이 있다. 이 카펫은 에르미타시 미술관(제5호 파지리크 고분) 소장품으로, 고고학자 대다수는 현지에서 생산된 것으로 본다. 이 키메르 전사가 입은 갑옷의 주요 특징 중 하나는 끝이 뾰족하고 높은 모자로, 모자 끝이 때때로 앞으로 살짝 휘었다. 유명한 프랑수아 화병에는 끝이 뾰족한 헬멧을 쓴 전사가 활시위를 당기고 있는 그림이 그려져 있고, 전사 위에는 '키메리오스'라는 문구가 쓰여 있다. 우코크 지대의 고분이 발굴되는 과정에서 위로 잡아당겨진 모양의 펠트 모자가 출토됐는데, 모자 끝은 앞으로 살짝 구부러졌다. 이런 사실들은 서남아시아에

34) Баркова Л.Л., Гохман И.И. Происхождение ранних кочевников Алтая в свете данных палеоантропологии и анализа их изображений // Элитные курганы степей Евразии в скифо-сарматскую эпоху. - СПБ., 1994. - С.24-35.

서 쫓겨나 동쪽으로 향한 키메르인들의 운명을 증명해주는 것일 수도 있다. 키메르인들과 새로 유입된 유목민 중에 이전에 남서쪽으로 떠났다가 다시 돌아와 사얀·알타이 지역에 살았던 부족들의 후손이 있었을 가능성도 배제할 수 없다.

중국은 기원전 440년대 초부터 다양한 제후 간 다툼이 시작되는 등 정세가 격화됐다. 당시 유목민들이 중국을 공격했을 뿐만 아니라, 중국 제후들이 북방 유목민족들 사이에서 동맹을 모색하기 시작했을 가능성도 있다. 세르게이 루덴코에 따르면 한 중국 제후가 제5호 파지리크 고분의 주인인 지도자에게 자신의 딸을 아내로 바쳤고, 그녀는 네 마리의 말이 끄는 나무 이륜마차를 타고 알타이로 왔다. 후기 고분인 제3호, 제5호 파지리크 고분에서는 중국산 비단천이 발견됐다. 여기서 발굴된 예술품에는 중국의 흔적('용'의 특징을 가진 짐승, 얇은 목에 직선 부리를 가진 새 등)이 보인다.

중국은 기원전 403년에 오랜 내분을 겪은 새로운 역사적 시기인 '전국시대'로 접어들었으며, 이는 알타이와 중국 간 교역 관계 약화로 이어졌다. 알타이 북동부 끝자락에 있어 오비강과 예니세이강으로 진출하는 무역로 중 하나를 지배했던 파지리크 지역은 '수익성이 떨어지게' 된다. 이 시기에 지형 조건상으로는 훨씬 더 큰 고분을 쌓을 수 있었음에도 불구하고, 파지리크 지역에 '연쇄적인' 대형 고분의 건축은 중단된다.[35] '추이스크 도로' 인근의 중앙 알타이 교역로는 일정 기간 계속해서 집중적으로 제 기능을 다했다. 중국만 아니라 아케메네스 제국과 다른 지역도 상황이 불안정해졌고, 유라시아 역사에서 알렉산더 대왕의 서남아시아와

35) Марсадолов Л.С. О последовательности сооружения пяти больших курганов в Пазырыке на Алтае // Археологический сборник Государственного Эрмитажа. 1984. Вып.25. - С.90-98.

중앙아시아 정복과 기원전 330~320년 이후의 수많은 민족과 부족의 대이동과 관련한 새로운 시기가 시작됐다.

시베리아의 많은 지역에서는 기원전 8~7세기 유적과 4~3세기 유적 간에 문화 전통의 간극이 발견된다. 정확한 날짜와 고고학적 자료를 통해 기원전 6세기부터 시베리아에 대규모 질적, 양적 변화가 있었다는 사실이 증명된다. 정치 부문에서는 기존 시기와 비교하여 영토가 확장됐고, 사회 분야에서는 공동체가 급격히 분화했는데, 이는 장례 의식에 반영됐다. 경제 부문에서는 유목 경제와 수공예가 발전했고, 인구 부문에서는 인구가 급증했다. 문화 부문에서는 '세계 모형'의 변화와 높은 수준의 예술, 모직, 가죽, 나무, 진흙, 금속 가공 기술의 발전이 눈에 띈다.

힘과 용맹함, 타의 추종을 불허하는 말 조련술과 모직·가죽 가공 기술, 생활용품 장식 기술, 천문학·수학 지식, 엄격한 의식 준수, 매우 복잡한 '세계관', 자연에 대한 친밀함만으로는 당시 유목민들의 주요 특징을 모두 나타내기에 충분치 않다.

많은 시베리아 민족이 1980-90년대에 이르러 과거를 돌아봄으로써 자신의 역사와 문화를 더욱 깊이 인식하게 됐다. 파지리크 유적이 발굴된 이후에야 널리 알려진 그리핀 형상은 1993년에 알타이 공화국의 문장으로 채택됐다. 고고학적 발견물(암각화, 돌도끼, 창끝)이나 그림도 고르노알타이스크시와 하카시야 공화국, 야쿠티야 공화국, 기타 시베리아 지역의 문장에 쓰였다.

결론적으로 고대 민족들의 실제 생활은 흥망성쇠와 승패, 이주와 정착을 겪는 등 역동적이고 복잡했다고 할 수 있다. 앞으로 고고학계와 문화학계, 인류학계, 역사학계, 기타 학계는 이런 생활의 여러 단계를 복원해야 할 숙제를 안고 있다.

S I B E R I A

2.4 세계의 문화유산: 시베리아의 고대 성소 유적

L.S. 마르사돌로프, L.V. 드미트리예바

태양과 달 숭배를 관장하는 시설로 여겨지는 성소는 고대 시베리아 문화에서 적잖은 관심을 불러일으킨다. 다신교의 성소는 성스러운 장소나 제단, 숭배 행위가 이루어지는 곳이다. 고대 성소의 구조는 다양하다. 이것은 '성스러운 돌'로서 스칸디나비아인들의 세이드나 슬라브인들의 사당, 고대 유목 문화의 오보 같은 것들이다. 고고학 연구에 따르면 고대 시베리아인들의 성소는 원칙적으로 매장지, 즉 '조상들의 혼'과 영토적으로 관련돼 있고, 주로 네크로폴리스의 제단(대부분의 경우 추도용 화로)이었다.

고대 시베리아의 의례를 연구한 학자들(알렉세이 티바넨코, 타밀라 포톰키나, 발렌티나 코발료바, 미하일 흐멘체프 등)은 이미 구석기 시대에 시베리아 여러 부락에 제사장 제도가 확대됐고, 마을과 성소에서 행해지는 숭배 행위를 지휘하는 제사장들은 가장 존경받는 여성 중에서 선발됐으리라고 결론지었다. 이들은 여성과 곰들의 조각상, 매머드와 뱀의 암각화, 사냥터와 사냥에 앞선 의식 행위를 담은 암각화 등 의례 도구들 모두 관장했다. 그 밖에 계절과 사냥감들의 활동 주기를 가능하게 해주는 태음태양력이 만들어졌다.

고대 시베리아에는 태음태양력을 실현하기 위한 다양한 예술 형태가 존재했다. 동시베리아 구석기 유적지 *말타*에서는 뼈로 만든 수많은 물건 중에 나선 모양이 새겨져 있는 얇은 매머드 엄니판 두 개가 눈길을 끈다. 나선은 작은 구멍 243개로 이뤄졌으며, 이는 태양년의 2/3와 암컷 순록의 임신 주기와 같다. 학자들은 말타 마을 주민들이 나선이 그려진 판을 달력으로 사용했을 것이라고 추정한다.[36] 나선이 7개씩 짝지어진 독특한 주기성과 이런 주기성이 말타 마을에서 발견된 여성 형상 및 다른 유라시아 유적지에서 발견된 장식용 '비너스' 조각상에서 지속적으로 발견된다는 사실을 통해 바로 여성들이 시베리아 민족 사이에서 태음력의 수호자였고, 이는 특히 이들의 모성 의무와 관련돼 있다고 추측해볼 수 있다.

두 번째 태음력은 *아친스크* 구석기 유적지(동시베리아)에서 발견됐다. 이 달력은 매머드의 엄니로 만든 남근의 형상을 띠고 있으며 전체에 점으로 이뤄진 두 개의 나선처럼 생긴 '달' 장식이 새겨져 있다. 알렉세이 티바넨코는 장식의 구멍에 3년간 월식과 일식을 예측하도록 해주는 '태양과 달' 역법 체계가 총체적으로 반영됐다고 본다.[37]

신석기와 금석병용기시대에는 토볼강을 비롯한 여러 시베리아 강 골짜기에 둥그스름한 형태의 요새화된 성소가 확대된다. 이 성소들은 *별 숭배*와 관련된 곳으로, 쿠르간주 *사빈-I*, *슬로보드치키-I* 유적과 튜멘 인근 *벨리자니-II* 유적, 예니세이강 중류 *투임 고인돌* 등이 있다. 이 유적들은 지형학적으로 지평선이 잘 보이는

36) Тиваненко А.В. Древние святилища Восточной Сибири в эпоху камня и бронзы. - Новосибирск: Наука, 1989.
37) Там же. С. 36.

언덕 위나 곶에 있다.[38] 앞서 언급한 모든 유적지는 배열이 단일하다는 공통점을 띠고 있고, 이 배열은 원 안에 그려진 정사각형이나 직사각형 모양의 *만다라* 상징을 기반으로 한다.[39] '만다라'는 베다어에서 유래된 단어로, 모든 차원의 존재를 상호 연결된 단일성으로 귀결시킨다. 만다라 사상은 고대 인도 도시 설계의 기본이었다.[40]

러시아 영토에 있는 유명한 '천문관측소' 중 가장 잘 알려진 성소인 *사빈-I* 유적은 쥬지노 마을에서 멀지 않은 곳에 있는 토볼강의 넓은 저지대에 있으며, 일대에서 지배적 위치를 차지하는 길이 350m, 너비 60m의 언덕에 자리 잡고 있다. *사빈-I* 유적은 기원전 3000~2000년 중반에 생겼다.[41] 우랄·시베리아 유적에서 특징적인 고리 형태의 배열은 배수로(직경 15~16m)를 보면 알 수 있고, 숫자 8을 연상시키는 서로 연결된 두 개의 원형으로 구성된다. 고리들은 내부 직경이 14~16m에 달하는 배수로로 구성됐다. 원 내부

---

38) Вохменцев М.П. Зауральские памятники с круговой планировкой // Археоастрогомия: Проблемы становления. Тезисы докладов международной конференции. - М.: Институт археологии РАН, 1996. - С. 29-30

39) Ковалева В.Т. Космогонические представления населения ташковской культуры // Археоастрономия: Проблемы становления. - М.: Институт археологии РАН, 1996. - С. 76-80.

40) Потемкина Т.М. О факторах, предшествующих сложению памятников типа Аркаим в Урало-Западносибирском регионе // Россия и Восток: Проблемы взаимодействия. Ч.V.Кн. 1. Культуры древних народов степной Евразии и феномен протогородской цивилизации Южного Урала. - Челябинск: Изд-во ЧГУ, 1995. - С. 144-154.

41) Потемкина Т.М., Гусаков М.Г. Религиозные представления эпохи энеолита Зауралья: (По материалам раскопок святилища Савин) // Конференция 《Религиозные представления в первобытном обществе》. - М.: ИНИОН АН СССР, 1987. - С. 153-157; Потемкина Т.М., Юревич В.А. Древнейшая 《астрогомическая обсерватория》 на территории России // Археоастрономия: Проблемы становления. Тезисы докладов международной конференции. - М.: Институт археологии РАН, 1996. - С. 109-114.

로는 특수한 연결 통로를 통해 출입이 가능했다. 배수로 바닥과 외부를 따라 기둥과 모닥불이 있었던 흔적이 구멍으로 남아 있다. 학자들은 이곳의 기둥이 일출점, 일몰점, 월출점, 월몰점, 춘분점, 추분점을 설정하는 지점이었다는 사실을 밝혀냈다. 이처럼 사빈 유적 주민들은 이미 형식화된 태음태양력을 가지고 하루, 한 달의 시간과 계절의 변화를 정확하게 구분할 수 있었고, 이들의 세계관이 태양과 달 숭배에 기원을 두고 있음을 추측해볼 수 있다.[42]

이스카 강변에 있는 *벨리자니* 성소는 역법에 따른 사냥 의식과 관련돼 있다는 점에서 흥미롭다. 이곳은 보루와 배수로로 이루어진 고리 모양을 하고 있다. 고리 주위를 따라 기둥이 땅에 박혀 있었으며, 그중 모닥불과 황토 흔적을 가진 구멍만이 지금까지 보존됐다. 벨리자니 성소의 중심부에는 의례 행사에서 쓰였던 병들이 보관된 구조물이 서 있다.[43] 수르구트 인근에서는 *쿨라이스크* 문화(나림 지역의 쿨라이카산에서 유래된 명칭)의 성소가 발견됐다. 이 성소는 기원전 1000년 이후부터 기원전 1년 사이에 지어졌다.[44] *쿨라이스크* 문화는 (19세기에 사모예드로 알려진) 사모디인들의 문화로, 이들의 숭배 의식은 서시베리아의 샤머니즘 형성과 관련돼 있는 것

42) Потемкина Т.М. Календарно-обрядовая практика населения Зауралья в Ⅲ тыс. до н.э. // Археоастрономия: Проблемы становления. Тезисы докладов международной конференции. - М.: Институт археологии РАН, 1996. - С. 115-119.

43) Дрябина Л.А. Пространственно-временная модель мира святилища Велижаны-2 // Вестник Тюменского государственного университета. 2003. № 3. - С.75-84.

44) Сибирские реликвии: Из собрания Тобольского музея. Альбом. - Тобольск, 2001. - С. 23; Дрябина Л.А. Пространственно-временная модель мира святилища Велижаны-2 // Вестник Тюменского государственного университета. 2003. № 3. - С.75-84.

으로 여겨진다.

금석병용기시대와 초기 청동기시대의 대표적인 숭배지로는 중앙아시아와 남동시베리아 지역의 *오보*가 있다. 오보는 보존 형태 면에서 중세 시대 샤먼과 티베트 불교 전통에 속하지만, 학자들에 따르면 이 형태는 고대 샤머니즘 성소에 더 가깝다.[45] '오보'라는 명칭은 튀르크어, 몽골어, 부랴트어에서 찾아볼 수 있으며, '*무더기, 쌓아놓은 것, 흙더미, 고분, 종교의식이 행해지는 언덕이나 제단용 돌무더기, 장소 주인의 제단*' 등으로 번역된다. 오보는 세계수가 산 정상을 지나 구름 너머 신들의 세계로 향한다는 신화 속 수메루산의 모형으로, 뚜렷한 건축 양식적 특징을 가진다. 오보의 건축 방식은 티베트의 독특한 의례 절차가 담긴 문서인 '수마티-마니-프란지'에 나와 있다. 오보와 관련해서는 내부 장식이 오보의 구조적 요소에 부합하는 샤먼의 원뿔형 천막집 구조가 눈길을 끈다.

기원전 6~3세기에는 하카시야 초원지대 북쪽에 이른바 '*타가르 망자의 집*'이 생겨난다.[46] 망자의 집은 나무로 된 납골묘로, 땅 위로 살짝 솟은 모습이며 방책과 잔디로 이루어진 울타리로 둘러싸였다. 이 납골묘 전체 넓이는 15~30㎡였다. '망자의 집'은 상류층의 사당 역할을 했다. 시신은 납골묘 안에 있는 움푹 파인 특별한 공간에 안치됐다. 울타리로 둘러싸인 부지의 내부는 작은 자갈로 덮이거나 진흙으로 다져졌다. 그런 제례용 추모 공간은 납골묘가

---

45) Тиваненко А.В. Древние святилища Восточной Сибири в эпоху камня и бронзы. - Новосибирск: Наука, 1989; Флиер А.Я. Рождение храма: Опыт самоопределения человека во времени // Флиер А.Я. Культурология для культрологов. - М.: Академический проект, 2000. - С.307-341.

46) Тиваненко А.В. Древние святилища Восточной Сибири в эпоху камня и бронзы. - Новосибирск: Наука, 1989.

죽은 가족들의 시신으로 가득 찰 때까지 수십 년 동안 쓰였다. 그 동안 울타리로 둘러싸인 공간에서는 장례나 고인을 기리기 위한 다양한 의식 행위가 치러졌다. 예를 들면 이곳에서는 시신 화장이나 두개골 천공이 이뤄졌고, 얼굴 조각과 장례용 마네킹이 제작됐다. 고인에 대한 추모는 두상 조각을 매단 고인의 마네킹 발 아래에서 진행됐다. 모형은 지상에 있는 얼기설기 지은 사당 같은 공간에 있었다. 지배 씨족의 통치가 끝나거나 납골묘가 가득 차면 장례 공간은 소각된 후 큰 흙더미에 묻혔다.

아르잔 고분(*투바 공화국*). 오늘날 아시아 대륙의 중심부에 있는 투바 공화국에서 북쪽으로 70km 떨어진 곳에 있는 투란-우유크 분지에는 기원전 1000년 전부터 기원전 1년 사이의 유목민 지도자들이 묻힌 최대 규모의 고분 유적이 있다. 유적 중심부에는 사얀·알타이 지역에서 가장 큰 고분인 최대 직경 100m의 아르잔 고분이 있었다. 아르잔 고분은 1971~74년에 몬구스 만나이-오올과 미하일 그랴즈노프가 이끈 고고학 탐사대에 의해 발굴됐다.[47)]

'왕과 왕비(부족 연합의 지도자와 그의 아내나 정부)' 외에도 시신 8구가 가장 성스러운 곳인 고분 중심부에 묻혀 있었다. 추가로 일부 시신이 북동쪽(1~2구)과 남서쪽(4구)에서 발견됐다. 중앙 묘실 주변의 목곽에는 말이 약 160여 마리 부장됐다. 아르잔 고분은 전반적으로 복잡한 장례·추모 공간이었을 뿐 아니라, 고대 중앙아시아 유목민들의 독특한 세계 모형(만다라)이었다.[48)] 아르잔 고분은 천상 세계(하늘=돌무더기), 중간 세계(중심, 인간과 말 매장, 나무 구조물), 지하

---

47) Грязнов М.П. Аржан - царский курган раннескифского времени. - Л., 1980. - 63 с.

48) Марсадолов Л.С. К вопросу о семантике кургана Аржан // Проблемы архео логии скифо-сибирского мира (социальная структура и общественные отн ошения). Тез. всесоюз. археол. конф. - Кемерово, 1989. Ч. 2. -С. 33-35.

세계(펼쳐진 땅과 그 아래) 등 정확히 세 부분으로 나눠진 수직 구조를 갖고 있고, 사방(동, 서, 남, 북)을 향한 4개 구역과 사우에 따른 4개 구역을 가진 팔방형 수평 구조를 갖고 있다. 묘실은 해와 달의 움직임과 반대 방향(시계 반대 방향)을 따라 나선형으로 배치됐으며, 고분 동쪽이 서쪽보다 우세한 대치 형국이다. 아르잔 고분에서는 동쪽은 봄, 일출, 탄생, 부활(삶과 죽음에 대한 자연의 연간 순환 주기)이라는 생각이 지배적이다. 동쪽 구역은 봄, 북쪽은 여름, 서쪽은 가을, 남쪽은 겨울 등 동쪽을 중심으로 나머지 구역은 시계 반대 방향으로 그다음 계절과 연결될 수 있다. 쿠르간 중심부에서 북쪽과 남쪽으로 멀지 않은 곳에는 이 지역에서 가장 높은 산이 있고, 동쪽과 서쪽으로는 연중 내내 태양과 달이 뜨고 지는 것을 관찰할 수 있는 낮은 산들이 있다.

아르잔 고분의 개별 묘실에 부장된 말의 수도 특정한 의미를 갖는다. 두 번씩 반복되는 수는 2마리(출몰, 주야, 춘추 등)와 7마리(일주일), 30마리(한 달)뿐이다. 말이 가장 많이 묻힌 곳은 고분 동쪽 구역으로, 30+30+15+3+2=90마리, 즉 세 달을 의미한다. 이곳에 부장된 말 160필에 중심 묘실 아래에서 발견된 말꼬리 15~20여 개를 합하면 약 180필로, 반년이 된다. 연륜 연대학적 방법으로, 아르잔 고분은 8~9월 사이에 건축됐다는 사실이 밝혀졌다. 이와 관련해서 기원전 8세기 무렵 사얀·알타이 유목민들은 한 해의 시작을 3월(9월±반년)중에서도 춘분일로 여겼을 가능성이 있다.[49] 아르잔 고분은 가장 오래된 고분 중 하나지만, 유라시아 초원지대에서 말 한 필이 하루를 뜻하는 '개념이 객관화된' 유일한 유적지는 아

---

49) Марсадолов Л.С. Проблемы уточнения абсолютной хронологии больших курганов Саяно-Алтая I тыс. до н.э. // Радиоуглерод и археология. - СПБ., 1997. Вып. 2. - С. 45-51.

니다. 이 개념은 니콜라이 베셀롭스키가 발굴한 쿠반강 인근의 고분에 매장된 말의 숫자에서도 나타난다. 즉, 말 360필은 1년(기원전 6세기, 울스키아울, 1989년)을, 말 30필은 한 달(기원전 4세기, 보로네시 코사크 마을, 제19호 쿠르간, 1903년)을 뜻한다.[50]

고대 사얀-알타이 지역의 천문 성소. 고분 유적만으로는 고대 시베리아 부족들의 정신문화를 완전히 복원할 수 없다. 고고학자들은 기존에 알려지지 않았던 많은 고대 성소를 지난 50년간 연구했다. 성소는 지배적인 주변 경관에 따라 산비탈뿐만 아니라 넓은 산간 골짜기에도 자리를 잡았다. 의례용 성소의 위치는 원칙적으로 산간 골짜기가 선택되었다. 그 지역의 동서로는 가늠자의 역할을 담당하는 낮은 산이 있고, 남북으로는 더욱더 높은 산들(아르잔, 사글리, 유스티드, 아디르칸, 비이케 등)이 있었다.

알타이 지역 *추이스크 석상*을 둘러싼 주변 환경이 연구되면서 '전사의 시선이 향하는 곳'은 세 산이 수렴되는 지점이었고, 이곳은 천문학적 계산으로 춘분과 추분일의 일출점이라는 사실을 밝혀냈다. 태양은 하지가 가까워지면 북동쪽에 있는 산비탈을 따라 '*위로 떠올랐고*', 동지 이후에는 남동쪽에 있는 산비탈을 따라 '*아래로 내려갔다.*' 추이스크 성소에서 중앙 석상이 '얼굴'을 동쪽으로 향하고 있다면, *비케 고분*에서는 서쪽이 천문학적 관점에서 의미가 있다. 추이스크 성소는 산 사람들을 위한 의례 행위가 이뤄지던 곳이라 일출과 연상됐을 것이고, 비케 지역은 무엇보다도 장례가 치러지는 지역으로 이용됐기 때문에 이곳에서는 태양이 지는(죽는) 방향인 서쪽이 우세했을 것이다.

---

50) Марсадолов Л.С. История и итоги изучения археологических памятнико в Алтая Ⅷ-Ⅳ веков до н.э. (от истоков до начала 80-х годов ⅩⅩ века). - СПБ., 1996. - 100 с.

광활한 초원지대 저지대에 있는 성소로는 기원전 8~7세기에 생긴 중앙아시아 *케렉수르*(히르기수르)가 있다. 케렉수르는 직경 100m, 높이 2m에 달하며(투바의 울루크호룸, 알타이의 유스티드 등) 외형에서만 아니라, 다른 케렉수르 및 주변 경관과의 관계 면에서도 각각 독자적인 특징을 가진다. 케렉수르는 외형 면에서 보면 작은 산처럼 생겼고, 위에서 내려다보면 '빛'이 나는 둥근 형태, 즉 태양을 상징하는 것처럼 보인다. 케렉수르를 통해 지일과 주야 평분시의 일출·일몰 지점과 종종 주변 산세에 잘 표현되지 않았던 달의 고저를 알기 위한 최적의 장소를 알 수 있었다. 케렉수르는 그 지역에서 최고로 숭배되는 산꼭대기와 길을 '복제'했고, 이를 통해 거센 비바람이 몰아쳐서 산이 보이지 않는 날에도 의례가 이뤄질 수 있었다.

투바에서 가장 큰 케렉수르인 울루그-호름은 작은 저지대에 있다. 이는 춘분선과 추분선이 동쪽과 서쪽에서 가장 낮은 위치를 차지하도록 하려는 것이었다. 울루그-호름에서 서쪽으로 10km도 채 안 되는 곳에 거대한 아르자이티산이 있지만, 케렉수르의 중심부에서 아르자이티산 꼭대기는 정확히 일몰점의 주야평분선에 위치한 둔덕처럼 보이고, 이 둔덕은 가늠자 역할을 한다. 울루크호룸에서 태양 빛을 상징하는 돌로 된 '작은 길'은 중심부 봉분에서 떨어져 나오는 모양인데, 이것도 대부분의 경우 눈에 가장 많이 띄는 산꼭대기나 저지대를 향하고 있다. 이는 기원전 8~7세기 케렉수르에서 보이는 '빛'의 비대칭적 배열과 구성을 설명해준다.

중국과 일본의 가장 오래된 '석정(石庭)'은 6~7세기에 생겼지만, 알타이 지역의 세미사르트는 이보다 천 년 이상 앞선 기원전 8~7세기에 지어졌다. '*석정*'은 보통 가공되지 않고, 색상, 형태, 높이, 구조가 다양한 개별적인 돌이나 판석일 뿐만 아니라, 근처에 샘이 있는 사원 건축물의 총체이기도 하다. '석정'은 적극적인 상호 작용을 해야 하는 땅-돌-산, 물-수원, 공기, 불-제단 등 4개 이상의 요소가 필수적이다. 알타이 지역의 세미사르트 유적은 고립되고 폐쇄된 체계를 구성하는데, 이 체계는 독립적인 입구인 '통로'를 통해 나머지 세계와 연결된다. 석정 입구 근처에는 투명한 치유수가 솟아 나오는 신성한 샘인 '아르잔'이 있다. 세미사르트 유적을 삼면에서 감싸는 산은 종교적, 철학적, 학문적 사색과 의례·교육용의 외진 장소가 있었던 수도원이나 공원의 울타리 벽을 연상시킨다. 수도원 벽은 주로 높이와 기울기, 색상, 축조 방식이 다양했고, 그 기원은 다양한 산의 형상으로 거슬러 올라간다. 세미사르트의 돌길은 한 시설에서 다른 시설로 순차적으로 이어진다. 이를테면 남쪽의 신성한 샘 '*아르잔*'에서 중심부의 정사각형 모양의 화로를 통해 북쪽의 산꼭대기에 위치한 암각화가 그려진 제단 시설까지 이어지는 식이다.

상설 제단 시설은 서로 가까이에 있는 서너 개의 암굴로 구성된다. 이 암굴들은 엄격히 특화된 기능을 갖추고 있다. 이를테면 암굴 중 한 곳에서는 동쪽의 일출점과 월출점만을 관측할 수 있고, 다른 암굴에서는 서쪽의 일몰점과 월몰점만이 보이며, 세 번째 암굴에서는 남쪽 지평선만 보인다. 개별적으로 놓여 있는 다양한 색상의 돌과 판석, 형태와 용도가 다양한 장식, 암각화, 고분, 천문관측소와 독특한 '석정'은 인간과 인간을 둘러싼 자연환경, 우주와의 성스러운 상호관계를 반영하는 복잡하게 조직되고 객관화된 시스템을 형성한다.

암각화는 숭배 시설이 건축된 시기를 파악하는 데 가장 중요하다. 알타이 각지에서 발견된 암각화는 거의 모든 성소가 청동기시대에 생겨나 '초기 스키타이 시기'에 가장 왕성하게 사용됐다가 이후에는 쓰임새가 크게 줄었다는 사실을 보여준다. 암각화가 대량으로 새겨진 지역도 독특한 성소였다. 알타이의 옐란가쉬와 칼박타쉬, 투바 공화국의 모구르-사르골, 오르타아-사르골, 알디-모자가를 비롯한 많은 지역의 성소들이 고고학자들에 의해 연구됐다.

중앙아시아의 성소 연구를 통해 숭배 유적을 건축하기 위한 장소 모색, 위치 선정 및 건축에 나름의 규범과 규칙이 존재했다는 사실이 밝혀졌다. 이런 규범과 규칙을 정한 사람들은 독특한 사얀·알타이식 '풍수'와 '예술'의 기본을 신성한 기획으로 활용했던 제사장이나 지관과 같이 특별히 준비된 사람들이었을 것이다.

살비크 대 고분(*하카시아 공화국*)은 고대 남시베리아 유목민들이 세운 거석 유적 중 최대 규모의 유적에 속하며, 아바칸시에서 북서쪽으로 60km 떨어진 곳에 있다. 살비크 골짜기에는 '스키타이' 시대의 타가르 문화가 남긴 고분이 100기가 넘는다. 그중 직경 40~50m 이상 대형 고분이 15기, 가장 유명한 살비크 대 고분보다 아주 조금 작은 고분이 5기다. 고분 봉분의 아랫둘레는 발굴 초기에 약 500m에 달했고, 높이는 최대 11.5m였다. 1954~56년까지 세르게이 키셀료프가 이끈 탐사 조사 과정에서 거대한 사암 판석으로 이뤄진 71×71m 규모의 정사각형 울타리가 봉분 밑에서 발견됐다. 돌기둥 중 가장 큰 것은 무게가 최대 30~50톤, 높이는 5~6m 이상이었다. 레오니드 마르사돌로프가 지휘한 에르미타시 박물관의 발굴 작업은 1992년, 1994년, 1996년, 1998년에 살비크 지역에서 계속됐다.

주요 천문학적 방향선을 따라 위치한 고분 판석 표면에서는 원형, 반월 등 여러 모양을 한 기호가 발견됐고, 태양과 달의 움직임이 기록됐다. 1996년에 살비크 대 고분 남서쪽에서는 누워 있는 호랑이 형상을 한 작은 '스핑크스' 모양의 조각상이 발견됐다. 이 조각상은 맹수의 가죽을 형상화한 돌로 만들어졌는데, 잿빛이 섞인 흰색과 불그스름한 갈색 줄무늬가 그려져 있었다. 이런 작은 조각상은 천문학적으로 중요한 지점을 모색할 때 휴대용 가늠자로 쓰였을 수 있다.

사각형 돌 울타리 안에 있는 거대한 고분으로 이뤄진 살비크 고분 유적은 이집트 기자 피라미드가 있는 고원을 연상시킨다. 피라미드와 같이 정방형으로 만들어진 살비크 고분 집단은 달이 높게 뜰 때 월출·월몰선인 북서-남동선을 향한다. 살비크 고분은 원칙적으로 사얀산맥 너머 고분들과 방향이 다르다. 투바 공화국 아르잔 마을 근처에 있는 둥근 대형 고분(기원전 6~5세기)은 북동-남서선을 따라 성토됐고, 하짓날 태양의 최고점과 동짓날 태양의 최저점을 향하는 등 태양의 방향을 따른다. 이처럼 고분 집단의 방향은 고고학적 기념비가 있는 넓은 지역을 민족문화적으로 구분하는 데 중요한 추가 기준이 될 수 있다. 하카시야 공화국 살비크 대 고분은 건축의 기념비적 성격에서 영국의 유명한 스톤헨지와 비견될 수 있지만, 투입된 노동량에서는 스톤헨지를 능가할지도 모른다.

파지리크 고분(동알타이) 유적은 대형 고분 5기로 구성됐고 1924년에 세르게이 루덴코가 발견했다. 1929년, 1947~49년에는 세르게이 루덴코와 미하일 그랴즈노프에 의해 연구됐다.[51)]

기원전 5세기 중반부터 후반 사이에 기후 조건이 급격하게 악화되기 시작했다. 이는 당시 영토와 유목민 야영지의 재편으로 이어

---

51) Грязнов М.П. Первый Пазырыкский курган. - Л., 1950. - 90 с.; Руденко С.И. Культура населения Горного Алтая в скифское время. М.-Л., 1953. - 403 с.; Руденко С.И. Культура населения Горного Алтая в скифское время. М.-Л., 1960. - 360 с.

졌고, 그 결과 충돌이나 전쟁, 이주가 발생했다. 전장에서 전사하거나 머릿가죽이 벗겨진 '지도자'를 매장하기 위해서 작은 파지리크 지역 내에서 최고의 장소가 선정됐다. 고분은 이 지역의 남쪽에서도, 북쪽에서도 잘 보이는 가장 높은 곳에 세워졌다. 지도자와 함께 그의 아내 혹은 정부가 같은 묘실에 매장됐으며, 묘실 북쪽 구역 절반 정도에는 승용마 일곱 필이 부장됐다. 승용마는 순혈마가 대부분이었다. 묘실 위에는 고분이 세워졌다. 제례 의식이 진행되는 동안 고분 서쪽에 돌로 쌓은 둥근 봉분 두 개와 돌 장식 두 개가 세워졌다. 그로부터 1년 후 이 고분보다는 북쪽에 있지만, 같은 터 안에 고분이 하나 더 세워졌고, 이후 7년, 30년 후에 북쪽에 고분 2기가 추가로 축조됐다.

지형 조건상 같은 구역에 대형 고분 몇 기가 추가로 더 세워질 수 있었음에도 그로부터 11년 후에 남녀 한 쌍이 다른 고분들보다 남쪽에 있는 작은 언덕에 새롭게 묻혔다. 제5호 고분에는 승용마 다섯 필과 말 네 필이 끄는 이륜마차가 분해된 채 함께 묻혔고, 그 외에도 껴묻거리용 펠트 천막 등 수많은 부장품이 함께 묻혔다. 묘실 위의 구조물은 매우 복잡하다. 제5호 고분은 파지리크 경계 지역의 아래 단구에 위치한 큰 고분 집단을 구성하지 않는 최초의 유적일 가능성도 있다.[52)]

파지리크 유적에서는 천연 재료로 만든 물건이 수천 점 출토됐는데, 묘실이 동토에 묻힌 덕분에 보존된 것이었다. 의복, 장신구, 의식 도구, 마구 등을 통해 고대 유목민의 물질과 예술, 정신문화를 복원할 수 있다. 아르잔식 '세계 모형'이 파지리크 '세계 모형'과

52) Марсадолов Л.С. О последовательности сооружения пяти больших курганов в Пазырыке на Алтае // Археологический сборник Государственного Эрмитажа. 1984. Вып. 25. - С. 90-98.

다른 점은 초기에 지상에서 행해졌던 장례 의식이 점점 지하에서 이뤄졌으며, 의인화된 석상이 사라지고, 예술 형태와 고삐, 의식 도구가 달라졌다는 데 있다.

알타이 고분 유적에서는 소아시아와 중앙아시아, 중국에서 들여온 수입품이 발견됐으며, 쿠반 유적에서는 그리스와 소아시아 등에서 수입된 물건들이 출토됐다. 알타이와 쿠반 지역 사이에 직접적인 접촉이 있었다는 확실한 증거는 아직 없다. 그러나 이들 지역이 거의 중간 지점에 있는 아케네메스 시대의 이란과 직·간접적으로 관련돼 있었다는 사실만큼은 의심의 여지가 없다. 쿠반과 알타이 고분은 황폐화됐음에도 이란이나 아키메네스 문화의 강력한 영향력 아래 있었던 인근의 고대 동양 수공예 중심지에서 생산된 유물 몇 점이 발견됐다.

제5호 파지리크 고분에서 발굴된 직물에서 '삼각형'의 가장자리 장식을 가진 사자 형상은 기원전 5세기에 수자흐의 성벽에 여러 가지 색깔의 물결무늬 타일로 만들어진 사자 형상과 가장 가깝다. 머리, 몸통, 다리, 꼬리 위치 등 자세만 아니라 사자 털 표현, 몸통 근육계, 원형·반원형(태양과 달 상징) 등 훨씬 더 세부적인 사항까지 일치한다. 알타이와 쿠반의 유적에서 발견된 동물 싸움 장면들은 이란에서 유래했을지도 모른다. 특히 고대 페르세폴리스 기단에 있는 그림에서 유래했을 가능성이 크다. 파지리크와 칠형제 고분(수입된 은 각배)에서 발굴된 연꽃 모양의 장식 모티프는 이집트, 페니키아, 바빌론, 아시리아, 아케메네스에서 기원한 것이다.

파지리크 고분에서는 말이 아홉 필에서 열네 필이 발견됐다. 모든 말은 각기 다른 장식으로 화려하게 치장됐다.[53] 성장(盛裝)은 유

53) Грязнов М.П. Первый Пазырыкский курган. - Л., 1950. - 90 с.

라시아 유목민들에게 공통적인 세계 모형을 통해서만 이해할 수 있는 복잡한 계층 시스템을 이룬다.

승용(乘用)과 만용(輓用)으로 말이 이용되면서 사회, 문화, 정치, 경제 수준이 다양한 부족 간에 정보 전달이 빨라지고 확대됐다. 기원전 4세기보다 훨씬 전부터 이용됐던 유라시아 초원길은 매우 중요한 세계관과 조화로운 예술적 형상, 선진 장비와 무기, 마구 등의 발명이 널리 퍼지는 데 이바지했다.

파지리크 문화는 기원전 1000년에서 1년 사이에 있었던 유라시아의 복잡한 문화 현상으로, 한편으로는 알타이 지역으로 온 이방인들과 현지 유목민들과 관련돼 있고, 다른 한편으로는 협력을 통해 세계적 의미가 있는 독특한 문화 형성을 촉진한 주변 민족과 먼 유라시아 민족들과 관련돼 있다.[54] 알타이 지역의 파지리크 문화는 많은 유라시아 정착 문명에서 유사한 형식을 보이는 훌륭한 예술품으로도 유라시아 유목 문화 사이에서 눈에 띈다. 아시아 대륙 중심부에 위치한 파지리크 문화는 알타이와 인근 지역의 이후 역사 시기에 어마어마한 영향력을 미쳤고, 고대 유라시아 문화에서 굳건한 위치를 차지하게 됐다. 1993년 파지리크 유적 발굴 이후에야 널리 알려진 그리핀(griffin) 형상은 알타이 공화국 문장으로 채택됐다. 많은 시베리아 민족이 1980-90년대에 과거를 돌아봄으로써 자신의 역사와 문화를 더욱 깊이 인식하게 됐다.

***

54) Марсадолов Л.С. Археологические памятники IX-III вв. до н.э. горных районов Алтая как культурно-исторический источник (феномен пазырыкской культуры). Автое. дис...докторя культулрологии. - СПБ., 2000. - 56 с.

정착 민족들뿐만 아니라 고대 시베리아 민족들도 직·간접적으로 세계 역사의 흐름에 영향을 준 나름의 훌륭한 정치인과 현자, 건축가, 화가, 종교 지도자를 보유하고 있었다. 이를 증명해주는 것으로는 유목민을 이끈 지도자들이 묻힌 거대한 고분과 산악 및 초원 저지대의 독특한 마을 설계, 고대 성소가 있다. 현대적인 연구 방법과 여러 자료를 통해 대형 고분과 마을, 성소의 토대에 놓인 고대 천문학과 수학, 철학, 미학, 경관지리학 등 수많은 지식 기반을 복원할 수 있다. 이런 고대 지식의 총체는 오늘날처럼 단편적인 것이 아니라 훨씬 더 완전하고, 조화로우며, 자연스럽다는 것이 주요 특징이다.

시베리아의 숭배 유적들이 건축학적 독특함을 가지고 있고, 다양한 역사적 시기에 속해 있음에도 불구하고, 이들 유적은 모두 당시 나름의 세계관 속에서 특별한 천문학적 현상과 관련돼 있는 우주 모형이다. 시베리아의 많은 성소는 단순한 숭배 유적이 아니라, 계절의 시작과 하루의 시간을 정확하게 알려주는 독특한 '천문대'로 간주될 수 있다. 이는 고대 공동체 문화에서 예식과 경제, 생활이 분리될 수 없었음을 보여주는 가장 명확한 증거이다.

제3장

중세 시베리아 문화

S I B E R I A

3.1. 중세의 사회문화 과정

L.V. 드미트리예바

중세 시베리아 문화 기원의 이질성

시베리아 지역에서 중세 역사의 시작은 역사·문화 발전에서 새로운 단계로의 이행을 알렸다. 이 단계에서는 지역공동체가 그들이 사는 자연적·지리적 조건에 적응을 끝내고, 생활양식, 세계관, 사회조직의 기본적인 특성을 결정하는 수용 지형을 개척하기 위한 경제적·문화적 수단들을 체계적으로 형성해 나간다. 초기 중세 시대에 후기 원시사회에서 초기 계급사회로의 이행이 이루어진다. 문화사에서 이 시기는 민족 형성 과정이 가장 활발한 시기이다.

기원전 첫 밀레니엄 중반부터 시베리아의 인류 분포지는 다양한 인종, 언어, 민족, 신앙에 속하는 문화들이 분포한 복잡한 집합체였다. 이 시기에 고대의 동족 기층에서 우랄어족(사모예드어군과 우그르어군), 케트어족, 퉁구스-만주어족, 고아시아어족, 튀르크어족, 몽골어족, 니브흐어족의 8개 어족에 속하는 30개 이상의 시베리아 민족들의 민족적 공통성이 형성된다.

다양한 종족과 어군을 대표하는 시베리아 민족들의 사회문화적 전통은 서로 다른 자연적, 역사적 조건에서 형성되었다. 툰드라 지대와 타이가 지대의 경제가 주로 순록 사육과 수렵과 어로에 기초했다면, 초원 지대의 주민은 유목과 가축 사육(말과 큰 뿔이 있는 가축 사육)에 종사했고, 또 어떤 지역에서는 고대의 농사 기술도 가지고 있었다. 남시베리아 지역의 민족들은 이미 중세 초기부터 대규모 정치 조직 속에서 살고 있었다(튀르크 칸국, 칭기즈칸 제국). 그 후 중세 말기에서 근대 초기에 이들 민족은 여전히 부족 생활양식을 유지하고 있던 타이가 지대의 토착민들보다 좀 더 발전된 사회관계를 형성했다.

중세 시대 시베리아의 민족 공동체 존립의 자연적 및 역사적 상황에 대한 연구와 그들이 지역적 조건에 적응하는 사회문화적 기술의 특수성에 대한 연구가 다양한 유형의 생활양식 문화를 밝혀준다. 오비강과 우랄 지역의 우그르족과 북사모예드족은 순록 사육과 수렵에, 시베리아 타타르족과 유목 칼미크족은 목축업과 농업에, 튀르크 어군에 속하는 남시베리아 민족들은 광업과 야금업에 종사했다. 그럼에도 불구하고, 시베리아 민족들의 경제 형태는 일정한 유사성을 보여 타이가의 사냥꾼, 북극지방의 순록 사육자, 초원의 유목민 문화로 분류할 수 있다.

중세 시베리아의 초원 문명

중세 시베리아 사회 형성의 또 다른 역사적 방향은 문명화된 (초기 계급사회 유형의) 사회 조직과 규정의 발생과 진화이다. 국가, 도시, 문자문화의 형성과 사회적 계층화가 진행된다. 사회가 이러한 단계로 발전하기 위한 우성형질로 역사적 상황, 공동체가 사회적 환경에 적응하는 문제, 영토와 자원을 차지하기 위한 경쟁을 들 수 있다. 이러한 방향의 사회문화 역학은 독자적 문명으로서의 시베리아 초원계와 관련된다.[1] 초기 유목민의 전통을 계승한 '스키타이'형의 초원 문화의 중심지인 미누신스크 분지, 투바(아르잔), 몽골, 오르도스는 기원전 첫 밀레니엄 초기에 형성되는 지역 목축 문명의 발현지이다.

기원전 첫 밀레니엄 중·하반기에 시베리아 초원 문명을 이룬 것은 스키타이인이 세운 국가들이었다. 레프 구밀료프는 이 국가들의 출현을 대초원에서 민족이 형성되는 첫 번째 분수령이라고 말하였다. 그것은 알타이 산지와 타가르와 오르도스의 옛 거주지들이었다. 이 국가들이 지역적으로 연속되는 지대를 이루지는 않는다. 이들은 초원과 산 계곡에서 마치 목축문화의 섬들처럼 나타났다. 그러나 그들은 초원계 전체의 주도 세력이자 결정 세력이었다. 구밀료프는 "기원전 첫 밀레니엄의 유목민 문화는 독자적이었다. 게다가 그것은 18~19세기의 유목민 문화보다 훨씬 더 수준이 높았다"고 썼다.[2]

기원전 6~7세기에 생겨난 유목민들의 초기 국가조직은 300~350년 정도 존속했다. 국가 체제가 발전하지는 못했다. 기원전에서 기원후로 넘어가는 사이에 민족 대이동의 결과로 역사적 발전 과정상의 단절이 관찰된다. *유목제국*이라는 새로운 국가 형태가 형성되는데,[3] 시베리아에서 튀르크 제1칸국과 튀르크 제2칸국(돌궐 제1제국과 돌궐 제2제국), 키막족이 세운 국가가 대표적이다.

---

1) Плетнева С. А. От кочевий к городам // МИА. 1967. № 142. – М.: Наука. – 197 с.

2) Кумилев Л. Н. Черная легенда: Друзья и недруги Великой степи. – М.: Экопрос, 1994.

3) Кардин Н. Н. Кочевая империя как социополитическая система // Проблемы скифо-сибирского мира: Тезисы Всесоюзной археологической конференции. – Кемерово: КГУ, 1989. – С. 19-23.

이런 식으로 기원후 첫 밀레니엄 중엽까지 고유한 유목문명, 새로운 물질문화, 새로운 정신적-이념적 가치, 새로운 예술과 문학이 형성되고, 말과 기사를 중심으로 하는 영웅서사시가 나타난다.

시베리아의 신(神) 중심주의 신앙 형태

중세 사회를 존속시키는 주요 조직 형태들 중에서 시베리아 지역의 문화 환경에서 특히 중요한 지위를 차지하는 것은 종교이다. 여기에는 시베리아 민족들의 세계관과 사회관이 담겨 있다. 중세에는 시베리아 전역 어디에서나 종교의 가장 초기 형태인 *샤머니즘*이 번성했다. 최초의 봉건국가 체제가 성립함에 따라 지배계급은 전통적 체계로서의 샤머니즘을 개혁해야 할 필요성뿐 아니라, 불교, 마니교, 도교, 이슬람교 등의 선진 종교에 관심을 가져야 할 필요성을 인식하게 되었다.

중앙아시아 민족들 중 흉노족이 최초로 *불교*를 받아들였다. 당시 불교는 동시베리아의 특정 지역들에서 번성했다. 그러나 중세 초기에 중앙아시아 초원에서 목축과 사냥을 하던 사람들은 동시베리아를 북쪽 변방으로 여겼다. 이들의 종교관에는 초기의 샤머니즘적 관념들이 여전히 확고히 자리하고 있었다. 아마 지배계층 사이에 불교가 유포되었을 것이다. 흉노족이 불교 사원을 건설했다는 증거는 없다. 이 세계적인 종교는 타바스족, 투구훈족, 주잔족의 국가들에서 가장 든든히 뿌리내렸다. 이곳에서는 선교회가 성공적으로 활동했고 수도원이 지어졌다. 불교는 튀르크 시대에 중앙아시아의 초원지대로 계속 유입되었다. 튀르크 제1칸국 땅에도 상설 사찰-수도원이 세워졌다.

투바족, 다수의 부랴트족, 그리고 일부 알타이족 사이에서는 불교가 라마교의 형태로 전파되었다. 투바에 유입된 가장 초기의 흔적은 11세기~12세기 초, 자바이칼리에 지역은 13~15세기경이다. 라마교의 교리와 종교의례가 점차 확립되었다. 현지 신앙에 대한 라마교의 정책은 유연했다. 전통적인 우상들이 스스로 불교를 받아들이거나 널리 알려진 불교의 신과 동일시되었다. 라마교의 선교사들은 보통 현지 주민 출신이었고 자신의 동족들과 함께 살았다.

14세기 말부터 서시베리아에 *이슬람교*가 유입된다. 16세기 쿠춤칸 시대에 서시베리아의 타타르족 상당수가 이슬람교를 받아들였다. 그러나 대부분의 주민에게는 샤머니즘이 전통 종교로 남아 있었다. 이슬람교는 두 가지 경로로 유입되었다. 하나는 카잔 칸국의 무슬림 성직자로부터, 그리고 또 하나는 낙시반디야 교단 출신의 부하라의 전도자들로부터이다. '부하라인' - 부하랄릭 (때로는 타슈켄트인) - 이라는 명칭은 사르트인, 타지크인, 우즈베크인, 카자크인, 위구르인을 의미한다. 내적인 민족 구별과는 무관하게 부하라 출신들은 시비르 칸국의 지배계층에 속했다. 그들은 고대의 교역로에서 캐러밴 운송에 종사했다. 이슬람교와 함께 무슬림의 문화와 윤리가 시베리아에 들어와 무슬림의 초등교육기관 마크타브가 세워지기 시작했다.

*마니교*는 소그드족 식민지개척자들과 함께 프리바이칼 지역의 쿠리칸족 국가에 유입되었다. 그러나 현지의 샤머니즘 신봉자들 사이에서는 지지를 받지 못했다. 그럼에도 불구하고 동시베리아의 민족들은 이 종교와 관련된 성스러운 영지를 따로 정하고 있다. 쿠리칸 국가의 세 부족의 동맹을 위해 한가이 고원과 안가라강 유역의 쿠딘스크 계곡을 성스러운 영토로 구별한다. 마니교는 가장 백과사전적이고 '서적 중심의' 동방 종교 중의 하나이다. 760년대부터 위구르 칸국과 고대 하카스 국가에서 *룬 문자 교육*이 확

산된 것이 바로 이와 관련이 있다.

룬 문자 교육과 시베리아 기록문화의 발원

다양한 일신교(一神教) 문화가 정신적 가치 체계와 함께 시베리아 지역에 유입되었다는 것을 보여주는 직접적인 증거는 새로운 세계관이 형성되고 기록문화가 보급되었다는 것이다. 8~10세기 튀르크어군 민족의 귀족계급에 문자가 보급되었다는 것을 보여주는 직접적인 증거로는 귀족들이 직접 쓴 하카시야, 투바, 몽골의 예니세이 비문, 그리고 오르혼 비문, 위구르족 비문이 있다. 높은 권위를 갖는 시베리아와 중앙아시아 기록문화는 고대 튀르크 귀족계급의 문해력(文解力)과 교양을 보여준다.[4] 이와 함께 평민이 쓴 비문도 존재한다. 이것은 문자 보급이 사회에서 어떤 형식적인 제한에 가로막히거나 봉건 인텔리계급과 성직자 계층에 국한된 것이 아니었음을 보여준다.

아시아의 룬 문자는 이미 8세기에 독자적인 알파벳을 갖고, 사투리와 방언적인 차이를 없앤 안정적인 말, 즉 예니세이 비문과 오르혼 비문에 공통적으로 사용된 문학어를 확립했다. 이 문자를 구사하는 사람들의 문해력과 교양을 보여주는 자료는 고대 튀르크의 인텔리계급, 즉 지적인 활동에 종사하는 특별한 사회계층과 사회적 인물로서 시인이 존재했음을 확인해준다.

***

4) Казласов И. Л. Грамотность и образованность в эпоху рунического письма // Сибирские татары: Материалы 1 Сибирского симпозиума «Культурное наследие народов Западной Сибири». – Тобольск, 1998. – С. 32-35.

이처럼 중세 시베리아 지역의 역사적·시대적 과정의 거시동력학(macrodynamics)은 문화의 다양성과 다면성의 특징을 가진다. 인류학적 집단, 언어, 자연적·경제적 집합체, 문명과 국가 유형, 민족 문화와 신앙이 매우 다양하고 다면적이다. 중세 시베리아의 인류정착지는 부족 공동의 '환경 적응'과 초기 계급사회의 '역사·이데올로기'라는 서로 다른 존재적 지향을 가진 역사적 문화 유형을 형성했다. 다양한 역사 발전 단계에서 그들 모두는 세계관과 가치관의 방향, 세계관, 생활양식, 민족의식, 민족 간의 상호작용, 문화적 확산, 지역적 및 전체적인 특징의 변동성이 형성되는 미시동력학적(microdynamic) 과정을 겪으며, 남방과 서방의 문명국들과 긴밀한 교류와 무역관계로 끌려들어 갔다.

S I B E R I A

3.2. 중세 시베리아의 민족 문화

I. A. 제르노센코

시베리아의 언어와 민족들

광활한 시베리아 지역에 거주하는 민족들은 구성이 매우 혼성적이고 밀도가 균일하지 않다.[5] 인구가 더 많이 거주하는 남부 지역은 민족과 문화가 매우 다양하고, 언어, 경제 형태, 사회 발달 정도가 북부 지역과는 비교할 수 없을 정도로 더 풍부하다.

가장 수가 많은 언어군은 주로 서시베리아 남부에 거주한 튀르크족, 이르티시강 중류와 그 지류인 이심강과 토볼강의 시베리아 타타르족, 알타이와 오비강과 예니세이강 상류의 톰스크족과 출림족과 산지 타타르족(그들의 후손이 쇼르족, 알타이족, 하카스족, 텔레우트족이다)으로 대표된다. 예니세이 키르기즈인들과 카라가스인(현재의 토팔라르인)들 역시 예니세이강 상류에 살았고, 많은 야쿠트족 주민들은 레나강, 빌류이강, 야나강 유역에 분포한다.

5) Малолетко А. М. Древние народы Сибири: Этнический состав по данным топонимики. Т.3. Докаганатские тюрки. – Томск: Томский университет, 2004.

계통상으로 알타이어족에 속하는 만주-퉁구스어군의 민족들은 에벤키족, 에벤족, 네기달족의 선조였다. 그들은 예니세이강에서부터 오호츠크해까지, 툰드라부터 몽골까지 동시베리아 전역에 거주했다. 아무르강 상류와 중류에는 듀체르족, 아무르강 하류와 연해주에는 낫크족, 길랴크족(니브흐족), 나나이족과 울치족과 우데게족의 조상이 거주했다.

우랄산맥의 북쪽 경사면과 야말반도는 사모예드어군의 다수 분파가 차지했다. 그들은 남쪽에서 왔는데, 예니세이강 상류에 소수 사모예드 부족인 모토르족, 카친족, 에우딘족이 정착했다. 남쪽에서 이동해 우랄산맥에서 하탄가강에 이르는 툰드라 지대에 정착하여 더 큰 민족을 형성한 이들이 네네츠족, 에네츠족, 느가산족이다(현대 러시아인들에게는 '카멘스크 사모예드인'이라는 명칭으로 알려져 있다). 그리고 오비강 중류와 지류에는 셀쿠프인(러시아인들은 그들을 오스탸크인이라 부른다)이 정착했다. 그 동쪽, 타즈강 유역에는 만가제이계 '사모예드인'의 유목지가 집중되어 있었다. 그들과 이웃하여 사모예드의 바이 씨족이 거주했다.

노보시비르스크의 유전학자들이 가진 자료에 따르면 스키타이 민족인 파지리크족이 그 유명한 알타이 고분을 축조했다. 또한 이들은 민족 대이동 시기에 훈족에 쫓겨 오비강을 따라 북쪽으로 이동한 이란-사모예드 부족에 속했다. 일부 파지리크족은 호전적인 토착 부족이었던 셀쿠프인들과 섞인 후 에네츠인을 몰아내고 톰스크-나림 프리오비예 지역에 흩어져 거주했다. 이들은 최북단 농업의 사례를 세계에 보여주었다. 튀르크 부족들과 섞인 일부 파지리크족은 알타이족의 형성에 참여했다.

사모예드인들은 14~16세기에 이르기까지 순록사육과 사냥에 종사했다. 유목의 발달과 이웃 부족들에 대한 침략을 통해 사모예드 사회는 이웃 민족들에 비해 더 높은 단계로 발전하고 개별 씨족과 족장들의 수중에 부가 축적되었다. 사모예드 사회의 경제 단위는 여전히 가부장적 씨족공동체였다. 네네츠족의 옛날이야기는 씨족 집단에서 남성의 지배적인 지위에 대해 말해준다.

우랄산맥 경사면과 삼림프리오비예에 거주하는 사모예드족의 남쪽에는 우그르어군의 부족들이 거주했다. 이들은 한티족(보굴족)과 만시족(러시아인들은 이들을 오스탸크인, 셀쿠프인, 케트인으로 부르기도 한다) 형성의 근간을 이루었다. 16세기 이전까지 러시아인들은 우그르어군 부족의 정착 지역과 그 주민들을 '유그라'라고 불렀다.

'보굴'이라는 명칭은 1136년의 연대기에서 처음 등장한다. 투라강, 타브다강, 콘다강 유역, 자우랄리예 지역, 우랄산맥 서쪽으로는 카마강 유역에 살았던 거주민을 그렇게 표현했다. 보굴은 일반적으로 '베굴'이라는 단어와 연관되는데, 코미어로 '야만적인'이라는 의미이다.

몽골어군의 목축부족 에히리트, 불라가트, 이키나트, 호리-투마트, 타부누트, 홍고도리 부족은 나중에 부랴트족의 민족적 기반을 형성했다. 이들은 자바이칼리예 지역, 오논강과 셀렝가강을 따라, 프리바이칼 지역, 레나강 상류에서 유목을 했고, 정착생활을 한 다우르인은 아무르강 상류와 중류에서 생활했다.

케트어족에 속하는 부족들(러시아인들은 이들을 타타르인이라고 부른다)인 코트인, 아산인, 아린인들은 예니세이강 상류에 거주했다.

시베리아의 가장 오래된 토착 민족은 고아시아어족에 속하는 민족들이다. 레나강 하류에서부터 아나디리강까지 거주한 유카기르족, 캄차카 북부와 베링해와 오호츠크해 연안의 코랴크족, 추콧카와 콜리마강 하류의 축치족, 추콧카 연안의 에스키모족, 캄차카의 이텔멘족, 아무르강 지역의 길랴크족이다. 이 부족들은 유목을 하는 '순록' 부족과 정착생활을 하는 '정주' 부족으로 나누어졌다. 고아시아어족의 민족들은 한때 시베리아 전역에 거주했으나, 남쪽에서 온 튀르크족, 몽골족, 퉁구스족, 사모예드족, 그리고 서쪽에서 온 핀-우그르족에 의해 북아시아의 가장 혹독한 지역들로 밀려났다. 오랜 역사에도 불구하고 고아시아어족은 석기시대 상태를 벗어나지 못하고 석기와 골각기를 사용했다. 퉁구스인과 야쿠트인과 교류한 유카기르인만이 약간의 철기를 가지고 있었다.

농업은 원시시대부터 시베리아에 존재했으나, 목축이나 사냥에 비해 이차적인 역할을 하며 원시적인 상태였다. 서시베리아 남부, 알타이 산록, 미누신스크 분지, 바이칼호와 아무르강 유역 등의 제한된 지역에서만 농업이 발전했다. 바로 이 지역들이 시베리아 문화 발전의 진원지이기도 했다. 자연조건이 문화보급에 도움이 되는 경우 농업의 존재가 사회문화적 과정의 지표이기 때문이다. 한편, 인간의 모든 힘이 생존 투쟁에 빼앗기는 시베리아 동북부 최끝단의 혹독한 조건은 물질문화 분야뿐 아니라 사회적 관계에서도 인간의 진화를 허용하지 않았다. 러시아인들이 이 지역에 들어올 때까지 고아시아어족 부족들에는 집단혼인에 이르기까지 모계사회의 잔재가 여전히 유지되고 있었다.

바로 이 시기에 한티족, 만시족, 야쿠트족, 자바이칼리예 지역의 '기마' 퉁구스족은 원시공동체가 해체되는 단계에 있었다. 그들의 사회가 계층화되기 시작했다. 씨족장과 부족장, 최고 통치자, 직업군인의 분화가 발생하고 샤머니즘 체제가 확립된다. 러시아인들은 부랴트족, 다우르족, 듀체르족에서 이미 이러한 사회가 형성되어 있는 것을 보았다. 예니세이 키르기즈족과 텔레우트족은 튀르크 제1, 제2칸국이 번성하던 시기(6~8세기)에 그들이 축적한 문명을 상실한 결과 원시공동체가 해체되는 단계에 들어갔다.

그처럼 다양하고, 때로는 역동적이면서 모순적인 문화생성 과정의 원인은 무엇보다도 이른바 '수용 지형'이라 불리는 시베리아 지역의 자연·기후 조건에 기인한다.

유라시아 최초의 유목제국

시베리아에서 중세 초기에 문명의 단계까지 간 유일한 민족은 튀르크족이었다. 이들은 이 지역뿐 아니라 유라시아 전체의 역사·문화 과정에 중요한 역할을 했다.[6)]

용어에 대해 약속할 필요가 있다. 현대 인문학에서 '튀르크'라는 개념은 언어학적 개념이다. 중세 튀르크어군의 민족들(카자크족, 텔레우트족, 위구르족, 키르기즈족, 치크족, 킵차크족, 쿠리칸족 등)은 자신을 튀르크인이라 부르지 않으며, 고대 투-큐에족의 직접적인 신체적 후손도 아니었다. 그러나 동화 과정에서 이 어군의 튀르크인들과 같은 말을 쓰거나 이 그룹의 언어를 차용한 것이다.

튀르크 문명의 요람은 산지 알타이 지역으로, 유라시아 대초원과 중앙아시아가 교차되는 지점에 위치한다. 대규모 유목민의 이동 경로에 위치한 알타이는 유라시아 지역 전체의 다양한 문화 요소들을 결합시키는 문화 다양성 응축기로서의 독특한 역할을 수행했다.[7)] 고고학자 N. K. 레리흐는 "시베리아의 유물, 미누신스크, 알타이, 우랄 지역에 있는 대이동의 흔적들은 유라시아 전역의 로마네스크 양식과 초기 고딕양식의 예술적·역사적 자료를 매우 풍

6) Кляшторный С. Г., Савинов Д. Г. Степные империи Евразии. – СПб., 1994.
7) Суразаков А. С. Алтай в центре евразийского этнокультурного синтеза // Алтай-Космос-Микрокосм: Тезисы докладов 2-й международной конфер енции. Алтай, 1994.

부하게 제공한다"고 주장했다.[8)]

중세는 유라시아 전역에서 민족대이동의 구조적인 변화가 시작되고, 유럽에서 새로운 문명이 발현하기 위한 전제조건이 만들어진 시기이다. 아시아 대륙에서는 중세가 독특한 특징을 갖는데, 이 특징들은 특별한 사회문화적 관계들에 기인하고, 이 관계들은 유럽과는 다른 '수용 지형'에 의해 형성되었다.

매우 혹독한 기후 조건을 가진 중앙아시아의 광활한 초원지대, 그리고 수액이 풍부한 고산지 목초와 바람을 막아주는 계곡이 있는 산기슭은 목축을 하기에는 적당하지만 원시적인(기계화되지 않은) 농사를 짓기에는 그다지 도움이 되지 않았다. 따라서 이 시기에, 첫째, 농경 또는 수공업·상업 유형의 도시 정착지는 꽤 늦게(질적으로 다른 문화를 가진 사람들인 러시아인이 이주해 옴에 따라) 생겨났다. 이것은 유럽에 비해 훨씬 더 늦은 17~18세기가 돼서야 새로운 시대의 문화로 이행했음을 의미한다. 둘째, 초기 유목문명 형태가 봉건적 유목국가로 완전히 전환되었다. 칸국은 유유히 흐르는 농경문화 시대의 강에 유럽의 헬레니즘이 격렬한 흐름으로 급격히 밀고 들어왔을 때, 유럽과 달리 문명의 단절을 겪지 않았다. 셋째, 이 지역의 중세 문화 안에 유목민 문화 요소와 정착 문화 요소를 모두 결합하여 독특한 특성을 가졌다.

유동성이 높고 기동의 자유가 있는 목축은 공간에 대한 승리의 담보였고, 넓은 시야와 자연 과정에 대한 정밀한 지식, 그리고 특별한 세계관을 낳았다. 이것은 튀르크인을 코스모폴리탄, '세계 절반의 주인'(L. N. 구밀료프)으로 만들었다. 이 민족은 끊임없는 이동 유목과 군사 원정으로 적응할 수 있었고, 다른 민족의 문화에

---

8) Рерих Н. К. Алтай – Гималаи. Рига, 1992. – С. 160.

대한 높은 감수성이 길러졌다. 불리한 자연적, 기후적, 지형적 조건은 열정적인 민족형성 과정을 촉진하는 요인이 되었다.

유목민은 사실상 유라시아 전역의 역사·문화 과정의 동력이었다. 유목 생활양식은 '자(自)-타(他)'의를 뒤섞는 민주주의적 전통에 기반한 독특한 사회적 구조를 낳았다. 사회의 기본 단위인 씨족은 결속의 단초 역할을 했다. 농경사회가 사회계층적인 배타성을 갖는 것과 달리, 유목민의 사회적 관계는 사회적으로 신분이 동등하지 않은 동족들 사이에 경제 운영 형태가 다름에도 불구하고 시종일관 친족마디로 이어진다.

언급된 요인들은 유목문화에 특유한 심리적 유형을 만들었다. L. N. 구밀료프는 "아랍인들과 페르시아-수니파 사람들은 그들의 '사자 같은 기질', 즉 자존심, 자연법칙에 반하는 결함으로부터의 자유, 손으로 집안일 하는 것을 거부함, '높은 직책에 대한 지향'을 높이 평가했고, 이로 인해 그들은 전투와 군사원정에 자신을 바친 것이다."고 주장했다.[9)]

혹독한 생존 조건 속에서 유목민들은 수용 지형과의 끊을 수 없는 상관관계를 인식하게 되었다. 이로 인해 인간이 거주 환경을 정복하려고 노력하기보다는 생물학적 환경과 사회적 환경 사이의 균형을 유지하려고 노력해왔다는 생태철학적 세계관이 길러졌다.

토착 알타이 원주민의 민족적 뿌리, 튀르크인들의 요람은 민족대이동의 역사 단층에서 고찰된다. 기원전 3세기 말부터 서기 4세기까지 알타이족은 정치적으로 훈족에 종속되어 있었다. 4세기 말부터 6세기 중반까지 그들은 싱안링산맥 부근에서 유목을 하던 주잔족이 이끄는 새로운 부족연맹의 일원이었다.

9) Гумилев Л. Н. Тысячелетие вокруг Каспия. М., 1993. – С. 208.

그 시기에 중앙아시아의 유목민들 사이에서 주잔족이 지배적인 지위를 차지하고 있었다. 몽골어군에 속하는 주잔족은 국가(칸국)를 이룬 후 몽골 알타이산맥의 남쪽 경사면에 거주하던 투큐족을 복속시켰다. 투큐족의 기본 직종 중의 하나는 철 채광과 제련이었으며, 철로 만든 제품을 주잔족에 조공으로 바쳤다(그래서 주잔의 칸은 투큐족의 우두머리를 자신의 '주물공'이라고 불렀다). 고고학자들의 연구에 따르면 튀르크족의 철 채광은 괴철로(塊鐵爐) 방식으로 이루어졌으며, 구밀료프의 주장에 의한다면 순도 99.45%에 이르는 순금속을 함유했다.[10] 이것이 가능했던 것은 알타이 광물의 특수성 때문이다. 고대의 야금공들은 단단한 강철용 광석, 또는 반대로 부드럽고 제련하기 쉬운 금속용 광석이 나는 다양한 산지를 구별했다.

투바, 알타이, 몽골 지역에서 유목을 하던 텔레족도 주잔족에 복속되어 있었다. 텔레족은 후에 대규모 씨족연합을 이룬 텔레우트, 텔레스, 텔렝기트족의 조상이다. 많은 강과 호수의 이름은 텔레족이 상당한 영토에 퍼져 있었다는 것을 증명해준다. 몽골의 텔레강, 알타이산맥의 델레강, 산지 알타이의 텔레츠크 호수, 카자흐스탄의 텔레-콜 호수 등이 있다. 튀르크 제1칸국이 붕괴된 이후 중앙아시아 동부에서 고비사막의 북쪽에 텔레 칸국이 생겼다는 사실은 텔레족의 정치적 영향력에 대해 말해준다.

투큐족과 텔레족이 연합하여 투큐족이 생산한 철제무기와 금속 갑옷과 투구로 무장한 결과 강력한 군대가 만들어졌다. 이 군대는 552년 겨울에 주잔족을 무찌를 수 있었다. 중앙아시아 초원지대에서 주잔족 칸들의 지배가 끝남과 함께 새로운 유목제국이

10) Гумилев Л. Н. Древние тюрки. - М., 1993. – С. 66.

일어났다. 그것은 유라시아 최초의 제국이 된 튀르크 제1칸국(서기 552~604년)이었다. 튀르크족은 3년 만에 중앙아시아의 지배권을 획득했다. 576년에 튀르크 칸국의 영토는 만주에서 보스포르까지, 예니세이강에서 이무다리야강까지 이르렀다. 알타이산맥은 튀르크 칸국의 북쪽 경계였다. 제국의 위세는 대단해서 건국한 지 15년밖에 지나지 않아 비잔틴이 튀르크 칸에게 사신을 파견할 정도였다.

튀르크인 스스로 '영원한 엘'이라 불렀던 그처럼 광대한 제국을 통치하기 위해서는 발달된 국가 기구가 필요했다. 국가의 최고 권력은 칸에게 있었으며, 사실상 제한을 받지 않았다. 통치자 칸과 카툰(칸의 부인)은 그들이 다스리는 '영원한' 나라처럼 신에 의해 태어났기 때문에 신적인 존재로 여겨졌다. 신화에 정당성을 부여하는 이러한 사실은 부족들 간의 불안정한 유대에 확고한 영향력을 미쳤을 뿐 아니라, 국가 구조가 농경국가적인 성격을 가지게 되었다는 것을 증명한다. 선출직인 통치자(최고 우두머리)와, 십부장, 백부장, 천부장, 만부장(템니크), 통치자의 친위대와 같은 선출직 평군인 계급으로 구성되는 군사 민주주의를 대신하여, 전제군주를 수장으로 하고 발달된 관료기구를 갖는 신정국가 체제가 도래한다. L. P. 포타포프는 튀르크족의 관헌을 28등급으로 구분하고 있는데, 이들은 국가의 다양한 분야에서 저마다의 권력을 행사하는 공무원들이다.[11] 이 시기에 권력 승계 제도가 고대 유목국가의 군사 민주주의적 선출방식에서 군주국의 직접 승계 제도, 즉 권력이 형에서 동생에게, 삼촌에서 조카에게 승계되는 이른바 봉건적 계급제도로 가는 과도기적 성격을 띠었다. 이러한 권력 승계 원칙

11) Потапов Л. П. Сибирский шаманизм. – Л., 1993.

은 한편으로는 약간의 선택의 자유를 유지하면서, 다른 한편으로는 통치 지위가 특정한 가문에 고착되게 했다. 10개의 가문(늑대의 아들 열 명의 후손)이 민족적 기반을 이룬 튀르크족에서 아시나족이 통치 가문이었다. 지배자의 직속 조력자들은 테긴(왕위 계승자), 샤드(군 지휘자, 보통 칸의 아들이나 형제), 야브구(국가의 좌우 제2인자), 그리고 칸의 가족들과 그 밖의 가까운 친척들이었다. 이 경우 다양한 직급의 공무원들은 그들에게 할당된 목장과 유목지를 영지로 소유하고 있었고, 이것은 정착생활의 요소를 들여와 국가관계를 안정시켰다.

초문화(超文化)적 유목제국의 형성은 국가의 공식적 이데올로기를 반영하고 민족의 의식구조를 구현하는 철학적·종교적 패러다임 형성을 필요로 했다. 필요한 교리는 '영원한 나라 엘'의 개념에 집약되었다. 이 개념은 하늘-텡그리에 의해 처음이자 마지막으로 영원히 확립된 세계질서의 중심축이라는 것이다. 이것은 전례 없는 민족적 자의식을 분출시키고 튀르크족의 우월성과 선민의식을 낳았다.[12)]

그러나 유라시아 최초의 유목제국 '영원한 엘'은 실로 화려한 문명적 성취에도 불구하고 이 타이틀을 유지하지 못했다. 내부의 반목과 혁명으로 인해 튀르크족은 정치적 지위를 상실했다. 이전에 그들에게 조공을 바치던 카를루크족과 위구르족이 세력을 규합하여 중국 군대의 도움을 받아 제국을 멸망시켰다. 745년에 튀르크 제2칸국이 사라졌다.

튀르크 칸국 시대에 발생한 사건들에 참여한 아시아 민족들과

12) Шарипов Р. Г. Менталитет древних тюрков: Философско-мировоззренческий анализ // Автореф. дисс... на соискание учен. степ. кандидата филос. наук. – Уфа, 1999.

튀르크족은 태동하는 새로운 민족들의 구성원이 되었다. 카를루크족은 알타이에서 이주해 와서 세미레체에 정착했고, 후에 우즈베크족과 카자흐족의 일원이 되었다. 일부 튀르크족은 투르크멘, 키르기즈, 야쿠트족의 형성에 결정적인 역할을 했다. 대규모 알타이 씨족들의 명칭 속에 튀르크 칸국 시대의 부족명칭이 유지되었다(텔레스, 킵차크, 키르기즈, 티르게시, 투바). 제1칸국과 제2칸국 시대에 형성된 튀르크 초민족(超民族)의 '제국' 정신은 칸국의 붕괴에 함께 사라지지 않았다. 그것은 몽골-타타르족의 정복이라는 새로운 역사적 조건 속에서 '제2의 숨통'을 얻게 되었다. 이 시점에서 현대 튀르크 민족이라는 집약적인 민족 발생 과정이 시작되었다.

튀르크 제2칸국이 멸망한 후 745년에 위구르족이 정치무대에 등장한다. 이들은 탁월한 선견지명이 있는 모윤-추르 칸 지휘 아래 하카스 미누신스크 분지에서 북쪽 국경을 강화하고 750년과 751년에 투바를 침략했다. 이를 위하여 그들은 거기에 살던 치크족과 싸워야 했다. 치크족은 동튀르크족(투큐족)의 몰락 이후 투바 지역 토착 부족들의 자치를 이끌고 있었다. 치크족은 북쪽 이웃 부족인 고대 하카스인들과 연합하여 예니세이강 유역의 광산지대가 점령되는 것을 막으려고 했다. 그러나 바로 이 풍부한 자원이 훗날 몽골족이 투바와 하카시야의 민족들을 복속시키는 원인이 되었다.

중세 후기의 시베리아 민족들

튀르크 칸국이 붕괴된 이후, 알타이 원주민과 그 인접 지역의 문화는 향후의 진화를 위해서나 과거 수준으로의 회복을 위해 필요한 내적인 예비자원을 갖지 못했다. 그러나 칸국의 붕괴라는 비극에 뒤이어 두 차례 더 치명적인 타격이 가해졌다. 이로 인해 짧았던 '영원한 엘'의 번영기에 형성된 문화층은 완전히 파괴되었다. 이 두 차례의 타격은 몽골족이 남시베리아를 지배하던 두 번의 시기에 해당한다(13~14세기와 16~18세기).

첫 번째 타격은 칭기즈칸이 지배한 시기로 13세기~14세기 전반기에 해당한다. 알타이족(텔레스족과 텔렝기트족)은 칭기즈칸의 전우 템니크 노욘 호르치, 그리고 그다음에는 칭기즈칸 가문의 후손들의 지배하에 있었다. 이것은 알타이족의 문화에 치명적인 영향을 미쳤다. 몽골의 칸들은 체계적이고 엄격한 공포정치를 실시했다. 그 직접적인 결과는 문화의 쇠퇴였다. 현물세(가축, 모피, 철제품으로 납부), 노역 의무, 병역 의무, 우체국 경영, 도로와 수송로 건설 작업은 피정복민 알타이족의 어깨에 무거운 짐을 지웠다.

칭기즈칸 제국이 멸망하고 시베리아의 마지막 유목국가인 타타르족의 국가가 생겨났다. 타타르족의 민족 형성 과정에는 많은 부족들이 관련되었다. 그중에는 우그르족과 킵차크족도 포함되어 있었다. 그러나 튀르크어군의 주민이 그 근간을 이루었는데, 이들은 이후의 단계에서 몽골족과 섞인 후에도 튀르크어를 유지했다. 이것이 시비르 칸국이었다. 시비르 칸국이 규모에 있어서는 튀르크 칸국에 미치지 못했으나, 그 역시 상당한 영토를 차지했다. 서쪽으로는 페름 땅, 카잔 칸국, 노가이 오르다와 경계를 이뤘고, 동쪽으로는 나림 셀쿠프족 연합 '페가야 오르다'와 접했고, 북쪽으로는 오비강 하류와 남쪽으로는 카자흐스탄의 초원지대에까지 이르렀다.

그들의 경제 기반을 이룬 것은 목축업으로, 농업, 수공업(금속 가공, 도자기업, 모피 산업, 방직업), 상업과 결합된 형태였다. '황금모피'가 풍부하다는 명성은 여러 국가의 상인들을 이 지역으로 끌어들였으며, 아시아 상인들이 많이 유입되었다.

중앙아시아와의 교역은 이 지역의 이념적 변화 요인들 중의 하나였다. 이것은 이슬람교를 선택한 것에서 잘 드러난다. 우즈베크 칸들은 부하라 군주 무르타지의 아들이자 시비르 칸국의 마지막 지배자인 쿠춤 칸을 통해 이슬람교를 도입했다. 14세기에 시비르 칸국에 유포되기 시작한 이슬람교는 토착민의 생활양식과 관습에 변화를 가져왔다. 고분을 축조하기 시작했다. 초기의 종교관과 관련된 전통적인 매장 방식은 대륙을 기준으로 방향을 결정하고, 고인에게 생활용품을 공급하는데, 이러한 것들은 내세의 존재에 대한 믿음의 결과이다. 이러한 전통적인 매장 형태가 새로운 종교적 특징들과 결합된다. 무술만의 전통에 따라 메카를 향해 방향을 정하고, 무덤에 밑단을 축조하고, 부장품이 점차 사라졌다. 그러나 이슬람교는 시베리아의 튀르크어 사용 주민들의 정신에 영향을 주지는 못했다.

국가 체제는 튀르크의 봉건적 유목국가 체제를 연상시킨다. 국가의 수장은 칸이고, 그 밑에 대신들과 고문들이 있고, 그다음 자신의 씨족(울루스)을 다스리고 전쟁포로 노예와 가난한 공동체 구성원의 노동력을 자신의 경제에 사용하는 족장들과 소귀족이 있었다. 민족의 기본적인 다수를 이루는 것은 '평민'으로 울루스 사람들이었다. '카라 할크'(역자 주: 카라는 검은 색을 의미)라고 하는 이들은 군인일 뿐 아니라, 울루스의 주인에게 매년 모피, 물고기, 가축을 '진상'으로 바쳐야 했다. 비교해보자. 튀르크족에서 '카라 보둔'이라고 부르는 '평민'은 범죄자와 전쟁포로 노예로 구성된 소외된 계층이었다. 봉건 제도의 발전 역학이 바로 여기에 있다. '영원한 엘'의 군사 민주주의로부터 시비르 칸국에서는 동족을 노예화하기까지 이르렀다. 시비르 칸국은 몇몇 행정 중심지가 있었다. 카슐리크는 이르티시강 연안에 있는 사령부로 현대의 토볼스크에서 멀지 않다. 키질 투라, 카심 투라, 야블루 투라, 톤투르 등의 몇몇 요새 도시들도 있었는데, 지배계층인 봉건영주들의 군사거점이었다.

쿠춤 칸 시대에 칸국은 군사력으로 유지되는 매우 느슨한 울루스 연합이었다. 그러므로 잘 준비한 예르마크가 단 한 번의 원정으로 쿠춤 칸의 지배를 종식시키기에 충분했다.

대부분의 시베리아 민족의 유목 생활방식은 국가 제도를 안정화시키지 못했다. 새로운 영토를 차지하기 위한 투쟁이 그 근간을 이루기 때문이다. 정부의 정책과 대외관계에 원시적 군사 민주주의 요소들이 보였다. 강한 민족들(예니세이 키르기즈인, 텔레우트인, 부랴트인)은 더 약한 민족들을 복속시켜 현물세 납부 의무를 지는 조공국(키시팀)으로 삼았다. 그러나 이 민족들도 더 강한 몽골의 칸에게 어느 정도 예속되어 있었다.

두 번째 밀레니엄 초부터 '백인 황제들'과 시베리아 봉건 영주들 사이에 안정적인 관계가 형성되기 시작한다. 공식적으로는 이미 11세기 후반부터이다. 자우랄리예 지역의 유고르스카야 제믈랴는 벨리키 노브고로드의 '볼로스트'(행정단위) 중의 하나로 여겨졌다. 노브고로드의 영주들은 이곳 지역 주민들에게 모피를 징수하기 위해 무장한 부대를 파견했다. 15세기 후반은 보굴족(만시족), 우그르족, 튜멘 칸국의 시베리아 땅이 이반 3세의 지배하에 들어가는 과정이 활발히 전개되었다. 16세기에 동북 포모리예 지역에 러시아인이 이주해 이 지역의 천연자원을 활발히 개발하면서 러시아인들과 자우랄리예 지방 주민들 간에 견고한 무역 관계가 확립된다.

그러나 동시베리아의 정치를 결정한 것은 전혀 다른 세력이다. 13~18세기 사얀 알타이 지역은 몽골의 시대로 규정된다. 동사얀 지방의 민족 구성은 매우 다채로웠다. 사모예드어군, 케트어군, 튀르크어군의 부족들이 여기에 살았다. 그러나 아마 민족적으로 위구르족과 가까운 튀르크어군이 지배적이었을 것이다. 칭기즈칸의 장남 주치에 의해 정복된 동사얀 지방의 '삼림 민족'들 중 하나가 스스로를 지칭하는 이름이었던 '투바'라는 민족명은 후에 모든 투바인들의 명칭이 되었다. 몽골인들은 정복한 영토에 정착하기 위하여 복종하지 않는 원주민들을 학살하고 쫓아냈다. 그러나 이미 13세기 초에는 정복한 영토를 강압적으로 식민지화하기 시작했다. 이런 목적으로 군사·경작 부락(성벽이 없는 도시)을 건설하고, 그곳에 포로로 잡힌 피정복민과 북쪽으로 쫓겨난 농민들을 대거 이주시켰다.

정복자들에 대항하고 나선 많은 투바 원주민들은 학살당했다. 몽골 시대 이전에 이룩한 많은 문화적 성과들이 소실되었다. 그와 함께 13~16세기에 투바에서는 대규모 인종적 변화가 발생했다. 토착 부족들이 몽골의 물질문화 요소들을 많이 받아들였다. 원주민의 언어에 몽골어 단어가 상당수 들어왔다. 투바 영토에 거주한 일단의 몽골족들은 원주민과 섞였고, 이와 관련해 투바에서 중앙아시아 인종이 우세해지기 시작했다.

대체로 몽골어군의 부족들은 꽤 일찍 시베리아 땅에 등장한다. 6~9세기에 와서 사라진 쿠리칸족을 대신하였다. 바이칼호수 동쪽으로 또 하나의 큰 부족 연맹 바이예구(바이이르쿠)가 사라지고, 그 대신 몽골어군의 바르구트족이 출현한다. 몽골 이주민들은 동쪽의 오논강, 케룰렌강, 부이르누르 호수에서부터 레나강, 셀렝가강 유역으로 유입된다. 자루비노 마을과 셀렝가강에서 발견된 초기 매장지는 몽골 유목부족 고유의 문화적 특징을 보여주는데, 이것은 몽골 이주민의 것임이 분명하다.

10세기 초 만주에서 몽골족과 가까운 거란족이 일어난다. 10세기에 그들은 몽골에서 위구르족을 몰아내고, 서쪽으로 알타이 지방까지 영토를 확장했다. 12세기 중앙아시아의 작가 타히르 마르바지가 쓴 글에 따르면, 1030년대에 거란의 압제 하에 있던 훈족이 서쪽으로 이동한다. 카이족이 그 뒤를 좇았다. 유목부족들이 이동한 여파가 카스피해 연안까지 미쳐 폴로베츠인들이 루시를 침략하는 계기가 된다.

칭기즈칸에 의해 세워진 몽골제국 초기의 사건들은 시베리아, 자바이칼리에, 자바이칼리에와 접경한 몽골 영토에서도 일어났다. 칭기즈칸 자신도 자바이칼리에의 오논강 유역 델륜 볼독 지방에서 태어났다. 치타주(州)에서 발견된 콘두이와 히르히라 '도시' 유적은 시베리아 땅에 정착하려는 몽골인의 상당히 진지한 계획을 보여준다. 콘두이 유적은 봉건영주의 성터로 밝혀졌다. 거기에서 멀지 않은 곳에 위치한 히르히라 고도(古都)는 비교적 큰 도시 형태의 정착지로, 요새일 뿐 아니라 수공업과 상업의 중심지였다. 거기에서 대장간, 쇠 침전물, 선철의 흔적이 발견되었다. 이 두 '도시' 모두 오래 존속하지 못했다. 유적의 변변찮은 문화층과 이곳을 멸망시킨 화재의 흔적이 이를 증명해준다.

부랴트족과 프리바이칼리에의 삼림부족들(불라가트족, 에히리트족, 호리 투마트족)의 조상은 독립을 위해 계속 투쟁하며 칭기즈칸의 노예로 있기를 원하지 않았다. 그들은 끈질긴 저항을 보여주거나 정복자들을 피해 숲속 깊은 곳으로 들어갔다. 부랴트족의 조상이 살던 땅에 몽골족이 침입한 후 일부 프리바이칼리에 부족들이 부분적으로 다른 유목지를 찾아 북쪽으로, 현재의 야쿠티야로 옮겨가 야쿠트 민족의 구성원이 되었다고 추정할 만한 근거가 있다.

17세기경 프리바이칼리에 주민은 민족적으로 더 단일화된다.

부족들 간의 연대가 강화된다. 이전에는 일부 소수 부족을 지칭하던 '부랴트'라는 부족명이 이제는 이 지역의 몽골어군 부족 전체를 아우르기 시작한다. 그들은 바이칼호수 양쪽으로 안가라강, 레나강, 바르구진강, 셀렝가강 계곡을 따라 광대한 영토를 차지했다. 그들이 분포한 서쪽 최끝단 지점은 비류사강과 추나강이었다.

러시아인들과 처음 접촉하는 순간까지 부랴트족은 동시베리아에서 경제적으로나 군사적으로 가장 수가 많고 강한 민족이었다. 부랴트족은 씨족장을 수장으로 하는 씨족 집단들로 나뉘었다. 1625년 카자크 지휘관(아타만) 포즈데이 피르소프와 바실리 튜메네츠가 예니세이스크에 보고한 내용에 부랴트족에게 2만 이상의 '말을 탄' 사람들이 있다는 내용이 있는데, 이것은 '경작지 사람들'을 말하는 것이었다. 이 보고에 따르면 부랴트족은 가장 가까운 곳에 살던 퉁구스족과 고아시아족(케트족)과 대치하고 있었다.

부랴트에서 불교 사상의 도입이 완전히 유기적으로 이루어진 반면(부랴트의 라마교가 토착 샤머니즘 신앙의 특성들을 포함하고 있음에도 불구하고), 튀르크인에게 라마교를 보급하려는 오이라트 봉건영주들의 시도는 성공하지 못했다. 이곳의 지배적인 종교 형태는 여전히 샤머니즘으로 남아 있었다.

시베리아에서 몽골족의 팽창이 중앙집권제와 제국 문화의 요소들을 가져왔음에도 불구하고, 전체적으로 시베리아 민족들에게 매우 파괴적인 영향을 미쳤다. 14~18세기에 많은 튀르크 부족들은 심각한 쇠퇴와 침체에 봉착했다. 그들이 서몽골 또는 오이라트 칸들의 압제 하에 놓였을 때, 원시적 농업과 결합된 그들의 목축과 수렵 방법은 거의 원시적인 수준까지 낮아졌다. 금속, 특히 금과 은의 채굴과 가공 기술이 소실되었다. 룬 문자가 소실되고, 이와 함께 문해력도 잃어버렸다. 튀르크 칸국 시기의 문학적 성취도 잊혀졌다. 일부 자이산(씨족장) 귀족들만이 몽골의 세로 문자(오이라트 비치크)를 쓸 줄 알았다. 문화적 자의식을 보존한 형태로 유일하게 남아 있는 것은 서사시와 민요로, 오이라트 칸들과 족장들의 잔인한 모습과 본래의 이름을 오늘날까지 전해준다.

매장 장례의식도 부정적인 영향을 받았다. 이제 남부 유목민들은 자신의 동족이 죽으면 말과 함께 지표면에 두고 돌을 쌓아 묻거나, 또는 오래된 무덤 봉분에 합장했다. 북부의 알타이족은 고인을 자작나무 껍질에 싸서 나무에 매달았다.

여러 가지 조세와 의무를 부과한 봉건적 제도는 튀르크 부족들의 물질적, 정신적 힘을 고갈시켰다. 준가리아(오이라트족 국가)가 봉건영주들의 내란의 무대가 되고, 중국의 정복정책의 대상이 되었을 때, 알타이 부족들의 사회적, 경제적 상황은 참을 수 없을 정도가 되었다. 그러자 1756년에 알타이족 자이산 12명이 그들과 그들의 주민을 러시아의 보호 하에 받아들여 달라고 러시아 국경 기관에 요청했다. 그들의 요청은 승인되었고, 이때부터 튀르크족의 문화사는 새로운 단계에 접어들게 된다.

S I B E R I A

3.3. 중세 시베리아의 도시 문화

L.V. 드미트리예바

오늘날 시베리아의 도시에 대해 이야기하자면 잘 알려진 현대적인 대규모 중심지들을 쉽게 열거할 수 있다. 노보시비르스크, 크라스노야르스크, 이르쿠츠크, 옴스크, 바르나울, 톰스크. 러시아의 시베리아 도시 연구는 중세시대의 광범위한 역사를 밝혀준다. 그러나 유감스럽게도 이것은 향토사학자들과 전문 역사학자들에게만 알려져 있다. 러시아의 도시들이 시베리아의 도시 문화 형성에 유기적으로 참여했다. 이것은 많은 점에서 민족문화의 상호관계 속에서 이전의 중세 문명의 역사적 경험이 성공적으로 축적된 덕분임을 이해해야 한다.

'대 모피 교역로'의 무역 거점

수 세기 동안 이 지역에서 발달된 독자적인 요새 구축 방법과 고대 주민의 세계관이 중세기에 시베리아 도시 문명 발달의 초석이 되었다. 이러한 과정이 중앙아시아, 이란, 인도, 중국 문명과의 무역 및 문화 관계가 몇 배로 증대됨에 따른 결과라는 것은 의심의 여지가 없다.

중세 시대에 북사모예드인, 오비강과 우랄산맥의 우그르인, 시베리아 타타르인, 남시베리아의 다수민족인 튀르크어군 민족들, 그리고 동시베리아와 프리아무리예 지역의 튀르크어군, 몽골어군, 퉁구스어군의 민족들과 유목 칼미크인의 도시들과 '소도시'들이 있었다. 역사 발전 단계는 서로 다르지만, 그들 모두 남쪽의 문명화된 나라들과의 긴밀한 교류와 교역 관계 속으로 끌려들어갔다. 이 남부의 무역로에서 가장 강력한 중개자는 시베리아의 무역 거점 도시들이었다.[13)]

지그문트 헤르베르슈타인의 '모스크바 사람에 대한 기록'에는 유고르스크의 도로건설원의 텍스트가 포함되어 있는데, 이것은 15세기 러시아 상인들을 위한 일종의 '여행안내서'이다. 이 문서는 시베리아 원주민들의 큰 교역 전초기지 두 곳을 언급하고 있는데, 그루스티나와 세르포노프이다. 이 두 도시는 오비강 중·하류의 사냥꾼, 어부, 순록사육자들을 중앙아시아 국가들, 이란, 동투르케스탄, 인도, 중국과 연결해주던 대 모피 교역로에서 두드러진 역할을 담당했다. 중세 시베리아에는 그 밖에도 북쪽 삼림 지역의 수렵·어로 민족들과의 교역이 발달한 타이가 근처 지역의 무역 거점 도시들도 있었다. 특히 아랍의 문헌들은 예니세이강 유역의 부유한 도시 *키카스*를 언급하고 있는데, 이곳에서는 "원주민의 도구와 식기가 모두 은으로 만들어졌다"고 한다.[14)]

---

13) Кызласов Л. Р. Письменные известия о древних городах Сибири. – М.: Из д-во МГУ, 1992. - 132 с.

14) Кызласов Л. Р. Загадка Грустины и Серпонова, торговых городов в средне вековой Сибири // Aikakauskirja Journal. Sumalais – ugrilaisen seuran. De la sosiete finno-ougrienne. Vol 87. – Helsinki, 1997. – С. 131-138.

흉노족의 유목 문명

중세 시베리아와 중앙아시아의 도시 문명 형성에 적지 않은 기여를 한 것은 '유목 환경'에 속한 민족들, 특히 기원전 6~2세기 삼림 알타이족과 산지 알타이족의 *스키타이형 문화*와[15] 흉노족의 문명이었다. 흉노족은 기원전 3세기 말경에 사얀 알타이 고원의 산악 지대와 북몽골, 서부 자바이칼리에 지역을 자신의 영토에 편입하고 중국과 세력이 대등한 국가를 건설했다. 외부의 적들과 싸우기 위해 흉노족은 조용한 북쪽 후방이 필요할 뿐 아니라, 군대의 군장과 무기를 공급하기 위한 안정적인 광산, 철광, 수공업 기지가 필요했다. 이것이 독자적인 도시 문화 생성의 기반이었다.

흉노족의 주요 자원은 막대한 가축 떼였다. 흉노족 경제에서 수렵과 어로는 이미 보조적인 역할만 할 뿐이었다. 그 대신 농업이 싹트고, 도자기 산업이 발달하고, 동과 철 가공 기술이 완성되어 갔다. 흉노족의 삶에서 전쟁도 그만큼이나 중요한 역할을 했다. 그들이 정복한 민족들로부터 곡물, 가죽, 옷감, 모피, 물고기, 장신구를 조공으로 받았기 때문이다. 흉노족은 뿔로 만든 걸쇠로 고정한 복잡한 활을 발명했는데, 이것은 활을 위협적인 무기로 변모시켰다. 동물 뼈에 구멍을 뚫어 만든 작은 구체에 화살촉을 끼운 이른바 '휘파람 소리'를 내는 전투용 철제 화살도 그들이 발명했다.

중앙아시아 흉노족(오르도스)의 동남부 땅의 옛 여름 수도는 룽청('황제의 도시')이었고, 겨울 수도는 다일린이었다. 룽청은 흉노 제국의 사령부일 뿐 아니라 종교적 중심지로, 이곳에 조상과 하늘과 땅의 영(靈)에게 바치는 제물을 가져왔다. 다일린은 국가의 경

---

15) Абдулганеев М. Т., Владимиров В. Н. Типология поселений Алтая VI-II вв. до н. э. – Барнаул: Изд-во АГУ, 1997. – 148 с.

제 중심지였다. 흉노족은 국가의 저장소 기능을 갖는 도시도 있었는데, 텐산산맥(한가이산맥의 남쪽 끝단) 옆의 도시 차오신청이었다. 성벽으로 둘러친 이 요새 도시에는 중앙에 창고가 있어서, 거기에 예비 곡식과 보물과 상품을 보관했다. 북부 흉노족의 행정·정치적 중심은 베이틴으로 여겨졌다.

훈족 문명에 대한 중세 중국 사료에 따르면[16) 흉노족이 남시베리아에 도시 문화를 도입한 최초의 민족들 중 하나라고 가정할 수 있다. 서부 자바이칼리예에서 흉노 문명과 관련된 몇몇 도시들과 정착촌이 조사되었다. 셀렝가강 유역의 이볼긴스크 고도, 드지다강 유역의 데레스투이성과 옌호르 마을, 치코이 강 유역의 두레니 마을이 있다.[17)]

사료에 따르면 흉노족 주민의 일부가 요새 도시와 정착촌에 살며 농업과 숙련된 수공업에 종사했다. 북쪽 땅을 점령한 후 흉노족 장인들은 자원이 풍부한 광물 매장지 개발에 착수했다. 이볼긴스크와 두레니는 국가에 필요한 무기와 기구와 생활용품을 공급하던 흉노족 야금공, 주물공, 대장장이들의 거주지였다. 이볼긴스크는 시베리아에 정방형 성채를 건설한 튀르크족 전통의 시초로 여겨진다.[18)]

이볼긴스크는 울란우데에서 16킬로미터 떨어진 셀렝가강 하구 좌측 하안단구에 위치한다. 정착촌은 7.5 헥타르 면적의 불규칙한

16) См: Кызласов Л. Р. Города гуннов // Кочевой мир средневековой Евразии. Татарская археология. – Казань, 1998. № 2 (3). – С. 47-64.
17) Давыдова А. В. К вопросу о роли оседлых поселений в кочевом обществе сюнну // КСИА. 1978. Вып. 154. С. 55-59; Давыдова А. В. Иволгинский арх еологический комплекс. – СПб.: Центр «Петерб. востоковедение», 1996. – 176 с.
18) Проскурякова Т. С. Раннесредневековое строительство юга Сибири // Ар хитектурное наследство. 1982. № 30. – С. 95-102.

사각형 형태를 띠고 있다. 평평한 초원 위에 세워진 도시를 방어하는 데에는 큰 어려움이 따랐다. 이 도시의 동쪽 면만 가파른 비탈이 옛날에는 물이 들어차 있던 오래된 강바닥 쪽으로 내려가고 있어서 자연적인 방어가 가능했다. 나머지 세 방면에는 주민들이 인공 구조물을 세웠다. 네 개의 축대를 쌓아 올리고, 각각의 축대와 축대 사이에 참호를 파고 높은 나무 벽을 세웠다. 이런 식으로 이볼긴스크의 방어벽 체계는 벽이 다섯 개였다. 이러한 방어선은 기병들이 뛰어넘을 수 없는 것이었음이 분명하다. 기병대는 말에서 내려서 보루를 돌파해야 했다. 축대 뒤에 배치된 참호 안에 숨어서 쳐들어오는 적에게 화살과 돌을 퍼부을 수 있었다.

도시 전역에 주거용 건축물과 산업용 건축물이 빽빽이 지어져 있었다. 반지하 주택 52채가 발견되었는데, 날벽돌로 벽을 쌓고 내부에 나무 기둥을 세로로 세워 보강했다. 양쪽으로 경사진 지붕은 나뭇가지와 장대로 만들어졌고, 위에는 잔디가 덮여있었을 것이다. 집 안과 집 뒤편에서 보리, 밀, 곡물, 수수가 가득 찬 구덩이가 발견되었다. 삽, 철제 쟁기, 맷돌, 동물 뼈로 만든 곡괭이 등의 농기구도 발견되었다. 이 모든 것은 이볼긴스크 주민들이 농업에 종사했다는 것을 말해준다.

이볼긴스크는 정복한 땅을 위해 흉노족이 고안한 전형적인 요새 건축양식이다. 이볼긴스크 고도와 데레스투이 성의 복잡한 방어벽 구조는 외적을 막는 5개의 방어선을 두었다. 요새의 외벽 방향은 도시 내부 구조물의 설계와 정확히 연결된다. 중세 시대 좀 더 후기의 중부아시아와 중앙아시아 도시들의 일반적인 건축양식 원칙도 이것을 따르고 있다. 이것은 흉노족 도시들을 중부 및 중앙아시아 도시들의 선구자라로 부를 수 있게 해 준다.[19] 그리고 후에 중부 및 중앙아시아 문명은 시비르스키 유르트의 도시 문화 형성에 직접적인 영향을 미치게 된다.

사르가트 문화: 서시베리아의 보석

기원 후 수 세기 동안의 사르가트 문화 유적들은 흉노족의 영향을 잘 보여준다. 사르가트 주민은 서시베리아의 삼림초원 거의 전역을 차지하여 서쪽으로는 동북 바슈키리아, 남쪽으로는 알타이까지, 북쪽으로는 토볼스크 위도까지 퍼져 있었다. 사르가트 공동체를 스키타이 시베리아 사회의 주변부로 해석할 수 있다.[20] 사르가트의 부족들 간 교역 중심지였던 두 개의 성채를 가진 *라파일로 유적지와 프리곱스크 고도*에 대한 연구에 따르면, 초기 철기 시대 토볼-이르티시강 유역의 삼림초원 지대에 초기 계급사회가 형성되었다는 결론을 내릴 수 있다.[21]

사르가트 주민의 거주지는 요새화되지 않았다. 그들의 집은 두 가지 기본 유형으로 대표된다. 사각형 형태의 크지 않은 반지하 움막과 둥글거나 사각형으로 설계된 큰 지상 건축물이다. *로주카-4* 마을(노보시비르스크주 벤게롭스키 지역)의 몇몇 주택들이 가장 잘 연구되어 있다. 사르가트 유적에서는 주로 도자기와 동물의 뼈 조각이 발견되었다. 현재 이 지역에서는 이 문화를 보유했던 사람들의 무덤 100여 기가 조사되고 있다. 매장을 하고 봉분을 쌓았는데, 때로는 봉분의 규모가 거대해서 지름 40~50미터, 높이 4미터

---

19) Кызыласов Л. Р. Города гуннов // Кочевой мир средневековой Евразии. Татарская археология. – Казань, 1998. № 2 (3). – С. 55.

20) Матвеева Н. П. Саргатская культура на Среднем Тоболе. – Новосибирск: Наука, 1993.

21) Там же. – С. 164.

에 이르는 것도 있다. 사르가트 고분은 지금까지 알려진 이 지역 문화권 고분들 중 가장 거대한 매장 구조물이다. 무덤 주위를 둘러 둥글게 참호가 있는 경우가 자주 있으며, 때로는 이중으로 또는 삼중으로 있는 경우도 있다. 봉분을 해체할 때 모닥불 자리의 흔적이 드러났는데, 이것은 사르가트 사람들에게 불의 제사의식이 있었음을 분명히 보여준다.

1986년 옴스크주 *시도로프카* 마을 근처 유적지에서 사르가트 고분을 발굴할 때 V. I. 마튜셴코는 매우 화려한 무사의 무덤을 발견했다. 여기에서 전통적인 스키타이 시베리아 양식으로 만들어진 예술성 높은 금은제품들이 나왔다.[22] 이 무덤에서 발견된 금제품만 수 킬로그램이었다. A. V. 마트베예프가 조사한 *튜트리노* 유적지의 사르가트 무덤도 그에 못지않게 화려하다.[23] 발굴된 유적 자료들은 그들이 목축 경제를 가지고 있었음을 증명해준다. 사르가트인은 양, 말과 뿔이 큰 가축을 사육했다. 사냥은 중요한 보조 수단이었다.

높은 경제 수준, 높은 건축 수준, 적극적인 국제 관계는 사르가트 시대가 고대 서시베리아의 문화 발전의 전성기였음을 시사한다. '*표트르 1세의 시베리아 컬렉션*'의 희귀한 고대 귀금속 제품 표본이 프리토볼리예에 있는 사르가트 귀족의 '황제' 무덤들에서 나왔다.[24] 시베리아 컬렉션은 오로지 금으로 만든 죔쇠, 버클, 옷 장

---

22) Матющенко В. И., Татаурова Л. В. Могильник Сидоровка в Омском Прииртышье. – Новосибирск: Наука, 1997. – 198 с.; Матющенко В. И., Яшин В. Б. Погребение воина из могильника у д. Сидоровка Омской области и некоторые вопросы мировоззрения кочевников степей // Исторические чтения памяти М. П. Грязнова. Ч. 1. – Омск, 1987. – 200 с. – С. 192-195.

23) Матвеев А. В., Матвеева Н. П. Ювелирные изделия Тютринского могильника (к проблеме Сибирской коллекции Петра I) // Антропоморфные изображения. – Новосибирск: Наука, 1987.

24) Руденко С. И. Сибирская коллекция Петра I // САИ. 1962. Вып. 9. – 79 с.; М

식품, 목걸이 또는 경식, 팔찌, 반지, 귀고리, 그 밖의 작은 귀금속 제품들과 같은 금제품으로만, 아주 드물게는 가사용품과 마구 장식품으로 구성된다. 표트르 1세의 컬렉션에 남시베리아의 고분에서 출토된 매우 섬세한 귀금속 제품들이 많다는 것, 그리고 그 제작 기술과 양식은 이 물건들 중 다수가 필리그란(세선세공 細線細工)과 그래뉼레이션(세립세공 細粒細工) 같은 섬세한 작업 기술을 가진 숙련된 장인들에 의해 제작되었다는 것을 분명히 보여준다.

표트르 1세의 시베리아 컬렉션에 대한 연구에서 역사적으로 중요한 결론이 도출된다. 그것은 그 당시 스키타이 부족들이 서쪽으로는 우랄에서부터 동쪽으로는 알타이에 이르는 서시베리아 영토에 거주했다는 헤로도토스의 보고를 확증해준다는 사실이다. 시베리아 컬렉션이 이란에서 기원된 일련의 귀금속 제품을 포함하고 있다는 것은 스키타이 시대에 알타이뿐 아니라 서시베리아 전체의 유목부족들이 서남아시아와 관계를 맺고 있었음을 알려준다.

헤로도토스가 아랄해 동쪽에 거주하던 마사게트족이 금으로 만든 말굴레를 갖고 있었다고 보고한 것 역시 잘 알려져 있다. 파지리크족이나 그 당시 산지 알타이족의 고분에서 발굴된 수많은 유물로 알 수 있듯이, 말굴레 끈 장식은 보통 원형이나 반원형의 둥근 형태로, 동물이나 동물의 머리 형상을 양각으로 새기거나 조각한 것이었다. 표범이 사슴을 공격하는 장면, 입에 염소를 물고 있는 살쾡이, 등을 둥글게 굽혀 엎드린 늑대의 모습을 묘사한 것도 있다.

동물군의 대표 동물을 묘사한 것이 특히 많다. 파충류는 뱀으

аслякова Н. Н., Матвеев А. В. Известия о «бугровании» в Западной Сибири и проблема происхождения Сибирской коллекции Петра I // Проблемы изучения саргатской культуры. – Омск: Изд-во ОГУ, 1991. – С. 37-41.

로 대표되고, 조류는 오리와 백조, 매와 독수리의 형상으로, 식충류는 고슴도치, 우제류는 순록, 고라니, 노루, 사슴, 산양, 염소, 멧돼지, 맹수류는 늑대, 살쾡이, 표범, 호랑이, 사자 등의 모습으로 다양하게 나타난다. 가축으로는 말, 양, 야크, 사슴, 개가 있다. 인면조, 사자의 몸에 독수리 머리가 달린 괴수 그리핀과 같은 환상의 동물을 표현한 것이 많다.

사르가트의 예술에는 스키타이 시대 고유의 특징들이 보인다. 동물의 모습을 표현할 때 반드시 들어가야 하는 요소를 표현하는 방식이 물건의 형태에 따라 놀랄 만큼 다양하다. 또 한 편으로는 뛰어난 디자인이다. 시베리아 컬렉션의 작품들은 물건의 형태에 구애받지 않는 거의 자연주의적인 모사로 동물들을 표현한다. 그러나 원 안에 동물의 형상을 표현해야 할 때는 등을 둥글게 말고 있는 형태를 취했다. 게다가 평면적으로도, 구형으로도, 심지어는 원추형으로도 표현할 수 있었다.

천 년 이상(기원전 6~5세기부터 서기 4~5세기까지) 존속한 사르가트인은 후속 민족들의 물질적, 정신적 문화의 보고에 중요한 기여를 했다. 특히 오비강 유역의 우그르 민족 문화의 기틀에 큰 기여를 했다.

위구르 칸국의 사령부 도시

튀르크 칸국 시대(6~8세기)에 남시베리아와 중앙아시아에 도시와 도시문화가 확산되었다. 튀르크어로 '도시'는 '*발리크*', '국민'은 '*발리크다크*'로 표현된다. 당나라 시대의 연대기에 수도 *헤이샤첸*(*'검은 모래의 도시'*), 튀르크어로 *카라쿰-발리크*가 언급된다. 도시 문화가 광범위하게 확산된 데에는 몽골족보다 훨씬 전에 중앙아시아에 도시문명을 건설한 위구르 칸국의 통치자들의 공이 크다.

6~8세기 서쪽으로는 알타이에서부터 이르티시까지 거주했고, 그리고 서북 몽골과 만주까지 남시베리아를 정복한 위구르인의 도시의 발굴에서 국가의 사령부 도시 유형을 발전시킨 원칙이 나타난다.[25)]

칸국의 첫 번째 수도는 오르혼강 변의 *오르다-발리크*였다. 이곳은 위구르 도시의 공간 구조를 이루는 세 가지 구성요소가 정확히 정해져 있었다. 통치자의 요새화된 성채, 도시의 상업·수공업 요점 구역, 그리고 요새이다. 위구르인이 만들어낸 요새 건설 방식은 일련의 요새들을 연결하는 방법으로 국가 전체의 방어 체계를 생각한 것이었다. 헴치크강 상류에서 하구까지의 국경 수비가 이 방식에 따라 이루어졌는데, 날벽돌이나 진흙벽돌로 쌓은 두꺼운 벽으로 이어진 요새 체계에 14개의 요새가 포함되었다. *샤고나르 방책*은 2킬로미터에 걸쳐 참호와 방어벽이 일렬로 연결된 4개의 요새로 구성되었다.

위구르 도시들의 특징은 기하학적 정확성이 눈에 띈다는 점이다. 거의 사각형이며, 그 안에는 정원과 공원들이 있다(헴치크강 변의 *테엘리*, 셀렝가강 변의 *바이-탈*, *하루하인-발가스*, *하랄치 헤레이기인-발가스*, 샤고나르 요새도시들). *키르기즈족*의 도시 문명과 *키막족* 도시에 관한 정보도 있다. 이들 국가의 중심지는 이르티시강 상류였다. 8~10세기 *쿠룸친족(쿠리칸족)*의 도시 16개가 잘 알려져 있다. 이들 도시는 바이칼호수 연안에 점점이 위치하고 있었으며, 넓은 수평선이 펼쳐지고, 육지로부터의 방어에 전략상 유리한 조건을 갖추고 있다. 거의 사각형으로 설계된 도시들은 참호와 축대로 이루어진 요새가 있고, 요새의 꼭대기를 따라 감시초소와 수비초소가

25) Проскурякова Т. С. Раннесредневековое строительство юга Сибири // Архитектурное наследство. 1982. № 30. – С. 95-102.

있는 석벽이 높이 세워져 있었다.

시비르스키 유르트 국가

문헌 상황으로 인해 중세 초기의 시베리아 정착촌 도시를 정연하게 전면적으로 재구성할 수 없는 반면, 타타르족의 시비르스키 유르트의 도시 특징을 살펴보는 것은 훨씬 더 수월하다. 이것이 가능한 이유는 이 도시들이 남시베리아, 중앙아시아, 중부 아시아의 중세 도시들(메르브, 사마르칸트(소그드), 부하라)과 유형적인 공통성을 갖기 때문이다.[26] 서시베리아에 튀르크어군 주민이 처음으로 나타난 것은 몽골 침략 훨씬 이전으로 바라빈스크 초원에는 9~10세기, 이심강과 토볼강 지역에는 10~12세기이다. 그 당시 튀르크어 계열의 시베리아 타타르족의 조상은 투라강에 정착했고, 정착 생활양식 때문에 그들은 '*투랄리그*' 또는 *투랄리네츠*, 즉 도시 (정착) 주민이라고 불렸다. 이들은 도시를 건설할 능력이 있었고 강에 이름을 붙였다.

14세기 말 시베리아 최초의 국가 *시비르시키 유르트*가 건설되었다. 수도는 *침기-투라*였고, 주변도시로는 *키질-투라*와 *잔기-투라*가 있었다. 러시아인들에게 잘 알려진 *튜멘 칸국*은 금장 칸국(金帳汗國)의 동부 울루스(역자 주: 행정단위)의 일원이었으며, 칭기즈 칸의 후손인 세이바니드 가문 소유였다. 동방의 문헌에 따르면 16~17세기에 세이바니드 사람들이 중부 아시아를 침략한 이후, 수도가 침기 투라에서 시르-다리야강변의 시그마크로, 그 다음에

26) Беленицкий А. М. Средневековый город Средней Азии. – Л.: Наука, 1973. – 389 с.; Большаков О. Г. Средневековый город Ближнего Востока VII – серед. XIII вв. – М.: Наука, 1984. – 344 с.

는 사마르칸트로, 마지막에는 부하라로 옮겨졌다.[27)]

1495년 시비르스키 유르트의 남부에서 키질-투라에 중심지를 둔 토착 귀족의 대표 타이부가의 국가가 생겼다. 마메드 칸은 침기-투라를 허물고 수도를 옛 위구르인(시피르) 요새인 *시비리*(타타르어로는 *카실리크* 또는 *이스케르*)로 옮겼다. 본진 명칭을 딴 타타르 울루스(이심, 바라빈스크, 잘라이르)와 우고르 울루스(한티족의 코다 공국과 만시족의 펠림 공국)의 정치 연맹이 *시비르 칸국*으로 불리기 시작했다. 중부 아시아에서 돌아온 우즈베크 세이바니드인(1563~1582)은 또다시 시비르스키 유르트를 침략해 쿠춤 칸을 통치자로 세우고, 수도를 예전대로, 그러나 중부아시아의 도시 양식에 따라 건설된 이스케르(카실리크)로 정했다.

쿠춤 칸이 오면서 시베리아 타타르인 사이에 이슬람교 전파가 강화된다. 이슬람교는 금장 칸국 멸망 이후 14세기 말에 남쪽 지역에서 시베리아에 들어왔다. 특히 새로운 종교는 지배계급의 소유물이 되면서 토착 귀족들 사이에 수도의 지위가 확고해지고, 무슬만의 중심으로서 이스케르의 지위를 확고히 하는 기능도 있었다.

시베리아 울루스의 동부 지역에 있는 칸의 대리인(총독)들의 수도는 오미 강 왼쪽 연안에 있는 도시 *톤-투라*였다(*보즈네센스크 고도*).[28)] 카자크 군대 지휘관들, 현물세 징수원들, 군부대 등 이 지역을 통치하는 기구가 여기에 집중되어 있었다. 도시 영내에는 석조

---

27) Нестеров А. В. Дорусские государственные образования Урала и Западной Сибири // Памятники древней культуры Урала и Западней Сибири. – Екатеринбург: УИФ «Наука», 1993. – 238 с.

28) См.: Соболев В. И. Раннесредневековые города и татарское население Западной Сибири // Города и деревни Сибири досоветского периода в их взаимосвязи. – Новосибирск: Изд-во НГПИ, 1998. – С. 49-61.

건축물이 있었다. 시비르스키 유르트의 주요 도시인 이스케르, 침기-투라, 톤-투라는 서양(러시아와 유럽 국가들)과 동양(중국)과 중부아시아의 교차로의 중심이었다. 이 지역을 중부아시아 시장과 연결하는 주요 경제 교통로가 부하라인의 수중에 있었다.

12-14세기에 러시아인은 대부분의 동유럽과 서유럽의 도시들과 마찬가지로 목조로 된 시비르스키 유르트의 도시를 루시의 도시들과 같은 것으로 인식했다. 그러나 여기에는 중부 아시아에서 온 이주자들이 오래전부터 거주했고 이슬람교가 우세했기 때문에 이 도시는 동양문명과 유사성을 갖게 되었다. 도시에는 천정이 둥근 모스크, 미너렛(역자 주: 회교사원의 첨탑), 무술만 성인들의 묘가 있었다.[29)] 당시 발달된 도시건설의 중심지에서는 상당히 멀었지만 시비르스키 유르트의 도시들에는 기본적인 건축 구조물들이 있었다. 이러한 사실은 정치적 교체의 결과로서 생기는 문화 간의 상호작용으로 어느 정도 설명된다. 이스케르 고도의 고고학적 연구를 통해 시비르 칸국 수도의 번영과 부에 대해 알 수 있으며, 이 도시가 군사 요새 도시, 발달한 교역 관계와 종교적 생활을 가진 농경 정착지의 중심이었다고 판단할 수 있다.[30)]

---

29) Кызласов Л. Р. Письменные известия о древних городах Сибири. – М.: Изд-во МГУ, 1992. – 132 с.

30) Левашова В. П. О городищах Сибирского юрта // Советская археология. 1950. Т.13. – С. 341-350.; Соболев В. И. Раннесредневековые города и татарское население Западной Сибири // Города и деревни Сибири досоветского периода в их взаимосвязи. – Новосибирск: Изд-во НГПИ, 1988. – С. 49-61.; Белич И. В. Сибирь – Кашлык – Искер // Культурное население Азиатской России: Материалы I Сибиро-Уральского исторического конгресса (г. Тобольск, 25-27 ноября 1997 г.). – Тобольск: Изд-во ТГПИ, 1997. – С. 72-73.

이스케르 - 시비르 칸국의 수도

시비르 칸국의 옛 수도였던 이스케르는 서시베리아의 가장 전설적인 역사적 장소들 중의 하나이다. 이것은 토볼스크에서부터 구(舊) 옴스키 대로를 따라 17킬로미터 거리의 이르티시강 가파른 연안에 자리하고 있다. 17세기의 학자이자 외교관이었던 N. G. 스파파리이가 시베리아와 중국을 여행하며 쓴 일기에 이 유적에 대해 이렇게 쓰고 있다. "아발라크 마을에서 2 베르스타쯤 떨어진 멀지 않은 곳에 시비르카라는 이름을 가진 작은 강이 흐른다. 시비르 제국의 명칭도 이 강의 이름을 딴 것이기를, 그리고 예르마크가 시베리아에 왔을 당시 시비르 제국을 지배했던 쿠춤 황제의 텅빈 도시와 참호들이 강 가까이에 있기를 기대하고 있다. 그러나 오늘날에는 텅 비어있다. 토볼스크 타타르인만이 변질된 그들의 마호메트 신앙을 추억하기 위해 회교사원을 복구했으며 지금도 하고 있다."[31] 여행자의 엉성한 시선과 피상적인 글 뒤에는 위대한 두 문명의 대립과 중세시대 문화 발전의 완성 단계의 영웅적이고 드라마틱한 시베리아 문화사의 장들이 숨어있다.

이스케르라는 명칭은 시베리아 타타르족의 언어로 '*고대의 땅*'이란 뜻으로 이 도시가 없어진 후에 생겼다. 사실 이 명칭은 도시가 아니라 고도(古都), 즉 옛날에 도시가 있었던 자리를 가리킨다. 주민들 스스로 자신들의 도시를 '*높은 기슭*', '*위쪽의 도시*'라는 뜻의 *카실리크*라고 불렀다. 그런데 시비르 칸국의 원래의 수도 위치는 이탈리아의 피치가니 형제가 1367년에 제작한 지도에 'sebur'라는 명칭으로 표시되어 있었다. 그러나 1562년 영국인 A. 젠킨슨은

31) Спафарий Н. Г. Дорожный дневник путешествия через Сибирь от Тобольска до Нерчинска и границ Китая в 1675 году // Памятники Отечества. Альманах. № 57. Тобольская антология. Кн.2. – С.12.

그것을 'Siber'라고 표기했다. 몽골의 연대기와 13~15세기의 동양 작가들에게 주치 울루스의 북쪽 '최끝단'이 쉬비르(Shibir), 시비르-이-아비르(Sibir-i-Abyr), 시비르(Sibyr)라는 이름으로 알려져 있었다. 역사 연대기들 역시 마멧 칸이 시비리(Sibir')라는 이름을 가진 이르티시강 연안의 위구르족들의 오래된 요새화된 마을을 자신의 사령부로 만들고, 새 수도에 이미 알려진 지명에 따라 이름을 붙였다는 것을 증명해준다. 칸의 사령부를 의미하는 것으로 이 도시의 타타르 이름을 번역한 *시비리*는 타타르 울루스 연합과 이슬람 국가 동맹에 대한 쿠춤 칸의 정치적 야심을 구현하듯 좀 더 대표성 있게 '*너는 우두머리이며 최고이다*'를 의미했다.

고도 이스케르의 고고학적 발굴에서 이 장소에 이미 청동기 시대, 기원전 20세기 말~10세기 초에 사람이 거주했음을 보여주는 몇몇 문화층이 발견된다. 시비르 칸국과 그 수도의 이름, 그리고 더 나중에는 시베리아 지역 전체의 이름이 된 이 명칭은 이르티시강의 지류인 시비르카강과 여기에 살던 우그르 민족의 이름에서 기원되었다는 주장이 있다. 토볼스크현(縣)의 원주민 타타르인들은 이들을 시피리(사비리, 시비리)라고 불렀으며, 러시아인들에게는 이 민족이 전설적인 *추디*족으로 알려져 있었다. 이 민족에 대한 추억은 지역 이름에 대한 신화적인 이야기들 중 하나에 간직되어 있다. 그것에 따르면 '시비리'라는 지명의 기원은 타타르어 단어 시브('땅을 파라')와 *이르*('땅')의 결합이다. 타타르 전승에 따르면 시비리인들은 땅에 판 구덩이에 숨어서 자발적인 죽음을 맞이했다. 타타르인이 국가를 지배했던 시기에는 두꺼운 흙층이 덮인 지붕을 지지하는 기둥을 잘라서 흙에 묻혀 죽었다.

쿠춤 칸 시대에 이스케르는 시베리아의 행정 중심지, 무슬만 문화 유포 중심지로서의 지위를 얻게 된다. 이 시기 시비르 칸국의 영토는 이르티시강, 토볼강, 투라강 계곡까지 뻗어있었다. 북쪽으로는 이르티시강의 양쪽 강변을 따라 좁은 지대로 두르타스 강까지 뻗어있었고, 우랄산맥 넘어서는 러시아의 제염업 가문인 스트로가노프 일가의 땅과 접하고 있었으며, 남쪽으로는 바라바 초원에 이르렀다.

> 쿠춤 황제 혼자
> 시베리아 땅 전체를 차지하고 있다.
> 오비강, 이르티시강, 바가이강과 토볼강이
> 그 한 사람의 지배를 받고 있다.
> 그는 많은 이들에게 조공을 받지만,
> 그 자신은 누구에게도 바치지 않는다.
> 쿠춤 황제는 이스케르에 앉아
> 이른 아침부터 밤까지
> 칙령을 써서
> 우랄에서 알타이에 이르기까지
> 시베리아 땅 전역에
> 사방으로 명령을 보낸다.
>
> (표트르 예르쇼프 «수즈게»)

쿠춤 통치기는 시베리아에 이슬람이 유포되는 시기이다. 이스케르에 무슬만 사원이 생기고, 선교 활동을 하는 이슬람 성직자들이 이곳을 방문했다. 바로 이 시기에 시베리아 최초의 무슬만 선교사들의 업적에 대한 종교적 전설들이 탄생하고, 토착민 무슬만 성인들을 숭배하는 기반이 만들어지는데, 그중에는 시베리아 타타르족의 명문가의 대표, 원주민 용사, 서사시의 영웅들이 포함되었다. 이스케르 원근 지역에는 무술만의 성물(聖物)인 선교사의 묘가 60기 이상 있다.

이스케르 근처 사우스칸 네크로폴리스라 하는 칸릉(汗陵)이 위치하고 있다. 이 유적은 특히 유명한데, 무술만 사이에 성인, 세이이드(역자 주: 마호메트의 정통 직계)들과 호자(역자 주: 이슬람의 정신적 스승에 대한 칭호)들이 묻힌 장소로 여겨진다. 이들의 육신적, 정신적 계보는 선지자와 초대 칼리프들로부터 나왔다고 여겨진다. 타타르의 전승에 따르면 칸릉에 묻힌 선교사들은 1394-1395년에 부하라와 호레즘에서 시베리아에 왔다고 전해진다. 이들은 366명의 이슬람 성직자와 1,700명의 영웅(무사)들로 이루어진 중부아시아의 셰이반 칸의 무리와 함께 왔다. 이때부터 이르티시강 변 이스케르 옆에 부하라 거류지가 생겼다.

15세기에 부하라인의 시베리아 유입이 눈에 띄게 증가했다. 부하라인 사이에는 시베리아에서 활발한 캐러밴 무역을 하는 상인들이 적지 않았다. 이스케르는 교역로를 연결하는 중심지가 되었고, 여기에서 북쪽 민족들과 중앙아시아와 러시아 상인들 간의 물물교환 무역이 이루어졌다. 15세기 말 중앙아시아 상인, 수공업자, 성직자들이 시베리아의 상설 거주지에 정착하기 시작했다. 이들 중에는 우즈베크인과 타지크인도 적지 않았다. 그들은 시베리아 타타르 문화에 중앙아시아 민족들의 문화 요소를 대거 도입했다. 특히 흙벽집과 벽돌집이 부하라 문화에 기원을 두고 있다.

연대기에 따르면 쿠춤 칸은 1675년 예르마크가 이끄는 카자크 부대에게 패한 뒤 이스케르를 떠나 더 이상 돌아오지 않았다. 처음에는 예르마크의 호위대가 거기에서 겨울을 났지만, 두목이 죽은 뒤에는 쿠춤 칸의 장남 알레이가, 그다음에는 타이부가 가문의 세이다크가 칸의 사령부를 차지했다. 토볼스크가 건립된 후 시비르 칸국의 옛 수도로서 이스케르의 의미는 퇴색되었다. 타타르 주민이 이스케르를 최종적으로 떠난 것이 언제인지는 알려져 있지 않다. 그러나 스파파리이의 여행기를 비롯한 문헌 자료에 따르면, 1675년에도 아직 그곳에는 현지 주민이 드나드는 목조 이슬람 사원이 있었다. 이렇게 하여 세이댜크의 군대가 이스케르를 떠난 지 100년이 지나 시베리아 타타르인은 역사의 유물이 된 칸국의 수도에 예전처럼 경의를 표했다.

메세르슈미트, 밀러, 게오르기, 팔리크와 같은 저명한 학자들도 시베리아 여행 도중에 이스케르를 방문했다. 19세기 후반기 토볼스크의 화가이자 향토학자 미하일 즈나멘스키가 최초로 고분 발굴을 실시했다. 1915년 토볼스크 박물관 관리위원 바실리 피그나티의 지휘 아래 토볼스크 박물관의 직원들이 더 철저한 조사를 진행했다. 피그나티의 결론에 따르면, "이스케르는 군사 요새만이 아니었다. 그것은 직접적으로 인접한 거주지도 포함하고 있었으며 <...>, 무역 생활이 발달한 도시였다."[32)]

소비에트 시대에는 1938년에 옴스크 박물관에 의해 발굴이 진행되었고, 1968년에는 우랄의 고고학자들이, 1988-1993년에는 다시 토볼스크와 우랄의 학자들이 발굴을 계속했다. 토볼스크 역사·건축 박물관, 톰스크, 헬싱키, 피렌체 박물관의 전시회에서 시베리아의 마지막 중세 문명의 문화 유물들이 선을 보였다. 특히 관심을 끈 것은 지하 동굴에 숨겨진 채 이스케르에 남겨진 수많은 보물들에 대해 얘기하는 '쿠춤 칸의 황금 우물'에 대한 전설이었다. 이에 따르면 황금 마구를 채운 흑마가 이 동굴 입구를 지키고 있으며, 이곳에 들어가기 위해서는 암호를 알아야 한다. 쿠춤

32) Пигнатти В. Н. Искер // Ежегодник Тобольского музея. – Тобольск: Тип. Епархиального братства, 1915. Вып. 25. – С. 1-36.

칸의 보물은 아직까지 발견되지 않은 채 전설의 땅 시베리아가 수세기 동안 간직하고 있는 수많은 비밀 중의 하나로 남아있다.

***

모든 위대한 문명들의 역사적 경험은 오스발트 슈펭글러, 아놀드 토인비, 레프 구밀료프에 의해 밝혀진 법칙을 만들어 낸다. 고도로 발달한 사회의 최고 전성기는 쇠퇴와 퇴보로 대체된다. 뒤에 온 모든 문화는 앞의 문화를 적극적으로 지워버린다. 시비르스키 유르트에도 똑같은 운명이 닥쳐왔다. 옛 수도 침가-투라 자리에 1586년 우랄산맥 너머의 최초의 러시아 도시 튜멘이 세워졌다. 그리고 1587년에 이스케르에서 몇 베르스타 거리에 토볼스크가 건립되었다. 러시아 카자크인 도시건설자들이 토볼스크의 역사적·문명적 계승을 인식했다. 예컨대, 사바 예시포프의 연대기는 "시베리아의 옛 도읍 대신 새로운 도시 토볼스크가 연장자의 자리를 차지했다"고 말하고 있다. 러시아 시베리아의 첫 번째 수도에 대해 역사가 세르게이 바흐루신은 "당연히 토볼스크는 옛 타타르 수도의 수년간 쌓인 정치·행정 제도와 관계를 계승했다. 한때 시비르칸국의 일부였던 '무술만의 마을'과 과거 쿠춤의 신하였던 토착 귀족들의 '도시'가 행정 중심지로서의 토볼스크에 귀속되었다"고 썼다.[33)]

건립 시기로 볼 때 시베리아와 러시아의 중세시대 마지막 도시 중의 하나인 토볼스크는 시베리아 최초의 러시아 수도로서의 권위를 가지고 이 지역 역사의 새로운 시대의 장을 연다.

---

33) Бахрушин С. В. Научные труды. Т. III. Ч.1. – М., 1955. – С. 253.

S I B E R I A

3.4. 중세 시베리아의 예술 유산

3.4.1. 야쿠트족의 서사시 올롱호

L.V. 드미트리예바

사하 민족의 서사 전통 속의 올롱호

알려진 모든 구전 시문학 창작 장르들 중에서 민족 전체의 삶을 한 폭의 그림으로 담고 있는 역사·영웅 서사시가 특히 귀중하게 여겨진다. 알려진 바대로 서사시의 특징은 역사 문화적 정보성과 기능성을 가지며, 역사-문화적 사건과 사실들을 풍부하게 반영한다는 점이다.

야쿠트 민족의 구전 시가의 정수이자 가장 특징적인 음악적·시적 창작 양식은 영웅 이야기 올롱호이다. 이것은 유네스코의 세계 무형 문화유산으로 등재되어 있다. 올롱호는 야쿠트인의 영웅서사시 전체를 의미하기도 한다. 이야기 하나가 6행에서 20행, 때로는 3만~4만행에 이르기도 한다. 올롱호는 독자적인 야쿠트 문화의 열쇠이다. 시 구절 속에 고대 야쿠트인의 세계관이 전해지고, 그 속에 우주와 인간의 관계에 대한 관념이 묘사되어 있기 때문이다. 올롱호는 그 존재론적 총체 속에 사하 문화의 정신·세계관의 집합체를 반영하는 것이다.

야쿠트의 영웅서사시는 이야기의 줄거리에 따라 세 그룹으로 나뉜다. 첫째는 사하(야쿠트인)의 시조에 대한 이야기, 둘째는 부족의 수호자에 대한 이야기, 셋째는 지상 세계 거주지에 대한 이야기이다.[34] 야쿠트 서사시 최고의 걸작은 '크으스 데빌리예'(1941년 6~7월에 두스티 알단스크 지역의 소리꾼 부르나셰프의 이야기를 듣고 채록함)와 '강대한 에르 소고토흐'이다.[35]

서사시 속에 나타난 야쿠트인의 신화 세계

올롱호는 신화적 형상으로 가득하다. 모든 올롱호는 우주에 대한 기술로 시작된다. 예를 들면, 하늘은 장엄하고 다양한 수식어가 붙고, 비할 데 없는 아름다움은 정교한 무늬가 있는 고풍스러운 여성 예복 탄갈라이의 아름다움에 비유된다.

비밀스럽고 다가갈 수 없는
찬란한 흰 하늘이
사슴가죽으로 지은 탄갈라이처럼
위에서부터 드리우도록
넓어지고 늘어나도록
창조되어 있다.

('크으스(역자 주: '처녀') 데빌리예')

올롱호의 우주 창조관에는 '태초의 밝고 빛나는 하늘 아래' '태

34) Емельянов Н. В. Сюжеты ранних типов якутского олонхо. – М.: Наука, 1983.

35) Все цитаты далее приводятся по тексту издании: Якутский героический эпос «Кыыс Дэбилийэ». – Новосибирск: Наука, 1993; Могучий Эр Соготох. – Новосибирск: Наука, 1996.

초의 어머니 대지'의 형상이 나타난다.

... 한없이 많은 선물을 가진
무한히 광활한 곳을 가진
무한히 넓은 곳을 가진
화려한 옷차림을 한
고요하고 평온한 ...

('크으스 데빌리예')

땅의 창조에 관한 야쿠트 신화 중 하나에서는 창조자 유룽 아이으으 토욘이 땅을 매우 아름답고 평평하게 창조했다. 그러나 악한 영(靈) 아바아스가 땅을 짓밟고 손으로 할퀴기 시작했다. 그 흔적이 강, 호수, 산의 모습으로 남겨졌다.

야쿠트 신화에 따르면, 우주는 상계, 중간계, 하계의 세 개의 세계로 이루어져 있다. 이런 구분은 다음과 같은 전승에 기초를 두고 있다. 언젠가 가장 좋은 나라들을 차지하지 위해 세 부족연맹 유룽 아이으으 토욘, 울루우투야르 울루우 토욘, 아르산 두올라이 사이에 큰 전쟁이 일어났다. 길고 파괴적인 전쟁으로 인해 세계의 종말이 가까워졌다. 그러자 싸우던 부족들이 전투를 그치고 평화조약을 맺고, 우주를 세 개의 세계로 따로 나누어 각각 하나씩 차지하여 살기로 조약을 맺었다.

*상계*는 위아래로 놓인 몇 개의 층으로 이루어진다. 가장 높은 하늘은 신들의 우두머리이자 우주와 인간의 창조자인 유룽 아이으으 토욘의 종족이 사는 곳으로 여겨졌다. 그는 세 부류의 신들 - 평화의 재판관들 오둔 비이스, 불운의 신들 친기스 하안, 운명의 신들 지을가 토욘 - 의 도움을 받아 세 세계를 모두 다스렸다.

그 아래층들에는 *아이으으*(번역하면 '인간' 또는 '우리의 인간', 신화적 존재들 통칭)들이 산다. *하계*는 단층으로 되어 있으며, 여기에는 악을 행하는 하계의 *아바아스* 신들이 산다. 아르산 두올라이가 그들 중 최고 우두머리이다. 그러나 우주의 중심은 *중간계*로, 여기에는 *아이으으 아이마가*종족이 살고 있는데, 이 종족은 우랑카이 사하(역자 주: 우랑카이는 '용감한 무사'를 뜻하며, 우리말의 '오랑캐'와 어원이 같다. 원래는 '순록치기'를 뜻하며, 퉁구스어(에벤키어)에서 유래한다.)이다. 이 이름은 올롱호를 만들어낸 야쿠트인의 조상을 의미하기도 하고, 인류 전체를 의미하기도 한다.

성스러운 자작나무 형상

올롱호에서 성스러운 나무 *아알 쿠두크 (루우크) 마스*가 중요한 위치를 차지하는데, 이것은 중간계의 모든 성스러운 기원을 인격화하고 있다. 세계수(世界樹)의 신화적 원형에서 기원한 성스러운 나무 형상은 유라시아 신화의 가장 오래된 층에 해당된다. 유라시아에 살았던 거의 모든 고대 민족들의 신화와 서사시적 전통에 성스러운 나무 숭배에 대한 내용이 포함되어 있다. 나무의 뿌리는 땅속으로 뻗어가고, 가지는 하늘을 향한다. 그러므로 나무는 두 세계의 본질을 반영하는 것이며, '하부'와 '상부' 사이의 중재자이다. 고대의 전통문화들은 특정한 나무를 초자연적 존재들이 거주하는 장소로 숭배한다. 그뿐 아니라 나무는 더 넓은 의미로 세계의 중심축으로 여겨지며, 그것을 중심으로 주위에 신화적 우주가 무리지어 있다고 여긴다.

*여덟 가지가 달린 풍성한 성스러운 자작나무 아알 루우크 마스*는 *알라아스* 중앙에 자라고 있으며, 그 속에 태초의 대지의 여주인 *아이으으 알라흐슨 호툰*의 선한 영을 숨기고 있다. 알라아스는

야쿠티아 특유의 목초지이다. 야쿠트인은 알라아스를 생계수단으로 여긴다. 그들의 안녕은 초지의 작황에 달려있었다. 그뿐 아니라 알라아스는 야쿠트인이 태어나서 죽을 때까지 살아가는 '작은 고향'으로, 대대로 삶이 계속되는 곳이다. 올롱호 연구가들의 의견에 따르면,[36] 아마도 그렇기 때문에 '태초의 어머니 대지'의 시적 형상과 알라아스의 형상이 천혜의 중간 땅(세계)의 형상으로 통합된다.

가장 먼저 출판된 올롱호에는 성스러운 나무의 이름이 아아르마스로 전해진다. 이것은 숲에서 가장 높고 오래된 나무로 거대한 낙엽송이나 자작나무 모습으로 나타난다. 올롱호 시학의 발달과 함께 성스러운 나무의 형상은 복잡해지고 신화화되어 '땅의 시들지 않는 비옥함과 그곳에서의 영원한 번영의 상징'으로 바뀌었다. 사하 민족의 성스러운 자작나무 형상은 모든 신화에 공통적인 세계수의 원형에 전적으로 부합한다. 나무 꼭대기가 사람들을 보호해주는 선한 신 *아이으으*가 사는 상계로 뻗어있기 때문이다. 올롱호의 줄거리 중 하나에 용사 퇴뵈트 메니크의 늙은 아버지가 성스러운 나무 꼭대기에 올라가 아이으으에게 아이를 달라고 비는 내용이 있다.

동명의 야쿠트 서사시의 주인공 용사 에르 소고토흐는 가족이 없고 자신의 출생에 대해 알지 못한다. 그는 성스러운 나무에 사는 시비이르 나라의 여주인 영(靈)을 찾아가 자신이 신의 혈통이며, 우랑카이족의 시조가 되라는 고귀한 사명을 타고 태어났음을 알게 된다(이 서사시적 인물의 형상 속에는 민족의 시조(始祖), 문화적 영웅, 용사의 신화로서의 기능이 통합되어 있다). 아이으으 알라흐흔 하튼은 존경

36) Семенова Л. Н. Эпический мир олонхо. – СПб.: «Петербургское востоковедение», 2006. – 232 с.

받는 나이 든 여자의 모습을 하고 성스러운 자작나무에서 나타나 에르 소고토흐를 축복해준다.

올롱호에서 아이으으 알라흐촌 하툰이 용사의 땅을 지켜주고, 지혜로운 조언을 해주며, 원정을 떠나기 전에 그를 축복해주는 수호여신으로 나올 뿐만 아니라, 주인공에게 어머니를 대신하여 자신의 젖을 물리기도 한다. 이로 인해 그는 '상처를 입지 않는' 존재가 된다. 젖 혹은 전설의 *하얀 일게*(신의 습기, 신의 선물; 성스러운 나무 아알 쿠두크 마스가 발산하는 기적의 액체)는 용사에게 힘을 주고, 조국에 대한 사랑을 강하게 해준다. 진정한 서사시적 영웅으로서 그는 성스러운 자작나무에게 자신을 위해서만이 아니라 자신의 민족을 위해서도 '복'을 기원한다.

> 행복과 평안이
> 세세대대로
> 이어지게 하소서.
> 알라아스-할머니여
> 영원토록
> 성유를 뿜어내어
> 병든 자를 치료하고
> 불구자를 고쳐
> 두 발로 서게 하소서!
>
> ('에르 소고토흐')

나무 숭배와 관련된 상징이 원시시대 인간의 애니미즘적 종교관념과 자연 통합주의의 잔재를 반영한다는 것은 논란의 여지가 없다. 그 속에서 나무는 단순히 목재의 원천일 뿐 아니라 상계의 신들과 연결된 영들이 깃든 존재이기도 하다. 나무의 영(靈)이 모든 사람과 소통하는 것이 아니라, 자신의 민족에 문명을 보급하는 고귀한 사명을 타고 태어난 성스러운 사람들, 즉 샤먼, 문화 영웅, 용사들하고만 소통하는 것은 우연이 아니다.

올롱호에 나타난 사하 민족의 땅

야쿠트 올롱호의 주요 줄거리는 중간계에서 펼쳐진다. 중간계의 일부인 '*존경하는 나의 아버지 나라*' *시비이르*에는 사하의 전설적인 시조 이야기에 등장하는 태양의 사람들 *아이으으 아이마가* 종족의 수호령 *잇치*가 살고 있다.

따뜻한 마음을 가진
오직 자유만을 갈구하는
태양의 아이으으 종족.

('에르 소고토흐')

이처럼 신화 세계에는 사하 민족의 초상이 포함되어 있다.

유쾌한 기질에
눈이 맑은 선한 사람들이
태양의 땅 위에
자유로이 살았는데...

('에르 소고토흐')

서사시에서 사하 민족의 땅 중간계가 '태초의 어머니 대지' 전체와 동일시되는 것은 아니다. 민족의 거주지는 *서시비이르*로 구분된다. 아이으으 아이마가(사하) 민족이 사는 땅을 지역적으로 국한하는 것은 초기 민족의식의 발현이다.

이 고난 많은
외딴 중간 땅에 ...
세계의 절반을 차지하는
서시비이르 땅이 있다.

('크으스 데빌리예')

올롱호에서 '서시비이르' 땅은 시비리라는 이름의 영향으로 만들어졌다. 야쿠트어에서 *시르*('땅, 나라')의 동의어인 '시비이르'라는 단어는 현대의 지명과는 다르다. *시비이르*는 '광대한 나라, 우주, 세계'이다. 그러나 야쿠트 선조들이 자신들을 시비이르 나라 전체와 연관시킨 것은 아니다. 지구 창조 과정이 계속되고, '위대한 하늘' 아래, '우주의 반을 차지한' 서시비이르 땅에 아이으으 아이마가 부족이 직접 거주하는 또 하나의 땅이 구분된다.

여덟 모서리와 여덟 테두리를 가진
태초의 어머니 대지 위
[천혜의] 누런 침상 위에
어머니 대지의 절반을 차지하는
서시비이르라는 이름의
명성 높은 영광스러운 나라가
창조되었는데 ...

('크으스 데빌리예')

올롱호 연행자(演行者)는 태초의 땅이 '발전'하는 모습을 묘사한 다음 알라아스에 대한 묘사로 넘어간다. 이때 야쿠트인의 영토 측량에 중심주의 원칙이 눈에 띈다. '끝없이 멀리 사라져가는 위대한 알라아스, 나의 든든한 중심 땅'이 어머니 대지 '한복판에서' 창조된다.

그처럼 위대하고 뛰어난 대지 위에
그 암흑 위에
그 등줄기 한가운데
그 탯줄 중앙에
그 앞이마 한가운데 ...

('크으스 데빌리예')

야쿠트인은 '풍부한 천혜의 자원을 가진' 알라아스를 자신들의 생계수단으로 여기고, 그들의 안녕이 목초지의 작황에 달려있다고 생각했다. 그뿐 아니라 알라아스는 작은 고향이다. '영광스러운 태초의 나의 고향', 야쿠트인이 태어나서 죽을 때까지 살아가는 곳, 대대로 삶이 이어지는 곳, '불구자를 고치고, 죽은 자를 되살리는' 고향 땅이다. 그러므로 '태초의 어머니 대지'의 시적 형상과 알라아스의 형상이 천혜의 중간 땅(세계)이라는 하나의 형상으로 통합되는 것 같다. 신화적인 아이으으의 땅과 사하 민족이 사는 영토는 *시비리*라는 하나의 지명에서 만난다. 올롱호 '키이스 데빌리예'를 야쿠트어에서 러시아로 번역한 해설가들은 그 뜻을 '*광대한 나라, 우주, 세계*'로 번역하고 있다.[37]

37) Емельянов Н. В., Петров В. Т. Якутский героический эпос «Кыыс Дэбилийэ» // Якутский героический эпос «Кыыс Дэбилийэ». – Новосибирск: Нау

자신의 땅을 사랑하고 존경하며 숭배하는 인간은 이 광대하고 자유롭고 풍요로운 천혜의 나라를 존경심을 담아 우나아릇타 에베 호툰, 즉 주인 할머님이라고 부른다. 우가단(여자 샤먼)이 샤먼의식을 행할 때 더 높은 세계를 향해 사하 민족의 번영을 비는 주문을 외우는 것으로 우주 창조 과정을 마무리한다.

거대한 모닥불이 타오르고
구리 장식이 달린 말뚝이 일렬로 늘어서고
넓은 집이 세워지리라!
행운을 타고난
후손들이 번창하고
행복한 운명을 타고난
세대들이 많아지리라!
태어나는 아이들이 행복하리라!
우리에는 사육되는 가축이 많으리라!
미래에도
머나먼 미래에도
불행과
전쟁이 없으리라!
무한한 풍요와
끝없는 잔치가 있으리라!

('크으스 데빌리예')

여전사 크으스 데빌리예가 아바아스 부족을 태양의 사람들 사

ка, 1992. С. 9-25.

하민족의 땅에서 몰아낸 후, 그녀는 7인의 건축자들을 불러 높고 밝은 초지에 '미래의 세대들을 위하여 신비로운 집을 짓고, 청년들과 아가씨들을 위해 그 집 문을 활짝 열어 놓는다. 이렇게 하여 야쿠트인에게 가족과 결혼 제도가 생긴다.

수많은 복은 다
가정의 안락과 번영을 위한 것,
넓은 집에 주인을 맞이하는
축제일이 왔다네!

('크으스 데빌리에')

사하 민족의 서사시적 영웅

서사시 텍스트의 기본 줄거리를 이루는 것은 전체적으로 영웅 용사의 형상이다. 사건의 모든 실마리는 용사를 중심으로 뻗어 나간다. 등장인물들은 주인공과 만나면서 줄거리 구성 공간을 만든다. 이상화된 주인공의 형상은 민족의 가장 좋은 특징들을 모아놓은 것이며, 민족의식을 보유한 자이다.

야쿠트 영웅 에르 소고토흐의 이름은 '강대한'과 '고난 많은'이라는 수식어구와 함께 사용된다. 그가 자기 민족의 안녕을 지키는 수호자가 되기로 맹세하기 때문이다. 에르 소고토흐는 '부러지지 않는 뼈, 흐르지 않는 피, 끊어지지 않는 인대를 가져서' 상처를 입지 않는다. 용사의 모습이 인상적이다. 그의 외모는 껍질을 벗긴 나무줄기 같은 팔에, 여덟 발이나 되는 넓은 어깨를 하고 있다.

주인공의 주요 조력자는 말이다. 에르 소고토흐가 전통적인 북방의 사냥꾼처럼 회색 '퉁구스' 재래 썰매를 타고 다니는 것을 더 좋아하는 반면, 그의 아들 바심지는 이미 말을 타고 다닌다. 강대한 에르 소고토흐에게는 갈기가 길고 키가 큰 적갈색 말이 있다. 용사의 말은 결정적인 순간에 주인에게 야쿠트어로 말하며 민족의 전통을 존중하라고 가르친다.

> 너는 어머니 길의 넓은 문을
> 정말 활짝 열어놓으려 하고 있다.
> 태초의 어머니 대지에게
> 축복해 달라고 빌어라.
> 무한한 계곡의 정령들의
> 든든한 축복을 받아라.
>
> ('에르 소고토흐')

주인공은 용사로서 군인의 사명에 착수하기에 앞서 신들이 인간을 위해 창조한 세계를 정비하여 시설을 갖추며 세계를 문명의 유물로 가득 채우는 문화 영웅으로서의 기능을 한다. 에르 소고토흐는 돌도끼를 만들어 그것으로 숲을 베고, 집과 건물을 짓고, 불을 피우고, 활을 만들고, 나무와 자작나무 껍질로 그릇을 만들고, 마유주를 빚어 모든 야쿠트인을 *으스아흐* 축제(마유주 축제)에 부른다. 이 축제는 야쿠트 민족의 전통 축제가 되었다. 에르 소고토흐의 부탁으로 상계의 신들이 송아지와 망아지들을 내려준다. 이것은 사하의 뿔 있는 가축 떼와 말 떼의 기반이 되었다.

영웅의 업적은 아이으으-사하의 적 *아바아스* 종족을 완전히 섬멸하고 고향 땅 알라아스에 평화로운 삶이 도래하는 것으로 마무리된다. 에르 소고토흐는 많은 시련을 겪은 후 영웅적인 청혼으로 얻은 아내와 함께 자신의 나라로 돌아온다. 그와 그의 아내가 데려온 사람들은 사하 민족의 시조가 된다.

3.4.2. 부랴트족의 서사시 울리게르

L. V. 드미트리예바

부랴트족의 서사 창작 속의 울리게르

부랴트족 구전 시가의 정수는 영웅서사시 울리게르이다. 울리게르는 긴 민족 서사 운문(5행부터 12,000~13,000행까지)으로, 그 속에는 민족의 역사와 주변 부족과 민족과의 관계가 예술적으로 반영되어 있다. 울리게르는 역사적으로 오랜 기간에 걸쳐 만들어졌다. 서사의 소재는 끊임없이 늘어나고 새로워졌다. 지난 수 세기 동안 수백 편의 영웅 서사 이야기들이 창작되었다. 가장 널리 유포되고 잘 알려진 울리게르는 '아바이 게세르', '예렌세이', '알람지 메르겐', '하라스가이 메르겐', '아이두라이 메르겐', '알탄 샤가이', '사가다이 메르겐과 노고도이 세센'이다. 이들 대부분은 서부랴트족의 영웅서사시이다(이 울리게르들은 쿠디나 계곡과 레나강 상류 지역과 이르쿠츠크주의 에히리트 불라가트, 바얀다이, 카추그 지방에서 기록되었다).

울리게르는 국가가 발달하기 이전의 시대적 특징들을 보여준다. 외부의 적들로부터 부족을 지키는 일, 불가항력적인 자연의 힘과의 투쟁, 영웅적인 청혼과 같은 모티브들이 깊이 연구되었다.[38] 울리게르의 등장인물 중에는 동물의 모습을 한 수형신(獸形神)이 많고, 변신과 애니미즘 요소가 매우 발달해있다. 부랴트족의 서사 작품의 줄거리에는 모든 몽골 민족들(칼카스족, 오이라트족, 칼미

38) Неклюдов С. Ю. Героический эпос монгольских народов. Устные и литературные традиции / С. Ю. Неклюдов. – М., 1984; Тулохонов М. Основные итоги изучения улигеров / М. Тулохонов // Гэсэриада – духовное наследие народов Центральной Азии: Материалы междунар. науч. конф. – Улан-Удэ, 1995. – С. 36-43; Уланов А. И. Бурятский героический эпос / А. И. Уланов; АН СССР, Сиб. отд-ние, Бурят. комплекс. науч. исслед. ин-т. – Улан-Удэ: Бурят.-Монг. кн. изд.-во, 1963. – 220 с.

크족 등)은 말할 것도 없고, 사얀 알타이 민족들(하카스족, 알타이족, 쇼르족, 투바족)의 서사시에 공통적인 모티브들이 보인다. 용사의 형상과 행위의 영웅성을 기술하는 것에서도 유사성이 느껴진다.

얼마 전까지만 해도 울리게르가 부랴트공화국 전역의 부랴트인 사이에 널리 퍼져 있었다. 현대에는 구전 서사 작품의 전통이 눈에 띄게 약해졌다. 25년 전만 해도 울리게르 소리꾼을 어느 지역에서나 만날 수 있었지만, 지금은 그러한 구전 서사시 이야기 명인, 특히 울리게르 줄거리를 처음부터 끝까지 재현할 수 있는 울리게르 연행자를 만나는 일은 드물다. 울리게르 연행자들은 소리꾼으로서의 현장경험으로 부랴트족의 서사 전통의 명맥을 이어오며, 각자 자신의 창작 능력에 맞게 발전시키고 확충시켜왔다. 부랴트의 영웅서사시는 언제나 평민계층에 살아 있었고, 소리꾼도 언제나 평민 출신이었다. 그들은 우연히 이런저런 상황 덕분에 때로는 거대한 이 서사시를 배워 평범한 대중을 위해 연행한 사람들이었다. 소리꾼들은 평범한 농민의 삶을 살았다. 자기 농장을 갖고 목축업이나 농업 또는 수렵에 종사했다.[39)]

울리게르를 연행하는 일은 쉽지 않은 일로 여겨졌다. 연행하는 목적도 오락에만 있는 것은 아니었다. 일반적으로 울리게르 연행은 어떤 사회적 사건에 맞추어졌다. 울리게르는 다양한 복을 받기 위해서, 예를 들면, 병자가 치유되고, 장님이 앞을 보게 되고, 장사와 사냥이 잘 되도록 축원한다(이야기된다). 보통 울리게르는 가을과 겨울 저녁에 같은 지역민들 사이에서 연행되었다. 청중들은 울리게르를 민족의 과거 역사에 대한 추억으로 받아들였다. 울리게르는 심오하고 진지하게 인식되고, '정화' 작용을 했다.

---

39) Шерхунаев Р. А. Певцов благородное племя / Р. А. Шерхунаев. – Иркутск: Вост.-Сиб. кн. изд-во, 1978. – 264 с.

성스러운 낙엽송 형상

민중이 사랑하고 숭배하는 성스러운 나무는 서사시의 '낯익은' 등장인물인 용사와 함께 나타난다. '*치유력이 있는 붉은 낙엽송*'은 알람지 메르겐이 처음으로 빛을 본 바로 그 자리에 나타난다. 그는 꽃이 만발한 아름답고 푸른 부랴트족 땅의 주인으로, 부모가 누구인지 모른다. 낙엽송은 용사가 태어남과 동시에 자라난다.

강대한 다섯 산
... 기슭 옆에,
차가운 타이가의 샘 ...
... 샘 옆에
거대한 검은 산 가까이 ...
큰 바닷물 기슭에.[40)]

묘사된 자연경관을 사얀 알타이산맥과 바이칼호수와 연관시키는 데에 대단한 노력이 필요치 않다.

일반적으로 세계수(世界樹)는 세계 창조가 시작되는 바로 그곳에서 자란다는 것을 기억하자. 세계수는 독특한 '좌표 체계'를 설정한다. 이에 따르면 우주가 수직과 수평으로 공간을 구축하면서 만들어진다. 울리게르의 묘사로 볼 때 이것은 평범한 낙엽송이 아니다.

북쪽에서
황금 잎이 돋아나고,
남쪽에서

---

40) Здесь и далее цитаты приводятся по тексту издания: Бурятский героичес кий эпос. – Новосибирск: Наука, 1991.

은 잎이 돋아났다.

부랴트족의 오랜 관념에 따르면 금과 은은 신비한 속성을 갖는다. 울리게르에서는 이 재료들로 만들어진 물건은 가장 아름답고 단단한 것으로 나타난다. 금은 태양, 천상의 빛, 완전무결을 형상화한 것이며, 땅 자체의 힘을 구체화한 것이다. 은은 달의 근원, 보호와 연관지어진다.

서사시의 문화영웅으로서 메르겐의 '유익한' 행동들 중 하나는 통행이 불가능한 시베리아의 타이가에 길을 놓는 것이다. 길은 문명, 교역로(대 실크로드), 민족들 간의 문화적 상호작용의 상징이다. 용사는 낙엽송의 도움을 받아 '짐마차도 지나갈 수 있고, 낙타도 지나갈 수 있는 칸의 대로'를 건설한다.

타이가에서 자란
강하고 굵은 낙엽송을
뿌리째 뽑아
뿌리에서 흙을 털어내고
가지에서 잎사귀를 털어내고
말에 매었다. ...
그는 쓰러진 나무들을 전부
거둬들이기 시작했다.

길이 놓이자 용사는 감사와 존경을 표하며 낙엽송을 땅에 돌려놓았다.

알람지 메르겐이

강하고 아름다운 낙엽송을
황갈색 말 꼬리에서 풀어
전보다 더 잘
자랄 수 있도록
전보다 더 아름답게
꽃피울 수 있도록
심었다.

'손주들과 증손주들이 이 평탄한 길을 따라 다니게 될 것'이라는 역사적인 문화 행위를 영원히 기리기 위해 그는 나무 옆에 정령들에게 제물을 바칠 사원 *바리사*를 짓는다.

'대지의 성스러운 바리사가
여기에 있으리라!'는 말과 함께
그는 독한 담배를
하얀 은으로 만든 담뱃대에
가득 채워
때로는 들어 올리고, 때로는 내리며
그렇게 예물을 바치며
피우기 시작했다.

부랴트족의 전통 신앙에 따르면 바리사는 보통 숲속, 바닷가, 부락 끝에 위치했다. 성스러운 장소를 지나는 나그네들이 머물러 해당 지역의 주인영(靈) *에진*에게 제물을 바친다. 번역자들의 생각으로는,[41] 울리게르에서는 담배를 피우는 것이 종교의식의 성격을 갖는다. 여기에서는 알람지 메르겐이 담배를 예물로 바친다. 어렵지 않게 추측할 수 있듯이, 앞에서 살펴본 수메르와 야쿠트의 줄거리와 유사하게, 그는 바리사의 영에게 제사를 바치며 성스러운 *붉은 낙엽송* 안에 머무른다. 종교의식 과정에서 담뱃대를 사용하는 불가사의한 움직임은 용사가 하늘과 땅과 소통하는 의식의 일부이다. 그 덕분에 성스러운 낙엽송의 형상은 신화의 세계들을 연결해주고 지탱해주는 수직선, 지주로서의 세계수 신화소(神話素)로까지 확장되어 해석된다.

살펴본 부랴트 울리게르의 예는 인간계 및 인간에 의해 창조된 문화와 자연계 사이의 다면적인 관계를 보여준다. 부랴트족의 성스러운 나무는 한편으로는 실제적이고 구체화되어서(낙엽송) 전통적인 물질·생활 문화의 세계와 연결되고, 또 한편으로는 우주적인 상징, 세계수 단계까지 높아진다.

울리게르의 시학과 지명에 나타난 부랴트족의 땅

민족적, 지역적 자의식의 중요한 요소는 특정 영토에 대한 소속감이다. 부랴트의 서사시에는 자신들의 땅을 찬양하는 화려한 시적 형상들이 풍부하다. 부랴트의 울리게르에는 '고향', '타향' 같은 민족의 토대가 되는 개념들에 대한 표지가 화려한 시적 관용어구로 표현된다. 예를 들면, '*향기를 풍기는 우리 땅, 추운 타인의 땅*' 같은 것이다. 울리게르 연행자는 '자신의' 땅을 표현하는 데에 다채로운 수식어를 아끼지 않는다. 부랴트족의 고향은 '*동쪽 끝, 따뜻한, 천혜의 나라*', '*풍요로운, 드넓은, 자유로운 나라*', '*치유력이 있*

41) Тулохонов М. И. «Бурятский героический эпос «Аламжи Мэргэн»» // Бурятский героический эпос. – Новосибирск: Наука, 1991. – С. 10-37.

*는, 먹여주는, 치료하는 나라', '꽃피는, 매우 아름다운 나라'*이다.

서사시에는 신화적인 지명과 구체적인 지리적 지명이 풍부하다. 신화적 지명 중에 특히 *수메르*(수메루) 산은 특별한 곳으로, 모든 몽골 민족들의 서사시에 잘 알려져 있는 강력한 천신들과 영웅들이 이 산 주위에 산다. 이와 관련해 *시비리*라는 용어의 기원에 대한 학설 중의 하나는 이 용어가 고대 튀르크어의 *수브-예르*('물-땅')에서 파생된 것으로, 후에 이 단어의 의미가 '살기에 적당한 땅'이라는 의미로 구체화되었다고 본다.[42)]

역사적으로 부랴트 땅은 영웅들이 사냥을 하고 그들의 말이 풀을 뜯는다는 알타이산맥과 후헤예산맥 정상 근처로 윤곽이 잡힌다. 이것은 용사와 그의 동족들이 유목을 하는 중심지로, 이 장소들 주위에서 사건이 전개된다. 용사가 얼마나 먼 여행을 하든지간에 그는 늘 자기 유목지로 돌아온다. 부랴트 서사시에서 그 밖의 자연적인 대상 중에는 바이칼, 바이칼의 딸 안가라, 레나가 언급된다. 서사시는 이들의 기원에 대해 원인설화를 얘기해 준다. 예를 들면, 용사 알람지의 말이 자기 주인을 잃고 울었는데, '오른쪽 눈에서 바이칼 바다가 흘러나오고, 왼쪽 눈에서는 레나강이 흘러나왔다'는 것이다.

울리게르의 서사시적 영웅의 형상

울리게르의 모든 내용은 큰 사건들, 강한 열정과 고귀한 업적들에 관한 것들이다. 부랴트 서사시의 결정적인 모티브가 되는 것은 용사의 사명과 삶의 의미를 영웅화하는 것이다.

부랴트 용사 알람지의 이름은 '메르겐'과 '후분'이라는 두 개의

---

42) Сулейменов О. Аз и Я. – Алма-Ата: Жазушы, 1991. – 276 с.

수식어와 함께 사용되는데, *메르겐*은 '*백발백중의 화살*'을, *후분*은 '*강대한, 영광스러운*'을 뜻한다. 알람지는 종족을 통합하는 군사 지도자이다. 서사시적 영웅과 그에 대한 관형사는 고귀한 혈통의 진귀한 속성을 표현한다. '남편이 아니라 보배', '삽 같은 이빨을 가진', '둥글고 살찐 얼굴을 가진' 등의 관형사를 예로 들 수 있다. 또한 그는 수많은 창문이 있는 하늘까지 올라가는 궁전을 지었고, 진귀한 무기(부하라족의 활, 한가이족의 화살)를 가졌다. 용사를 묘사하는데 사용되는 과장법은 용사의 모습에 서사시적인 규모를 부여하고 그의 특별한 사명을 지시해준다.

용사 알람지는 '주인 없던 땅의 주인으로 태어나서', 곧바로 문명을 일구는 문화영웅으로서의 활발한 활동을 시작한다.

그는 숲으로 가서
나무를 베어
높이 쌓기 시작했다.
나무뿌리를 베어내고
나뭇가지 꼭대기를 잘라내며
... 나무를 모았다.
큰 무더기가 쌓이도록 벌목하여
... 드넓고 밝은 땅에
... 그는 능숙한 손으로
높고 아름다운 궁전을 지었다.

서사시의 영웅은 자신을 동족 집단의 유기적 일부이자 세대와 세대를 잇는 끊을 수 없는 사슬의 연결고리로 생각한다. 부랴트의 영웅 알람지 메르겐은 "고기에서 고기가 생기고 국에서 국이 생긴다"고 말한다. 서사시 해설가들은 이 관용적 표현의 의미를 "모든 인간은 자신의 조상이 있고, 모든 인간은 자신의 후손을 갖게 될 것이다"로 번역한다.[43] 민족의 기원에 대한 부랴트 신화·영웅 버전이 있는데, 태양 숭배와 관련이 있다. 알람지 메르겐은 '평화를 사랑하는 백성들의 왕, 북쪽 나라에 사는 백성들의 왕'이 되기 위해 태어났고, 그의 궁전은 *에세게 마알란*(밝고 노란 빛나는 태양)이었다. 부랴트족의 신화 관념에 따르면 에세게 마알란은 영원한 푸른 하늘의 아들로 모든 부랴트 사람들에게 생명을 주고 영원한 푸른 하늘의 의지를 표현한다.

정해진 운명대로 용사는 부랴트의 지도자로서 고향 땅에 대한 자신의 의무를 자각한다. 이것은 "남자는 생각한 것을 이루고, 여자는 마름질한 것을 꿰맨다"는 관용어구로 표현된다. 심지어 영웅의 결혼조차도 개인적인 일대기가 아니라, 종족 전체의 이해관계와 관련된 큰 사회적 사건이다. 그러므로 수호무사가 되기 이전에 알람지는 문화영웅의 기능을 수행한다. 그는 궁전과 사원과 시장이 있는 도시를 건설하고, 타이가에 길을 놓고, 거대한 가축 떼와 말 떼를 기른다.

또한 알람지는 적대적인 세력들에 대항하는 사명을 수행하며 항상 초대받지 않은 타인을 자신의 땅 영역 밖에서 만나려고 한다. 그는 적들에게 상처를 입지 않는다. 그러나 그를 특별하게 만드는 특징은 이것이 아니다. 적들은 어마어마한 힘과 거대한 키와 생존능력을 지녔지만, 정신적 본질에 있어서는 더 원시적이다.

튀르크·몽골 민족들의 서사시에서 용사의 형상은 전투마와 불가분의 관계에 있다. 주인공은 자신의 사명을 수행하며 거의 늘

43) Бурятские героические эпос. Комментарии к русскому переводу. 1991. – С. 297.

말을 타고 생활하며 여행길에 있다. 말은 영웅의 주요 조력자이다. 알람지의 말은 평상시에는 알타이와 후헤예산맥에서 야생사슴과 함께 풀을 뜯는다. 그러나 필요한 순간에는 언제나 주인과 함께 한다. 그 말은 발이 빠르고 강인할 뿐 아니라 지혜가 있고 인간의 말을 하기도 한다. 알람지 메르겐의 황갈색 말은 알림지를 해치려는 악한 음모를 미리 경고해준다. 알람지의 건장한 황갈색 말의 형상은 튀르크·몽골 민족들의 전통적 관념을 통해 예술적으로 해석된다. 사육, 산지 방목장의 수없이 많은 말과 가축 떼, 가축 돌보기와 같은 목축 모티브는 울리게르에서도 올롱호에서도 특징적인 주제이다.

울리게르의 줄거리 '코드'는 일련의 예술적 형상들과 세부사항들을 통해 민족의 지역적, 민족적 자의식의 토대를 이루는 근본적인 특성을 드러낸다. 위에서 살펴본 서사 텍스트의 줄거리·의미 조각들에 따르면, 영토적·지역적 총체로서의 시베리아의 전통 민족의 형상은 통합된 튀르크·몽골 초민족(超民族)의 일원으로 재정립될 수 있으며, 민족문화의 독자성은 부랴트족의 자의식의 표현으로 재정립될 수 있다.

3.4.3. 알타이족의 신화와 서사시

I. A. 제르노센코, L. V. 드미트리예바

중세 시베리아의 유목 민족들, 특히 고대 튀르크족의 민족문화 공통의 문화적 유산은 독특한 물질적, 정신적 유물을 포함하고 있다. 칸국 시대의 영웅서사시와 룬 문자 텍스트, 생활양식, 장례·추도 의식, 건축 유물, 기념비적인 조각품이 여기에 포함된다. 이 모두는 시베리아 토착 민족들의 사고방식 형성의 특수성을 연구하는데 훌륭한 재료가 된다. 유목민들의 예술 문화 현상이 전례 없이 급격히 분출된 것은 젊은 초민족(超民族)의 열정이 폭발적으로 분출된 결과였다. 그러나 이 모든 현상은 '*텡그리즘*'으로 정의되는 종교·철학 체계의 결정화(結晶化)를 통해 나타난 튀르크인들의 근본적인 자의식 개조가 없었다면 불가능했을 것이다.[44] 고대 튀르크인의 이러한 철학적 패러다임의 토대를 형성하는 것은 우주발생 신화이다. 여기에는 신들의 계보, 세계질서 모델, 우주와 인간의 존재 법칙이 포함된다.

고대 튀르크인이 몽골의 오르혼강변에 남겨놓은 초기 룬 비문에서 텡그리(하늘), 이예르-수(땅-물), 우마이(가정과 출산의 수호여신)와 같은 신들이 언급된다. 푸른 하늘 천신 **텡그리 숭배**에 특히 주목해야 한다. 이것은 의인화되지 않은 고도로 추상적인 힘으로, 만들 수도 없고 없앨 수도 없는 힘이다. 이러한 부류는 발달된 종교 체계의 기저에 있는 모든 밀교(密敎)에서 찾아볼 수 있다. 고대 이집트의 슈, 고대인도의 브라흐만, 고대중국의 상제, 고대유대인의

---

44) Шарипов Р. Г. Менталитет древних тюрков. Философско-мировозренческий анализ // Автореферат диссертации на соискание ученой степени кандидата филос. наук. – Уфа, 1999. – С. 10.

엘로힘, 고대슬라브족의 스바로크 등을 예로 들 수 있다. 텡그리는 인간과 민족과 국가의 운명을 관장한다.

이미 튀르크 시대 이전에 발생한 텡그리 숭배는 중세 튀르크와 몽골에도(몬헤 텡그리 '영원한 하늘') 변함없는 모습으로 나타난다. 은혜롭고 전지적이고 공정한 유일 천신의 형상은 하카스족과 몽골족에게 가장 잘 보존되었다. 그러나 시간이 갈수록 텡그리의 지위는 낮아졌다. 가장 후기의 전승들에서 '텡그리'라는 이름이 때로는 최고 천신에 대해 쓰이기도 하지만, 그러나 이제는 이미 인격화된 개념이다. 불교, 마니교, 이슬람교 텍스트에서는 이 이름이 신 전체를 의미하는 경우가 더 많다. 최초의 일신교 사상이 다신교 체제로 분열되면서 '텡그리'라는 용어는 천신계급을 의미하는 것으로 고착된다. 튀르크족과, 특히 몽골족의 샤먼 신화에서 최고신의 자리는 이미 다른 인물(울겐, 호르무스타)이 차지한다.

튀르크 칸국의 전성기(6~8세기)에는 우주를 통치하는 최고의 3신은 텡그리, 에를리크, 이예르-수이다. *텡그리*는 비인격체 최고천신으로 그 어떤 도상적 특징도 갖지 않는다. '백'샤먼, 즉 '무복(巫服)이 없는 샤먼'만이 텡그리에게 샤먼의식을 행할 수 있었다. 보통 산꼭대기에서 텡그리에게 제물을 바치고 제물로는 밝은 회색 말을 바친다.

텡그리에 대립되는 신은 지하계의 신 *에를리크*이다. 에를리크에게는 '흑'샤먼, 즉 '무복이 있는 샤먼'이 반드시 무복을 입고 샤먼북을 치면서 샤먼의식을 행했다. 제물로는 검은 말이나 검은 양을 바쳤다. *이예르-수*(지예르-숩)는 눈 덮인 높은 알타이 산꼭대기에 사는 최고 지신(地神)이다(그의 이름은 '대지-물'로 번역된다). 이예르-수를 위해 샤먼은 저녁에 무복을 입고 샤먼 북을 치면서 샤먼의식을 시작한다. 다음 날 아침, 제물을 가져오면 입고 있던 무복을 옷자락이 긴 가운으로 바꿔 입고 부엉이 깃털 묶음과 등 뒤로 내려오는 길고 흰 끈 세 개가 달려있는 모자로 바꿔 쓰고, 호수나 강가 혹은 강의 수원지 옆에서 이예르-수에게 밤색 말을 제물로 바쳤다.

이처럼 우상숭배의 구조에도, 신의 속성에도, 종교의식 소품에도 삼원적 상징이 분명히 드러난다. 이후 튀르크 칸국이 붕괴한 이후 그 전통을 이어받은 민족들은 '삼원소' 개념을 신성한 것으로 계속 진화시킨다. 이것은 우주를 서로 나눠가진 세 형제 신이 된다. 최고 천신은 조물주 울겐이다. 그는 엿새 만에 우주를 창조하고 일곱 번째 날에 쉰다. 그의 다른 이름은 우츠-쿠르부스탄('삼위 쿠르부스탄', 삼위일체 천신)이다. 가운데 형제 지아이아츠는 땅의 수호신이자 인간의 창조자이다. 그리고 막내 에를리크는 지하 왕국의 지배자로, 지아이아츠의 경쟁자이기도 하고 동시에 조력자이기도 하다.

알타이의 도상학에서는 최고 천신의 형상이 거의 그려지지 않는다. 알려진 것은 샤먼의 북에 그려진 약간의 모습뿐이다. 그리고 몇몇 암각화에 머리 대신 태양이 달린 인간의 모습을 한 존재가 묘사되어 있다. 지아이아츠의 모습은 매우 창백하고 무표정하다. 그는 형태가 매우 똑바른 땅과 유익한 동물들만 창조하고 인간을 만들었지만, 인간에게 영혼을 불어넣지는 못했다. 대신 에를리크의 초상은 매우 세밀하고 감정이 풍부하게 그려진다. 그는 '건장한 체구에 검댕처럼 검은 눈과 눈썹을 가진 노인'이다.[45] 에를리크가 세계창조 과정에 개입한 덕분에 세계는 위-아래, 선-악, 낮-밤 등과 같은 양면성을 얻게 된다. 바로 에를리크가 인간에게 생명을 불어넣고, 세계에 산, 강, 호수, 늪으로 다양하게 변화를 준다. 또한 사실상 튀르크족의 문화영웅으로 사람들에게 제철 기술

45) Сагалаев А. М. Алтай в зеркале мифа. – Новосибирск, 1992. – С. 17.

과 음악과 무속을 가르친다. 지하계의 지배자 형상은 다른 많은 신화적 존재와는 달리 호감을 불러일으킨다. 그가 '흑'신앙, 즉 샤머니즘에 더할 나위 없이 실질적이기 때문이다. 천신 울겐은 멀리 있다. 하늘의 신들은 인간의 운명에 무관심하다. 반면 에를리크는 항상 옆에, 발밑에 있으며, 인간의 명맥을 바로 손안에 쥐고 있다. 그러므로 샤먼은 샤먼의식을 행할 때 주로 하계를 여행한다.

자연의 힘에 정신력을 부여하는 무속 관념 특유의 영성화(靈性化)는 튀르크 제국 형성기의 보편적인 신화 구조인 **삼원적 우주**에 국한된다. 여기에는 밝은 천신들과 지하의 악령들, 그리고 인간이 사는 중간계를 수호하는 신들과 영들이 있다. 우주의 삼원 구조 자체는 세계의 축(軸)에 그대로 유지되는데, 세계수(世界樹)와 세계산이 그 역할을 한다.

샤머니즘 특유의 자연현상 영성화는 특히 산과 물(백수 - 산에서 흘러내려 오는 천상의 물, 흑수 - 땅 밑에서 솟아나는 샘) 숭배로 나타난다. 알타이산맥 최고봉 벨루하는 알타이의 수호령 알타이-에에지가 머무는 장소로 여겨진다. 알타이-에에지는 '성스러운 산 악-슈묘르('흰 슈묘르') 위에, 세 개의 흰 봉우리가 있는 가장 높은 산 위에' 산다.[46] 서사이야기 '마아다이-카라'에서는 성스러운 산이 '슈메르-울'이라 불린다. 인도, 중국, 몽골 불교에서는 북쪽에 있는 흰 산이란 뜻의 메루 또는 수메루가 언급되는데, 많은 연구자들은 이것을 벨루하와 연관시킨다.

고대 알타이인의 신화 관념에서 특별한 위치를 차지하는 것은 영웅서사시로, 이것은 그 자체로 특별한 형태의 유목민 신화이다. 연구자들(N. A. 바스카코프, L. N. 구밀료프, S. S. 수라자코프 등)은 알타

46) Там же. – С. 62.

이 서사이야기를 오르혼-슈니세이 비문과 비교할 때, 튀르크 칸국 시대에 성숙된 양식, 구조, 안정적인 신화소를 갖는 발달된 서사시가 이미 존재했다는 결론에 도달했다. 연구자들은 서사이야기를 알타이족의 역사 발전 단계에 따라 세 가지 유형으로 구분한다. 이 세 단계는 가부장적 씨족구조, 군사 민주주의 시대, 가부장적 씨족 관계 발전기에 해당한다. 각 단계의 사회문화는 사람들의 인식 속에 특별한 세계관을 형성하고, 이것은 고유의 예술 형태에 반영된다.[47]

예를 들면, 고대의 '사냥꾼' 서사시는 인간에게 적대적인 자연현상과 인간의 투쟁을 반영한다. 신화적 인식 속에서는 인간에게 적대적인 자연현상이 괴물이나 지하에 사는 존재의 모습으로 나타난다. 서사시의 주인공은 사냥꾼이며 전사이다. 가모장제가 가부장제로 바뀌는 시대의 사회적 모순이 이야기의 밑바탕에 놓여있다. 여성 등장인물이 표독스러운 성격이나 기형 등의 파괴적인 특징들을 갖는 경우가 적지 않다. 그러나 그들의 성격에는 격세유전적으로 원시적인 수호여신, 보호여신, 종족의 시조여신 숭배 요소들이 보인다. 사냥꾼 서사시에는 형상의 과장과 우주화가 특징적인데, 이것은 신화적 체계로서의 유목민 서사시가 형성되는 초기 단계에 우주생성 신화가 없었기 때문이다. 이 시기에 가장 잘 알려진 이야기는 '알타이-부우차이'이다.

제2기 알타이 서사시 형성 단계는 알타이 지방의 고대 튀르크족 씨족 통합 과정에 해당한다(6~8세기). 이 시기는 튀르크 서사시의 황금기이다. 복잡한 구성의 긴 서사 작품들이 만들어진다. 아버지-아들-손자로 이어지는(이것은 씨족 서사시에도 특징적이다) 주요

47) Алтайские героические сказания. М., 1983. – С. 3.

등장인물들뿐 아니라, 방계혈족 인물들도 주인공이 되고, 이야기는 역사적 사실에 가까워진다. 구조와 구성, 주제, 신화적 사유의 발달 단계로 볼 때, 이 시기의 튀르크 서사시가 '일리아드'나 '오디세이'에 비견될 수 있는 근거가 충분하다. 서사 이야기 속의 영웅의 형상 외에도 이념적 클리셰 기능을 수행하는 특유의 통치자 유형, 즉 아버지의 마음으로 민족의 복을 도모하는 선하고 근면한 카안(kaan) 형상이 만들어진다. 이 시기의 전형적인 작품으로 '마아다이 카라', '오츠 발라'가 있다. 알타이 예술이론가이며 철학자인 미하일 시신의 표현에 따르면, 이것은 티벳, 중국, 인도의 가르침과 비슷한 원숙한 정신적·철학적 우주생성론을 포함하는 알타이인의 '비밀 교리'이다.

제3기의 서사시는 형식과 내용이 변한다. 중세 후기, 준가르(오이라트)의 지배와 알타이족의 반봉건 투쟁 시기의 사건들이 반영된다. 주요 등장인물의 형상적 특징이 변화한다. 카안은 압제 계급을 대표한다. 빈민 주인공은 이제 힘이 센 경쟁자가 아니라 부유한 구혼 경쟁자와 투쟁한다. 제3기의 고전적 전형은 서사시 '코구테이'다.

바로 이 시기에 흰 부르한의 전령 용사 오이로트에 관한 서사시가 나왔다. 이것은 20세기 초 '부르한이즘'(burxanizm)이라는 이름의 종교적·정치적 운동으로 나타났는데, 여전히 강한 샤머니즘적 신앙과 일신 숭배와 비슷한 종교의식에 반대하는 움직임이었다. 그 속에는 튀르크 영웅서사시의 전형적 특징뿐 아니라 몽골에서 알타이 지방으로 들어온 불교의 영향도 발견된다. 흰 부르한은 샤머니즘의 흑신(黑神)들에 대립되는 백신(白神), 즉 흰 부처이다.

1897년에 남부 알타이족 옆에 오이라트 부족이 살았다는 사실이 밝혀졌다. 구밀료프는 자신의 책에 18세기에도 여전히 강력했던 오이라트 부족연합에 대해 쓰고 있다. 이들은 과거에도 그런 것처럼 흉노족, 튀르크족, 위구르족 덕분에 중국의 북방침략을 막아냈다.[48] 오이라트족은 몽골족이 동몽골과 서몽골로 나누어진 14세기 초부터 청 왕조의 만주-중국 군대가 이 서사시를 없앤 1758년에 이르기까지 준가리아에 거주한 가장 호전적인 몽골족의 일부이다. 알타이의 우주생성 신화에서는 '오이로트 책'이 언급된다. 연구자들은 바로 이 신화의 이야기에 몽골 단어가 상당히 많고, 주제와 내용이 몽골에서 알타이로 유입된 불교 교리와 상당히 유사하고 관련성이 있다고 말한다.[49] 오이로트라는 이름을 가진 신화적 인물의 문화적 중요성에 대해 말해주는 사실이 있다. 토착 알타이족이 오랫동안 살았던 땅이 오이로티야로 불렸으며, 20세기 중엽까지 고르노알타이스크 자치주의 행정 중심지의 명칭이 오이로트-투라였다.

알타이의 소리꾼 카이치

유목민의 서사시 작품은 음악 창작 전통과 따로 떼어 생각할 수 없다. 서사시는 가극예술의 혼합 집합체이다. 알타이 소리꾼 카이치들은 수천 구절을 암기하는 비상한 기억력을 보유했다. 그뿐 아니라, 그들이 부르는 노래 카이도 특별하다. 그들은 톱슈르라는 2현 또는 4현악기에 맞춰 낮은 목구멍소리로, 레치타티보 창법으로 노래한다. 톱슈르는 발랄라이카와 약간 비슷한 악기로 현은 금속이 아닌 말의 털로 만들어진다.

축제 기간에 노래자랑이 벌어지는데 거기에서 카이치들은 마치

48) Гумилев Л. Н. Древние трюки. – М., 1993. С. 260; Гумилев Л. Н. Ритмы Евразии: эпохи и цивилизации. – М., 1993. – С. 327.
49) Ландышев С. Космология и теогония Алтайцев-язычников. // Православный собеседник. 1886, N. 3, с. 8-22; Сагалаев А. М. Морфология и верования алтайцев: Центрально-Азиатские влияния. – Новосибирск, 1993. С. 61.

유럽의 방랑시인이나 궁정시인처럼 노래 실력뿐 아니라 즉흥연주 실력도 겨뤘다. 여러 사람과 대화를 주고받는 형식으로 진행되는 즉흥연주에서 카이치들은 재치와 은유, 경쟁자의 말을 받아치고 자신만의 시구절로 경쟁자를 난처한 상황에 빠뜨리는 능력으로 청중들을 감동시켜야 한다. 카이의 연행 과정은 심오한 신비주의적 의미로 가득하다. 서사이야기에는 고유의 혼이 담겨져 있다고 여겨졌다. 그래서 카이치가 어떤 구절과 곡조를 빠뜨리거나 주인공의 이름을 혼동하면 이야기의 혼이나 서사시 주인공 용사의 영혼이 나타나 소리꾼을 벌준다고 여겨졌다. 고전적인 이야기는 결혼식, 출정식, 훌륭한 위인이 죽었을 때와 같은 특별한 경우에 군중이 많이 모인 자리에서 연행되었다. 샤먼의식의 경우는 병자를 치료하기 위한 목적으로 연행되기도 했다.

샤먼(튀르크어로는 캄)은 샤먼의식을 수행할 때 샤먼의 북을 사용했다. 샤먼의 북은 특별한 무구(巫具)이기 때문에 약간의 제약성을 갖는 악기라고 할 수 있다. 그러나 1930년대에 샤먼의 북을 알타이 악기 협주에 포함시키려는 시도를 했다. 매우 성공적이었다. 오래 울리는 진동소리가 아주 강한 감정적 효과를 주기 때문이다.

튀르크족은 노래와 악기의 즉흥연주에 다양한 악기를 사용했다. 옛날의 구슬리를 연상시키는 차디간(현재는 하카스족과 투바족에게만 보존되어 있다), 궁현악기 이킬리, 세로 플루트 유형의 쇼오르가 사용되었다. 전설에는 아홉 개의 리드가 있는 금속 마우스하프(口琴)가 언급되기도 하는데, 그 변종들 중의 하나인 코무스(역자 주: 야쿠트어에서는 호무스)가 오늘날까지 보존되어 알타이인 사이에 매우 널리 퍼져있다. 튀르크인들이 노동을 할 때 특히 기능적으로 사용한 음색이 불분명한 시끄러운 소리를 내는 악기들도 있었다. 원뿔형 관이 달린 관악기 아미르기는 큰 숫사슴 소리를 내는데, 특히 사냥할 때 사용되었다. 나무 딸랑이 샤트라 소리는 양몰이에 사용되었지만, 즉흥연주 음악에서도 사용될 수 있었다.

서시베리아 남부의 민속학과 구비문학 연구를 처음 시작한 사람들 중의 하나로 이 분야 학술연구의 창시자가 된 사람은 러시아 정교회 사제장 V. I. 베르비츠키이다. 그는 알타이 부족들을 언어, 생활양식, 음악 창작에 따라 북알타이족과 남알타이족으로 나누는 원칙을 학문체계에 도입했고, 알타이족의 악기와 창법을 최초로 기술했다. 베르비츠키는 알타이족의 합창법에서 초기 다성음악 유형들 중 하나인 이른바 '부르동' 창법 발생의 전조를 밝혀냈다. 이것은 선창자나 합창단이 마지막 음을 길게 계속 늘여 부를 때 일정한 높이의 다양한 외침으로 잠시 동안 2성 또는 3성을 만들어내는 창법이다. 이것은 알타이족에게 부르동 음향을 내는 민속악기가 있었음을 증명해준다. 또한 베르비츠키는 '딱정벌레가 날아가는 소리를 연상시키는 음색의 낮은 진동 옥타브로' 이야기를 연행하는 소리꾼 카이치의 창법을 기술했다.[50] 이것이 이른바 목노래로, 노래하는 사람이 자신의 성대에서 여러 옥타브 음역으로 이중 저음을 뽑아내는 창법이다.

황금 백양나무 - 서사시 '마아다이-카라'의 중심적 의미 형상

세계수(世界樹)의 알타이 판본인 *바이 테레크(황금 백양나무)*의 구조는 가장 자세히 연구된 사례이다. 황금 백양나무의 시적 형상은 최고의 세계수 형상이라고 할 수 있으며, 특히 스칸디나비아 물푸레나무처럼 세계수 원형의 '표본'과 연관성이 있다. 바이 테레크 꼭대기에 세계의 운명을 알고 있는 예언자 뻐꾸기 두 마리가

50) Гумилев С. И. Былинные песни Южной Сибири. – Барнаул. 1989. – С. 167.

앉아있다.

그들은 이렇게 앞날을 바라보며
백양나무 위에 산다.[51)]

나무의 가운데 가지에는 눈이 밝은 검독수리 두 마리가 앉아 알타이 경계를 지켜보고 있다.

고향 땅의 평화를
적들이 깨뜨리지 못하도록
땅끝 너머로 시선을 던져
큰길과 오솔길을 지켜본다.

뿌리 근처에는 검은 충견 두 마리가 지하의 영들이 존재의 법칙을 깨지 못하도록 지하계의 출입문을 지키고 있다.

송곳니를 갈며
황금빛과 은빛 그늘에 엎드려
알타이 땅을 지키고 있다.

나무 옆에서는 용사 *마아다이-카라*의 말이 풀을 뜯는다.

생명수를 마시며
비옥한 초원에서 길러진

51) Здесь и далее цитаты приводятся по тексту издания: Маадай-Кара: Алтайский героический эпос (перевод А. Плитченко). – Горно-Алтайск, 1979. – 272 с.

황금 털로 뒤덮인
강한 말 카리시-쿨라크.

세계수의 형상이 만들어내는 전통적인 삼원적 수직 구조의 세계 모형은 종종 공간적 구조뿐 아니라 *시간적* 구조로 여겨지기도 한다. 이 경우 세계수는 다음과 같은 상관관계를 갖는다. 가지는 미래, 줄기는 현재, 뿌리는 과거이다.[52] 이와 관련하여 알타이 서사시에서 미래를 향해있는 예언자 뻐꾸기의 형상이 나타난다.

황금 가지 꼭대기에
무성한 나뭇잎에 둘러싸여
예언하는 뻐꾸기들이 앉아
미래의 길을 주시한다.
울려 퍼지는 목소리를 가진 그들은
앞날을 내다본다.

세계수의 알타이 판본은 '세계의 축'일뿐 아니라 문화의 굳건함에 대한 보증이기도 하다. 눈에 핏발이 선 거인 카라-쿨라가 알타이 민족에게 선전포고를 하며 황금 백양나무를 뿌리째 뽑으려 한다. 그러나 수 세기에 걸친 전통의 상속과 민족의식의 정신적 가치체계의 집합체가 역사적 토대를 이루고 있는 문화를 없애는 것은 불가능하다. 성스러운 나무의 모습 자체가 이 나무의 긴 수명, 확고함, 엄청난 힘의 증거이다.

---

52) Топоров В. Н. Дерево мировое // Мифы народов мира: Энциклопедия. Т.2. / Под ред. С. А. Токарева. – М.,: Российская энциклопедия, 1994.

물살 빠른 칠십 개의 강이
하나로 흘러 모이는 곳에,
계곡 가운데 가장 좋은 계곡에
위대한 바이 테레크가 서 있다.
줄기 백 개를 가진 장대한 백양나무...
잎은 은처럼 울리고
금처럼 빛난다.
일곱 관절을 가진 바이 테레크는
수많은 나날 같은 잎으로 뒤덮였다.
백 개의 가지 하나하나마다
그 아래에 말 떼가 몸을 숨긴다.

세계수는 대우주(세계)와 소우주(인간)를 연결하는 고리이며, 그 둘의 교차점이다. 성스러운 백양나무를 통해 신들이 다스리는 '신화적 우주'가 인간에 의해 창조되는 '문화적 우주'로 투영된다. 이러한 투영은 목축 문명의 중요한 징표인 말 매는 말뚝 *세르게*의 형상을 통해 이루어진다. 황금 백양나무가 자연의 세계를 조화롭게 하는 것처럼 지배자 용사의 궁전 한가운데 위치한 *은빛 말뚝*은 궁전과 나란히 공간의 중심이 되어 인간에게 속하는 경관, 즉, 문화 세계를 만든다.[53] 이와 동시에 세르게는 세계수의 삼원적 모형을 재현하는 조건부 상징 기호가 되기도 한다.

석조 궁전 입구 가까이에

53) Ашихмина Л. И. Реконструкция представлений о мировом древе у населения Северного Приуралья в эпоху бронзы и раннего железа. – Сыктывкар: Коми научный центр УрОРАН, 1992. – 32 с.

주형에 부어 만든 말뚝이 있고,
은으로 된 말뚝 끝을
하늘 깊숙이 받아들인다.
말뚝의 다른 부분은
지하 세계에 박혀있다.
지하 세계에는 아이브스탄,
구름 저편에는 유치-쿠르부스탄,
지배자들은 성스러운 말들을
말뚝으로 데려온다.
당초무늬 문양이
고요한 은빛으로 빛나는
그 사이 중간계에는
주인 마아다이-카라가 있다.

이처럼 서사시에서 성스러운 나무는 자연계와 인간계 및 인간에 의해 창조되는 문화 사이의 다면적인 연관성을 드러내는 핵심적인 상징적·의미적 형상으로 나타난다. 알타이족의 성스러운 나무는 야쿠트족과 부랴트족에서와 마찬가지로 한편으로는 실제적이고 구체화되어 있으며(백양나무, 자작나무, 낙엽송), 물질적·생활적 전통문화 세계와 연관되어 있다. 다른 한편으로는 이상화되어 우주적인 상징(세계수)의 단계까지 들어 올려진다.

3.4.4. 튀르크 문자기록 유물

I. A. 제르노센코

시베리아 유목민의 문화는 서기 6~8세기 전성기에 이르렀다. 이 문화의 발전은 중앙아시아 동부 지역에서 일어난 모든 역사적 사건들과 긴밀한 관계가 있다. 이미 언급했듯이, 튀르크 제1칸국(서기 552~604년)은 유라시아 최초의 유목제국으로, 행정 중심(칸의 사령부)은 몽골의 오르혼강 근처(몽골 알타이)에 있었다. 유목민의 국가가 형성되었다는 것을 보여주는 가장 설득력 있는 증거는 발달된 룬문자의 발생이다. 튀르크 문헌 최고의 기념비는 오르혼강 주변에 있는 위대한 튀르크 장군 퀼 테긴의 비문이다. M. B. 압살랴모프는 거대한 중앙아시아와 남시베리아 영토에 '튀르크 문학어가 퍼져있었고, 오랜 문자 전통이 존재했으며',[54] 오늘날까지 이름이 전해지는 사상가들이 등장했다고 주장한다. 예컨대 8세기 가장 유명한 튀르크 작가들 중 한 사람은 욜릭 테긴이다. 그의 아버지 빌게 테긴과 그의 삼촌 황태제 퀼 테긴을 기리는 비문을 포함한 많은 룬문자 텍스트가 그의 작품이다.

연구자들은 고대 튀르크 텍스트를 중부 몽골 문화와 관련된 오르혼 기록과 튀르크 국가의 문화를 계승한 예니세이 키르키즈족의 예니세이 기록으로 나눈다. 이 둘 모두 공통의 기원을 가졌음에도 불구하고(학계에서는 '오르혼-예니세이 룬문자'라고 정의하고 있다), 일정한 장르의 차이가 존재한다. 예를 들면, 오르혼 텍스트는 동튀르크 칸국이 세워지고 발전하던 시기의 역사적 사건들에 대해 기록하고 있으나, 그 속에서 역사는 튀르크 민족 영웅들의 형상을

54) Абсалямов М. Б. Очерки истории культуры Сибири. – Красноярск, 1995. – С. 166.

만들고 찬미하기 위한 배경으로만 쓰인다. 문학 작품은 주인공을 서사적으로 이상화하고 과장하고 일정한 신화소를 사용하는 등의 특징적인 방법을 사용하고 있는데, 이것은 서사시 전통의 영향을 반영하는 것이다. 이것은 중세 문학 전반적으로 매우 특징적이다(이 시대의 유럽 및 러시아의 문헌들과 비교해보라).

오늘날까지 전해진 역사적인 기록 세 개가 있는데, 퀼 테긴 비문, 톤유쿡 비문, 옹긴 석비이다. 퀼 테긴 비문은 빌게 칸의 동생이며 위대한 장군인 퀼 테긴의 일생과 업적을 기록하고 있다. 톤유쿡 비문은 중국 교육을 받았으며 쿠틀루그 칸의 고문이었다가 칸의 총애를 잃고 쫓겨난 튀르크인이 칸이 자신의 공을 인정하고 다시 궁으로 불러주기를 바라면서 민족에게 호소하는 내용이다. 옹긴 석비는, 구밀료프의 정의에 따른다면, "719년에 사망한 알프 엘트미시의 변명이다. 비문에는 716년 혁명기에 그가 투항한 빌게 칸에 대해 신의를 지킬 것을 아들들과 동생들에게 당부하는 유훈이 남아있다"[55)]

이 세 비문은 튀르크 사회의 폭넓은 계층들을 향한 호소문 양식으로 표현력이 풍부한 설득과 선동적인 어조로 기록되어 있다. 이와 같은 장르가 존재한다는 것 자체가 사회가 높은 단계로 발전되고 있음을 증명해준다. 그리고 또 하나의 측면은 언급된 문헌들이 저널리즘, 즉 다수의 독자들에게 호소하는 텍스트가 존재했다는 것을 보여주는 가장 초기의 증거라는 것이다. 이것은 주민들에게 문자가 보급되어 있었다고 볼 만한 종합적인 근거가 된다.

고대 튀르크 텍스트에는 중앙아시아 민족들의 정치와 사회에 대한 정보와 인생의 가치와 의미, 튀르크 역법(12년 주기), 장례 의

55) Гумилев Л. Н. Древние тюрки. – М., 1993. – С. 331.

식에 대한 철학적 추론이 담겨있다. 비문들은 대규모 선동 수단이 되어갔다. 그것들은 세계관을 형성하고 삶과 도덕적 이상을 선포했다. 룬문자 기록은 생활용품에서도 드물지 않게 만날 수 있는데, 주로 물건의 주인을 알려준다.

3.4.5. 중세시대 튀르크의 건축과 기념비적 조형물

I. A. 제르노센코

퀼 테긴의 제사 유적은 유목민 문화사에서 매우 귀중한 의미를 갖는다. 건물과 방어 구조물의 건축술, 기념 조형물, 문자기록, 시 등과 같은 당대의 모든 문화적 성취가 그 속에 스며있기 때문이다. 이러한 유형의 구조물은 수준 높은 문명을 보여줄 뿐 아니라, 유목민의 도시문화가 형성되는 발단에 대해서도 알려준다. 구밀료프는 재건된 유적에 대해 다음과 같이 상세하게 기술하고 있다.

"80×40미터 규모의 전체 구조물은 동쪽에서 서쪽으로 뻗어있다. 그것은 참호로 둘러싸여 있으며, 참호는 진흙으로 만든 벽과 문 앞에서 끊겨 있다. 진흙 벽은 윗부분이 기와로 덮여 있고 회칠이 되어 있고 하얀색으로 칠해져 있다. 문 양옆에는 대리석 양 조각상이 있다. 그 뒤로 포장된 길이 깔려있고, 남아있는 물기를 빼주는 도자기 관이 있는 빗물보가 있다. 그 뒤쪽에 대리석 거북이(불멸의 상징)의 등 위에 비문이 새겨진 유명한 석비가 서 있다. 고고학자들의 견해에 따르면, 석비는 기와로 덮인 정자에 자리하고 있다. 길은 정자에서 사원 쪽으로 나 있다. 길 양옆에는 실물 크기의 고관대작들과 하인들의 동상이 마치 명예로운 경비대를 이루듯 서 있다. 사원은 평면적 10.25×10.25미터의 정사각형이다. 사원의 흰 벽은 붉은 선으로 장식되어 있고, 기와지붕에 자개로 테가 둘려 있다. 벽에는 테라코타로 만든 용 모습의 탈이 있다. 사원 내부에는 화덕을 갖춘 제단과 퀼 테긴과 그의 아내의 대리석상이 자리하고 있다.

퀼 테긴의 두상이 발견되었다. 그것은 매우 사실적으로 만들어졌다. 돌출된 광대뼈, 몽골인 특유의 눈꺼풀, 낮고 곧은 코, 찢어진 눈과 같은 몽골인의 특징들은 아시나 가문의 혈통에 대한 의심의 여지를 남기지 않는다. 머리에 쓴 왕관은 다섯 개의 세움장식이 있으며, 독수리를 닮은 새가 묘사되어 있다. 유적 쪽으로 3킬로미터에 걸쳐 발라발이라고 하는 석상들이 일렬로 늘어서 있다."[56]

*발라발 석상*은 무덤 주인의 전승(戰勝) 업적에 대해 알려주는 특별한 의미를 갖는 유물이다. 이 단어는 '돌기둥'으로 번역된다. 튀르크 병사의 장례식을 기술한 중국의 연대기 하나가 이러한 추측이 옳다는 것을 입증해준다. "묘에 딸려 지어진 건물 안에 고인의 모습과 그가 살아생전 참가한 전투 기록을 세운다. 보통 그가 한 명을 죽였다면 돌 하나를 세운다. 어떤 이들은 그런 돌의 수가 100개에 달한다."[57]

퀼 테긴 제사유적의 안정성은 도시 유형의 건축물을 상기시킨다. 위에서 언급된 중국의 연대기에서도 언급된 추모 건물의 안정성은 튀르크 칸국 번영기의 유목민들이 숙달된 건축술을 가지고 있었음을 보여준다. 모든 신화 체계에서 추모 의식에 사용되는 상징물은 살아있는 사람들의 세계와 유사한 원리를 따르기 때문이다.

안정화와 정착화 경향을 보여주는 또 하나의 분명한 증거는 튀르크족의 추모의식으로부터 발달한 기념 조각물이다. 이것은 이른바 '*케제르*'(알타이어로는 '비타지')라 불리는 것인데, 고고학에서 이상한 논리로 '돌 아낙네'로 정의되었다. 사실 이 석상은 군인을 묘사한 것이다. 선돌과 비슷한 구조물로, 확연히 인간을 닮은 특징들을 갖는다. 쐐기 모양 눈썹을 가진 얼굴이 있고, 왼손은 담배쌈

56) Гумилев Л. Р. Древние тюрки. – М., 1993. – С. 328-329.
57) Хрестоматия по истории Алтайского края. Сост. А. А. Худяков. – Алтайское книжное издательство, 1996. – С. 13-14.

지, 부싯돌, 단검이나 군도가 매달려 있는 허리춤에 놓여 있고, 오른손에는 무덤에서 발견된 것과 비슷한 그릇을 들고 있다. 보통 케제르는 직사각형 돌 울타리의 동쪽 부분에 세워졌다. 이러한 유형의 유적에 묘지가 없는 것으로 보아 이것이 무엇보다도 종교 의례에 사용된 명목상의 구조물이라는 결론을 내릴 수 있다. 고고학자 S. V. 키셀료프의 견해에 따르면, 이 석상은 고대 튀르크 귀족 대표의 모습을 표현한 것 같다. 이러한 형태의 조상숭배는 고대 튀르크족의 제국적 군사·귀족정치 이데올로기의 특징들을 구현한다.

현대 학자들의 연구에 따르면 불교의 범신론이 알타이 지방 튀르크족의 도상학에 영향을 주었다. 고대 튀르크의 석상과 중부 아시아에 튀르크 시대 이전에 이미 알려진 불상 사이에 일정한 유사성이 존재한다. 어떤 석상들은 머리에 부처의 우시니샤가 있다. 이것은 정수리에 '솔방울 모양으로' 불쑥 솟아오른 것으로 최고의 힘을 상징한다.

고대 튀르크 시대의 조형 유물 중에서 그라피티와 암각화 같은 그림들도 언급할 필요가 있다. 보통 이것은 사냥이나 전쟁 장면, 혹은 유목민의 태양숭배를 상징하는 순록 떼와 산양 떼를 묘사하고 있다. 이런 그림은 주로 하루 종일 해가 잘 드는 탁 트인 암반에서 볼 수 있다. 아마도 이런 장소가 태양숭배 의식을 거행하는 곳과 관련이 있었을 것이다. 어떤 연구자들(V.V. 고르부노프 등)의 견해로는 산양 그림이 낙인 표시 기능도 하고, 튀르크족의 통치가문인 아시나 가문의 문장(紋章)이기도 하다.

농경문화 발전의 요체는 체제를 형성하는 요인으로서의 전통이었고, 이것은 역사 발전 과정에서 얻어진 조상들의 경험에 절대적 권위를 부여했다. 이와 달리 유목민들은 다른 시공(時空) 연속체 속에 살았다. 그들의 실세계는 그들의 동물이 살아가는 내적 순환 주기로부터 형성되고, 그들 위에는 끝없는 영원한 하늘이 펼쳐져 있었다. 이 모든 것은 유목민 문화의 특별한 세계관을 만들어냈다. 그 속에는 돌에 새겨진 구체적이고 살아 있는 사람들, 일상적이고 물질적인 세계가 세계적, 우주적 존재 법칙을 담는 영원한 세계와 연결되어 있다.

제4장

근대 시베리아 문화

S I B E R I A

4.1 시베리아 지역의 새로운 문화 공간 형성 : 다양성과 단일성

라리사.V.드미트리예바, 이리나.A.제르노센코

식민화, 근대 시베리아 문화의 기원 요인

러시아 문화의 종합적인 역사·문화적 발전 시기인 근대는 시베리아 문화 기원의 러시아적 단계를 열어준다. 그 기저에는 새로운 국가 정책의 근간을 구성하는 공동체의 사회·문화적 통합 과제가 놓여 있었다. 레프 구밀료프에 따르면 쿨리코보 벌판에서 태어나 모스크바 공국에 편입된 러시아인, 더 정확하게는 대(大)러시아인들은 삶의 공간을 점차 확대해 나가기 시작했다. 러시아는 예르마크 티모페예비치가 이끄는 군대가 원정을 시작한 시점(1581년)부터 러시아인들이 아무르강으로 진출해 태평양 연안에 오호츠크 요새를 세울 때(1650년대 초)까지 1천만 ㎢가 넘는 땅을 합병했다. 러시아 영토는 폴란드, 발트 3국, 핀란드, 캅카스와 중앙아시아 일부 지역이 편입된 18세기 초에도 성공적으로 확대됐다. 러시아 제국의 면적은 19세기 중반에는 약 1천8백만㎢에 달했다.

모스크바 공국의 시베리아 식민은 내부적인 국가성의 한계를 넘어 맹렬히 동진한 러시아 민족의 위대한 확산이라고 부를 수 있다. 이러한 정복은 굳게 잠긴 동방의 빗장을 활짝 열었고, 광범위한 사회 계층을 영토 개척에 활발하게 나서게 하는 등 열정적인 추동력이 되었다.

총 75년이 걸린 시베리아로의 '진출'은 러시아가 위대한 강국 지위를 얻는 데 결정적인 행보였다. 12세기 초부터 개별 공국과 도시공화국 형태로 지속된 단일민족적·지역자치적 영토 및 국가 조직 형태는 16세기에 들어 다양한 출신의 구성원들을 통합시키는 *강력한 형태*의 *국가체제*를 갖추게 되었다. 러시아의 자주적 성격은 타국의 지역들이 민족·문화적 특징을 유지한 채 러시아에 귀속됨으로써 굳건해졌다. 세계 정치사에서 문화·경제적, 민족·언어적, 종교적 특성들이 '결합되어' 복잡해진 새로운 유라시아 국가가 탄생한 것이다. 지정학적 관점에서 보면, 시베리아 지역이 러시아에 편입됨으로써 러시아 제국 탄생의 기반이 되고, 편입된 영토는 인종적 융합이라는 복잡한 과정을 유발하는 주요 '핵'이 되었다.

문명화와 도시화 과정을 확대하려면 사회 생활 전반에 새로운 전통을 가져올 만한 새로운 인구의 유입, 즉 *쇄도현상*(*invasion*)이 있게 마련이다.[1] 이런 현상의 근거 중 하나가 식민화이다. 식민과 새로운 영토 개척에 수반되는 이주 과정은 독특한 사회·문화적 환경을 낳고, 이주 공동체는 독특한 형태의 역사 발전을 이룬다.[2]

이주 공동체의 형성 특징은 문화기원의 주요 개념 중 하나인 *문화변용*(*acculturation*)을 통해서도 펼쳐진다. 문화변용이란 문화 간 상호작용 과정에서 발생하는 문화변동이나 새로운 요소 차용, 그

---

1) Сайко Э.В. Древнейший город. Природа и генезис. Ближний Восток. IV-II тыс. до н.э. - М.: Наука, 1996 - С. 149.
2) Савельева Л.П. Новозеландский колонист и сибирский поселенец: опыт сопоставления оциокультурного сравнения // Восток. 1995. № 4, - С. 71-78.

리고 다양한 문화 전통을 혼합함으로써 생겨나는 *완전히 새로운 문화적 합성*을 뜻한다.[3] 시베리아 정착민들의 사회·문화적 양상을 복원하는 데에서 이런 명제를 고려해서는 안 된다.

시베리아 내 러시아 민족의 토대, 카자크사회

새로운 사회문화가 지속되기 위해서는 다양한 문화들이 상호작용되어야 한다. 이 문화들은 상호보완의 원칙에 따라 공존하면서 어느 정도 보완적 관계를 위한 바탕을 유지한다. 러시아인들은 모스크바공국으로부터 동쪽으로 활발하게 진출하면서 유럽사회로부터 얻은 창조주의 정신으로 무장되고 순수한 러시아적 멘털리티라는 사상에 취해 있었다. 러시아적 멘털리티라는 것은 '자유인'이라는 개념으로 포장된 광활한 공간과 개인적 자유에 대한 갈망, 그리고 무모한 모험주의 정신이었다. 이렇게 일반화된 러시아 남성상의 배경에는 시베리아 카자크로 대표되는 독특한 하위문화가 있다.

시베리아 공동체의 '태생적 기반'은 카자크 하위민족이었다. 특히 카자크사회의 시베리아적 인종 유형이 결정적이었다. 새로운 군 경비선과 요새도시는 민족 간 접촉지역이 된다. 그곳에는 16세기 초부터 돈 카자크, 자포리자 카자크, 테레크 카자크, 야이크 카자크가 세운 군사화된 공동체와 유사국가 체제가 형성되었다. 튜멘과 토볼스크를 지배했던 예르마크 티모페예비치가 이끄는 카자크인들은 야이크강과 볼가강을 떠나 스트로가노프가(家)의 밑으

---

3) Билз А. Аккультурация // Антология исследований культуры. - СПБ.: Академический проект, 1997/ - С. 348-370; Николаев В.Г.Аккультурация // Культурология. ＸＸ век. Энциклопедия. Т.1. - СПБ.: Университетская книга, 1998. - С. 16-17.

로 들어갔다. 이후 주로 북부 러시아 주민들과 볼가강 중류 지역의 주민들이 시베리아 원정대에 합류했다.

시베리아의 초기 주민들 중에는 러시아 인근 국가 출신을 포함한 다양한 민족들이 많았다. '외국' 카자크인들의 수는 시베리아 도시 인구의 40%에 달했다. 16세기 말-17세기 초에 형성된 시베리아 카자크인들은 복잡한 인종 구성이 특징이었다. "시베리아 병사들은 프랑스인을 포함하는 다양한 외국인들로 넘쳐났다."[4]

유형학적 국가 발전 단계는 각각 지배적 형태의 계급·계층 구조를 갖기 마련이다. 중앙집권화된 러시아의 가장 독특한 인구 범주에는 민병대가 있다.[5] 16-17세기에는 주로 카자크인들이 민병대를 구성했다. 군역은 시베리아의 러시아 문명 초기 단계에서 1차적이고 주요한 기능이었다. 16세기 말에서 17세기 중반 사이에 우랄산맥 너머에는 이미 독특한 사회·문화적 조직체인 '군대'가 구축됐고, 시베리아 카자크인의 초기 형성 단계가 끝났다. 17-18세기 시베리아에서 민병대가 없는 지역은 생각할 수 없었다. 그 병력은 적게는 수십 명에서 많게는 (토볼스크처럼) 2천 명이 넘었다. 시베리아에는 이 기간 동안 1만 명이 넘는 민병대가 있었다. 시베리아의 주요 도시인 토볼스크에는 1590년도부터 우랄산맥 너머에서 가장 큰 규모의 주둔지가 생겨났고, 우랄 너머에 위치한 모든 군대가 토볼스크 지휘관의 휘하에 있었다.[6]

---

4) Катанаев Г.Е. Западно-Сибирское казачество и его роль в обследовании и занятости русскими Сибири и Средней Азии. - СПБ.: Б.и., 1908. Вып.1.1 - С.3.

5) Быконя Г.Ф. Об особенностях классово-сословной структуры трудового насеения Сибири в XVII-XVIII вв. // Русское централизованное государство: Образование и эволюция в XV-XVII вв.: Сб. научных статей. - М.: Институт истории, 1980, с. 88-92

6) Никитин Н.И. Начало казачества в Сибири. - М.: ИРИ, 1996. - 94 с.

시베리아는 예르마크 티모페예비치가 이끄는 자유 카자크인들에 의해 개척됐음에도 불구하고, 17-19세기의 시베리아 카자크 사회는 차르의 명령으로 차출된 민병대원들 외에 유형수, 포로, 심지어 '유랑인'과 농노들을 포함하였다. 16세기와 17세기에 '카자크'와 '민병대'라는 단어는 언어상으로나 개념상으로 동의어였다.[7)]

러시아와 시베리아 문화사에서 카자크인 문제는 흥미로우면서 복잡하다. 그 이유는 이 하위민족이 구성될 때 무엇보다도 다양한 민족이 혼합되면서 여러 문화가 상호 영향을 주었기 때문이다. 소련의 역사기록학에서는 카자크인들의 선조가 자유를 사랑하는 러시아인으로 주로 봉건주의적 노예의 굴레에서 도망친 농노라는 주장이 지배적인 공식 이론이었다. 그러나 이 이론은 용어 자체가 완전하지도, 완벽하지도 않다. 이를테면 '도망자(brodnik)' 이론의 지지자들은 다중적 의미와 다양한 뉘앙스를 가진 '카자크'라는 용어 자체가 동슬라브계 카자크인의 역사가 시작되기 이전에 생겨났다고 주장한다.

'카자크'라는 단어는 여러 민족어에 존재했고, 다양한 의미를 가졌다. 그러나 우세한 가설은 '카자크'의 어원이 투르크어라는 주장이다. 몽골어에서 '카자크'는 국경 감시병이나 외거 자유병을 의미했다.[8)] 카자크인들은 형성 과정에서 익숙한 삶의 형태에서 벗어나 가정과 재산을 버리고, 행복과 행운을 찾아 나선 '불안한 사람들'로 끊임없이 늘어났다. 이런 과정의 주요 요소는 열정적인 심리 유

7) Катанаев Г.Е. Западно-Сибирское казачество и его роль в обследовании и занятости русскими Сибири и Средней Азии. - СПБ.: Б.и., 1908. Вып.1.1 - С.3.

8) Миненко Н.А. Задачи изучения истории казачества восточных регионов России на современном этапе // Казаки Урала и Сибири в ⅩⅦ-ⅩⅩ вв. / Под ред. Н.А.Миненко - Екатеринбург: УрОРАН Ин-т истории и археолог ии, 1993. - С. 3-16.

형을 가진 사람들이었다. 다양한 민족으로 구성된 카자크인들은 각지에서 열정적인 사람들을 받아들였다. 이로 인해 카자크인들의 초열정적 심리적 기질이 형성되고, 이들에게서 ('전사', '강도', '건달'에게서 보이는) '초긴장적 능력'이 발달되었다.

14-18세기의 카자크인들과 수많은 유형적 특성이 매우 유사한 중세 및 근대의 민족적, 사회적 무장 공동체는 역사학계에 잘 알려져 있다. 다양한 지역에서, 특히 동서양의 문화를 가진 민족 간 상호작용이 이뤄지는 국경 지대에서 지정학적 여건이 유사한 경우 두 문화가 가진 민족적, 군사적, 정치적 요인들을 아우르며, 인근 국가에서 군사적 기능을 수행하는 공동체들이 생겨난다. 이들 중에는 브로드니크, 체르케스, 슬라브 및 헝가리아 보군, 발칸반도의 그렌처, 그리스의 스트라디오트, 스위스의 크네흐트, 이베리아반도의 레콩키스트, 일본의 사무라이, 북인도(네팔)의 구르카, 레바논의 마론파 교도, 북미의 레인저 등이 있다.[9)]

역사적으로 형성된 카자크사회의 다민족성은 이들의 사회적 개방성이나 다양한 계층의 복합적 구조와 함께 시베리아 문화를 특징짓는 '태생적 기반'이 되었다. 정교가 압도적으로 우세한 상황에서 폭넓은 종교적 관용은 다양한 유형의 민족과 문화를 통합하는 수준 높은 수용적 문화와 결합되었다. 카자크인들은 역사적으로 '이웃의 적'들이 가진 최고의 민족·문화 전통을 쉽게 수용해서 학습했는데, 그 과정에서 민족적, 문화적 독자성을 상실하지 않은 채 독자적인 공동체가 되었다. 카자크인들은 이런 특징 덕분에 인근 민족들의 문화적 경험을 수용하고 동시에 러시아-기독교적(더 넓게는 슬라브-기독교적), 문화적, 역사적 특징을 보존하는 러시아 문

9) Давидович В.Е., Скорик А.П. Исторический социотип донской казачьей субкультуры // Цивилизации и культуры. 1996. Вып. 3. - С. 226-250.

명의 '오존층'이 될 수 있었다.[10)]

당시 기이한 사건이 다양하게 발생하던 시베리아에서 17세기의 시베리아 주둔지의 전반적인 상황은 '이국성' 하나에만 기반을 두고 사람들을 통합시키기가 어려웠다. 카자크인들은 민족적 귀속의식과는 별개로 동일한 의무를 수행하고 같은 문제를 해결했다. 이들은 무엇보다도 스스로를 *도시 내 공직 '세계'의 일원*으로 여기게 되고, 심리적으로 중대한 이해관계들로 묶여 소속 부대원들과 형제적 동지애를 공유했다. 개인적 관계와 국가 권력과의 관계를 규정하는 카자크 사회의 규범은 잡다한 민족들로 구성된 도시에서 민족의 유입을 원활하게 하는 요인으로서 시베리아 민병대에게 매력적이었다. 이런 요인들 중 첫 번째로 개인적인 신분을 보장하고 국가에 대한 의무가 모두에게 동일하다는 것이다. 이런 상황에서는 주둔지를 민족적 특징에 따라 배치하는 것이 '관등'(직무의 성격)에 따라 배치하는 것보다 선순위가 될 수 없었다.[11)]

다양한 문화를 가진 여러 민족들이 상호 협력하는 경험은 시베리아 민병대의 공동체에서 축적되었는데, 이것은 고대 러시아의 '시민' 자치 전통까지 거슬러 올라간다. '자유로운' 카자크 사회와 예르마크 군대의 관습에서 유래돼 유지된 카자크인들의 민주주의적 절차는 이후 모두에게 자유 발언권과 의결권이 주어진 최고 자치기구에서 카자크 사회의 전통으로 발전되었다. 자치기구에서 선출되는 아타만(역자 주: 카자크 부대장)과 예사울(역자 주: 카자크 군 장교)은 의사기구의 관습과 결정을 수행하는 직분에 불과했다.[12)]

---

10) Ивонин А.Р. городовое казачество Западной Сибири в XVIII - перв. четв. XIX вв. - Барнаул: Изд-во АГУ, 1996. - 226 с.

11) Никитин Н.И. Тобольская《литва》в XVII в. // Город и горожане в России в XVII - перв. пол. XIX вв. - М.: Институт Истории СССР, 1991. - С. 47-72

12) Миненко Н.А. Задачи изучения истории казачества восточных регионов

그리고리 N. 포타닌의 우랄 카자크 사회에 대한 회상은 카자크 사회를 '고대 유물'이라고 하였다. "그 어느 러시아 공동체에서도 이곳에서와 같은 결속을 볼 수 없다. 여기에서는 연령, 사회적 위치, 계급 등 모든 것이 통합됐다. 대령은 평범한 어부와 마찬가지로 자기가 태어난 조직에 뼛속까지 포함되어 있다는 것을 알고 있다."[13] 카자크인들의 자치 전통은 카자크 공동체가 러시아 군대에 편입된 18세기까지 시베리아에서 유지됐다.

시베리아의 아주 복잡한 식민지화 문제를 해결하는 과정에서 비차별성, 폭넓은 공적 의무, 인력의 부족은 보편성과 같은 기질을 시베리아인들의 공통적인 특성으로 만들었다. 14-15세기에 민병대의 의무 범위가 전통과 개인의 신체적 역량으로만 제한되는 등 전혀 표준화되지 않았다. 시베리아의 수도 토볼스크의 민병대는 우랄 너머에서 실시되는 온갖 종류의 '업무'를 맡고 있었다. 많은 사람들이 토볼스크에서 시베리아 전역으로 파견됐고, 이들은 현지 주둔군과 '나란히' 매우 다양한 임무를 이행해야 했다. 민병대 세묜 레메조프는 동포들의 삶을 "토볼스크인들의 화살이 각국을 날아다닌다."라고 직설적으로 표현했다.[14] 토볼스크의 주둔지는 특별한 의무도 맡고 있었다. 토볼스크 시민들은 다른 시민들보다 외교를 중심으로 하는 명예롭고 책임감을 요하는 '업무들'을 더 자주 맡았다.

카자크인들은 현물세를 걷고 호위를 맡았으며 국유 화물과 유

России на современном этапе // Казаки Урала и Сибири в XVII-XX вв. / Под ред. Н.А.Миненко - Екатеринбург: УрОРАН Ин-т истории и археологии, 1993. - С. 3-16.

13) Потанин Н.Г. Воспоминания // Литературное наследство Сибири. - Новосибирск: Зап.-Сибирь. кн. изд-во, 1983. Т.6. - С.71.

14) Гольденберг Л.А. Изограф земли сибирской. (Жизнь и труды С. Ремезова). - Магадан: Магаданское кн. изд-во, 1990. - 391 с.

배수들을 호송했고, 경찰 업무를 맡았다. 그 밖에 카자크인들은 곳곳에서 노동력으로 활용됐다. 민병대는 본연의 의무인 병역을 이행하면서 동시에 고기잡이를 하고, 배에서 짐을 하차했으며, '하급 경찰 업무'를 위해 '목재를 운반'했으며, 배를 건조하고 요새와 성곽, 관청 건물을 짓는 등의 기타 '나랏일'을 해야 했다.

러시아의 시베리아 합병과 시베리아의 사회·경제 개발은 민병대의 유일한 활동 결과물이 아니었다. 유럽 학계는 시베리아 카자크인들의 '답신', '도면' '심문 기록서'에서 얻을 수 있었던 자료만으로 100년이 넘는 기간 동안 북아시아에 대한 정보를 모았다. 17세기 민병대의 노력을 통해 시베리아에 대한 모든 지식의 기반이 쌓였다. 1621년에는 키프리안 대주교의 요청에 따라 예르마크 티모페예비치의 카자크 원정대가 시베리아 원정에 대한 짧은 '글'을 작성했고, 이는 키프리안의 '고부서', 에시포프 연대기 및 스트로가노프 연대기 등 시베리아 최초의 연대기의 기원이 됐다.[15] 18세기의 탐험가이자 자연과학자들은 몽골과 티베트, 파미르 고원과 텐산 산맥으로의 학술 탐험을 수행한 시베리아 카자크인들을 매우 높이 평가했다. "카자크인들의 이름과 연구조사 및 목적만이 쓰인 부실한 목록 하나만으로도 아시아 러시아 지역 연구를 중심으로 하는 폭넓은 지역 연구 분야에서 서시베리아 카자크인들이 얼마나 혁혁한 역할을 했는지 알 수 있다."[16]

17세기 말까지 주민의 다수를 구성했던 민병대는 지역 경제 발전이라는 과제를 짊어졌다. 18세기 초 무렵에는 현지 곡물 재배농

15) Дергачева-Скоп Е.И. Из истории литературы Урала и Сибири XVII в. - Свердловск: Средне-Урал. кн. изд-во, 1965. - 152 с.
16) Катанаев Г.Е. Западно-Сибирское казачество и его роль в обследовании и занятости русскими Сибири и Средней Азии. - СПБ.: Б.и., 1908. Вып.1 - С.14.

중 다수가 카자크인 가정이었고, 이들은 토볼스크 농업 인구 중 적잖은 비중을 차지했다. 그 결과 시베리아의 도시뿐만 아니라 많은 농촌이 민병대에 의해 세워지게 된다. 또한 18세기 초에 지역 공예가 중 절대다수가 카자크인이기도 했다. 러시아 상인계층 또한 카자크인들이 엄청난 열정을 발휘하는 데 적지 않은 기여를 했다. 상업망을 구축하는 과정에서 위험한 여정이 오랜 기간 동안 지속되며 재산과 생명이 위협받는 여건 하에서의 상업 활동은 진취적 기상과 열정이라는 독특한 심리적 자질을 요구했다. 이는 여러 자질들을 유기적으로 통합시키는 것으로 시베리아인들의 심리적 기질에도 부합했다.

이와 같이 역사적으로 형성된 카자크인들의 정신적 특징인 굳건한 종교적 관용, 다양한 민족·문화 유형의 통합에 의거하는 수준 높은 수용 문화, 토착민들과 '동등하게' 대화하려는 시도 등은 '외지인'들이 도시 환경에 적응하는 것을 쉽게 했다. 그 결과 새로운 영토에서 국가 정책의 안내인 역할을 한 '민병대'가 등장했다.

시베리아의 구교도 분리주의파

상인들과 민병대는 새로운 이주자들의 선봉에 서서 문화적 사명을 수행하고, 외지인들과 접촉하며 요새를 구축하고 영토를 개간하였다. 그럼으로써 시베리아에 새로운 문명을 위한 도시 문화의 토대를 쌓았다. 그러나 또 하나의 하위 그룹의 이주자 없이는 러시아 시베리아가 구성될 수 없었다. 이 하위그룹은 개척의 욕구 속에서 나름의 독특한 목표와 가치를 가졌다. 그 결과 독자적인 문화를 이루게 되었다. 이들은 바로 시베리아 남부에 정착한 (소위 분리주의파로 불리는) 구교도들이다.

구교도들은 정교 분열 직후에 시베리아 타이가 지역에 나타났다. 그들은 17-18세기 모스크바 공국의 러시아 생활 전통을 가지고 와 20세기까지 그대로 유지했다. 이후 분리주의자들은 쿠즈네츠크(톰스크) 타이가 지역에서 머나먼 남알타이 산지와 부흐타르마강과 카툰강의 상류 지역의 암석 지대로 이동하게 되면서 '석공'이라는 별명을 얻기도 했다. 이주민들은 이곳에서 중세 유목민족의 후예인 원주민들뿐만 아니라, 중국과도 긴밀한 관계를 맺게 된다. 그 이유는 이 지역이 오랜 기간 동안 러시아와 중국 간 완충지 역할을 했기 때문이다. 징병을 피해 도망 온 군인이나 광산에서의 징역을 견디지 못한 장인들이 분리주의파 무리에 '합류하는' 경우도 드물지 않았다.

구교도들은 생존에 효율적인 방식을 제공해 주는 환경적 틈새를 차지하며 독특한 경제·문화적 공동체를 구축했다. 이들은 처음에는 국가의 추적을 따돌리기 위해 머나먼 협곡에 자리를 잡았다. 예카테리나 2세가 1791년에 이들에 대한 사면조치를 발표한 후에는 넓고 비옥한 부흐타르마나 우이몬 저지대로 이동한다. 이들은 이곳에서 약속의 땅인 '벨로보디에(역자 주: 러시아 민간 설화에 나오는 전설적인 자유 국가)'를 찾았다고 여겼다. 더욱이 당시 정부는 이들을 러시아 신민으로 받아들임으로써 대단히 광대하고 지정학적으로도 중요한 지역을 차르 정부의 관할로 만들게 되었다. 이 지역은 아시아에서 러시아 국가의 전진기지가 되었다. 흥미로운 하위문화 그룹은 자바이칼 지역의 구교도인 '*세메이스키예*'(자바이칼 지역의 황무지 개간을 위해 가족 단위로 '쫓겨났기' 때문에 생긴 명칭)'이다.

구교도들은 이민족의 환경에 피해가 가지 않도록 황무지를 개간하면서 분산 정착하였다. 이들은 이 지역에서 처음으로 자연 자원을 분산해서 활용하는 방법을 도입하기 시작했다. 이런 방식을 통해 구교도들은 유목민의 정착촌 주변에 편입될 수 있었다. 구교도 마을에서 형성된 경제·문화 유형의 특징은 이들이 경제 활동에서 유럽식 전통과 방식을 활용하여 짧은 기간 안에 익숙지 않은 산악 타이가 지형에 적응하고, 현지 주민들의 경험을 익히어 이를 기반으로 농업과 목축업 이외에도 공예, 사냥, 솔방울 채집, 양봉업 등 다방면에서 고수익 상품경제를 구축할 수 있었다는 데 있다. 구교도들은 중앙아시아 상인들과도 기꺼이 교류를 했다. 붉은 순록 녹용과 녹용 상품에 대한 수요가 높았던 중국인과 몽골인들과의 교역이 가장 큰 이윤을 주는 것으로 여겨졌다. 구교도들은 녹용 이외에도 농산 가공품(빵과 밀가루) 등을 중국으로 판매하였다. 그들은 러-중 무역의 길을 연 최초의 사람들이었다.

구교도들의 독특한 생활 형식과 특별한 정신적 기질, 정신세계는 이들의 행동 유형을 형성하는 '가족', '공동체', '연장자 공경', '자유민' 등의 개념에서 잘 드러난다. 이것은 경제 활동에서 협동조합이나 가족 사업의 형태로 실현됐으며, 사회관계에서는 나름의 농민 민주주의 형태인 새로운 지방 자치 모델로 발전했다. 구교도 공동체의 특징은 경제 활동에서 정신적·도덕적 동기를 찾는 것이다. 산악 타이가 지형이라는 극한 상황에서 살아남아야 한다는 생존의식과 삶은 끊임없는 노동이라는 의식이 구교도들에게 독특한 가치 체계를 만들게 하였다. 그것은 부유함과 행복의 가치를 노동에 의한 금욕과 결부시킨 개념이었다.

구교도들의 삶에서 사회·문화적 특징은 양육 체계, 노동 윤리, 발달한 전통 의학, 독특한 식생활, 유려한 목조건축 등에서 나타난다. 그들의 모든 활동 형태(사회적, 규제적, 정신적)를 분석하면 이 하위문화에서 구교도들의 독특한 심리·행동 양식을 낳은 공간은 사회적, 문화적으로 혼합된 것임을 발견하게 된다. 그것은 바로 진취적이고, 모험심이 강하며 대담무쌍하고, 상호 호혜적이며, 금욕적인 삶을 살면서, 엄격한 윤리 원칙을 지키는 교양 있는 사람들이라는 것이다. 이러한 자질들로 인해 구교도들은 유리창이 큰 고급주택에서 화려한 비단과 면화로 만든 옷, 중국식 가운을 입고, 일상생활에서 도자기와 광택 나는 목공예품을 이용하는 높은 수준의 안락한 생활을 영위할 수 있었다.[17)]

시베리아의 사회적 기반으로서의 다문화주의

17세기 러시아 중부지역은 시베리아처럼 여러 민족이 혼합된 독특한 상태에 있었다. 상업과 재정 관계가 발전되는 과정에서 시베리아의 신생 도시 공동체는 유연하고 어느 정도 개방된 계층적 구조를 다양한 민족들을 받아들이는 데 성공하였다. 시베리아로 유배를 온 수석 사제 아바쿰이 이방인의 수를 염두에 두고 시베리아를 '야만국'으로 칭한 것은 우연이 아니다. 이런 경향은 다음 몇 세기 동안 지속됐다. 1828년에 시베리아를 여행한 지리학자 알렉산더 훔볼트는 곳곳에서 독일인 출신의 장관, 관료, 약사, 의사, 노동자를 만났다. 훔볼트를 수행한 동료 중 한 명은 "고국에서 멀리 떠난 우리는 시베리아에 왔다는 사실을 거의 잊어버리곤 했다."라고 말했다.[18)]

17세기 시베리아의 '이방인'들은 다양한 민족으로 구성됐고, 다양한 사회적 지위뿐만 아니라 이에 못지않게 중요한 다양한 종교를 가진 이들로 이뤄진 복잡한 집합체였다는 사실도 언급해 둘 필요가 있다. 이주 사회에서 종교의 사회문화적 역할이 기존 사회

---

17) Мукаева Л.Н. Хозяйственная культура и менталитет старообрядцев Южного Алтая в ⅩⅧ-ⅩⅩ вв. // Культурное наследие народов Сибири и Севера / Материалы Четвертых Сибирских чтений 12-14 октября 1998 г. - СПБ., 2000.

18) Сафонов В. Аленсандр Гумбольт. - М.: Молодая гвардия, 1959. - С.130.

에서보다 훨씬 크다는 사실은 분명하다. 새로운 사회적 배경에 이식된 종교는 외래문화의 도덕·윤리적 가치를 지키는 버팀목이 되고, 민족의식의 형성에 필수 불가결한 요인이 되며, 심리적 지지 역할을 수행한다. 여러 문화와 민족이 혼합된 카자크 사회는 역사적으로 독자적인 종교를 가질 수도, 엄격한 의식 규정을 가진 종교를 선호할 수도 없었다. 카자크 사회 내부에서는 전 세계 모든 종교가 충돌하기도 했고, 협력하기도 했다. 카자크인들의 하위문화를 구성하는 요소 중 하나가 일관된 종교 관용이라는 사실은 우연이 아니다.[19]

슬라브·러시아의 민족·문화적 핵심 요소가 시베리아 식민화 과정에서 힘을 발휘했다. 시베리아 문화의 종교적 바탕에 대해 말하자면, 먼저 정교를 언급할 필요가 있다. 시베리아의 정교도 중 대다수가 *구교도*였다. 시베리아에서 *가톨릭 분파*는 카자크 민병대에 폴란드인, 우크라이나인, 리투아니아인들이 합류하면서 형성됐다. 스웨덴 장교 약 천 명이 폴타바 전투 이후 시베리아로 왔다. 독일인들은 다양한 분파의 *프로테스탄티즘*을 가지고 왔다. 19세기 중반에 옴스크와 톰스크, 토볼스크의 가톨릭교도들은 약 400명에 달했다.[20] *루터교*도와 *유대교*도들도 백 명이 넘었다.

다양한 종파를 가진 기독교는 서시베리아에서 *이슬람교*와 상생했다. 교회가 정교도와 무슬림의 친밀한 관계를 우려했음에도 불구하고, 여러 도시에서 러시아인들과 타타르인들이 어울려 살았

19) Римский С.В. Казачество, религия, терпимость // Международная жизнь. 1992. №7. - С. 89-93; Калтахчян А.С. Казаки в России, их религиозные и культурные традиции // Религии современной России: Словарь / Под ред. М.П.Мчедлова. - М.: Республика, 1999. - С. 151-155.

20) Куприянов А.И. Русский город в перв. пол. XIX в.: Общественный быт и культура горожан Западной Сибири. - М.: АИРО-XX. - С. 39.

다. 드미트리.E.코필로프는 토볼스크의 종교 다양성에 대해 "종교 행렬이 지나가면 타타르인들은 모자를 쓰고 거리에 서서 그들에게 익숙지 않은 광경을 웃으며 구경하곤 했다... 교회 근처의 미너렛(역자 주: 이슬람 사원 첨탑)에서 들려오는 무에진(역자 주: 기도 시간 고지자)들의 고함은 기독교 예배 의식을 방해했다... 타타르 지구가 잿더미가 된 1757년에서야 타타르인들을 모나스티르카강 너머로 이주시키자는 결정이 내려졌으나, 이후에 이들은 러시아 양식으로 집을 짓고 도시 내 어디든지 거주할 수 있도록 허가를 받았다." 라고 언급했다.[21)]

서시베리아 관리들은 비정교도인들의 요구사항을 고려해 다른 종교들의 사원 건축을 허가했다. 1900년대 무렵에 오늘날의 튜멘주 내에는 모스크 137곳과 마드라사(역자 주: 이슬람 최고 학교) 63곳이 있었다.[22)] 1910년에 토볼스크에는 정교 교회 27곳과 성당, 개신교 교회와 모스크, 시나고그(역자 주: 유대교회)가 각각 1곳씩 있었다.[23)]

러시아에서 지정학적으로나 사회문화적으로 단일 공간이 만들어지는 것은 민족·문화적 분열을 극복할 때 가능했다. 근대 시베리아 문명이 형성되면서 수반된 현상들을 '문화변용'의 관점에서 고찰할 수 있다. 원초적 문화가 다른 문화에 의해 완전히 밀려나는 동화(assimilation)와 달리, 변용(acculturation)은 두 문화가 접

---

21) Копылов Д.И., Прибыльский Ю.П. Тобольск. - Свердловск: Средне-урал. кн. изд-во, 1975 - С. 43.

22) Нурллаев А.А. Ислам и культура // Религии современной России: Словарь / Под. ред. М.П.Мчедлова. - М.: Республика, 1999. - С. 126-129.

23) Алисов Д.А, Социально-культурный облик《провинциальной столицы》(Тобольск в конце ⅩⅨ-нач.ⅩⅩ вв.) // Культурное наследие Азиатской России: Материалы Ⅰ Сибиро-Уральского исторического конгресса (г. Тобольск, 25-27 ноября 1997 г.). - Тобольск: Изд-во ТГПИ, 1997. - С. 42-44.

촉할 때 양자적 특성을 인정하면서(문화 이식, transculturation), 상호 작용을 일으키는 것을 가리킨다. 다민족이 어울려 사는 시베리아에서 모스크바 공국이 실시한 식민 정책 과제들과 독자적인 근대 시베리아 문명 현상은 독특한 형태의 문화 간 상호 작용으로서 문화들 간의 종교적 대화를 가능하게 하였다.

근대 서유럽 문명에 근접해가는 러시아 후기 봉건도시가 아시아권과 만나는 과정에서 충돌이 없을 수 없었다. 여러 민족들의 문화 수준이 너무나도 다양했기 때문이었다. 적응 과정이 복잡하고 동시다발적 특성 때문에 16세기 말-17세기 초의 시베리아의 문화 변용 과정을 '멜팅팟 이론'과 연관시킬 수 있다. '멜팅팟 이론'은 백인 주류 문화에 편입된 미국 인디언족들을 연구하는 과정에서 제기되었다.[24] 당시의 시베리아 사회는 다양한 문화적 전통들이 섞이고 재용해되어 새로운 합성체가 만들어지는 거대한 '창조적 실험실'이었다. "함께 일을 하는 가운데 상호 간에 공통점이 발견되고 사회적, 일상적 문화가 섞이어 새로운 모습으로 나타났다."[25]

이 새로운 '합성체'는 주변 환경에 적응되어 단일화된 신생 시베리아 사회의 출현으로 간주되어야 하고, 이는 시베리아 주민들을 새로운 민족문화적 의미를 갖는 시베리아 주민, 즉 *시베리아인*의 출현으로 보아야 한다.

시베리아인과 정신적 특성

지역적 하위문화에서 나타나는 일관된 세계관은 새로운 역사

24) Николаев В.Г.Аккультурация // Культурология. ХХ век. Энциклопедия. Т.1. - СПБ.: Университетская книга, 1998. - С. 16-17.

25) Резун Д.Я. Летопись сибирских городов. - Новосибирск: Новосиб. кн. изд-во, 1989. - С.69.

적 실체로서 러시아적 시베리아 사회가 형성되는 사회문화적 과정 속에서 통합되고 용해되었다. 그렇게 '완전함의 정신'은 '복제품들의 차이점을 통해' 생겨나고 발전하였다.[26] 16세기 말-18세기 초 러시아적 시베리아의 문화 간 대화의 정점으로서 '완전함의 정신'은 시공을 아우르는 문화-역사적 관점에서 지역 특성을 바탕으로 *시베리아인*들의 새로운 사회·문화적 공통성이 구현된 것이었다.

시베리아인을 독특한 심리적 유형으로 규정하려면 무엇보다도 자유로운 카자크사회의 전통에 간직된 고귀한 *열정 요소*를 언급해야 한다. 한편으로는 가혹한 생활 여건과, 다른 한편으로는 이런 생활의 사회적 매력으로 인해 초기 시베리아 정착민들 중에는 강하고, 용맹하며 자유로운 사람들이 적지 않았다. 그 결과 독특한 민족 유전자와 영적 공통성이 만들어졌다.

시베리아인의 공통적 형상을 시각적으로 정의하고 프로필을 유형적으로 만들려는 시도 중에서 흥미로운 것은 조각가 파벨. P. 트루베츠코이가 만든 알렉산드르 3세 동상이다. 이 동상이 세워진 역사적 장소인 모스크바역은 페테르부르크와 블라디보스토크를 잇는 '대 사선'의 출발점이다. 시베리아횡단철도는 르아브르(Le Havre, 역자 주: 프랑스 노르망디 지역에 있는 항구도시)에서 블라디보스토크까지 향하는(오늘날로 치면 런던에서 도쿄까지 향하는) 유라시아 횡단 철도의 일부로 여겨졌다. 알렉산드르 3세 동상의 받침돌에 쓰인 초기 문구는 '시베리아 대로를 만든 위대한 건설자'였다. 이 문구의 맥락을 통해 바로 더 강인한 짐마차 말을 탄 강인한 전사라는 동상의 양식이 부분적으로나마 이해된다. 용감무쌍한 말을 탄 그런 '훌륭한 사람'만이 우랄산맥과 시베리아의 타이가, 비포장길

---

26) Померанц Г.С. Диалог // Культурология. XX век. Энциклопедия. Т.1. - СПб.: Университетская книга, 1998. - С.171-172.

을 뚫고 나아가 태평양으로 진출할 수 있다는 것이다.[27)]

예카테리나 2세는 시베리아의 러시아 민족에 민족지학적 특성을 부여하며 "시베리아인들은 총명하고, 호기심이 많으며 진취적이다."라고 말했다. 겔메르센은 '바라바(토볼스크 주의 스텝)의 주민들'을 '훌륭하고 강한 인종'이라고 했다. 한편 니콜라이.M.야드린체프는 시베리아인들을 시베리아 식민 역사의 전형적인 피조물로 일컬으며 시베리아의 러시아인들이 "유명한 요새를 획득하면서, 로빈슨 크루소의 영리함과 재치와 능력을 얻고, 자립 의지를 길렀다."라고 언급한 바 있다. 미하일.M.스페란스키는 시베리아 사회를 접한 후 이곳이 '돈키호테의 나라', '세상 물정에 밝은 이들의 나라'라고 했다. 시베리아 농민 중에는 이르쿠츠크의 수송대와 함께 모스크바, 캄차카, 아무르강까지 다녀온 사람들이 있었기 때문이었다.[28)]

시베리아인들은 우주의 중심에 인간성을 두었다. 개인주의자들은 '자유의 땅'에서 개인의 자유를 가지고 경제적으로 자립했고, 토지소유 규모에 대한 제한은 없었다. 땅 주인과 그 가정의 성공은 가족의 노동 능력과 정신적 가치의 우선순위 정도에 따라 결정됐다. 시베리아인들은 '노동하려는 근면한 열성'과 절약, 신중함, 철저함, 진취성, '요행' 거부 등을 우선 가치로 꼽았다. 시베리아인들의 다른 자질 중에는 혁신과 신문물에 대한 수용성, 감정에 대한 지성의 우위, 간결성과 선량한 마음, 환대, 결정을 내릴 때 보이는 독자성, 불리한 외부 조건에 대한 인내가 있다.

---

27) Осипов Г. Хребет российского медведя (Великий Сибирский путь в контексте истории и геополитики) // Новое время. 1996. №12. - С.40-42.

28) Цит. по: Савельева Л.П. Новозеландский колонист и сибирский поселенец: опыт социокультурного сравнения // Восток. 1995. № 4.- С.75.

시베리아의 군대 조직에서는 열정과 쌍벽을 이루는 독특한 특성들이 두드러졌다. 그것은 전투 능력, 진취성, 집요함, 겸손함과 놀라운 인내력과 함께 불굴의 용감성이었다. 투르케스탄에서 예르마크 티모페예비치의 시베리아 카자크 제1연대를 지휘한 '백군' 장군 표트르.N.크라스노프의 회상록에는 '타고난 천재'로서 시베리아인들이 영리함과 지성, 의지, 근면함을 보인 수많은 사례들이 기록되어 있다. 특히 시베리아 카자크인들은 '불가능'이라는 단어를 몰랐다고 한다.[29] 구체적 실례 중에는 1826년에 15명의 카자크 기마순찰대가 500명의 키르기즈 군과 하루종일 벌인 영웅적 전투와 1837년에 허허벌판에서 시베리아 카자크인 33명이 케네사리 칸이 이끄는 병사 천여 명에 맞선 사흘간의 전투, 1875년-1876년 미하일.D.스코벨레프가 이끄는 시베리아인들의 코칸드 칸국 정벌이 있다.

민족 확산, 문화변용 과정과 동시에 새로운 하위민족의 형성에 수반되는 근대적인 러시아적 시베리아 문화 유형이 형성되는 과정을 살펴보면 깊이 있는 집단적이거나 개인적인 의식과 결합된 시베리아인들의 일관된 가치 지향과 실천적인 패러다임을 이해할 수 있다. 그뿐만 아니라 시베리아의 자연과 경제, 사회와 문화가 개발되는 과정에서 자주적 의식이 생겨 났는데, 이것은 지역민들의 멘탈리티에서 표출되었다

29) Сибирские казаки // Литературная Россия. 1994. № 28. - С.14.

S I B E R I A

4.2 시베리아의 러시아적 도시문화

라리사.V.드미트리예바

모스크바 공국의 식민정책에 의한 시베리아의 도시화

러시아의 시베리아는 도시에서 시작되었다. 시베리아의 러시아적 도시가 가진 문화·역사적 특징은 모스크바 공국의 식민화 과정의 특성과 관련이 있다. 국가 영토의 확장 규모는 세계 역사상 유례가 없었다. 16-17세기는 모스크바 공국의 도시개발 활동이 정점에 달한 시기였다. 16세기에 새로 건설된 도시의 수는 45-70개였던 데 비해, 17세기 초에는 그 수가 180개를 넘어섰고, 17세기 중반에는 226개에 달했다.[30] 모스크바 공국의 러시아 도시 유형은 도시개발 영토의 지역적 특색에 맞춰 몇 가지로 나뉜다. 그중에는 툴라 녹채의 '우크라이나식' 도시들, 벨고로드 녹채의 '폴란드식' 도시들, 볼가강과 우랄산맥 인근 지역 도시들, 그리고 시베리아의 도시들이 있다.[31]

---

30) Градостроительство Московского государства XVI-XVIII вв. / Под ред. Н.Ф.Гуляницкого. - М.: Стройиздат, 1994. - С.7.
31) Города России. Энциклопедия / Гл. ред. Г.М.Лаппо. - М.: БРЭ, 1994 - 559 с.

모스크바 공국의 모든 도시는 주로 방어 기능을 갖추고 인구 대부분이 민병대로 구성된 요새처럼 지어졌다. 석조 성채는 도시의 건축 구성의 중심이 되었다. 성채의 기념비적 형태와 엄격한 비율, 예술적 표현성에는 단일 국가 사상이 표현됐다.[32] 도시 계획이 신중하고 잘 조직된 시스템을 갖춘 것은 새로운 부서였던 도시건설성 덕분이었다.

근대적 시베리아의 도시 개발에서는 러시아의 변방 지역들에서 식민지 도시를 건설하는 것은 위에서 언급한 것과 같은 방식으로 진행되었다. 유목민들이 동서로 이동했던 서시베리아의 삼림스텝과 스텝 지역은 16세기 말 무렵 텅 비어 있었다. 국가 차원에서 체계적인 시베리아 영토 개발은 1580년대 중반에 시작된다. '아시아로 향한 창'을 연 첫 행보들 중에는 예르마크 티모페예비치의 우랄산맥 원정과 추바시곶 전투(1582년 10월 26일), 타타르 수도 카실리크 함락이 있었다. 옛 타타르 도시 칭기투라 자리에 튜멘 요새가 1586년에 구축된다. 이듬해인 1587년에는 친위대 대장 다닐 출코프 휘하의 카자크 부대가 카실리크에서 15베르스타 떨어진 곳에 토볼 요새를 건설했다. 튜멘과 토볼스크가 생겨나면서 전 시베리아의 운명이 결정되고 시베리아 도시 문화의 러시아 시대가 시작되었다.

그다음 단계의 도시 건설은 시베리아가 도시와 요새망으로 뒤덮이는 1590년대에 시작되었다. 카자크인들은 이 시기에 베레조

32) Тверской Л.М. Русское градостроительство до конца XVII в. Планировка и застройка русских городов. - Л.: Стройиздат, 1953. - 212 с.; Чинянков А.Г. Каменное зодчество в русском централизованном государстве (втор. пол. XV - XVII вв.): Автореф.дис...канд.истор.наук. - М., 1954. - 14 с.; Косточкин В.В. Русское оборонное зодчество кон. XIII - нвч. XVI вв. - М.: Изд-во АН СССР, 1962.- 283 с.

프, 펠림, 수르구트, 타라, 오브도르스크, 나림, 케티 요새를 건설하였다. 동시에 동, 남, 북 방향에 하위 단위의 지역이 개발되었다. 17세기에는 만가제야, 톰스크, 투루한스크, 쿠즈네츠크, 예니세이스크, 크라스노야르스크, 아쿠츠크, 올레크민스크, 칸스크, 바르구진, 발라간스크, 키렌스크, 네르친스크, 이르쿠츠크, 셀렝긴스크, 알바진, 오호츠크가 개발되었다. 18세기에는 새로운 요새인 옴스크 요새, 야미셰보 요새가 건설되고, 비스크, 세미팔라틴스크, 우스티카메노고르스크, 캄차카의 페트로파블롭스크가 건설되었다.

시베리아 도시 개발의 중요한 요인으로서의 경관

시베리아의 요새와 도시 건설에는 고대의 루시 시대로부터 이어진 도시계획 이론이 발전되어 적용되었다. 시베리아의 도시 개발은 국가 차원에서 모스크바 공국의 도시건설성이 중앙 집중식으로 실행하였다. 시베리아 도시 건설을 위한 장소 선정에는 도시의 초기 용도가 중요하게 고려되었다. 도시는 원칙적으로 흑담비 모피가 생산되는 지역에 세워지고, 지형 여건이 경제성과 부합해야 했다. 시베리아 초기 탐험가들의 눈길을 가장 크게 끈 것은 강이었다. 러시아 도시 계획 전문가들은 곶이나 강줄기가 만나는 곶, 인근 영토와 '다중 경로' 연결을 가능케 하는 편리한 수로 인근에 부지를 선정했다. 바로 비옥한 고원 중 강기슭과 협곡으로 보호되는 지역이 선호되었다.

심미적 요인은 부지 선정 과정에서 특별한 의미를 가졌다. 장관을 이루는 급경사, 수많은 상록수로 이뤄진 타이가를 배경으로 하는 깎아내린 절벽과 같은 시베리아의 독특한 자연경관은 러시아의 다른 모든 지역에서와 마찬가지로 도시 형성의 주요인이 됐다. 지역 어원학에서 언급되는 '*민족성*', *민주주의*, *심지어 친환경성*같은 요인들이 시베리아 도시의 특징으로 관심을 끄는 것은 우연이 아니다.[33] 한편 16세기 말에서 18세기 초까지 러시아에서는 보리소프, 차리친, 예카테린부르크, 예카테리노슬라프, 파블롭스크 등 유명 '귀족'의 이름을 딴 도시들이 생겨난 반면, 시베리아에서는 도시 지명이 경관의 주요 특징에 따라 주어졌다. 수로학적 특징에 따라서는 토볼스크, 톰스크, 투린스크, 베르호투리예, 타라가, 경관의 특징('장소의 기묘함')에 따라서는 크라스노야르스크가, 주요 원주민의 민족에 따라서는 야쿠츠크라는 명칭이 붙었다. 시베리아의 도시는 경관에서 '시작되어' 자연에서 자랐다.

시베리아 도시는 자연으로 둘러싸여 보호받고 있다는 심리적 편안함을 주었다. 그러나 도시와 경관의 조화는 시베리아 도시학자 스베토자르.P.자바리힌이 언급한 것처럼 '자연과의 평온하고 목가적인 결합이 아닌, 극적이고, 긴장되며 끊임없는 자연과의 사투'를 기반으로 하였다.[34] 시베리아의 여건에서 사방이 장대한 벽으로 둘러쳐져야 하고, 기반은 견고해야 하며, 자재는 고급이어야 한다는 것은 '생존'을 위한 건축의 필수 조건이었다.

건축과 경관이 완벽하게 유기적으로 결합한 사례로는 옛 토볼스크가 있다. 경관을 이루는 두 가지 주요 요소인 알라페이스카야산의 거대한 산비탈과 산기슭의 목초지는 도시를 상부(언덕 도시)와 하부(분지 도시)로 나눴다. 상부 도시가 하부 도시로부터 차근

33) Копылов А.Н. Очерки культурной жизни Сибири XVII - нач. XIX вв. - Новосибирск: Наука, 1974. - 252 с.; Резун Д. Я. Летопись сибирских народов. - Новосибирск: Новосиб. кн. изд-во, 1989. - 304 с.

34) Заварихин С. П., Княжев В. В. Экологии зодчества: О некоторых объективных основах《второй природы》: (На примере Тобольска). - СПБ: Стройиздат СПБ., 1995. - 187 с.

차근 자라는 것이 아니라, 하부 도시 위에 흰색의 성채가 문자 그대로 돌출된 형태의 토볼스크의 지리에 분명히 대비되는 경관은 자연과 인간의 영웅적 대립 사상을 아주 잘 구현하였다.

시베리아 도시의 사회문화적 계층화

인구 밀도가 낮거나 거주자가 없고, 경제적으로 낙후한 시베리아 지역을 '선구적' 개발이라는 명분으로 세워진 시베리아 도시의 주요 기능을 강조한 시베리아의 도시학자들(드미트리 레준)은 시베리아의 도시에 '야만'과 '문명' 사이의 '개척자' 역할을 부여하였다.[35] 시베리아의 도시는 기원과 기능 면에서 종교적이거나 민간적일 수 없었고, 오로지 '군주적'이거나 '군사적'일 수만 있었다. 여기에서 시베리아 도시에 적용된 사회·경제적, 행정·정치적 및 문화적 발전의 원칙이 나왔다.

초기에 시베리아의 러시아 도시들의 인구 구성은 매우 다양했다. 많은 시베리아의 도시에서 우고르, 투르크, 케트, 사모디, 퉁구스족들의 문화에 유럽과 아시아의 민족문화뿐만 아니라 러시아의 민족 문화가 더해지고 확대되어 지역적 다양성이 형성되고 발전되었다.

애초부터 도시에는 러시아인이 거주하는 슬로보다 지구(역자 주: 대규모 상업 지역)뿐만 아니라 타타르인, 부하라인, '리투아니아인' 지구도 있었다. 1620년대의 튜멘과 토볼스크의 순찰 일지는 러시아인과 비러시아인들이 사는 지구가 한데 섞여 있었다고 기록하고 있다. 교회가 정교도와 무슬림들 간의 이웃 관계를 우려했음에도 불구하고, 이곳에서는 러시아인들과 타타르인들이 어울려 살았

35) Резун Д. Я. Летопись сибирских народов. - Новосибирск: Новосиб. кн. изд-во, 1989. - 304 с.

다. 타타르 지구가 잿더미가 된 1757년에 타타르인들을 모나스티르카강 너머로 이주시키자는 결정이 내려졌지만, 이후에 이들은 러시아 양식으로 집을 짓고 도시 내 어디든지 거주할 수 있도록 허가를 받았다.[36)]

시베리아의 슬로보다는 교외에 형성됐으며, 수공업자들을 *직업별*(예니세이스크의 쿠즈네츠크 슬로보다, 토볼스크의 얌 슬로보다, 튜멘과 베르흐네우딘스크의 무두장이 슬로보다), *민족별*(튜멘의 타타르 슬로보다, 토볼스크의 타타르·부하라 슬로보다, 예니세이스크의 퉁구스 및 오스탸크 슬로보다), *종교별*(야쿠츠크의 분리주의 슬로보다, 자바이칼 도시들의 고의식파 슬로보다), *유배-정치성향별*(야쿠츠크의 리보니아인 전쟁포로 슬로보다, 토볼스크의 스웨덴인 전쟁포로 슬로보다)로 한데 모았다.

특히 '프랑스인까지 포함하는' 다양한 민족과 종교로 구성된 '민병대'가 눈에 띄었다. 외국인 병사들은 '리투아니아'와 '체르케스'계 카자크인으로 나뉘었다. '리투아니아'계에는 폴란드인, 벨라루스인, 리투아니아인, 우크라이나인 일부 등 폴란드-리투아니아의 옛 국민들이 전부 포함됐다. '체르케스'계는 자포로지스카야 세치(역자 주: 카자크부대 본영지), 북캅카스, 몰도바, 심지어 터키에서 온 이주민들을 포함했다. 인종 면에서 시베리아 도시들의 문헌에서 발견되지 않는 유일한 서유럽 민족은 영국인이다. 타타르인, 부랴트인 등 시베리아의 원주민들 중에는 세례를 받고 군대에 등록한 '개종자들'도 있었다.

시베리아의 정신문화에서 독창성이 보이는 것은 도시 주민이 다양한 민족으로 구성되었을 뿐만 아니라, 이에 못지 않게 다양한 종교를 가졌다는 점에서 비롯된다. 시베리아 도시 행정부들은 비

36) Копылов Д.И., Прибыльский Ю.П. Тобольск. - Свердловск: Средне-урал. кн. изд-во, 1975 - 224 с..

정교도인들의 요구를 수용해 이들 종교들의 사원 건축을 허가했다. 근대 후반 시베리아에는 오늘날의 튜멘주의 영토에만 모스크 137곳과 마드라사 63곳이 있었다. 참고로 토볼스크에는 정교 교회 27곳, 성당 1곳, 개신교 교회 1곳, 모스크 1곳, 시나고그 1곳이 있었다(1910년 자료).[37]

시베리아의 러시아 도시의 중요한 특성인 다민족성과 다문화성은 서로 접촉하는 문화들이 직접 자유롭게 영향을 주고받는 가운데 도시 문화가 형성되는 것을 가능하게 했다. 시베리아 최초의 사립학교는 스웨덴인 커트 프레데릭 브레흐가 설립한 것이다. *덴마크인* 메세르슈미트, *스웨덴인* 스트랄렌베르크, *독일인* 밀러는 시베리아의 학문의 기반을 놓은 종합적인 지역 연구를 처음으로 시작하였다. 바르샤바 음악학교 졸업생인 *폴란드인* 콘스탄틴 볼리츠키는 토볼스크에서 시베리아 최초의 교향악단을 이끌었다. '아시아를 향한 창'을 상징하는 토볼스크 크렘린의 드미트리예프 성문은 스웨덴 포로들의 손으로 세워졌다. 18세기 시베리아의 의례 시설은 아비시니아 교회 수장인 *우크라이나인* 필로페이 레쉰스키의 후원하에 건축됐고, 레쉰스키는 튜멘과 토볼스크에 있는 교회의 성상화와 프레스코화를 그리도록 키예프에서 화가들을 '보냈다'. 이외에도 이런 사례는 아주 많다

---

37) Алисов Д.А, Социально-культурный облик《провинциальной столицы》(Тобольск в конце XIX-нач. XX вв.) // Культурное наследие Азиатской России: Материалы I Сибиро-Уральского исторического конгресса (г. Тобольск, 25-27 ноября 1997 г.). - Тобольск: Изд-во ТГПИ, 1997. - С. 42-44; Нуруллаев А. А. Ислам и культура // Религии современной России: Словарь / Под. ред. М. П. Мчедлова. - М.: Республика, 1999. - С. 126-129.

시베리아의 상업·시장 중심지

이미 17세기 중반 무렵 시베리아의 많은 도시가 방어 기능을 상실하게 되면서 민병대는 적극적으로 상업·수공 활동에 참여하기 시작하였다. 그 결과 시베리아의 요새 도시들은 상업·수공업, 경제·농업 중심지로 변모하게 됐다. 1620년대부터 상업 도시는 보다 더 큰 무역·경제, 수공업·생산업, 경제·산업적 역할을 하게 됐다. 이 시기에 베르호투리에, 토볼스크, 예니세이스크, 이르비트, 캬흐타가 시베리아와 우랄 인근 지역의 국제 무역 및 시장 중심지가 되었다. 1년에 한두 차례 장이 서는 기간에 이 도시들에서는 교역이 집중적으로 실시됐다. 특히 토볼스크는 전 러시아 시장 시스템의 시베리아 교역 중심지로서 역할이 커진다. 유럽에서 아시아로 향하는 교역로가 토볼스크를 지나가고, 다른 시베리아 도시들로부터 토볼스크로의 길이 이어졌다. 시베리아에 있는 곳을 제외하고도 50개가 넘는 도시와 주가 아시아, 러시아, 부하라, 유럽 등지에서 온 다양한 상품이 들어오는 토볼스크 시장과 상호 교류를 했다. 시베리아의 제2대 교역 중심지는 예니세이스크였다.

상업의 성장 덕분에 18세기의 시베리아 도시 인구 구성은 대대적으로 변화한다. 임무를 완수한 민병대는 도시에서 떠난다. 이들의 자리를 도시 계층인 상인과 소시민이 차지하게 된다. 이들은 1728년에 톰스크 주에서 인구 중 약 38%를, 토볼스크 주에서는 약 33%를 차지했다. 한편, 시베리아의 채금산업이 시작된 19세기에는 역사의 무대로 또 다른 리더인 *사업가 계층*이 등장했다.

시베리아 도시의 건축 양식. 시베리아 바로크

시베리아 도시 건축에서 주요 기능인 방어 기능은 약화되고 건축물의 개방성과 규칙성이 우선되기 시작했다. 17세기의 도시가 외부 세계와 요새로 차단됐다면, 18세기 말에는 외부 성벽이 대부분의 도시에서 사라진다. 이와 동시에 정기적인 도시 개발 사업이 진행된다. 상트페테르부르크와 모스크바의 도시건설 활동 중 가장 훌륭한 사례는 역사적 계승성을 고려해 만들어진 토볼스크 계획으로, 그것은 중세 러시아와 근대의 고전 양식을 유기적으로 연결한 것이다.

시베리아의 산업 중심지인 공업도시 바르나울은 18세기와 19세기 전반기에 계획적으로 건설된다. 바르나울시의 규칙적인 격자무늬 도로 배열은 러시아 전역의 방사형 도시계획 원칙과 크게 달랐다. 바르나울시의 첫 도로인 올론, 토볼스크, 페트로파블롭스크 거리는 '선'으로 불렸다. 칼.I.로시의 제자인 건축가 야코프 N.포포프는 바르나울에서 조화로운 건축물에 의한 도시 건설이라는 스승의 중요 원칙을 실현했다. 포포프는 바르나울 공장, 페트로파블롭스크 거리, 소보르나야와 데미돕스카야 광장 건설에서 이 원칙을 발전시켜 나간다. 주요 고전주의 원칙이 구현된 데미돕스카야 광장은 방문객들에게 페테르부르크의 모퉁이를 연상시킨다. 고전주의는 바르나울시의 주요 도시계획 양식이었다. 엄격한 대칭 형식은 관청과 주거 건물만 연상시키는 것이 아니다. 산업시설 또한 단일 공간에 포함된다. 조화로운 공장 건물들은 페테르부르그의 광장과 비슷하고, 제련 공장들의 질서정연한 정면과 기념비적인 아케이드는 로마의 건축물을 떠올린다.

시베리아의 도시화는 러시아 전반의 도시화와 마찬가지로 여러 시베리아 도시의 건축과 사회상에서 변화를 가져오고 시민들의 문화적 수요를 증대시켰다. 시베리아에서는 건축을 중심으로 예술 창작을 북돋우기 위해 특수한 여건이 형성됐다. 러시아 중심부, 북부, 우크라이나 그리고 다른 예술 중심지역으로부터 새로운 인재들이 끊임없이 유입되고, 이들과 인근 아시아 국가들의 현지 민족 문화가 상호작용을 하면서 새로운 예술 사상이 출현했다. 시베리아 도시들이 각각 독자적이고 완전한 건축적·예술적 형태를 갖추게 된 것은 시베리아 도시들의 역사 유적에서 드러난 것처럼 다양한 문화 전통들이 서로 연계되고 접촉하여 이루어진 결과이다. 건축은 도시의 예술적 형태를 구성하는 수단일 뿐만 아니라, 문화 간의 접촉을 표현하는 예술 형태이기도 하다.

시베리아의 예술 문화에서 전문 건축과 민간 건축 형태가 흥미롭게 얽혀있는 곳은 토볼스크다. 미하일 아르한겔스크 수도원(1745)의 건축가는 토볼스크의 우편배달부이자 헌신적이고 독창적인 건축가이며, 400권에 달하는 서책을 소유한 쿠지마 페레파노프로 추정된다. 쿠지마 페레파노프와 마찬가지로 재능 있는 독학자인 그의 형제 이반은 수도원의 성상을 조각했다. 이와는 반대로 양식 면에서 '궁전의 장엄함과 축제의 환희가 각인된' 보스크레센스카야 사원(자하리와 엘리자베타)은 모스크바 출신의 건축 전문가이자, 드미트리.V.우흐톰스키의 제자인 프란체스코.B.라스트렐리가 만들었다.[38)]

지역 색채가 매우 뚜렷한 독자적인 건축 양식을 갖춘 17-18세기의 토볼스크와 이르쿠츠크의 건축 예술을 가장 분명하게 보여주는 사례들은 유럽과 아시아, 우크라이나와 모스크바, 스몰렌스크, 우스튜크, 로스토프, 야로슬라블, 페테르부르크 등 러시아의 민족 건축과 전문 건축 형태의 예술적 합성을 보여주는 독창적인 건축 문화를 이해하게 해 준다. 혹독하지만 식생이 풍부한 변방

38) Копылов А. Н. Очерки культурной жизни Сибири XVII - нач. XIX вв. - Новосибирск: Наука, 1974. - 252 с.; Баландин С. Н. Культовое каменное зодчество в Сибири в XVIII в. - Новосибирск: Изд-во НАрхИ, 1994. - 120 с.

지역을 개척한 사람들의 어마어마한 에너지와 더불어 주변 자연 환경의 엄숙함과 장엄함을 강조하는 독창적인 건축 문화는 독특한 예술 전통을 구축하여 *시베리아(토볼스크, 이르쿠츠크) 바로크*를 바로크 양식의 독자적인 갈래로 만들었다.[39)]

예술사학자들에 따르면 시베리아에서 바로크 양식이 등장하여 발전된 것은 우연이 아니었다. 바로크 양식의 활력과 감성은 모든 활동에 대해 적극적이고 역동적이며, 근면함, 끈기, 민첩함을 지닌 새로운 인간형에 대한 요구에 부합했다. 이것은 시베리아인들의 열정과 기업가 정신에 그 무엇보다도 더 잘 들어맞았다. "르네상스 시대를 마감한 바로크 양식의 철학적 기반은 인간의 역할을 자연의 최고봉으로서 그리고 모든 사물의 기준으로 공표한 인문주의와 계몽사상이다. 이것은 시베리아에서 신성한 기반을 얻었다."[40)](타마라.A.크류치코바, 1994:20)

'시베리아 바로크'라는 용어를 예술사학계에서 처음으로 사용한 이르쿠츠크 출신의 화가 드미트리.A.볼디레프-카자린은 다른 법칙을 찾아낸다. 그는 "바로크 양식은 반(半) 이국적이고 동양의 영향을 직간접적으로 수 차례 받은 이탈리아에서 생겨난 장식 위주의 양식이다. 태생부터 동양의 섬세함과 변덕, 유연함이 녹아든 바로크 양식은 전 세계를 돌아 가장 먼 제국의 문에 당도했다. 그

39) Болдырев-Казарин Б. А. Народное искусство в Сибири. - Иркутск: Изд-во Вост.-Сибир. Отд. Рус. Георг. Общ-ва, 1924. - 18 с.; Проскурякова Т. С. Особенности сибирского барокко // Архитектурное наследство. 1979. №. 27. - С. 147-160; Павлюченкова Э. Г. Сибирское барокко // Иркутск. Из пр ошлого а будущее - Иркутск: Восточно-Сибирское книжное издательство, 1990. - С.82-112; Крючкова Т. Иркутское барокко // Иркутское барокко. А льбом. - М.: Тип.《Новости》, 1993. - С.20-27.

40) Крючкова Т. Иркутское барокко // Иркутское барокко. Альбом. - М.: Тип. 《Новости》, 1993. - С.20.

것은 한 주기의 완료이다."[41]라고 언급했다.

서시베리아의 바로크 시대는 18세기 도시 문화의 번영과 일치한다. 오늘날까지 전해져 내려오는 토볼스크 바로크 시대의 종교 건축물인 스파스카야 사원, 미하일 아르한겔스크 사원, 보스크레센스카야 사원, 에베소의 일곱 소년 교회, 로즈젠스트벤스카야 교회, 안드레옙스카야 교회, 포크롭스카야 교회, 크레스토보즈드비젠스카야 교회는 좁게는 다양한 문화 전통이 상호 접촉한 결과이고, 넓게는 동서양의 문화가 서로 교류한 결과이다. 표트르 대제의 칙령으로 동방의 상인들을 위해 토볼스크 크렘린 내에 건축된 영빈관의 건축 형식이 부하라의 *상인용* 숙소를 연상시키는 것은 우연이 아니다. 동방의 장식인 곡선 처마도리가 구세주 사원(1709-1713)의 정교회적 사각형 장식에도 잘 나타나 있다.

동시베리아 지역에서 바로크 양식의 의미는 토착민들의 취향을 의식적으로 지향하고, 토착민들이 이해할 수 있도록 하여 그들에게 러시아 정교를 심어주려는 과제와 관련이 있다. 예를 들면 이르쿠츠크에서는 '러시아식 무늬'가 그려진 직물에 부랴트 장식이 혼합됐다. 널리 알려진 부랴트 모티브 중에는 보고야블렌스키 성당의 창문 위 살짝 파인 곳에 자물쇠 그림이 있다. 티베트불교 사원의 장식은 즈나멘스키 수도원과 티흐빈스카야, 추도트보르스카야 교회의 처마 틀을 약간 연상시킨다. 여타 알타이계 민족들과 마찬가지로 부랴트인들은 주로 기하학 장식을 사용했다. 정사각형, 원형, 비스듬한 마름모와 같이 단순한 기하학 형태를 조합한 음각 무늬는 이르쿠츠크 건축물에서 지방의 민족적 특색을 분명히 드러내고, '러시아식 무늬'와 결합해 나름 시베리아 바로크의

41) Болдырев-Казарин Б. А. Народное искусство в Сибири. - Иркутск: Изд-во Вост.-Сибир. Отд. Рус. Георг. Общ-ва, 1924. - С. 17.

상징이 된다.

도시의 사회문화적 제도

시베리아의 도시는 러시아 문화 전통을 물질적으로나 정신적으로 가장 훌륭한 형태로 축적하고, 그것을 지역의 혁신으로 재생산했다. 독창적인 건축학파 외에도 토볼스크의 시베리아 주교단과 함께 일부 도시(토볼스크, 이르쿠츠크)에서는 스트로가노프 양식의 시베리아 분파로 분리된 독창적인 스타일을 발전시킨 *성상화 센터*들이 생겨난다. 17-18세기 도시 문화의 중심이 교회와 그 부속 기관이었다면, 19세기 중반부터는 교회가 점차 후순위로 밀려나기 시작한다. 그 대신 교육 시설, 도서관, 극장, 신문 편집국 등이 문화생활의 중심지가 된다.

18세기 후반기 러시아 사회에서 극장에 대해 높아진 관심은 변방 지역에서도 매우 빠르게 전파된다. 1764년은 시베리아에 사교용 극장이 개관한 해다. 표도르.G.볼코프가 연 유명한 야로슬라블 극장(1750)의 뒤를 이어 옴스크에서는 이반.G.안드레에프가 이끄는 러시아의 아마추어 극장이 두 번째로 개관했다. 1776년에 바르나울에서는 연극용 극장 건물 여러 채로 이뤄진 러시아 지방 최초의 극장이 문을 열었다. 18세기 말에는 토볼스크와 이르쿠츠크에도 사교용 극장이 있었다. 톰스크에는 독자적인 공연단은 없었으나, 1869-1870년에는 시립 극장 건물이 있었다. 19세기 말에 토볼스크에는 '러시아식 양식'으로 2층 목조 극장 건물인 '공공 민중 극장'도 건축됐다.

1783년에는 예카테리나 2세의 '자유 인쇄술에 관한 칙령'이 내려진다. 러시아 문화사에서 중요한 이 사건은 시베리아의 *저널리즘*의 탄생과 모스크바의 여러 잡지와 궤를 같이하는 니콜라이.I.노비코프의 정기 간행물인 '*히포크레네로 변모한 이르티시*(1789-1791)'와 '*모든 계층의 독자들을 위한 연구·경제·교훈·역사 도서관*(1793-1794)'의 등장을 알렸다. 러시아의 유명 극작가의 조카손주인 판크라티.P.수마로코프는 토볼스크에서 시베리아 최초의 지역 계몽 잡지를 발간했다. '이르티시'는 야로슬라블의 '우예디넨니 포세호네츠(1786-1787)'지와 '탐봅스키예 이즈베스티야(1788)'에 이은 러시아의 세 번째 지방 잡지였다.[42)]

미학이 학문으로 인정된 18세기에 유럽의 계몽주의가 주창한 '조화로운 인격'을 양성하기 위한 가장 중요한 고리는 새로운 시스템에서 취향의 발전이었다. 판크라티.P.수마로코프는 '계몽 종교'를 천명했던 토볼스크의 여러 잡지에 도덕성, 심미, 예술, 양육, 교육에 대한 가르침을 한데 엮은 독특한 '*취향 철학*'을 발표한다. 편집자들은 영국의 미학 이론가로 철학자, 백과사전 집필자, 에딘버러 계몽가 모임의 수장인 동시에 임마누엘 칸트에 앞서 미학 체계를 만든 *헨리 홈*의 저서에서 공공사회질병에 대한 만병통치약을 찾았다. 이와 같이 토볼스크의 잡지 발행인들은 러시아에 취향 이론의 토대를 만드는 데 앞장 섰다.

무엇보다도 공립 학교 학생들을 대상으로 한 시베리아의 잡지들은 예술학, 미학, 문학에 관한 대중적 '통신 강좌' 역할을 했다. 이들 잡지의 기사에는 시대의 창조 정신과 윤리 문제에 대한 섬세한 감각이 잘 나타나 있었다. '이르티시'와 '도서관'지의 편집국과 통신원들은 러시아와 유럽의 예술 활동에 대한 지식을 전하고, 예

42) Альтшуллер М.Г. Литературная жизнь Тобольска 90-х годов ⅩⅧ в. // Освоене Сибири в эпоху феодализма. - Новосибирск: Наука, 1968. - С. 186-200; Рах В. Д. Тобольский журнал ⅩⅧ в.《Библиотека ученая...》// Проблемы жанра в литературе Сибири. - Новосибирск: Наука, 1977. - С. 5-28.

술의 새로운 문제와 사건들에 대해 어느 면에서는 모스크바의 수준을 넘어서기도 했다.

판크라티.P.수마로코프의 이름은 시베리아에서 너무나도 유명해서 시베리아 유배를 마치고 토볼스크를 거쳐서 귀환한 독일 극작가 *아우구스트 폰 코체부*는 '그렇게 막다른 곳에서 그런 성공을 거둔 잡지를 발간하는 일'을 가능케 한 수마로코프를 만나고 싶어 했다. 코체부는 수마로코프의 집에서 보낸 토볼스크의 밤을 중앙 유럽의 살롱과 견줄 수 있다고 했다.[43)]

판크라티.P.수마로코프가 토볼스크에서 펼친 출판·계몽 활동은 도시의 공공 활동을 조직하고 발전시켜 나갈 역량이 있는 현지 인텔리겐차 계층 덕분에 가능했다. 페테르부르크 출신의 유형수들과 더불어 토볼스크 공립 학교의 교사들과 학생들이 잡지 편집인과 기자들이었다. 이와 관련해 판크라티.P.수마로코프는 토볼스크에서 돌아오는 길에 니콜라이.M.카람진의 요청으로 툴라주에서 직원과 재원 부족으로 설립되지 못한 출판사 '유럽 통신'(Vestnik of Europe)을 설립하려고 시도했다는 사실이 흥미롭다.

19세기 초부터 중반 사이에는 낭만적 세계관에 가장 가까운 예술의 형태인 음악이 지배적 도시 문화가 된다. 특히 이 도시 문화는 토볼스크 김나지움 교장 표트르.P.예르쇼프와 후임 교장인 이반.P.멘델레예프, 시베리아에 살았던 데카브리스트인 알렉산드르.M.무라비요프와 알렉산드르.N.무라비요프, 표트르.N.스비스투노프, 미하일.A.폰비진의 음악 살롱에서 형성돼 발전했다. 예를 들면 이반.P.멘델레예프의 집에서는 알렉산드르.A.알랴비예프가

43) Музыкальная культура в Сибири: В 3-х т. Т. 2. Музыкальная культура от походов Ермака до Октябрьской революции. Кн. 1. - Новосибирск: Изд-во НГК, 1997. - С. 145.

후에 전 세계적으로 유명한 화학자가 되는 드미트리.I.멘델레예프의 어머니와 함께 피아노 듀엣 앙상블 공연을 하곤 했다.

러시아에서 '시베리아의 롯시니', '시베리아의 오르페우스'라는 애칭으로 불린 알렉산드르.A.알랴비예프는 토볼스크의 음악 활동 조직자로 불릴 만한 근거가 충분하다. 토볼스크로 유배를 온 작곡가, 지휘자, 피아니스트이자 성악가인 알랴비예프는 강의를 하면서 러시아 지방의 여건에서는 유례없는 정기 관현악 연주회를 조직했다. 그는 그곳에서 교향악단과 군악단 등 관현악단 두 개를 교육했다. 알랴비예프는 단원 60명으로 구성된 토볼스크 교향악단을 모스크바 교향악단에 견줄만한 수준으로 끌어올렸다.

토볼스크에 살았던 데카브리스트 중에는 전문 음악 연주가들이 있었다. 유명한 러시아 첼리스트인 표트르.N.스비스투노프는 시베리아의 열악한 여건 속에서 성악과 지휘법, 피아노 연주법을 크게 개선했다. 그는 토볼스크에서 오래된 시립 음악 기관인 교회 성가대를 이끌었고, 관현악단, 현악 4중주단, 피아노 3중주단 등 높은 수준의 음악 문화를 요구하는 단체들을 조직했다. 데카브리스트들의 업적 중 하나는 시베리아로 순회공연단을 유치한 일이었다. 토볼스크로 순회공연을 온 모든 연주자들은 공연을 기획한 표트르.N.스비스투노프의 따뜻한 환대를 받았다. 스비스투노프는 리사 크리스티아니의 공연에 참여하면서 훌륭한 프랑스 첼리스트의 연주를 들을 수 있는 기회를 토볼스크 사회에 제공했다. 그는 또한 토볼스크에서 성악가 *드 가로*와 이탈리아 피아니스트 *체타르디니*의 공연을 지원했다.[44)]

데카브리스트들은 갖은 방법을 동원해 시베리아 음악 문화의

44) Роменская Т. А. Музыка в жизни и деятельности декабристов // Декабристы и русская культура. - Л.: Наука, 1975. - С. 295-324.

발전을 위한 물질적 토대를 구축하기 위해 노력했다. 표트르.N.스비스투노프의 노력 덕분에 토볼스크에는 악기 수리 및 조율 공방이 처음으로 문을 열었다. 데카브리스트들의 음악계몽 활동은 토볼스크에 최초의 *음악 학교* 설립이라는 성과를 이루었다.

데카브리스트들의 사상은 *러시아 계몽사상의 최고 전통*을 흡수했고, 여기에 현대적 세계관의 낭만주의적·영웅주의적 특성을 더했다. 데카브리스트들의 살롱은 페테르부르크의 문화가 머무는 시베리아의 섬이 됐다. 폰비진, 무라비요프, 스비스투노프 가문의 자택은 토볼스크 예술인들의 구심점이었다. 그렇게 토볼스크는 러시아 최초의 유명한 여류 피아니스트인 *마리야.P.스비스투노바*의 고향이 됐다. 토볼스크 음악 살롱문화라는 토양에서 교육받은 그녀는 시베리아에서 돌아오면서(1876) 부다페스트 음악원에서 *프란츠 리스트*(역자 주: Franz Liszt 1811-1886, 헝가리 출신 피아니스트)의 제자가 됐다.

19세기 말부터는 *박물관*이 시베리아 도시의 사회·문화적 공간에서 더 큰 역할을 하게 됐다. 옴스크에서는 1878년에 박물관이 대중적인 학술 기관으로 설립됐고, 전시품은 주로 그리고리.N.포타닌, 표트르.A.슬로브초프, 니콜라이.M.야드린체프와 같은 시베리아의 저명한 학자들이 기증한 물품이었다. 19세기 말에 톰스크에서는 대학 산하의 해부학, 식물학, 광물학, 고생물학, 고고학 박물관 등 거대한 학술 박물관 네트워크가 생겨났다. 이 모든 박물관은 수많은 전시물을 가지고 있었고, 일요일마다 대중에 개방됐다. 그밖에 톰스크에는 교재 박물관과 민중 교육 자선 단체 산하 박물관인 응용 지식 박물관도 있었다. 토볼스크에도 박물관이 있었다. 이 박물관은 예르마크 정원 입구의 아름다운 단층 건물에 위치했고, 방문객들은 '아무 때나 부담 없는 입장료를 내고' 입장할 수 있었다. 이 박물관에서는 특히 고고학실과 민족지학실이 흥미로웠다.

러시아 문화 현상으로서의 시베리아 도시

'시베리아 일지(Siberian diary)'지는 이미 1916년에 시베리아 도시들의 사회·문화적 모습이 긍정적으로 변화했다고 언급했다. 잡지는 "시베리아의 도시들은 활동 종류와 성격, 현안 면에서 유럽 러시아의 형제들과 가까워지고 있다. 러시아 시베리아의 도시들은 유럽 러시아의 도시들과 비견될 만한 규모를 가졌다."[45)]라고 보도했다. 이런 보도는 우연이 아니다. '야만성'과 '문명' 사이의 경계로서 식민 도시는 도시건축 형태, 주민 구조, 경제 발전의 특정 방향성, 사회 심리와 주민 문화를 포괄하는 모든 기능을 수행했다. 시베리아 도시들의 '경계적' 역할은 시간에 따라 그리고 공간에 따라 바뀌었다. 튜멘, 토볼스크, 옴스크, 톰스크, 예니세이스크, 바르나울과 같은 대도시는 러시아 변방의 식민 개척이라는 역할을 수행하며 인근 영토를 개척함에 따라 슬로보다에서 생겨난 새로운 도시들과 요새에 '프론티어적' 임무를 양도했다.

시베리아 도시들의 행정적 기능은 비유적인 이름으로 상징화되었다. 시베리아의 첫 대학 교육 중심지가 된 톰스크는 '시베리아의 아테네'라는 타이틀을 얻었고, '시베리아 일지'에서 노보니콜라옙스크는 '*시베리아의 시카고*'라고 불렸으며, 옴스크는 '*시베리아의 모스크바*'로, 바르나울은 '*시베리아의 페테르부르크*'로 여겨졌고,

45) Алисов Д.А, Социально-культурный облик《провинциальной столицы》(Тобольск в конце ⅩⅨ-нач. ⅩⅩ вв.) // Культурное наследие Азиатской России: Материалы Ⅰ Сибиро-Уральского исторического конгресса (г. Тобольск, 25-27 ноября 1997 г.). - Тобольск: Изд-во ТГПИ, 1997. - С. 42.

토볼스크의 유려한 자연경관과 역사·문화 중심지로서의 역할은 '*시베리아의 키예프*'라는 별칭으로 굳어졌다(알렉세이.P.오클라드니코프는 20세기에 토볼스크를 '시베리아의 수즈달'이라고 불렀다).

시베리아 도시들의 역사는 지방에서도 아주 흥미로운 문화적 현상을 만들 수 있고, 러시아나 세계 문화에 크게 기여할 수 있는 뛰어난 인물들이 배출될 수 있다는 것을 보여준다. '전기적' 도시로서의 크라스노야르스크는 러시아의 역사를 그림으로 표현한 천재 화가인 바실리.I.수리코프의 고향이고, 튜멘은 그리고리.E.라스푸틴, 이심은 표트르.P.예르쇼프의 고향이다. 토볼스크의 도시 환경에 속한 문화적 '유전자 코드'는 그 초기 단계에서 화가 바실리.G.페로프, 작곡가 알렉산드르.A.알랴비예프, 저명한 바이올리니스트이자 '러시아의 파가니니' 니콜라이.Y.아파나시예프, 건축가이자 예술 아카데미 초대 교장인 알렉산드르.F.코코리노프, 세계적으로 유명한 화학자인 드미트리.I.멘델레예프, 유명한 식물학자 보리스.N.고로드코프, 세계 최초의 TV 발명가인 보리스.P.그라봅스키를 낳았다.

시베리아의 연대기, 시베리아의 극장, 문학, 저널리즘, 시베리아의 학문 및 계몽 전통, 유명 유적지와 인물들은 시베리아의 러시아 도시의 언어가 가지는 독특한 문화 텍스트를 독창적이고 독자적으로 보여준다. 시베리아의 문화사에서 근대 도시는 다양성을 갖추고 있음에도 불구하고, 이런 도시들의 지역적 특성들을 이해하기 위해서는 구체적인 역사적 사실들을 연구해야만 한다. 모든 시베리아 도시들이 가진 문화적 가치와 의미에 관한 문화사적 연구는 이 도시들의 역사적 의미와 문화적 상징성을 밝혀줄 것이다.

S I B E R I A

4.3 근대 시베리아 문화의 종교적 특징

마리나.R.마냐히나

모스크바 공국은 16세기에 시베리아를 합병하면서 다민족국가이면서 다종교 국가가 되었다. 시베리아에서는 *샤머니즘*이 중심이 된 다신교('경전은 없으나 우상을 숭배하고 제물을 바침'), *이슬람*이 중심이 되는 일신교(마호메트 경전), *티베트불교*가 중심이 되는 비유신론 등 세 가지 종교 시스템이 동시에 작동했다. 각각의 종교 집단은 대부분 역사적으로 한 지역에 집중적으로 모여 살았으나, 일부는 흩어져서 살기도 했다. 시베리아의 종교 분포의 특성은 바로 이렇게 결정됐다. 러시아의 식민화 이전과 식민화 초기 단계까지는 앞서 언급된 세 가지 종교가 전통 신앙(샤머니즘)과 '이방인'의 종교 간 충돌이나, 전통문화와 새로운 문화 간의 조우 및 상호작용 등과 같은 다양한 형태의 종교 간 관계를 조율했다.

전통 신앙과 비교했을 때 새로운 종교는 시베리아 종교 공간에서 신학적 우위를 공고히 하기 위한 노력인 *전도*가 특징이었다. 바로 이슬람과 불교는 세계 종교 중 처음으로 시베리아 지역을 문화와 종교의 고립으로부터 끌어내었다. 시베리아에서 종교는 연대기적으로 다양한 시기에 전파됐고, 또한 여러 정치 및 역사적 상황과 관련된다. 시베리아 민족들의 가장 오래된 종교는 *샤머니즘*이고, *전통적인 신앙 형태*는 애니미즘, 자연 숭배, 씨부족 숭배, 조상숭배, 사냥 수호신 숭배, 동물숭배, 토테미즘 등이었다.

샤머니즘. 샤머니즘이 생겨난 시기를 추정하는 것은 불가능하지만, 샤머니즘이야말로 전통문화에서 통합적이고 근본적인 역할을 하면서 사회와 자연 사이의 중간 역할을 했다. 샤머니즘은 전문 매개인인 샤먼을 통해 초자연적 세계와의 관계를 구축한다. 샤머니즘의 주요 특성은 아래와 같다.

1) 초자연적 세계 및 초자연적 세계와의 접촉에 대한 믿음
2) 집단을 대표해 활동하는 인물로 샤먼을 차별화
3) 영혼이 부여하는 샤먼의 영감

샤머니즘은 시베리아 민족 대부분이 믿는 지배적인 종교적 세계관으로, 삶의 모든 부문(예술, 민속, 의학, 일상적인 경제생활)을 아울렀다. 한편 샤머니즘은 민족별로 형식과 내용 면에서 큰 차이를 보였고, 이는 민족의 사회·경제 및 문화 발전의 특성과 관련이 있었다. 어떤 민족들(축치족, 캄차달족과 같은 고아시아인)은 샤머니즘이 가부장적인 성격을 띠었고, 무리의 수장이 종교의식을 실시했다. 여기서 샤머니즘은 크게 발전한 종교 복합체가 아니었고, 전문 샤먼이 정확히 구별되지 않았으며, 샤먼을 양성하고 인정하는 제도도 없었다. 만신전이 없었기 때문에 혼에 대한 생각과 관련 의식은 단순하고 매우 원시적이었다.

다른 민족들(하카스족, 예벤키족, 만시족) 사이에서는 보다 더 발전한 형태를 가진 '씨족' 숭배가 일반적이었다. 샤먼은 특별 집단으로

분리됐으나, 특정 가족에 속하는 모든 성인들이 샤먼과 함께 가족 숭배를 실시했다(따라서 이런 형태의 샤머니즘은 '씨족' 샤머니즘으로 불린다).

가장 발전한 샤머니즘 형태는 전문 샤머니즘으로, 샤먼의 활동이 샤먼의 존재의 원천이 되고 직업이 세습된다. 셀쿠프인, 네네츠인, 부랴트인, 알타이인, 야쿠트인 사이에는 전문 샤먼이 있었다. 특히 투바인과 하카스인들은 높은 수준의 샤머니즘을 보이는데, 이는 이 민족들의 역사적 발전 특성에 기인한다. 부랴트인과 투바인들은 가장 높은 수준의 사회 발전을 이루었다. 14-17세기에 부랴티아에서는 씨족·부족 관계의 해체 과정이 강화되고 부랴트 민족이 형성되기 시작한다. 러시아인들이 이곳으로 진출할 무렵 부랴트인들의 샤머니즘은 이미 완성된 종교 체계였고, 고도로 발달한 다신교, 독특한 샤먼 양성 학교(샤먼은 흑샤먼과 백샤먼으로 나뉘었다), 복잡한 신 및 영혼 체계(고위와 하위로 나뉨), 독특한 숭배 대상과 같은 특징을 가졌다. 이는 부랴트 샤머니즘에만 해당하는 특징이지 샤머니즘 전체의 특징은 아니다. 한편 여러 시베리아 민족들은 공통의 종교 사상을 가지고 있었다.

애니미즘 또한 시베리아에서 폭넓게 확산됐다. 종교학에서 '애니미즘'이라는 용어는 이중적 의미를 갖는다. '애니미즘'은 넓은 의미(씨부족 신앙)로도, 좁은 의미(모든 물건에 영혼과 정신이 깃들어있다는 믿음, 자연의 힘과 현상의 영적화)로도 사용된다. 많은 시베리아 민족들의 애니미즘은 영혼의 형태에서 신의 형상으로 이동하는 독특한 특징을 가졌다. 이교 체계인 애니미즘은 우주 숭배, 귀신 숭배 등 근본이 다양한 숭배를 포함했다. 영혼은 선량한 영혼과 악한 영혼, 중요한 영혼과 부차적 영혼으로 나뉘었다. 숭배 부문은 명확히 구별됐기 때문에 서로 겹치지 않았다. 각각의 숭배 대상은 세계관에서 독자적인 위치를 점했다. 우주의 신은 너무나도 거대하고 무한해서 우주에 영향을 미치는 일을 하지 않는 악마를 상대할 일이 없었다. 영혼 중 하나는 샤먼의 수호령으로 여겨졌고, 다른 영혼들은 샤먼의 조력자가 될 수 있었다. 유혈 혹은 무혈의 제물을 바침으로써 영혼들을 회유하거나 감사를 표하기 위한 숭배가 이뤄졌다. 주로 주요 영혼은 냉정하고 무정형이었으며, 부차적 영혼은 인간의 형상을 하고 사람처럼 아내, 아들, 딸 등 가족이 있었다.

시베리아 민족들은 자연에 영성을 부여하는 특징도 보였다. 인간의 특성과 자질, 사람들의 삶에 영향력을 행사할 수 있는 능력이 모든 자연재해와 객체에 더해졌다. 일부 민족들 사이에서는 태양이나 달, 대지, 물, 불 숭배가 확산됐다. 사실상 모든 시베리아 민족들은 다양한 부족 숭배, 가족 및 씨족 숭배, 사냥 수호신 숭배와 토테미즘이나 주술의 힘 등과 관련된 다른 숭배 대상도 있었다. 한티족, 만시족, 셀쿠프족과 같은 민족들 사이에서는 가족 및 씨부족 숭배가 토테미즘을 기반으로 형성됐고, 일부 수호령들은 의인화됐다. 수호령 그림은 샤먼들의 조상의 혼을 담는 용기로 여겨졌다. 이런 생각이 조상 숭배가 형성되는 밑바탕에 깔린 것이다.

숭배의식. 시베리아 민족들의 삶에서 사냥 수호신 숭배는 죽어가거나 소생하는 짐승에 대한 생각과 관련이 있고, 이런 숭배는 일련의 금기 사항이 준수되고 관련 의식이 수행되면서 실현됐다. *동물숭배나 토테미즘*과 같은 형태의 종교 신앙 또한 (한티족이나 만시족 등의) 사냥 수호신 숭배와 관련이 있다. 사냥 수호신 숭배는 씨족 토테미즘(부족을 이루고 뿌리가 같은 몇몇 씨족의 총체)에 대한 생각에서 발전했다. 동물숭배는 토템인 동물이 예전에 인간이었고, 심지어 인간의 조상이었다는 상상에 기반을 둔다. 동물숭배 의식은 의례적 의미를 갖는 춤과 노래를 수반했다. 이런 의식은 곰, 호랑이, 큰사슴 같은 수렵 대상을 위하여, 위로와 감사를 드리는 것이었고, 동물의 환생을 빌어주는 것이었다. 투바인이나 부랴트인과 같은 목축 민족들의 사냥 수호신 숭배는 신을 숭배하고 풍요를 기원하는 성격을 가졌다.

많은 시베리아 민족들은 다층적 세계와 우주에 대한 독특한 사상을 가졌다. 이런 층의 수는 민족별로 다양했다. 예를 들면 투르크어계 민족들은 이런 층이 3개에서 18개 있다고 여겼고, 한티족과 만시족, 그리고 대부분의 핀-우그르어계 민족들은 3개나 7개가 있다고 봤으며, 부랴트인과 유카기르인들은 층이 3개가 있다고 생각했다. 명칭들은 각각 상부 세계, 중간 세계, 하부 세계; 천상 세계, 지상 세계, 지하 세계; 대지, 하늘-우주, 지하 등 민족별로 다양했다. 세계에 대한 사상은 위-아래, 하늘-대지, 북-남, 동-서, 태양-달, 밝음-어두움, 선-악, 남-여 등 시베리아 민족들의 이원적 세계관을 반영한다.

우주는 인간들의 일상생활의 수요와 밀접한 관련이 있기 때문에 특별한 자질을 갖춘 인간인 샤먼은 우주를 정기적으로 방문할 수 있다. 인간이 사는 세상에서 발생하는 모든 것의 근원은 바로 우주에 있다. 샤먼은 발생하는 여러 일에 영향력을 행사할 목적으로 영혼과의 접촉에 나서기 위해 지하 세계나 천상 세계로 여행을 떠난다. 시베리아의 여러 민족들은 이런 세계관을 통해 다른 종교(이슬람, 불교, 정교)의 신도 숭배할 수 있다. 왜냐하면 이들 민족은 우주가 너무나도 거대하기 때문에 다른 생명체도 어울려 살 수 있다고 생각했기 때문이다. 따라서 시베리아 민족들은 한 신을 숭배하며 촛불을 바치고, 다른 신에게는 제물을 바칠 수 있었다. 다만 샤머니즘에서의 우주는 숭배의식에 그만큼 직접적으로 포함돼 있었다. 이는 샤머니즘을 다른 세계관과 구별해주는 중요한 특성이다.

이슬람. 서시베리아에 전파된 최초의 일신교 중 하나는 수니파 이슬람교였다. 수니파 이슬람교는 1394년에 처음으로 시베리아 지역에 전파되기 시작했고, 새로운 팽창의 물결과 관련이 있었다. 중앙아시아의 이슬람교 전도사인 '쉐이크들'로 구성된 무장 군인들은 토착민들을 강제로 이슬람화했다. 이슬람화 정책은 두 가지 목표를 지향했다. 첫 번째 목표는 시베리아 울루스와 타타르 칸들의 권력 강화였고, 두 번째 목표는 시비르 칸국에 대한 부하라 칸들의 정치적 영향력 강화였다. 이슬람의 전파는 본질적으로 이방인들이 원주민들에 승기를 잡은 결과였다. 그러나 '쉐이크들'이 무혈 승리를 거둔 것은 아니었다. 많은 전도사들은 이교도들에 의해 고통스러운 죽음을 맞았다. 이교와 이슬람 간의 대립으로 인해 원주민들은 문화 혁신을 무시하게 됐다. 쿠춤 칸(1555-1595)은 16세기에 들어서야 이슬람교를 시비르 칸국의 타타르인들의 공식 종교로 인정하였다.

쿠춤 칸은 이슬람을 받아들이면서 이데올로기와 새로운 종교의 숭배 의식을 통한 정권 강화라는 정치적 목적을 가장 우선했다. 그러나 새로운 종교 도입은 기존의 신앙(샤머니즘)을 따르는 타타르인뿐만 아니라, 다른 민족들의 저항에 직면했다. 따라서 초기 단계에서 이슬람화를 추진할 수 있는 유일한 힘은 '언어'라는 무기였다. 왜냐하면 명령 하나만으로 고대로부터 내려온 우상숭배를 새로운 신앙으로 교체하는 것은 역부족이었기 때문이었다. 쿠춤 칸이 지배한 거대한 영토 전체에 이슬람을 전파하는 데 강제적인 정책은 도움이 되지 않았다. 이르티시강 유역 인근에서 살았지만 시비르 칸국의 수도에서는 먼 곳에 살던 일부 타타르계 부족은 기존의 신앙을 유지했다. 수도 인근 지역의 선교를 맡은 성직자들이 머나먼 곳까지 설교를 하러 갈 시간이 없었기 때문이었다. 이와 같이 16세기의 공식적인 이슬람 도입은 거대한 칸국의 영토 전역에서 이뤄지지 못했다. 그것은 산재한 인구와 민족 다양성으로 인해 이슬람화가 전 영토에서 동시에 진행되지 않았기 때문이었다. 예를 들면 이르티시 타타르인들은 이슬람의 영향력에서 자유로웠고, 그 덕분에 샤머니즘을 지킬 수 있었다. 이슬람교는 16-18세기에 타타르인 사이에서 점차 영향력을 확대해 나갔고, 그에 따라 전파 지역도 확장됐다. 시베리아 타타르인들 중에서 바라빈스크 초원에 거주하던 타타르인들은 18세기 중반에 가장 마지막으로 이슬람교를 수용했다. 이슬람은 18세기 중후반에 우랄강에서 알타이산맥의 서쪽 구릉 지역에 이르는 광활한 스텝 지역에서 유목 생활을 하던 키르기즈-카자흐인 사이에서 널리 확산된다.

시비르 칸국은 다양한 문화와 민족을 아우른 나라였다. 이로 인해 민족 문제와 종교 문제가 다양하게 전개되었다. 그것은 이교도들에 대한 관용에서 이교도에 대한 배척으로, 그리고 현지 주민들에게 이슬람 교리를 강제 주입하는 것으로 바뀌었다. 이슬람교가 주민의 삶에 곧바로 깊이 있게 침투하지는 못했다. 이슬람교는 현지의 숭배 대상을 이슬람교에 포함시켜 이슬람 교리와 지역 여건 사이에 타협점을 찾으면서 새롭고 평화로운 전도 방법을 점차 개발해냈다. 예를 들면 시베리아 타타르인들은 이슬람교와 더불어 '우상 숭배'와 관련한 많은 이교도 전통과 의식을 유지했다. 타타르인들이 다른 민족들로부터 차용한 의식들 또한 이슬람교와 공존했다.

시베리아의 이슬람교는 러시아 다른 지역의 이슬람교와 같은 특징을 가지고 있었다. 시베리아에서는 생활 전통에 대한 자유로운 태도가 특징이고 현지 종교 신앙의 영향력 하에서 발전한 이슬람 하니파트파가 확대됐다. 이슬람 세계에서 변방이라는 지리적 위치로 인해 시베리아에서는 이슬람 전파 이전에 시베리아 민족들이 가지고 있었던 일부 의식과 전통이 이슬람화되는 소위 '생활 이슬람'이 형성됐다. 따라서 일원론적 통설을 가진 이슬람교가 실제로는 '이슬람화 이전의' 전통들과 유연한 관계에 있었던 다양한 신앙과 사회 집단의 원칙을 수용한 종교가 되었다.

이슬람교는 시베리아 지역에 종교 단일화를 가져옴으로써 지역을 통합하는 기능도 수행했다. 이슬람교는 다양한 시베리아 타타르 무슬림들 사이에서 폐쇄적인 소통 그룹을 형성함으로써 이들의 통합에 기여했다. 바로 종교를 통해 다양한 민족과 무슬림 사회의 동일화가 이루어졌다. 이런 동일화는 다양한 민족이 '우리' 신도라는 의식이 생겨나게 했다. 이슬람교는 세속적인 것과 신성한 것, 공공의 것과 개별적인 것을 구별하지 않는 것이 특징이다. 이슬람은 숭배의식뿐만 아니라 생활 속 법, 윤리, 교육, 양육 및 미학적 측면을 통합하고 가족 및 형제, 자매와의 관계를 통제하며 신자들의 모든 삶의 형태를 규정했다. 그럼으로써 이슬람교는 신자들의 행동과 의식을 통제하는 포괄적 체계를 구축했다. 한편 시베리아 무슬림들은 샤리아(역자 주: 이슬람 율법)에 부합하는 규칙을 모든 생활 속에서 준수함으로써 종교적 단일성에 대한 인식을 더욱 강하게 갖게 되었다.

시베리아 타타르인들은 넓은 지역에 분산되어 살았기 때문에 경제적, 문화적 관계가 느슨해 오랜 기간 동안 언어, 문화, 풍속의 특성이 약화되고 민족 결합의 속도도 지체되었다. 이슬람은 이러한 경향과 반대로 주민을 통합시키는 기반이 되었다. 이슬람교는 높은 수준의 보편성을 가지고 다양한 민족 집단을 종교 공동체로 끌어들이는 통합 능력을 보였다. 그 덕분에 이슬람교는 이슬람화된 시베리아 민족들을 서로, 그리고 이슬람 국가들과도 통합하는 중요한 지정학적 세력이 되었다. 광활한 시베리아의 많은 지역을 개척한 이슬람교는 부차적이기는 하지만 역사적으로 중요한 정신적 중심지를 새로이 구축하였다.

불교. 불교는 이슬람교와는 달리 모스크바 대공국의 '교회' 영토에서 전파됐다. 티베트불교 형식의 불교(거루파)는 17세기에 이미 모스크바 공국에 편입된 남시베리아와 동시베리아로 침투하기 시작했다. 티베트불교는 17세기 초에 투바인들 사이에서 확산되고, 17세기 말에는 영향력이 미치는 범주를 넓혀 부랴트인과 칼미크인들에게 이르렀다. 이런 민족들 이외에도 서시베리아와 동시베리아의 티베트불교화 과정에는 야쿠트인과 동투르크계 퉁구스인들이 포함됐다. 티베트불교는 무엇보다도 불교의 본산인 중국과 몽골(티베트) 인접 지역에서 성행했다.

영토적 인접성은 여러 면에서 티베트불교의 성직자들의 성공을 가져왔다. 티베트불교가 역사적 지역과 관련이 있었기 때문에, 티베트불교는 전통 종교로 구분되기 시작했다. 15세기에 총카파(역자 주: 티베트 정통파 불교의 개혁자)가 티베트에서 창시한 거루파(선행자파, 혹은 승려들의 의복 양식에 따라 '황모파')는 신정국가인 티베트와 일련의 몽골계 국가의 국교가 된다. 티베트불교는 빠른 속도로 우위를 점하고 독자적인 불교 중심지(부랴트, 투바 공화국)를 구축한다. 티베트불교는 연대적 관점에서 이슬람보다 앞서 시베리아에 침투했다. 티베트불교의 전파에 대한 증거는 투바 공화국에서는 11세기에서 12세기 초에 나왔고, 자바이칼 지역에서는 13-14세기에 나왔다. 그러나 이는 티베트불교의 진출 시도에 대한 증거지, 국교 지위 획득에 대한 증거는 아니다. 이슬람교와 티베트불교의 이해관계는 얽히지 않았는데, 이들 종교의 성행 지역이 달랐기 때문이었다. 오히려 전통 신앙인 샤머니즘과 새로운 신앙인 티베트불교 간 종교 갈등이 전개됐다.

티베트불교는 동부랴트인과 투바인들 사이에서 가장 성행했다. 이 두 민족은 사회·경제 발전 면에서 시베리아의 다른 민족들을 크게 앞섰다. 이미 7세기 무렵에 이들 민족은 봉건제와 사회 계급 구조를 형성했다. 동부랴트인과 투바인들의 전통 종교로서의 샤머니즘은 다른 종류의 시베리아 샤머니즘과 비교했을 때 가장 발전한 형태였다. 부랴트인들의 샤머니즘은 이미 완성된 종교 시스템이었다. 그러나 이런 사실에도 불구하고 씨족 생활과 수렵을 기반으로 성장한 샤머니즘은 이미 변화한 사회·경제 상황에 부합하지 않았고, 부랴티아와 투바 사회의 엘리트 계층의 이해관계에도 부합하지 않았다. 엘리트 계층의 새로운 요구에는 티베트불교와 같은 새로운 이데올로기가 필요했다. 이들 민족이 새로운 종교의 수용을 공식화한 것은 아니지만 티베트불교는 새로운 종교로서 정당성을 얻었다. 종교시설로서 티베트불교 사원은 생겨나지 않았다. 이것은 경제적 기반이 아직 형성되지 않았기 때문이었다. 이들 민족은 봉건제 형성 과정을 겪었음에도 불구하고 봉건적 특성인 토지의 집중이 적극적으로 이루어질 만한 여건이 조성되지 않았다. 즉, 사원이 토지를 보유함으로써 강력한 경제 기반을 갖게 되는 상황은 일어나지 않았다.

시베리아에서 조직적 구조를 갖추지 못한 티베트불교는 인근 몽골에서 전파되고 강화됨에 따라 시베리아로 서서히 들어왔다. 자바이칼 지역에서 처음으로 티베트불교를 받아들인 민족은 셀렝가강 유역에 정착한 몽골계 민족인 타반구트족, 촌골족, 아타칸족, 하타긴족 등이었다. 티베트불교는 여러 민족들 사이에서 각기 다른 시기에 다른 규모로 전파되고 뿌리내렸다. 이를테면 티베트불교가 동부 지방에서는 19세기 초에 들어서야 전파되기 시작한 반면, 이르쿠츠크현의 일부 지역에서는 20세기에 접어들며 전파되기 시작했다. 샤머니즘은 부랴티아의 서부 지방에서 여전히 많은 추종자들을 거느렸다. 티베트불교의 전파 역사가 가장 오래된 지역에서조차도 원주민들은 기존의 신앙에 대한 충성심을 계속해서 유지했다. 예를 들면 호린스크에 거주하던 부랴트인들은 18세기 말에도 샤머니즘 사상과 풍습을 견지했고, 19세기와 20세기에도 그중 일부를 유지했다.

이렇게 여러 종교가 얽히게 되면서 독특한 *종교적 혼합주의* 형태인 '이중신앙'이 탄생했다. 그러나 티베트불교는 이런 이중적 상황을 수용할 수 없었다. 따라서 티베트불교는 샤먼의 영향력을 상쇄하고 일상생활에서 관련 풍습을 몰아내기 위해 노력했다. 새롭게 들어온 종교인 티베트불교는 현지 여건에 대한 높은 적응 수준과 유연성을 발휘하며 샤머니즘을 지배적 위치에서 차츰 밀어냈다. 티베트불교는 현지 주민들의 의식에 자리 잡으며 이들의 전통신앙 요소들을 취했고, 유목 생활도 거부하지 않았다. 또한 티베트불교는 시베리아 원주민들로 하여금 생활 습관을 부정할 것을 요구하지도 않았으며, 도덕적 금기로 이들의 일상생활을 제한하지도 않았다.

티베트불교는 19세기 초부터 중반까지 부랴트인과 투바인들의 기존의 풍습 체계로 침투했고, 그로 인해 티베트불교는 이들 민족의 종교적 의식에 더욱 깊이 자리 잡았다. 동부랴트인과 투바인들 사이에서 티베트불교가 빠르게 확산되는 데 기여한 것은 현지어에 대한 라마승들의 지식, 다른 민족들과 비교했을 때 이들이 가진 높은 사회·경제발전 수준, 현지 여건에 대한 티베트불교의 높은 적응력과 유연성(티베트불교는 신도들의 유목 생활을 부정하지 않았다), 평화로운 티베트불교 도입, 샤머니즘과 일부 유사한 세계관이었다. 이로 인해 티베트불교와 샤머니즘의 풍습이 융합되는 데 훨씬 부담이 적었다.

이처럼 티베트불교는 시베리아에서 독특한 종교적·민족적 형식을 갖게 되었다. 이것은 현지의 숭배의식을 동화시키고 전통 불교 문화 이전의 요소들과의 혼합으로 나타났다. 티베트불교와 불교는 인종 중심의 지역을 종교로 채우면서 신자들의 민족 공동체를 만드는 민족형성 요인의 역할을 하였다. 이렇게 시베리아는 *민족과 종교적 귀속이 동일시*되는 지역이 되었다.

정교. 시베리아가 16세기에 모스크바 공국에 편입되면서 모스크바 공국에는 이교도, 무슬림, 티베트불교 신자 등 이교도가 유입됐다. 이들은 시베리아의 정교도들보다 상대적으로 수적 우위에 있었다. 정부는 종교적 다양성과 비정교도인들의 수적 우세를 시베리아 기독교화 정책을 통해 극복하려고 노력했다. 이는 러시아정교회(ROC, 1620)가 공식 출범하게 되는 계기가 됐다. 역사적으로 기독교가 시베리아에 유입된 것은 시베리아가 노브고로드 공국에 속했던 12-14세기였다. 기독교는 이 시기에 이슬람교 등 다른 종교와 평화롭게 공존했다. 그 이유는 기독교가 러시아인 사이에서만 전파되어 독점적 지위를 차지할 필요가 없었기 때문이었다. 시베리아가 모스크바 공국에 편입되면서 정교는 유일한 국교 지위를 얻었다.

러시아정교회는 국법으로 고착된 법적 지위뿐만 아니라 절대다수인 정교도 덕분에 정교가 지배적 종교인 모스크바 공국과 비교하면 시베리아는 종교적으로 복잡한 상황이었다. 교회는 초기 시베리아 식민화 과정에서 법적 지위를 얻었지만, 신자수 면에서는 우위를 점하지 못했다. 이교도들이 많은 시베리아 지역을 국가로 편입시키고 안정시키는 정부 정책은 정교와 다른 종교들 간 적

대감이 극복되는 과정에서 실시되었다.[46)]

러시아 정부의 주요 기능 중 하나는 이데올로기적 영향력을 포함하여 다양한 형태의 제도적 강압으로 지배와 복속 관계를 확립하는 것이었다. 이데올로기적 제도 중에는 *러시아정교회*도 포함되었다. 정부가 효율적인 지배 시스템을 구축하는 이데올로기 수단 중 하나가 바로 기독교였다. 그로 인해 선교 활동이 러시아정교회의 주요 활동 방향이 되었다. 정부와 교회는 강압적으로 정복된 토착 민족들을 러시아화하고, 이들을 정치적, 도덕적으로 통합하려고 노력했다. 교회의 선교 활동의 규모와 성격은 새로운 지역의 식민화 과정에서 국가적 이해관계와 관련을 가지는 한편, 다른 한편으로는 교회의 선교 활동 조직의 능력에 의해 결정되었다.

러시아정교회의 선교 활동은 16세기 중반 카잔 칸국이 모스크바 공국에 편입된 이후부터 시작된다. 이때 이슬람을 믿는 민족의 이질성 문제에 처음으로 맞닥뜨리게 된다. 이반 4세의 폭정과 신정은 이슬람교가 정치와 종교 활동에 접근하는 것조차도 허용하지 않았다. 러시아는 강제에 의한 수단이 이슬람 문제에 효과적이지 않다는 사실을 인식하고 기독교화에 정치적 의미를 부여하기 시작하였다. 더욱이 현지 민족을 동화시키고자 하는 최초의 도박은 실패로 끝났다. 동화 과정은 매우 느리게 진행되어 바람직한 결과를 가져다주지 못했다. 그 이유는 언어와 종교, 삶의 양식에서 차이가 너무나도 컸기 때문이었다. 이반 4세는 1582년 교회에 선교 활동을 시작할 것을 명령했다. 초기 단계에서 정부는 러시아교회가 우월하기 때문이 아니라, 정교이기 때문에 기독교화가 적

46) Маняхина М. Р. Русская православная церковь в конфессиональных процессах в истории культуры Сибири (XVII - начало XX вв.). - СПБ., 2003. - 244 с.

법한 것이라고 생각했다.

러시아정교회는 17세기에 무슬림, 불교 신자, 샤머니스트 등 기독교화가 필요한 민족들에 대해 강제적 방법을 통해 기독교화를 실시했다. 세례를 거부한 이교도들은 거주지를 떠나 독특한 슬로보다에 정착했다. 세례를 받은 이교도들에 대해서는 물질적 혹은 사회적 지원책이 주어졌다. 이들은 세금과 의무를 면제받고(이들이 면제받은 세금과 의무는 비정교도인에게 전가됐다), 군역이 연기됐으며, 봉건제 하에서 세례를 받은 농노들은 정교를 거부한 영주들로부터 자유를 얻었다. 세례를 받은 이들에게 폭넓은 혜택이 제공되자 이교도들이 대거 정교로 넘어오게 됐다. 실제로 이는 외형상의 형식적인 정교 수용 행위였다. 정교 반대파들은 기독교화 과정에 대한 적극적인 형태의 저항을 벌였다.

원주민 통합 과정을 가로막는 종교적 이질성과 다언어성은 정권에 문제가 되었다. 그래서 국가는 현지 지역 문화와 러시아 정교 문화 사이의 차이를 없애는 과제를 교회에 부여했다. 러시아정교회가 우위를 차지하자 비로소 사회적으로나 문화적으로 시베리아를 움직일 수 있는 활동을 시작한다. 정교회는 종교적 리더로서 *이슬람*, *샤머니즘*, *티베트불교* 등 세 종교가 지배적인 지역으로 파고들어 이들을 밀어내고 이들 종교의 영향력을 제한할 목적으로 이 세 종교를 변질시키는 작업을 한다. 그 결과 *종교적 이질성*이 심화되고 토착민들은 한 종교에서 다른 종교로 이동하는 동요 현상이 일어났다. 종교 분열은 동시대에 활동하던 모든 종교 단체 사이에 깊은 적대감을 낳았다. 기독교와 경쟁하는 세 종교의 입지는 강했다. 샤머니즘은 수 세기에 걸친 전통을 가지고 있었고, 이슬람교와 티베트불교는 정교보다 일찍 시베리아에 종교 제도로서 뿌리를 내렸다. 여기에는 러시아 정부도 일조한 측면이 있다.

시베리아에 정교 교회가 들어가기 전에는 현지 주민들 사이에서 티베트불교가 전파되고 강화되도록 정부가 도와주었다. 정부는 전통 신앙인 샤머니즘을 근절할 수 있는 가장 좋은 이데올로기적 대안이 티베트불교라고 여겼다. 정부가 티베트불교를 지지한 것은 티베트불교가 산재한 시베리아 민족들을 종교적으로 통합한 다음에는 러시아의 이데올로기적 동맹이 될 것이라는 기대를 가지고 있었다. 그러나 정부는 세계적 종교인 티베트불교의 사상적 힘을 과소평가했다. 티베트불교는 정부의 공식 지지를 받으며 입지를 강화했을 뿐만 아니라, 새로운 민족 집단을 영향력 하에 두면서 적극적인 선교 활동을 지속적으로 펼쳐 나갔다.

티베트불교에 대한 러시아 정부의 종교 정책은 이와 같이 초창기부터 이중적 성격을 띠었다. 러시아는 지정학적, 경제적 이해관계로 러시아의 여러 민족이 불교를 종교로서 받아들이도록 요구하는 한편, 다른 한편으로는 불교의 영향력을 제한하고 부랴트인과 투바인들이 생활 양식을 러시아 정교 양식에 맞추도록 기독교화 정책을 추진하였다. 그런 과정에서 티베트불교는 과거에 없었던 문제에 직면했다. 불교는 시베리아를 제외하고는 정교와 같이 아주 강력한 이데올로기적 경쟁자와 맞닥뜨린 적이 없었다. 동방의 불교 국가에서는 그 어느 곳에서도 기독교가 우위를 점하거나 불교에 강한 영향력을 행사하는 곳이 없었다. 불교는 이 두 종교의 상호관계가 있었던 국가들(그러나 기독교가 러시아에서와 같이 지속적인 지지를 받지 않는 국가들)에서의 경험을 일부 활용해 러시아에서 정교와의 대립이라는 독자적인 경험을 쌓을 수밖에 없었다.

이슬람교와 티베트불교는 정교회의 주도적 지위를 인정하며 2차적 위치를 점하기 시작했다. 가장 큰 타격은 이슬람이 겪었다. 이슬람교의 자부심과 권위가 크게 손상을 입었다. 정교도 러시아인들은 300년이 넘는 기간 동안 투르크계 무슬림의 지배 하에 있었다. 시베리아가 러시아에 귀속되자 이슬람교는 슬라브인들의 영향력 하에 처하게 됐다. 이슬람교의 지배는 정교의 지배로 대체됐다(역사적으로 이 과정은 모스크바 공국이 카잔 칸국과 아스트라한 칸국에 대해 승리를 거둔 1552년보다 일찍 시작됐다). 종속된 이슬람교는 시베리아 타타르인들의 전통 종교로 간주되기 시작했다. 모스크바의 차르들은 바로 이슬람교에 대해 횡포를 부렸다. 이는 러시아 내 러시아 정교도와 투르크계 무슬림 사이에서 민족 간, 종교 간 협력과 배치되는 것이었다. 차르의 횡포는 강제 개종, 수많은 모스크 파괴, 타타르인 지주들의 토지 상속권과 토지의 박탈, 강력한 탄압으로 나타났다.

동시에 긍정적 측면도 있었다. 슬라브 민족과 투르크 민족은 수백 년 동안 함께, 혹은 이웃으로 살아왔다. 이들은 다양한 역사적 시기에 전쟁을 했을 뿐만 아니라, 서로 문화적 영향력을 행사하며 교역을 하기도 했다. 동시에 러시아 정교와 투르크 이슬람 문화 사이에는 서로 인정하는 과정이 공유되면서 이들 문화 간 접촉과 상호 수준이 높아졌다. 그리고 무모한 식민화 정책으로 촉발되고 광신과 불관용에 의해 생겨난 장벽이 극복되었다. 러시아와 무슬림 사회의 하층 민중들은 뒤섞여 살아 동화되었다할 정도로 서로를 인정하고 있었다. 이는 오랫동안 지속된 러시아-무슬림 문명 간 상호 작용이 성공했음을 보여주는 결과이다. 이렇게 이슬람교와 정교, 투르크인과 슬라브인들 사이의 문명 간 대화와 문화의 상호 영향력은 끊이지 않았는데, 이 민족들은 역사적으로 공존해야 할 운명이었기 때문이다.

17-18세기의 종교 갈등은 시베리아 문화 공간을 '갈라놓았다'. 전통, 기원, 상징, 도그마 등에서 차이를 보이며 경쟁하는 종교 체

제들 간의 협력은 바로 시베리아의 사회와 문화가 발전하는 원동력이 되고, 시베리아의 종교적 지형과 종교 간 관계를 결정하는 요인이 되었다. 모든 종교 시스템이 점차 시베리아라는 사회적, 종교적 공간에서 제자리를 찾기 시작했다. 세 세계적 종교는 원주민들이 고대로부터 갖고 있던 신앙 위에 자리 잡았던 것처럼 우세 지역을 분할하였다.

러시아정교회는 선교활동을 하면서 토착민들이 기존의 생활 방식을 전반적으로 바꾸도록 하였다. 정교회는 시베리아 토착 민족들의 사회·문화적 삶을 변화시키는 요인이 되었을 뿐만 아니라, 알타이인들의 *부르카니즘*과 같은 새로운 종교가 발생하도록 만든 요인이 되기도 했다.

부르카니즘. 19세기 말 무렵의 종교 운동인 부르카니즘은 알타이인들의 종교 문화에서 나타난 강력한 현상이었다. 부르카니즘의 형성 과정은 19세기-20세기의 알타이 지역의 식민화 및 기독교화 역사와 아주 밀접한 관계가 있다. 그로 인해 부르카니즘은 많은 면에서 사회·문화적 개혁의 특징을 반영하는 것이었다.

러시아의 공식적인 식민화 정책이 실시되기 이전에는 알타이에서 이교 문화가 지배적이었다. 알타이 문화의 종교적 기반은 샤머니즘의 형식을 한 이교였다. 산지 알타이가 18세기에 러시아에 편입되면서 지역 토착민들의 기독교화를 위한 정치적 여건이 형성됐다. 따라서 알타이지역에서 선교의 목적은 이 지역을 이교 문화가 성행하는 지역에서 다문화가 발전한 지역으로 변형시킬 수 있는 문화적 종교 시스템을 구축하는 것이었다. 러시아 정교 문화와 알타이 문화 사이에 독특한 형태의 상호 관계가 만들어진 것은 무엇보다도 식민화 정책 때문이었다. 그 결과 19세기 말 20세기 초 대부분 토착민의 삶에서 갈등 상황이 생겨났다. 러시아의 알타이 식민화는 원주민들을 도시화라는 '개방된' 환경으로 밀어넣었다. 러시아인들의 혁신 문화는 알타이인들이 지켜온 폐쇄된 공간의 경계를 무너뜨려 그들의 기존 체제를 붕괴시키고 알타이 문화의 상징을 세속화시키는 것이었다. 러시아 정교 문명은 새로운 형태의 문화와 경제 활동뿐만 아니라, 일신교(유일신 신앙) 사상을 가진 새로운 종교적 세계관을 가져왔다. 그전까지 알타이인들의 세계관은 씨족 및 지역 사회의 범위 밖을 나가 본 적이 없었다. 19세기에서 20세기로 넘어가는 시점에서 한편으로는 '개방된' 환경으로 내몰면서 다른 한편으로는 불안정한 위기 상황을 유발한 사회·문화적 변화는 알타이인들의 민족성을 크게 바꾸고 민족적 정체성에 대한 의식을 불러일으키게 하였다. 민족성은 보수적이다. 인간은 갈등이나 위기 상황에서 '어머니의 품속'에 숨는 것처럼 민족성 속에 숨는 법이다. 민족성이란 심리적 안정과 확실성에 대해 본질적으로 인간이 가진 고유의 요구를 충족시키는 것이다. 민족성 문제가 활성화되면서 알타이인들은 전통 신앙 체계인 샤머니즘을 재평가하게 됐다. 샤머니즘은 사회적·심리적 좌절 상황에서 위기 상황을 해결할 능력이 없었다. 기존의 사회 구조가 붕괴하게 되면 늘 내세 문제로 관심을 돌리게 되는 법이다. 어떤 한 힘이 보호 능력이 없다면, 다른 힘이 그 자리를 대체할 수밖에 없다. 샤머니즘에 대한 불만이 고조되면서 알타이인들은 종교적으로 방황하게 되고 새로운 신을 찾아 나서게 되었다. 이것은 알타이인들로 하여금 그들의 전설적인 역사로 눈을 돌리게 만들어 새로운 형태의 민족적 사명을 띤 해방자 영웅을 찾게 만들었다. 그것이 신 부르칸이었다. 알타이인들의 민족의식은 알타이 사회의 정신적 요구와 민족적 염원을 담아내는 민족 종교 운동으로 발전하였다.

동시에 부르카니즘은 특정 사회 계층의 사회적, 경제적, 정치적 이해관계를 대변하였다. 알타이인들은 알타이가 러시아에 편입되면서 완전한 정치적, 경제적 종속 관계에 놓이게 되었다. 토착민들은 자신의 영토에서 토지 사용권을 상실했다. 이로 인해 알타이인들은 유목 생활에서 정착 생활로 넘어갈 수밖에 없었다. 전통 생활 양식의 급격한 변화는 타인의 게임 규칙을 공식적으로 받아들이는 행위로 인식됐던 개종과 비교해도 그 자체가 비극적이었다. 알타이인들은 유목 생활이 가장 완전하고 최선이라고 믿어 왔다. 이들에게 신들이 그렇게 살 것을 명했다는 것이다. 이는 주인공들이 유르타에서 살면서 말을 타고 다니며 고기와 우유를 먹고 사는 유목민족으로 나타나는 알타이 전설과 설화에 그려진 바 그대로이다. 알타이인들은 스스로를 보다 더 강력한 민족에게 경제적으로 종속된 희생양이라고 생각하게 되었다. 알타이인들의 집단의식에서 민족 불평등에 대한 자각으로 싹트면서 사회적 저항 운동으로서의 부르카니즘이 촉발되었다.

19세기에서 20세기로 넘어갈 무렵 산지 알타이에서는 사회 내부적으로도 계급 간의 분열이 급격하게 일어났다. 러시아인들이 이 지역의 경제와 무역을 주도하면서 알타이인들 사이에서는 봉건적 체제가 빠르게 자리 잡고 민족 자본가들이 나타나 경제 성장을 촉진했다. 따라서 알타이 사회의 최하층 계급은 한편으로는 러시아 식민주의자들로 인해, 다른 한편으로는 봉건 지주들로 인해 이중고를 겪었다. 최상위 영주 계층은 형성 초기 단계부터 부의 원천을 차지하여 그것을 축적해 가는 과정에서 이미 차별화됐다. 영주들은 경제 활동 방법에 따라 목축업을 기반으로 하는 남서부 집단과 교역 및 고리대금업을 기반으로 하는 북부 집단의 두 집단으로 나뉘었다. 지리적 요인은 이들 집단에 미치는 영향권의 방향을 결정했다. 남서부 집단은 중국과 몽골의 영향력 하에,

북부 집단은 러시아의 영향력 하에 놓이게 되었다.

이로 인해 러시아에게 남서부 집단은 화해 불가능한 적이 되고, 북부 집단은 한 편이 되어 기독교화와 러시아화, 러시아의 식민 정책에 대한 입장이 두 최상위 영주 집단 간에 극명하게 나누이게 되었다. 남서부 집단의 투쟁은 두 가지 방향으로 전개됐다. 투쟁의 목표는 외부적으로는 러시아로부터 벗어나는 것이고, 내부적으로는 알타이인들의 전통 종교 문화이자 북부 영주들이 여전히 믿고 있었던 샤머니즘에 대항하는 것이었다. 부르카니즘을 구미에 맞게 이용하려고 한 남부 지역의 지주들이 바로 부르카니즘의 선도자가 됐다. 따라서 남부 지역의 영주 집단은 외부적으로는 러시아와, 내부적으로는 경제 무대에서의 경쟁자인 북부 지역의 영주들과 갈등 관계를 만들었다. 알타이 사회의 문화는 총체적으로 붕괴하게 되었다. 이는 알타이족의 내부적 대립으로 이어지고, 러시아는 이것을 알타이에서 식민 정책을 실시하는 과정에서 맞닥뜨리게 되었다. 그에 따라 19세기에서 20세기로 넘어갈 무렵 산지 알타이 지역에서 외적으로는 대도시와 식민지 간, 내적으로는 영주들과 대다수의 알타이인들 간에 첨예한 대립이 벌어지게 되었다.

사회-경제적, 종교적 불안은 알타이인들의 투쟁에 러시아와 함께 중국과 몽골이 정치적으로 개입하게 만들었다. 19세기에서 20세기로의 전환기에 산지 알타이는 정교 러시아와 불교 세계 간에 첨예한 대립이 전개된 '용광로'였다. 정치 '괴물들' 사이에서 이리저리 뛰어다니던 알타이인들은 러시아에 대항하여 통일된 국가성을 만들기 위해서 사고방식과 외형, 삶의 양식, 전통이 유사한 가까운 형제 민족들과 문화에 시선을 돌릴 수밖에 없었다. 알타이 지역은 영토적으로 러시아제국에 속했으나, 종교적으로 원주민들은 몽골과 중국 쪽으로 기울어져 있었다. 그로인해 알타이인들은 이중적 상황에 놓이게 됐다. 자결권을 선포하면서 유전적으로 가까운 형제 문화와 통합하려는 알타이인들의 의지가 표출된 것이 부르카니즘이다. 이것은 이중적이고 불편한 상황에서 '탈출'하려는 시도였다.

종교 운동으로서 '백(白)' 종교인 부르카니즘의 형성은 경제적(러시아 자본과의 경쟁), 정치적(러시아로부터 알타이 지역 분리), 종교적(새로운 신앙 확립) 목표를 가진 중국이 자본을 제공하는 티베트불교의 품속에서 실현되었다. 이는 알타이인들이 러시아 체제로부터 자발적으로 독립을 하도록 사주한 이데올로기적 교란작전이었다. 이와 관련해 부르카니즘에는 민족적 성격이 부여됐지만, 그 영향력은 산지 알타이 지역 내로 국한되었다. 따라서 부르카니즘은 영토적·지역적 소통이라고 할 수 있다. 그러나 이데올로기로서의 부르카니즘은 단일 국가를 형성함으로써 국경에 의한 지역적 분리를 극복하려는 목표를 가진 남부 영주 집단과 티베트불교, 중국 간의 정치적 동맹이 되면서 형성 초기 단계에서부터 순전히 엘리트적 성격을 띠었다. 동시에 부르카니즘은 여느 종교와 마찬가지로 집단 내 적대감을 극복하고, 비록 종교적 범주로 국한되기는 했지만 통합을 위한 결속의 범위를 확대하기 위한 기반을 마련하고자 하는 통합적 기능을 갖추고 있었다.

부르카니즘에 대한 결론은 부르카니즘이 알타이 사회가 진화하는 과정에서 19세기에서 20세기로 넘어가는 시점에 발생한 새로운 형태의 종교라는 사실이다. 알타이 사회는 알타이인들 사이에서 계급 분화를 유발하고 이들의 사회와 종교를 복잡하게 만든 사회·문화적 상황에 의해 붕괴된 전통적 세계를 온전하게 복구하도록 해 주는 새로운 적응 메커니즘을 모색하였다.

***

전반적으로 시베리아의 종교는 지역적 특성을 가졌다. 그중 하나가 종교적 이단의 문제이다. 이것은 샤머니즘, 이슬람, 티베트불교, 정교와 같은 종교 시스템이 공시적으로나 통시적으로 자율적 기능을 갖는다는 것이다. 다른 특징으로는 종교가 현지의 상황과 여건에 순응하여 혼합된 형태가 된다는 것이다. 일부 토착민들은 문화와 체계가 다른 종교의 일부 요소들을 받아들이면서도 종교와 문화의 상이성은 그대로 유지하였다. 한편으로 이런 상호 교류가 부분적으로 민족 간, 문화 간 소통을 낳았지만, 다른 한편으로는 내용과 형식, 그리고 지향하는 바가 다른 종교들이 다양한 요인들을 모두 조화롭게 만들 수는 없었다. 동시에 종교적 전통이 다르다고 해서 초민족적 통합을 이루거나 국가적-정치적 통합을 기반으로 다종교적 사회를 만드는 것이 어려운 것은 아니다.

S I B E R I A

4.4 근대 러시아 문화에서의 시베리아 유형(流刑)

라리사.V.드미트리예바

러시아 문화 현상으로서의 정치적 유배

16세기 말부터의 시베리아와 러시아 문화사는 유형의 역사를 모르고서는 이해할 수 없다. 유배형은 모스크바 공국 시대에 국가가 불온사상을 상대로 벌인 싸움의 한 형태이다. 이것이 근대 러시아의 징벌 정치 체제에서 승인된 것은 러시아 역사와 지역 문화사를 특징짓는 비극이다. 당대의 저명인사들이 페트로파블롭스크 요새, 실리셀부르크, 아카투이, 토볼스크 감옥, 시베리아 수용소와 강제노동 수용소를 거쳐 갔다. 전 세계 어디에서도 정치적 유형이 이렇게 전 국가적 정치 체제의 한 근간으로 기능하고, 조직적이며 규모가 큰 곳은 없었다.

16세기에 유배형은 주로 유럽 러시아에 국한돼 있었다. 반면에 시베리아가 식민화되기 시작하면서 새로운 역사의 장이 열렸다. *1649년 법전은 시베리아 유형을 처음으로 주요 형벌 중 하나로 규*

정했다.[47] 신규 토지 개척과 유형이라는 두 과정이 시베리아에서 동시에 진행된 것이다. 유형수 처리 업무를 관장하는 시베리아 지역 관청이 토볼스크에 세워졌다. 토볼스크는 3세기가 넘는 기간(16세기 말부터 20세기 초) 동안 시베리아 유형의 성지였다. 토볼스크는 유형수를 받고 그들의 명운을 갈랐다.[48] 유형지가 정확히 정해지지 않은 경우에는 '시베리아의 먼 도시로 유배할 것'인지, '가장 먼 도시로 보낼 것'인지가 시베리아 총독 청사에서 결정됐다. 시베리아의 수도인 토볼스크에 남아 형기를 보내는 것은 일종의 '명예로운' 유형이었다.

러시아 전역에 사는 수많은 민족들과 많은 유럽인들이 러시아인들과 함께 시베리아를 거쳐 갔다. 북방전쟁 이후 토볼스크현에는 스웨덴 포로가 약 천 명 생겨나고, 18세기 말경에는 폴란드인 4천 명이 살았다. 외국인들은 우크라이나, 벨라루스, 발트해 국가들, 캅카스, 볼가강 연안 지역에서도 계속 유입됐다. 토볼스크의 유형수들은 러시아의 다양한 민족, 종교, 계급, 직업, 세계관 등의 문화 계층을 대표했다.

시베리아 유형은 인물들을 통해 보는 러시아의 역사다. 수많은 인물들 중 아바쿰 페트로프, 유리 크리자니치, 필립.I.스트랄렌베르크, 아브람.P.한니발, 이반.M.니키틴, 판크라티.P.수마로코프, 알렉산드르.N.라디셰프, 알렉산드르.A.알랴비예프, 미하일.A.폰비진, 빌헬름.K.큐헬베케르, 표트르.N.스비스투노프, 미하일.V.부타셰비치-페트라솁스키, 표도르.M.도스토옙스키, 니콜라이.G.체르

47) Казарян П. Л. Генезис политической ссылки в России (кон. XV - нач. XIX в.). - Владивосток: Изд-во Якутского ГУ, 1999. - 48 с.
48) Анисимов Е. В. Дыба и кнут. Политический сыск и русское общество в XVIII в. - М.: Новое лит. обозрение, 1999. - С. 630.

니셉스키, 미하일.L.미하일로프, 블라디미르.G.코롤렌코 등과 같은 이름들은 19세기 말부터의 러시아 정치사상사와 러시아와 유럽의 과학과 문화사를 대표한다.

시베리아의 도시에는 유배형을 받은 상트페테르부르크의 인텔리겐치아들, 창조적 엘리트들, 지성들, 전문가들과 같은 문화인들의 특수 문화 계층이 형성됐고, 그런 사람들이 계속 유입되었다. 시베리아는 이들의 창조적 활동에 크게 힘입어 수도 페테르부르크와 유럽의 문화와 연계될 수 있는 행운을 얻었다.

러시아 역사에서 최초의 시베리아 유배형은 1591년 **우글리치의 종**에 내려졌다. 죄목은 드미트리 황태자가 시해당한 후 민중에게 폭동을 일으키도록 사주했다는 것이었다. '시베리아의 카람진'으로 불리는 지역학자 *표트르.A.슬롭초프*에 따르면, 우글리치의 종은 첫 유형수이자 동시에 불사의 존재로 국운을 예언하는 유형수였다.[49] 첫 시베리아 유형수의 탄생과 함께 유형수는 *'조국에 이바지해야 한다'*는 전통이 생겨났다. 그래서 쫓겨난 종은 토볼스크의 스파스카야 교회 종각으로 보내져 그곳에서 교회의 종으로 복역했다. 1788년에 발생한 화재 이후 종은 남부 외곽으로부터 도시에서 가장 높은 지점인 요새에 위치한 소피아 성당 종루로 옮겨졌고, 종은 이곳에서 250년 동안 울리며 복역하게 된다.

'시베리아 복무'형을 받은 유럽과 러시아의 계몽가들

북방전쟁(1700-1721) 결과 스웨덴의 '카롤린(역자 주: 스웨덴 국왕 칼 11세와 칼 12세의 군인들)들'은 시베리아에서 타의적으로 문화사절단 역할을 했다. 토볼스크에는 러시아 최대의 루터교 마을이 생겨났다.

---

49) Словцов П. А. Историческое обозрение Сибири. - Новосибирск: Изд-во 《Вен-Мер》, 1995. - 676 с.

중심부로부터 멀리 떨어진 신생 도시 토볼스크는 수공업과 무역이 발달하여 행정적 체계와 기능이 확립되던 중이었기 때문에 유럽에서 온 이들의 문화와 지식과 경험이 매우 필요하고 중요했다. 상대적으로 자유로워진 스웨덴인들은 주로 수공업 활동과 무용, 음악, 독일어 강의를 했다. 특히 스웨덴의 '인형 희극(베르텝, 역자 주: 성탄극)'은 시민들 사이에서 큰 인기를 얻었다. 쿠르트.F.브레흐 대위가 1713년에 스웨덴 학생들을 위해 개교한 학교는 토볼스크 최초의 사립학교 중 하나였다. 브레흐의 학교는 일부 토볼스크 관료들의 자녀도 다녔다. 스웨덴인들은 현지에서 연주회 문화를 주도하기도 했다. 스웨덴 포로들은 1711-1712년에 '토볼스크에서 예니세이스크까지'라는 단체 공연을 하기도 했다.[50)]

러시아 역사에서 시베리아를 식민지로 만든 대러시아의 지리적 발견으로 토볼스크는 동북아시아 연구를 위한 출발지가 되었다. 표트르 1세는 교육 수준이 높은 스웨덴인들이 러시아를 위해 일하도록 했다. 총독 마트베이.P.가가린의 명령에 따라 스웨덴인들은 각각 특명을 받고 시베리아 사방으로 퍼져나갔다. 요한.B.묄러는 시베리아 대주교 필로페이 레쉰스키가 보굴스크와 오스탸츠크로 가는 여정에 동행했고, 요한.A.마테른 대위는 예니세이로 가는 임무를 받았다. 요한.G.레나트는 부흐골츠 탐사를 위해 중가리아로 떠났다. 그곳에서 칼미크인들에게 철광석 제련법, 대포와 폭탄 제조법을 알려주었다. 중국 군대와 싸우는 칼미크군을 사령관으로 지휘하기도 했다. 그리고 출판기술을 가르치고, 유럽식 인쇄

50) Музыкальная культура в Сибири: В 3-х т. Т.2. Музыкальная культура иби ри от походов Еврмака до Октябрьской революции. Кн. 1. - Новосибирск: Изд-во НГК, 1997. - С. 75.

소를 세웠다.[51)]

스웨덴인들 가운데에는 교육 수준이 높은 이들이 적지 않았다. 이들은 시베리아에 체류하면서 원치 않는 기간을 시베리아 연구에 활용하여 러시아 역사에 족적을 남겼다. 육군 중령 **필립.J.타베르트**는 진정한 계몽가였다. 이후 조국에서 귀족 작위를 받고 스트랄렌베르크라는 성을 얻었다. **필립.I.스트랄렌베르크**는 러시아 과학 아카데미 창립 이전에 생겨난 첫 시베리아 과학 연구 탐사단(1720-1727)의 단원이었다. 표트르 1세의 초청으로 덴마크에서 온 *다니엘.G.메세르슈미트* 박사가 이 탐사단을 이끌었다. 1720년 12월 토볼스크에 도착한 다니엘.G.메세르슈미트 박사는 탐사를 준비하는 데 1년 이상을 소요했다.

필립.I.스트랄렌베르크는 다니엘.G.메세르슈미트와 함께 시베리아 내부 지역을 광범위하게 종합적으로 과학적 탐사를 한 최초의 유럽 학자였다. 토볼스크에 도착한 다니엘.G.메세르슈미트는 이미 필립.I.스트랄렌베르크가 수집한 자료들을 활용할 수 있었음은 물론이고 그가 제작한 시베리아 지도 초안과 스웨덴인들이 얻어둔 *아불 가지 볼두르한*의 저서 '*타타르의 역사*'의 번역본도 활용할 수 있었다.[52)]

필립.I.스트랄렌베르크는 스웨덴인들이 토볼스크에서 진행한 학술 연구 활동의 창시자였다. 토볼스크에서는 학자와 유형수들이 업무적으로 우호적 관계를 맺어 끈끈한 학술 연합을 이루었다.

---

51) Зиннер Э. П. Известия шведских военнопленных о Сибири // Ученые записки Иркутского государственного педагогического института. Вып. XVIII (10). -Иркутск: ИГПИ, 1961. - 50 с.

52) Ярош Г. Страленберг - спутник исследователя Сибири Д. Г. Мессершмидта // Известия Сибирского отделения АН СССР. Сер. Обществ. Наук. 1968. No. 1. Вып. 1. - С. 68-73.

다니엘.G.메세르슈미트가 토볼스크에 머무는 동안 스웨덴인들은 그에게 아낌없는 지원을 해줬다. 스웨덴인들은 그를 위해 식물, 동물, 광물 수집품을 모아줬고, 동물을 해부했으며, 동식물 스케치를 하고, 그들이 가지고 있는 시베리아 역사 관련 자료의 필사본을 제공하고 지리학과 민속학 지식을 전달했다. 토볼스크 연구단의 성공적인 활동은 뉘스타드 조약이 체결되고 스웨덴인들이 조국으로 돌아간 1722년 5월까지 계속됐다.[53)]

필립.I.스트랄렌베르크는 탐사를 시작한 날부터 시베리아를 떠나는 날까지 일지를 썼다. 그는 자신의 연구 결과를 저서 '*유럽과 아시아의 북부 및 동부 지역에 대하여*(1730)'로 남겼다. 필립.I.스트랄렌베르크는 다니엘.G.메세르슈미트와 함께 토볼스크와 시베리아 여행 중에 수집한 고고학 자료와 본인의 역사·지리, 민족, 언어에 관한 결과를 발표하면서 다니엘.G.메세르슈미트팀의 첫 사료 편찬 위원이 되었다. 그의 저서는 서방 세계가 시베리아에 관한 새로운 정보를 얻을 수 있는 중요한 출처였다. 그의 저서는 정보의 방대함과 다양성으로 인해 *18세기의 시베리아 대백과사전*으로 불렸다. 필립.I.스트랄렌베르크의 저서는 유럽에서와 마찬가지로 러시아에서도 큰 반향을 일으키며 독일어, 영어, 프랑스어, 스페인어, 러시아어로 번역됐다. 저서에서 발췌된 내용은 신문 '시베리아 통신'에 실리곤 했다.

시베리아 고고학의 탄생은 아바칸에서 멀지 않은 예니세이에서 다니엘.G.메세르슈미트가 진행한 첫 고분 발굴로 볼 수 있다. 그러나 다니엘.G.메세르슈미트가 발굴과 스케치를 주로 필립.I.스트랄렌베르크에게 맡겨왔기에 다니엘.G.메세르슈미트의 이름과 그의

53) Пекарский П. П. Наука и литература в России при Петре Великом. - СПб.: Изд-во Товарищества《Общественная польза》, 1862. - 587 с.

조력자인 필립.I.스트랄렌베르크의 이름은 동일 선상에 놓일 수 있다. 필립.I.스트랄렌베르크가 본인의 저서에서 제안한 시베리아 민족들의 언어 분류는 언어학 최초로 민족 언어학 분야의 지식을 집대성한 시도였다. 이로 인해 그는 비교 언어학의 창시자가 됐다.

1730년에 *러시아제국 지도*가 스톡홀름에서 필립.I.스트랄렌베르크의 저서 부록으로 나왔다. 이 지도는 1715년에 토볼스크에서 만들어진 시베리아 지도를 근간으로 한 것으로 러시아 지도학의 선구자인 세묜 U. 레메조프의 도면 자료에 있었다. 필립.I.스트랄렌베르크의 지도는 1745년에 캄차카 탐사 결과를 포함한 대지도가 수학적 계산에 근거하여 출판되기 전까지 최고의 지도 중 하나였다. 그는 지도에 추코트카와 캄차카를 표시한 최초의 서유럽 지도학자로서 서방의 지도에 나와 있던 동북아시아 최말단의 지형을 근본적으로 바꿨다.

표트르 1세도 필립.I.스트랄렌베르크의 시베리아 지도를 알고 있었다. 바실리.N.타티셰프 역시 연구문 집필 당시 이 지도를 참고했다. 게르하르트.F.뮐러도 시베리아 여행 당시 이 지도를 활용했다. V.베링 선장은 1차, 2차 캄차카 탐사대를 조직했던 토볼스크로 출발하기 전에 필립.I.스트랄렌베르크의 지도를 받았다. 이 선물 덕분에 제1차 탐사 즈음에는 아시아가 유럽과 연결돼 있지 않다는 점이 이미 알려지게 되었다. 이에 대해서는 17세기 토볼스크 유형지에서 유리 크리자니치가 서술한 바 있고, 1648년 세묜 I. 데즈네프가 증언한 바 있다.

필립.I.스트랄렌베르크의 시베리아 서사시는 18세기에 스웨덴과 러시아 간 연구 협력의 근간이 됐다.[54] 스웨덴 학자들은 표트

54) Кан А. С. Шведско-культурные связи в XVII-XVIII вв. // Царь Петр и король Карл. - М.: Т5кст, 1999, -С. 226-243.

르 대제 시대 이후 V.베링의 극지 항해를 위시한 대규모 러시아 탐사에 참여했다.

러시아 역사에서 1725년에서 1750년은 굵직한 정치적 과정으로 기억되는 시기다. 궁중 정변이 일어나 그 여파가 시베리아까지 미치었다. 시베리아는 국사범으로 선고되어 수도 페테르부르크에서 쫓겨난 귀족들인 '페트로프 둥지의 새끼새들'을 맞이하게 되었다. 그중에는 아브람 P. 한니발이 있었다. 한니발은 알렉산드르 S. 푸시킨의 증조부로서 '표트르 대제의 아랍인'이라는 푸시킨의 작품에서 언급된 바 있다. 아브람.P.한니발은 러시아 추밀원의 결정에 따라 특권층만 근무하는 수도 근위대에서 알렉산드르.D.멘시코프에 대항하던 토볼스크 경비대 소령으로 보직이 변경(1727-1730)되었다. 표트르 1세의 생도이자 전우였던 한니발은 당대의 촉망받는 축성가이자 공학자였다. 그의 지식과 노련한 경험은 러시아 동쪽 변경지대의 강화라는 전 국가적 과업에 매우 중요했다. 아브람.P.한니발은 셀링게르 요새 축성을 위해 중국 국경지역으로 파견됐다.

표트르 1세의 총아이자 전우로 모스크바, 파리, 피렌체, 상트페테르부르크에서 빛나는 경력을 쌓았던 이반.M.니키틴 역시 '국사범'이자 '시베리아로의 영구 이주' 대상(1738-1742)이 되고 만다.

비론(역자 주: 표트르 1세의 누이, 안나 여제의 총신)의 폭정과 국가 기관, 육·해군에서 벌어지던 외세의 간섭과의 투쟁으로 궁중 내 숙청 작업이 계속됐다. 안나 이바노브나 내각의 '볼린스키 사태'로 원로원 상급 국장이자 해군본부 협의회 부회장이었던 표도르.I.소이모노프는 토볼스크 비밀 총독관청으로 파견됐다(1740-1742). 시베리아와 극동 지역 연구에 관한 표트르 1세의 원대한 구상을 실행한 표도르.I.소이모노프는 역량 있는 학자이자 항해사, 수로학자, 제도사, 훌륭한 행정가였다. 오호츠크에서 징역 2년을 산 그는 1757년 시베리아 총독이자 시베리아 및 극동 업무와 관련하여 예카테리나 2세의 자문관 겸 원로의원으로 토볼스크로 돌아왔다. 표도르.I.소이모노프가 보직을 맡은 10년 동안 보인 강직함과 성실성에 대해 예카테리나 2세는 그에게 알렉산드르 넵스키 훈장을 수여한다.

박학다식했던 시베리아 총독 표도르.I.소이모노프는 토볼스크에서 *미하일.V.로모노소프, L.에이머, 게르하르트.F.뮐러*와 학술 서신을 주고받았다.[55] 그의 활동 범위는 아주 광범위하였다. 우선 사업만 살펴봐도 시베리아 농업 연구, 아나디리(역자 주: 북태평양 연안에 있는 축치족의 소도시)탐사, 시베리아 경제구역 관련 사안 연구 등이 있다. 표도르.I.소이모노프는 논문 '*시베리아의 고대 속담-노다지*(1761)'에서 정확한 지역 경계를 설정하고 각 지역의 경제적 특성을 구분하였다. 시베리아를 최초로 과학적으로 구획을 나눈 그는 당대의 저명한 물리·지리학자이자 탁월한 지역학자로서의 면모를 보인다.

표도르.I.소이모노프는 1762년에 모스크바 상원의원직으로 자리를 옮겼다. 모스크바의 표도르.I.소이모노프 저택은 일종의 시베리아 센터로 시베리아로 가거나 시베리아를 떠나는 모든 이들에게 잘 알려져 있었다. 사할린 동부 해안의 곶, 크라스노보드스크만, 모스크바의 거리, 귀족 회의 회관(현 '동맹회관')의 대회장 이름은 표도르.I.소이모노프의 이름을 따서 지어졌다.

시베리아 유형수들의 창조적 활동은 학술연구 활동에만 국한된 것이 아니었다. 이들의 계몽활동은 18세기 중엽부터 주로 시베

55) Гольденберг Л. А. Каторжанин - сибирский губернатор. Жизнь и труды Ф. И. Соймонова. - Магадан: Магаданское кн. изд-во, 1979. - 278 с.

리아인들을 정신문화 측면에서, 또 윤리적, 미학적으로 지도하는 방향성을 가졌다. 이 같은 과업은 주로 판크라티.P.수마로코프가 발행하던 현지 정기 간행물을 통해서 이루어졌다. 유형수 출판인인 판크라티.P.수마로코프는 토볼스크에서 문학과 언론 활동을 했고, 그곳에서 자신의 시집의 전편(前篇)을 쓰고 발행한다. 그는 그 일부에 자전적 경험에 비춘 18세기 시베리아 문화생활과 생활양식에 관한 세부 정보를 담았다.

18세기가 저물 무렵 러시아 정치 유형사에서 '*표현의 처벌*'이라는 새로운 현상이 생겨났다. 러시아 형법에 '*표현과 행동*' 죄목 성립 요건은 17세기부터 존재해왔으나, 바로 알렉산드르.N.라디셰프(1790)에 대한 재판이 *출판 표현에 대한 러시아 최초의 재판*이 되었다. 계몽가 알렉산드르.N.라디셰프는 삶을 행위로 이해했으며 유형지에서도 일을 하지 않는 삶이라는 것은 상상하지 못했다. 그는 "여기서 지내는 동안 나는 가능한 한 이곳에 관한 정보를 편견 없이 얻고자 한다."라고 쓴 편지를 페테르부르크로 보냈다.[56] 알렉산드르.N.라디셰프는 매일 업무차 토볼스크현 문서국을 찾아 서류, 필사본, 연표를 정리하고 게르하르트.F.뮐러의 '시베리아 제국 개관'을 공부했다. 이때 그가 정리한 내용은 '*토볼스크 관구 기록*'에도 나온다. 이 저서는 개인적인 관찰과 설문 조사를 통해 현지인들에 관한 자료를 담으면서 동시에 시베리아의 삶에 관한 다채로운 스펙트럼을 재현했다. 시베리아를 통한 중국과의 무역 관계에 관한 지역 현안은 '*중국과의 무역에 관한 기록*'에서 계속되었다. 알렉산드르.N.라디셰프는 일림스크 수용소에서 쓴 '*시베리아 획득에 관한 간추린 이야기*'는 콘드라티.F.릴레예프에게 영감을 주었

56) Радищев А. Н. Полное собрание сочинений: В 3 т. Т.3. - М.-Л.: Изд-во АН СССР,1952. - С. 355.

다. 릴레예프는 라디셰프로부터 영감을 받아 시베리아 발견을 문학적으로 승화시켜 서사시 '*예르마크의 죽음*'을 발표했다.

낭만주의 시대의 시베리아 유형

18세기 말~19세기 초 토볼스크 도시의 문화 기류는 알렉산드르.A.알랴비예프를 배출했다. 그의 아버지인 알렉센드르.V.알랴비예프 총독의 저택은 계몽사상으로 가득 차 판크라티.P.수마로코프, 알렉산드르.N.라디셰프와 토볼스크 시민들이 즐겨 찾았다. 항상 호른 오케스트라의 연주가 흘렀으며, 일부 공간은 극장으로 토볼스크 시에 주어졌다. 알렉산드르.A.알랴비예프는 훗날 유명한 작곡가가 되어 유년시절을 보낸 도시로 돌아오나, 그것은 유형수의 신분이었다.(1828-1831).

시베리아는 알렉산드르.A.알랴비예프라는 낭만주의파 영웅을 얻었다. 그는 수수께끼 같고 신비롭기까지 한 유죄 판결을 받고 유배형에 처해졌다. '도적 두목'같은 눈에 전형적인 '경기병다운 자유민'의 불같은 천성을 가진 그는 다채로운 창조적 세계관으로 다양한 삶을 살았다. 그는 새로운 시대의 태동을 온몸으로 보여 주었다.

낭만주의란 과거는 되돌릴 수 없는 것이고, 미래는 불확실하다는 불안감과 관련된 '경계적' 상황을 보여주는 정신적 사조이다. 유배형을 낭만적 경험으로 시화시켜 자유에 대한 괴로운 갈망, 비통함, 괴로움, 후회, 지나간 날들에 대한 우울한 느낌을 시적 언어로 표현하였다. 알렉산드르.A.알랴비예프의 자전적 창작 계보 중 소설 '*이르티시*', '*저녁 종소리*', '*북쪽 꾀꼬리와의 작별*'에는 시베리아 현지의 색채가 입혀졌다.

시베리아로의 정치적 유형사는 시베리아에 도시문화의 싹을 틔

우고 꽃 피우게 만든 역사였다. 이러한 문화의 연속성이 가지고 뿌리내리게 된 가장 큰 요인은 *데카브리스트들과 함께 온 신문화*였다. 정치적 동지들과 '동료 수형수들'의 극적인 삶, 그들의 공통된 운명과 세계관으로 인해 유형지에서 데카브리스트 운동은 지역 문화에서 특별한 형태를 가진 신문화가 되었다. 토볼스크, 얄루토롭스크, 이르쿠츠크에서 데카브리스트들의 거주지는 각각의 도시들에서 지적, 정신적 중심이 되고, 이들 '국사범'들은 현지 사회의 중심인물들이 되었다.

국가의 현실이 철학적, 사회적, 예술적 사유의 과제로 던져준 현안들을 인식하고 해결하려는 열망에서 비롯된 데카브리스트들이 만들어낸 하위문화의 독립성은 당대의 긍정적 영웅상을 만들어 내었다. 러시아 사회에서 가장 교육 수준이 높고 진보적이라는 평을 받는 데카브리스트들은 시베리아에서 국가공무원의 청렴과 정직의 표상이 됐다. 이들의 계몽적, 창조적, 전문적 지식과 능력 그리고 에너지와 지성은 관료와 지식 엘리트층이 부족했던 변방인 시베리아에서 요긴하게 활용됐다.

'국사범에서 관료가 된' 이들은 국가직을 맡게 되었다. 총참모부 육군 대령이자 구제 동맹 창립자인 알렉산드르.N.무라비요프는 현의 행정 수장직을 맡으며 총독의 임시 공백 기간인 9개월 동안 현을 사실상 통치했다. 청렴성과 진정성으로 토볼스크현의 감사관으로 임명되고 성 안나 3급 훈장을 수훈 받은 이반.A.안넨코프 역시 성실함이 빛났다.

러시아 문화 역사가들이 데카브리스트들을 주목하는 이유는 그들이 러시아 민주화 운동의 선구자였을 뿐만 아니라, 당대의 진보적인 사상가였기 때문이다. 알렉산드르.N.무라비요프, 미하일.A.폰비진, 블라디미르.I.슈테인겔 같은 데카브리스트 철학자들과 이론가들이 시베리아에서 활동을 계속했다.

소설 '미성년'의 저자의 조카인 미하일.A.폰비진은 문학과 정치에 대한 관심을 가풍으로 가진 집안에서 자라났다. 그는 역사가, 정치가, 혁명가로서 러시아 개혁과 농노법 개정에 관한 논문들을 토볼스크에서 발표했다. 폰비진 가문은 시베리아에서 러시아와 외국의 신문과 잡지를 구독했다. 토볼스크의 폰비진가 저택은 현지 교육자들, 시인들, 의식 있는 관료들에게 언제나 문이 열려 있었다.

데카브리스트 세대가 가진 심미학적 특성은 시에 대한 열정이었다. 시베리아 유형지에서는 언제나 데카브리스트 시인인 알렉산드르.P.바랴틴스키, 니콜라이.A.치조프, 파벨.S.보브리셰프-푸시킨의 시가 낭송되었다. 시인 빌헬름.K.큐헬베케르의 마지막 시도 토볼스크에서 낭송되었다. 그것은 유형지에서 만났던 친구들에게 바치는 정신적 유언이 되었다. 빌헬름.K.큐헬베케르가 귀족 기숙 학교에서 시작한 문학 활동은 시베리아 유형지에서 막을 내렸다. 이반.I.푸신은 그와 같은 학교에서 우정을 나누고 시베리아에서 데카브리스트로서의 운명을 같이하였다.

데카브리스트적 인간관은 러시아 계몽운동으로부터 최고의 전통을 받아들였다. 데카브리스트들은 시베리아에 여성 교육을 처음으로 도입했다(얄루토롭스크의 이반.D.야쿠시킨). 알렉산드르.M.무라비요프는 토볼스크에서 사비로 여성 학교 부지를 매입했으며, 이 학교는 표트르.N.스비스투노프의 노력으로 타의 모범이 되는 시설로 거듭났다. 데카브리스트들의 진보적 사상은 25년 동안 지역 내에서 확산됐다. 오늘날 토볼스크에는 데카브리스트의 묘 7기가 남아 있다.[57]

---

57) Рощевский П. И. Декабристы в тобольском изгнании. - Свердловск: Средне-Урал. кн. изд-во, 1975. - 168 с.; Дмитриев-Мамонов А. И. Декабристы

페트라셰베츠와 인민주의자들(narodniki)

자연 발생적이며 개별적이었던 시위를 정치 단체들의 조직적 활동이 대체하면서 민주주의의 파고가 거세지던 러시아에는 1826년에 정치경찰, 정치 유형 및 강제노동 중앙 관리 기관인 러시아 *제국 관청 제3국*이 설립됐다. 토볼스크 종합계획(1834)에 따르면 거대한 규모의 새로운 *수용소*가 시베리아의 수도 토볼스크의 중심 시설이 되었다. 이것은 문화유산으로 오늘날 보호구역인 토볼스크 역사·건축박물관에 포함되어 시베리아 정치 유형사를 증거하는 중요 요소가 되었다.

수용소 담장을 경계로 삶으로부터 격리된 이들은 유형이 세상과의 단절이라는 것을 깊이 인식하게 되었다. 시베리아 유형지를 경험한 19세기 후반 러시아 작가들의 작품 체계에서 *벽의 상징적 형상*이 중요한 역할을 하는 것은 우연이 아니다.[58] 벽은 애수에 잠긴 채 고독, 도덕적 소외감, 운명의 불가피성, 숙명적 불확실성에 대한 순종을 인지하는 상징으로 표도르.M.도스토옙스키의 '죽음의 집의 기록'과 블라디미르.G.코롤렌코의 '시베리아 이야기'에 등장한다.

토볼스크 수용소는 호송범들과 그 사상 지도자인 미하일.V.부타셰비치-페트라솁스키를 필두로 한 *페트라셰베츠*(역자 주: 미하일 V. 페트라솁스키를 중심으로 한 공상적 사회주의회원)들이 단두대형을 면한 직후 시민 처벌(역자 주: 러시아 제국 당시 치욕을 주기 위한 형벌)을 받고

в Западной Сибири: Исторический очерк по официальным документам. - СПб.: Типография Монтвида, 1905. - 262 с.; Копотилов М. Декабристы в Т обольском крае. - Тобольск: Типография《Северянин》, 1925. - 38 с.

58) Горбунова Г. З. Короленко и Достоевский. (Художественно-этические и скания). Автореф. дисс. на соиск. учен. степ. канд. филол. наук. - Томск, 1992. - 18 с.

보내지는 가장 가까운 곳이었다. 표도르.M.도스토옙스키는 토볼스크 중앙 수용소의 독방 중 한곳에 있었다(1850년 1월 9일~20일).[59)]

나탈리야.D.폰비지나의 서신에는 토볼스크에 머무르다 정착한 페트라셰베츠에 대한 내용이 담겨있다. 데카브리스트들의 부인들은 유형수들을 재정적으로 그리고 정신적으로 지원할 방법을 모색했다. 표도르.M.도스토옙스키는 이 여인들로부터 받은 따뜻한 기억과 '토볼스크에서의 만남'에서 기독교적 연민을 느낀 토볼스크 중앙 수용소의 불안한 저녁을 '*작가의 일기*'에서 재구성했다.

'*죽음의 집의 기록*'에는 안에 돈이 동봉되어 있던 책에 관한 묘사가 있다. 이 책은 바로 수용소에서 유일하게 허용돼 토볼스크에 있는 모든 페트라셰베츠가 선물로 받은 성경이었다. 표도르.M.도스토옙스키는 토볼스크에서 받은 성경을 일평생 간직했고, 죽던 날 아들에게 가보로 물려줬다. 현재 이 성경은 모스크바 표도르.M.도스토옙스키 기념관에 전시돼 있다.

표도르.M.도스토옙스키가 옴스크 수용소에서 토볼스크의 지인들을 비롯해 다른 이들에게 쓴 서신에는 그가 향후 지향하는 철학적, 도덕적, 문학적 방향이 이미 쓰여 있다. 표도르.M.도스옙프스키의 회고록은 스스로 체험한 것으로부터 느낀 감정과 인상을 있는 그대로 전달하고 있다. 표도르.M.도스토옙스키의 유물인 이 서신들과 '죽음의 집의 기록'을 통해 우리는 경험론적 이야

59) Якубович И. Д. 《Братья Карамазовы》 и следственное дело Д. Н. Ильинского // Достоевский Ф. М., Материалы и исследования. Т.2. - Л.: Наука,1976. - С. 119-129; Якубович И.Д. Комментарий к наброску Достоевского 《Драма. В Тобольске》 // Достоевский Ф. М. Полн. собр. соч. в 30 т. Т. 17. - Л.: Наука, 1976. - С. 427; Достоевский Ф. М. Полн. собр. соч. в 30 т. Т.17. - Л.: Наука, 1976. - С. 5; Достоевский Ф. М. Записки из Мертвого Дома // Достоевский Ф. М. Полн. собр. соч. в 30 т. Т. 4. - Л.: Наука, 1972. - 326 с.; Достоевский Ф. М. Письма (1832-1859) // Достоевский Ф. М. Полн. собр. соч. в 30 т. Т. 28. Кн. 1. - Л.: Наука,1985, - С. 175-177.

기들이 사회적 제도로서의 강제노동을 어떻게 예술적 형태로 승화시키는지 볼 수 있다.

예술 작품들의 창작 역사에 관한 문서들을 보면 해당 작품과 실존 현실과의 연관성에 눈길이 간다. 토볼스크의 육군 소위보 *드미트리.N.일린스키*에 관한 이야기는 표도르.M.도스토옙스키의 관심을 끌었다. 그는 여러 단계에 걸쳐 창의적으로 숙성시켜 소설 '카라마조프 가의 형제들'에서 마침내 예술적으로 완성하였다. '*희곡. 토볼스크에서*(1874)'의 초고는 추후 문학 작품들의 플롯을 구상하기 위한 바탕이 됐다. 1845년에 토볼스크에서 실제로 일어난 비극의 주인공들과 '*죽음의 집의 기록*'에서 가상의 존속살인범의 운명은 의심의 여지 없이 겹쳐 보인다. 드미트리.N.일린스키의 이야기는 드미트리 카라마조프의 이야기를 연상시키며, 소설의 초고에서 드미트리가 카라마조프가의 일린스키로 불린 것은 우연이 아니다.

토볼스크는 '카라마조프 이야기'의 배경 도시로서 표도르.M.도스토옙스키가 현실을 반영해 만든 가공의 세계에 대한 원형이라고 볼 수 있다. 드미트리.N.일린스키 사건 수사에 등장하는 '모크리'라는 이름의 주류 판매점은 토볼스크에서도 유명했다. 이런 시설은 토볼스크라는 도시에서 빼놓을 수 없는 부분이었으며, "주점 없는 토볼스크는 토볼스크라고 할 수 없었다. 주점은 사회적 모임 장소이자 직업소개소였고, 면세 거래가 이뤄지는 곳이었으며, 연인들의 데이트 장소였다."[60] 드미트리 카라마조프가 흥청거리고 다니던 모크리의 여인숙 역시 마찬가지였다. 토볼스크, 옴스크, 세미팔라틴스크, 스타라야 루사와 같은 도시들의 특색이 소설 '카라마조프 가의 형제들'의 극적인 사건들이 일어나는 도시인

60) Копылов Д. И., Прибыльский Ю. П. Тобольск. - Свердловск: Средне-Урал. кн. изд-во, 1975. - С. 47.

스코토프리고니옙스크의 묘사에 집단적으로 반영되었다

표도르.M.도스토옙스키의 예술적 유산은 19세기 후반에 새로운 문학 장르를 선도하였다. 시베리아 강제노동과 유형을 다룬 기록물, 수필, 민족지학 작품들은 표도르.N.리보프, 펠릭스.G.톨, 미하일.I.미하일로프, 세르게이.V.막시모프, 블라디미르.G.코롤렌코와 같은 러시아 작가들의 작품 경향이 됐다.

낭만주의 시대는 영혼이 자유로운 사람들의 특징인 *정신적 순례*를 러시아인의 심리적 특성으로 만들었다. 이것은 19세기 후반에 러시아 문화에서 하나의 전형적인 현상이 되었다. 잡계급 지식인들 사이에서는 수용소와 유형이 세계를 재건하고 국민의 안녕을 위해 개인을 희생할 준비가 되었음을 증명하기 위해 다녀와야 하는 '인생 대학'으로 보는 특이한 태도가 생겨났다. 니콜라이.G.체르니솁스키는 토볼스크 수용소 내 '비밀 복도'라는 독방에 있으면서(1864년 6월) 유형을 언론인들에게 유익한 경험이고 대중적 인기를 가져다주는 '특수한 형태의 광고'라고 하였다.[61)]

정치적 유형수들은 '사상 투쟁의 순교자'라는 사회적 시각이 생겨나면서 특수한 사상과 윤리, 급진적인 사고방식을 특징으로 하는 유형수들의 새로운 이미지가 탄생했다. 혁신주의자이자 불가지론자였던 유형수들의 정치적 목적성, 전제정치에 대한 반대 사상, 유토피아적 이상에 대한 강박적 추구, 널리 알려진 '무근거주의', 사회적 유목, '사회적 저항', 방랑적 생활은 현지 민주주의자들의 지지와 공감을 얻었다.

최초의 *민주주의자이자 혁명가*인 미하일.I.미하일로프(1862)가

61) Стахевич С. Г. Среди политических преступников // Н. Г. Чернышевский в воспоминаниях современников. - Саратов: Саратовское кн. изд-во, 1959. - С. 57.

우랄산맥을 넘어 유형지에 도착하자, 그가 동지인 니콜라이.G.체르니셉스키와 니콜라이.A.도브롤류보프에 대해 잡지 '동시대인'(Sovremennik)에 쓴 평론에 감사를 표하려고 현지 잡계급 출신 인텔리겐치아들이 토볼스크 수용소로 순례 행렬을 이루었다. 토볼스크 시민인 *K.K.구바레프*와 *M.G.소콜로프*는 미하일.I.미하일로프의 추천을 받아 '동시대인'지의 통신원이 됐다. 시인이자 작가, 통역이며 활동적인 '60년대인(역자 주: 1925년에서 1935년에 태어난 이들)' 이었던 미하일.I.미하일로프는 토볼스크 수용소에서의 생활에 관한 기억을 자신의 '회고록'에 남겼다. 소설 '*함께*'의 첫 장이 토볼스크 수용소에서 탄생했고, 수필 '*아그라펜*'의 토대에는 수용소 생활에 대한 그의 소회가 담겨 있다.

유배형은 세상을 특별하면서도 지극히 현실적인 시각으로 바라보게 만들어 잡계급 출신 지식인들에게는 '브나로드 운동'을 대체하는 수단이 되었다. 토볼스크 수용소에 두 차례 수감되고 시베리아에서 갓 등단한 *작가이자 인민주의자*였던 블라디미르.G.코롤렌코는 유형 당시(1880, 1881) 목격한 사건들을 작품 '*야시카*'와 '*유혹*'에 기록했다.

블라디미르.G.코롤렌코의 작품 중 '야시카' 이야기에서는 개인에 대한 권력층의 명예롭지 못한 폭력에 대항하는 민중 봉기라는 주제가 등장한다. 토볼스크 수용소의 정신이상자용 독방에 수감된 수다스럽고 용감한 수용수 야코프-스투칼시크는 블라디미르.G.코롤렌코의 민중 사상을 구현한 인물이었다. 수필 '유혹'은 토볼스크 수용소의 복잡하게 얽힌 전통, 도덕, 관행을 이야기한다.

토볼스크는 러시아 인민주의자 가운데 '모히칸족의 마지막 전사'였던 파벨.A.그라봅스키가 '마지막'으로 머문(1899-1902) 유형지였다. 파벨.A.그라봅스키는 개방된 유배지에서 자연스럽게 신문

'시비르스키 리스토크'지에서 일하면서 토볼스크의 인텔리겐치아 무리에 합류했다. 저명한 우크라이나 시인으로 시집 5권의 저자이자 사회평론가, 문학비평가, 통역사였던 그는 친구들과 동지들을 위해 '토볼스크 서클'을 남겼다. 토볼스크 유형지에서 태어난 보리스.P.그라봅스키는 학자이자 엔지니어, 발명가로서 전자식 텔레비전을 발명하였다. *사진 전송*을 고안한(1923) *보리스.P.그라봅스키는 러시아뿐만 아니라 전 세계 최초로 텔레비전 시스템*을 설계하고 개발했다(1925-1930). 그의 발명은 레닌그라드 텔레비전 실험 센터가 가동(1938)되고 전자 텔레비전이 대량 생산됨에 따라 러시아에서의 대중문화 시대의 개막을 알리며 그 결실을 맺었다.

***

비록 완전히 사라진 것은 아니지만 1895년에 *유형수들의 '토볼스크 탐사*'가 끝나며 토볼스크 정치 유형사도 끝이 났다. *다니엘 데포*의 소설 '*로빈슨 크루소의 모험*'에서 시베리아로 떠난 주인공이 1728년에 토볼스크에서 '우아한 사회'를 발견한 것은 우연이 아니었다. '토볼스크는 국가 중범죄인들의 유형지로 귀족, 공작, 상류층, 군인, 왕족으로 가득차 있고', 그중 다수는 '추방이 불러온 고독 속에서 더 행복해졌으며', '궁중으로 돌아가고자 하는 그 어떠한 욕구'도 느끼지 못하고 있었기 때문이다.[62)]

유형수들의 도시라는 타이틀 덕분에 시베리아는 러시아 내에서뿐 아니라 러시아 밖에서도 유명해졌다. 다니엘 데포의 시대는 모

62) Алексеев М. П. Сибирь в романе Д. Дефо. - Иркутск: Издат-во Вост. Сибир. Отдела Государственного Русского Географического Общества, 1928. - С. 13.

스크바 공국에 대한 유럽인들의 관심이 유럽의 대국들에 대한 관심 수준으로 높아지고 있던 시기였다. 이는 독일 작가 *크리스티안.F.겔레르트*의 계몽소설 *'스웨덴 G 백작부인의 삶'*(1746)의 배경이 된 시기로, 소설의 주인공으로 포로가 된 스웨덴 장교는 토볼스크에서 수형수로 몇 년을 살게 된다. 19세기 *알렉상드르 뒤마*의 소설 '*펜싱 마스터*(1840)'의 실제 모델은 토볼스크의 데카브리스트 *이반.A.안넨코프*와 그와 운명을 함께 한 그의 아내 *프라스코비야.E.안넨코바*였다.

시베리아 지역의 역사적 경험을 보면 유형이라는 현상은 개인에 대한 처벌과 시련의 관점으로만 볼 수 있는 것이 아니다. 이것은 특정 여건에서 사회적으로나 과학적으로 창의성이 발휘되는 새로운 활동 무대로 볼 수도 있다. 알렉산드르.S.푸시킨은 미하일롭스코예에서 유형 생활을 하면서 전문적인 문학 창작의 기반을 다졌다. 최초의 시베리아 지역학자들이라 할 수 있는 유리 크리자니치, 사제 아바쿰, 표도르.I.소이모노프, 알렉산드르.N.라디셰프 등을 포함한 러시아와 유럽 문화를 대표하는 인물들 다수는 시베리아 유형 기간 동안 창작을 위한 새로운 지평을 열었다.

시베리아 유형은 정치학적 현상이지만 동시에 문화적 창작 그룹의 활동을 언급하지 않을 수 없기 때문에 문화적 현상이라고도 할 수 있다. 러시아 문화의 역사적 경험은 시베리아 유형수들의 자의식과 행동에 깊이 새겨졌으며, 이는 시베리아 도시 문화 형성과 발전의 원천이 되었다. 시베리아 유형 생활에서 정치범들이 경험한 사회·문화적 적응 과정은 시베리아 사회에 수도 페테르부르크와 유럽의 문화를 이식하여 시베리아를 발전시키는 동인이 되었다는 점에서 유배형이라는 형벌이 지역문화를 발전시키는 데 긍정적 영향을 주었다는 점도 인정되어야 한다.

S I B E R I A

4.5. 근대 시베리아의 문학

라리사.V.드미트리예바

'시베리아적 문학'(Siberian literature)' 또는 '시베리아의 문학'(literature of Siberia)을 논할 때 가장 중요한 사항은 이 개념의 핵심과 경계, 규모를 이해하는 것이다. 무엇보다도 먼저 조사 대상을 분명히 규정해야 한다. 이 주제를 연구할 때 '토종 시베리아인'들이 만든 시베리아 '내부'에서 태어난 문학만 논하는 것이 옳을까? 아니면 그보다 더 좁은 의미에서 주로 전통문화의 신화적, 철학적 측면에 대한 고찰에 문제의식을 두고 있는 시베리아 토착 민족 출신 작가들의 작품만을 '시베리아 텍스트'로서 논해야 할까? '시베리아 문학'의 개념에는 상트페테르부르크와 모스크바에서 나온 이 지역에 관한 수많은 텍스트도 포함되는 것인가?

우선 지역문화학을 연구할 때 앞서 언급된 모든 접근법은 시베리아 문학의 개념을 지나치게 '협의적' 현상으로 좁히는 협소한 지역 연구적 접근이라는 사실을 짚고 넘어가야 한다. 그러나 이런 접근법 중 하나라도 무시하면 '시베리아 텍스트'는 그 규모와 범위를 상실하며, 방대한 전(全) 러시아 문학 공간에서 용해되고 말 것이다. 그렇기 때문에 우리는 시베리아 문학에 관한 논의가 지역과 국가 전체가 단일하다고 보는 문화학적 이분법 측면에서만 가능하다고 본다. 따라서 우리는 이 주제를 다룰 때 단순히 '상징적인' 이름과 작품을 열거하는데 그치는 것이 아니라 시베리아 텍스트의 통시성을 조율해야 한다. 즉, 시베리아 현지의 자료와 전 러시아의 자료 간 상호 영향을 역사적, 문화적 맥락에서 살펴봐야 한다.

"시베리아 문학은 지역 자료를 통해 러시아 문학이 나아가야 할 공통의 길을 보여주는 러시아 문학의 일부다." 시베리아 문학을 처음으로 심도 있게 연구한 마르크.K.아자돕스키[63]의 이 같은 방법론적 입장은 발표된 지 반세기도 훨씬 넘었음에도 불구하고 사안의 핵심을 정확히 짚어낸다. 시베리아 문학에는 독자적인 주제, 플롯, 모티브가 있다. 그러나 철학적 미학적 사고와 시적 표현은 러시아 전체의 역사적 문화적 경향과 분리해 생각할 수 없다. 바로 이와 같이 시베리아와 러시아 전체의 상호 영향을 이해하는 것은 시베리아 문학의 독창성, 문제점, 시학, 그리고 러시아 문화에 대한 시베리아 텍스트의 이분법적 접근을 이해하는 열쇠라고 할 수 있다.

시베리아 문학의 연대기 및 성인전(聖人傳) 장르 전통

초창기 시베리아 문학 활동의 중심은 토볼스크 주교 관사였다. 17세기 이곳에서 독립적인 연대기 문학이 탄생했다. 초기 연대기는 노브고로드에서 온 부제 사바 예시포프가 1636년에 기록한 것으로, 후일 이것은 시베리아 연대기의 기초자료로서 원형이 되

63) Азадовский М. К. Очерки литературы и культуры Сибири. - Иркутск, 1946.

었다.[64] 초기 연대기 문학은 단순히 사실을 기술하는 기능만을 한 것이 아니라 정교회 선교 활동의 수단이 되기도 했다. 모스크바 역사 문학이 시베리아 정복을 2차적 역사적 사건으로만 기록했고, '스트로가노프가 연대기'는 이를 단순히 한 가문의 치적으로만 전달했다면 *사바 예시포프*는 시베리아의 점진적인 기독교화 과정에 중점을 두고 러시아 역사를 시베리아의 관점에서 보여줬다. 그 내용은 2부로 구성되는데, 1부에는 고대 러시아 연대기의 전통에 따라 세계사가 기록돼 있고, 2부는 '독실한 차르와 위대한 이반 바실리예비치 공작의 집권 하에' 러시아인들이 시베리아에 당도한 시점부터 기록돼 있으며, 시베리아 지역의 식민화와 기독교화 과정이 묘사돼 있다. 예시포프의 연대기는 의도와 구조 면에서 중세의 '원초 연대기'와 유사하다.

17세기 시베리아의 또 다른 전통 장르는 성인전이었다. 1653년에 시베리아로 유배된 구교도 사제 *아바쿰 페트로프*(1620-1682)는 시베리아 교회사에 깊은 흔적을 남겼다.[65] 그는 '*사제 아바쿰의 생애전*'에서 사도로 봉직한 시베리아에 대한 묘사에 많은 분량을 할애하며, 향후 유배형의 메카가 되는 시베리아 지역의 자연과 지형, 주민들을 처음으로 문학적으로 묘사했다. 아바쿰은 시베리아의 삶에 대한 것보다도 풍부한 자연의 아름다움을 생생히 그렸다. 수많은 거대한 산과 '시베리아의 바다' 바이칼호의 위엄 등에 대한 묘사는 약속의 땅 '천국 시베리아'에 대한 상상을 뛰어넘는다.

---

64) Дергачева-Скоп Е. И. Из истории литературы Урала и Сибири XVII в. - Свердловск: Средне-Урал. кн. изд-во, 1965. - 152 с.

65) Ретунский В. Ф. Государственные преступники. Страницы истории политической ссылки в Зауралье. - Сургут: Северный дом, 1992. - 208 с.

산들은 높고, 밀림은 틈을 주지 않는다. 암벽은 병풍처럼 둘러쳐 있다.... 살펴보려면 고개를 들어야 한다! 산에는 커다란 뱀들이 살고, 붉은 깃털을 가진 새와 검은 까마귀들, 회색 갈까마귀들, 거위와 오리들이 날아다닌다. 이곳에는 또 독수리와 매, 송골매, 닭, 칠면조들이 서식한다.... 수많은 종류의 동물이 많고, 새도 다양하다. 산에는 또한 염소와 사슴, 수사슴, 고라니, 멧돼지, 늑대, 야생 양 등 야생의 맹수도 많이 살고 있다....

해변에 다가가니 바람 폭풍이 일어나, 파도로부터 겨우 자리를 지켰다. 그 부근에는 높은 산이 있고, 까마득히 높은 바위 벼랑은 2만 베르스타 이상 이어졌는데, 나는 어디에서도 그런 것을 본 적이 없다. 그 위로는 모두 신의 솜씨로 빚어진 천막, 침실, 대문, 탑, 돌담과 마당이 있다. 그곳에서는 로마놉스크 구근보다 크고 달짝지근한 양파와 마늘이 자란다. 바로 그 자리에 신이 재배한 대마도 자라나며, 마당의 풀은 불그스름하고 형형색색의 꽃은 향기롭다. 새가 매우 많고, 마치 흰 눈 같은 오리와 백조가 헤엄친다. 그 안의 물고기는 용철갑상어, 타이멘(역자 주: 시베리아 연어과 어류의 일종), 러시아 철갑상어, 오물(역자 주: 연어 또는 흰 연어과 어류의 일종), 흰 연어 그리고 다른 종류도 많다. 물은 담수로, 거대한 대양 근처의 메젠에 사는 바다표범과 산토끼는 이제껏 본 적이 없을 정도로 아주 크다.... 그 모든 것이 인류가 안심하고 신을 찬미할 수 있도록 저 높은 곳의 그리스도가 인간을 위해 만든 것이다.

계몽시대의 시베리아 문학 저널리즘

계몽 시대는 러시아 언론이 탄생한 시기다. 이 시기에 유럽의 문학 활동의 근간이 된 것은 대중적 경향이었다. 그때는 장편소설조차 대중 독자들을 염두에 두고 신문기사들을 '모방'하였다(다니엘 데포가 쓴 소설의 장르 생성의 법칙이라도 상기해보자). 이렇게 얘기할 수 있는 증거는 시베리아 작품들을 저널리즘에 포함시킨다는 것이다. 이런 텍스트가 출판된다는 것은 공적 생활이 존재하고 지역적 자의식이 형성되고 있다는 것을 보여주는 단초가 된다.

1789-1791년 토볼스크에서는 유명한 시인이자 고전주의자이며 극작가였던 알렉산드르.P.수마로코프의 조카손자이자 유형수였던 *판크라티.P.수마로코프*(1765-1814)가 창간자이자 편집자로서 시베리아 최초의 문학 잡지인 '*히포크레네로 변모한 이르티시*(1789-1791)'를 발행한다. 판크라티.P.수마로코프는 시베리아 사회에 문학적 취향을 조성하고 육성하는 것을 과업으로 여겼다. 그는 전통적 고전주의 장르인 설화, 송가, 풍자적 또는 교훈적 서정시의 형태로 작품을 썼다.[66] 판크라티.P.수마로코프는 시베리아의 두 번째 잡지인 '*유익하며 모든 계급의 독자중심적인 즐거운 연구·경제·교훈·역사 도서관*(1793-1794)'에서 볼테르와 루소의 번역문을 발표했다. 유배된 인텔리겐치아들 외에도 토볼스크 국립 학교 교사들도 편집진에 포함돼 있었다. 판크라티.P.수마로코프의 잡지들은 시베리아 독자층을 대상으로 함으로써 현지에서 젊은 인텔리겐치아 계층이 생성되는 데에 기여했다. 백과사전적 지식 망라를 목표로 하여 페테르부르크에서 노비코프가 발간한 계몽 잡지의 전통을 이어갔다.

19세기 초반에는 시베리아 관련 내용들이 카잔의 정기간행물 '카잔 통신(1820-1832)', '자볼스키 개미(1832-1834)', 그리고리.L.스파스키가 페테르부르크에서 발간한 잡지 '시비르스키 통신(1818-1824)', '아지아츠키 통신(1825-1827)'과 A.폴레보이의 '모스크바 전신

66) Сумароков А. П. Жизнь П. П. Сумарокова // Стихотворения П. Сумарокова. - СПб.: Тирография Плюшара, 1832. - С. 7-32.

(1825-1834)'지를 중심으로 각 지역과 수도의 잡지들에 등장하기 시작했다. 이런 잡지들의 연대기와 발간 장소는 시사하는 바가 있다. 반세기라는 매우 오랜 시간 동안 상당수의 자국 내 독자층에 '시베리아 텍스트'가 독창적으로 선보여진 것이다.

이르쿠츠크현의 일림스키 수용소에 유배된 저명한 작가이가 계몽가였던 *알렉산드르.N.라디셰프*(1749-1802)는 러시아 시베리아 문학에 특별한 족적을 남겼다. 그는 시베리아에서 예르마크의 시베리아 원정에 참여한 카자크인들에 관한 통속적인 역사물을 썼다. '*예르마크에 관해서*'는 저자의 사후에 발표됐다. 알렉산드르.N.라디셰프는 '페테르부르크에서 모스크바로의 여행'에서 시작된 사회관계에 대한 비평을 수용소에서도 비밀리에 계속했는데 여기서 '민주주의적인', 온화한 모습의 예르마크를 이반 4세와 대비시켰다. 그는 미완의 시 '*어둠의 천사*'의 한 구절을 이상화된 예르마크에게 바쳤다. 그는 서신과 기록에서 러시아인들과 유럽인들이 광대하고 자유로운 시베리아를 개척하여 천연자원을 전 인류의 행복을 위해 활용할 것을 호소하였다.

러시아 낭만주의 시대의 시베리아 텍스트

1825년 원로원 광장에서 있었던 데카브리스트의 난과 뒤이은 시베리아 유형의 확대는 러시아 낭만주의의 토대를 만든 역사적 원인 중 하나였다. 알렉산드르.S.푸시킨이 시베리아에 있는 동료들에게 보낸 시 형식의 서한 '시베리아 광산 저 깊숙한 곳에서...'는 낭만주의 서정시의 독창적 선언이었다. 사형 선고라는 비극적 운명을 갑자기 맞게 된 시인 *콘드라티.F.릴레예프*(1795-1826)는 시베리아에 갈 운명은 아니었으나, 시베리아라는 주제를 작품에서 종종 다루곤 했다. 그는 유명한 시 '*예르마크의 죽음*'(1821)에서 시베리아의 '정복자'를 바이런 정신의 낭만적 영웅으로 표현하고 있다.

폭풍우는 울부짖고 비는 소란스레 쏟아지는데
어둠 속에서 번갯불은 허공을 가른다.
천둥은 끊임없이 으르렁대고
바람은 밀림 속을 사납게 휘젓는다….
영광을 갈망하는 열정을 숨 쉬며
혹독하고 음울한 지방,
이르티시의 황량한 강가에 앉아
예르마크는 생각에 잠겨 있노라.
……

시 속에서 타타르인들이 비열하고 악랄하게 그려질수록 예르마크는 고결하게 표현됐다. 시베리아 정복에 관한 이 같은 낭만주의적 작품은 큰 반향을 얻어 모방작도 여럿 나타났다. 콘드라티.F.릴레예프는 이 시를 통해 시베리아의 식민화에 관한 이상적인 상상을 표현했다. 그는 시 '*보이나롭스키*(1925)'를 통해서도 러시아 문학 최초로 시베리아 유배의 예술적 형상을 창조했다. 이 시에는 지형과 역사적 인물 묘사 외에도 야쿠트인들과 우드무르트인들의 삶을 묘사하는 부분들이 등장한다는 점이 주목할 만하다.

시베리아에 유배된 데카브리스트들 가운데에는 알렉산드르.S.푸시킨의 귀족 기숙 학교 동창인 *빌헬름.K.큐헬베케르*(1797-1840)와 같이 재능 있는 낭만주의 시인들이 많았다. *알렉산드르.A.베스투제프-마를린스키*(1797-1837)도 많은 작품에서 야쿠트인들과 퉁구스인들의 삶을 생생하게 그려냈다. 비사리온.G.벨린스키에 따르면 여러 민족에 관한 현실적이고 정확한 그의 작품은 현지 시민들은 물론이고 수도 페테르부르크의 독자들 사이에서도 인기를 끌었다. 다른 데카브리스트인 *알렉산드르.I.오도옙스키*(1802-1839) 공의 시에서 시베리아는 '유형수들의 나라', '고통과 눈물의 대륙'으로 묘사된다. 데카브리스트들의 낭만주의 작품의 뒤를 이은 *표도르.I.발다우프*(1780-1839)는 데카브리스트들과 마찬가지로 작품 속에서 유배된 인텔리겐치아들과 도덕적으로 무결한 현지 민족들(퉁구스인들)의 이상화된 형상을 그려내고 자유 애호 정신을 구현했다.

시베리아 텍스트가 러시아 국외에서도 폭넓은 인기를 끌기 시작하게 된 것은 *표트르.P.예르쇼프*(1815-1869)로부터 비롯됐다. 낭만주의의 시대에 태어난 장르인 문학 동화는 토볼스크의 젊은 시인이었던 표트르.P.예르쇼프가 쓴 '*곱사등이 망아지*(1834)'를 읽고 "나도 이런 작품을 남기고 싶다."라는 유명한 평을 남긴 알렉산드르.S.푸시킨 덕분에 러시아에서 인기를 얻었다. 표트르.P.예르쇼프가 쓴 다른 장르의 작품들은 이보다 덜 유명하다. 그는 토볼스크의 역사·민족 자료를 기반으로 해 예르마크에 헌정한 시 '*수즈게*(1837)'에 쿠춤 왕과 시비르 칸국이 존재하던 시기에 관한 시베리아 타타르인들의 전설도 포함했다. 표트르.P.예르쇼프는 산문체의 단편소설과 같은 장르도 다루었다. '*시베리아의 저녁*'(1857년에 출간 단계에서 '가을 저녁'으로 명칭이 바뀜)의 연작은 니콜라이.V.고골의 '디칸카 근교의 야화'의 서사적 전통을 명백히 따르고 있다. 저자는 화자 4인을 통해 시베리아 사회의 주요 모습을 보여주고 토볼스크의 도시 환경과 그 인근을 재현한다.

현지 색채가 입혀진 19세기 초 문학의 낭만주의적 미학은 시베리아 자료가 예술적 고찰의 대상이 된 1830-1840년대에 시베리아 통속(역사·문화적 및 일상) 소설을 탄생시키는 기반을 마련했다. 이런 전통은 이르쿠츠크 출신으로 모스크바에서 출판 활동을 했던 *니콜라이.A.폴레보이*(1796-1846)의 중편소설 '큰사슴'으로 이어진다. 줄거리는 '강도에 관한' 낭만적 소설에 가깝지만, 내용은 추방과 유형이라는 주제를 중심으로 전개된다. '큰사슴'으로부터 시베리아 통속소설의 주제는 주인공과 악의 존재 간의 싸움에서 '정의의 추구'라는 문제의식이 중심이 된다. 예를 들어, 잡계급 출신(성직자나 상인)의 검소한 활동가가 탐욕스런 지방관리의 부당한 전횡에 맞서는 것이다.

시베리아 출신 산문가들은 시베리아를 자주적이고 역사적, 지형적, 사회적, 지정학적인 공간으로 해석하려고 시도했다. *이반.T.칼라시니코프*(1797-1863)는 현지 색채를 재현하기 위해 통속소설 형식을 차용했다. '시베리아의 쿠퍼'(역자 주: Cooper,미국의 소설가, 1789-1851)라 불린 칼라시니코프는 낭만주의 문학의 한 장르인 역사소설에서 큰 잠재력을 보였다. 그 스스로 소설 '불사의 스코틀란드인'(W. 스콧)이 모델이라고 밝힌 바 있다. 잘 알려진 작품 '*상인 즐로보프의 딸*'은 '버림받은 자들'에 관한 연애와 모험 소설의 한 예로, 저자는 이르쿠츠크 상인의 딸과 유배된 데카브리스트 사이의 극적인 로맨스를 다뤘다.

시베리아 낭만주의 작가들의 특징은 새로운 주제와 줄거리의 '보고'인 시베리아의 전설, 실화, 회상, 여행 등을 통해 이 지역을 해석한다는 점이다. 1830년대의 시베리아 통속 소설은 다른 주제들 가운데에서도 시베리아 '원주민'의 세계라는 주제를 개척했다. 이 작품들은 캄차달족, 부랴트족, 시베리아 유형수들과 용감한 '사냥꾼들'의 삶을 통해 시베리아의 특성과 시베리아 대륙을 예술적으로 묘사했다.

비판적 사실주의 문학의 시베리아 텍스트

19세기 중반부터 말까지 알렉산드르 2세의 개혁 정치에 반대하는 사회적 분위기가 고조되고 국가 차원의 징벌 기관인 유형수관리청이 등장하면서 시베리아 유형수들의 수가 급증했다. '시베리아 주제'를 다룬 비판적 사실주의 문학에서는 유형수들이 수용소에서 직면하는 모든 난관이 묘사되었다. 종종 자전적 형태로 나타나기도 했다. 후자의 좋은 예가 *표도르.M.도스토옙스키*(1821-1881)의 '*죽음의 집의 기록*(1861)'이었다. 주지하다시피 표도르.M.도스토옙스키의 '카라마조프가의 형제들'의 범죄 플롯은 시베리아 수용소에서 가져온 것이고, 스코토프리고니옙스크시는 지방 토볼스크와 옴스크, 고향인 스타라야 루사에서 가져온 것이다.[67)]

공상적 사회주의자 미하일.V.페트라솁스키 그룹의 일원이었던 표도르.M.도스토옙스키는 사형을 선고받았으나, 이는 징역 4년과 이후 4년간의 옴스크 군 복무로 대체됐고, 그 후에는 세미팔라틴스크로 유배됐다. 5kg의 족쇄를 발에 찬 표도르.M.도스토옙스키는 위험한 범죄자들과 성가신 벌레들과 함께 여름이면 악취와 더러움, 겨울이면 추위와 굶주림 속에서 교도관들의 모욕적인 태도와 손찌검을 견디며 책을 읽지도 못하고 글 한 줄 쓰지 못한 채 4년을 막사에서 살았다.

표도르.M.도스토옙스키가 이런 삶의 경험을 서간체로 서술하면서 수용소를 배경으로 시베리아를 묘사하였다. 시베리아는 인

---

67) Якубович И. Д. 《Братья Карамазовы》 и следственное дело Д.Н. Ильинского // Достоевский Ф.М.. Материалы и исследования. Т.2. - Л.: Наука, 1976. - С. 119-129.; Якубович И.Д. Комментарий к наброску Достоевского 《Драма. В Тобольске》 // Достоевский Ф.М. Полн. собр. соч. в 30 т. Т.17. - Л.: Наука, 1976. - С. 427: Якубович И.Д. Творческая история и проблематика 《Записок из Мертвог Дома》 Достоевского: Автореф. дис... канд. фил. наук. - Л., 1983. - 20 с.

간에 대한 고문과 모욕, 비인도적 처벌의 상징이었다. 동시에 이 땅은 갱생과 도덕적 부활을 위한 '연옥'이기도 했다. 이것이 바로 러시아의 비판적 사실주의 문학에서의 시베리아였다. 이 시기 '시베리아 텍스트'의 발전과 관련된 진정한 발견은 러시아 고전문학이라는 거대한 공간에서 이뤄지고 있었다. 표도르.M.도스토옙스키의 수용소 생활과 유배형의 경험에서 시작된 '죽음의 집'부터 인간의 영적 변화가 표현된 레프.N.톨스토이의 '부활'에 이르기까지, 그리고 니콜라이.G.체르니솁스키, 블라디미르.G.코롤렌코, 에두아르드.N.우스펜스키. 콘스탄틴.M.스타뉴코비치, 니콜라이.S.레스코프, 안톤.P.체호프로 이어진 러시아 문학은 '천대받고 모욕받는 자들'의 역사로서, 순종과 고통을 통해 그리고 시베리아와의 일체를 통해 인간은 부활할 것이라는 주제로 시베리아 텍스트를 채웠다.

블라디미르.G.코롤렌코(1853-1921)는 정치범으로 형을 언도받은 뒤 야쿠츠크로 보내져 이동식 천막에서 현지인들과 3년을 살았다. 그는 시베리아 토착 민족의 삶의 양식, 관습, 사고방식에 대한 단상을 일기로 기록하였다. 이것은 후일 '시베리아 단편집'의 자료들이 되었다. 블라디미르.G.코롤렌코는 시베리아의 삶의 색채와 분위기를 성공적으로 전달하며 새로우면서도 동시에 전형적인 동아시아 지역의 이미지를 그려냈다. 일례로 '마카르의 아들(1883)' 이야기를 들 수 있는데, 그는 여기에서 늙은 야쿠트인의 의식을 통해 그의 황혼과 죽음, 그리고 재판관인 늙은 부족장 앞에서 인간의 삶을 정당화하는 모습을 그려낸다.

블라디미르.G.코롤렌코의 작품이 다룬 '시베리아 주제'는 많은 모방자들과 추종자들을 만들었다. 러시아 작가들 사이에서는 시베리아로 여행을 가는 것이 유행이 되었다. 이로 인해 기행문, 수필, 스케치 형식의 풍성한 문학적 성과를 얻었다. 예컨대 *글렙.I.우스펜스키*는 시베리아 이주민들과 토착민들의 삶을 답사하고자 1887년에 시베리아를 다녀왔고, 1894년에는 작가 *니콜라이.D.텔레쇼프*가 서시베리아를 방문했다. 작가 *니콜라이.G.가린-미하일롭스키*도 1981년 공학자로서 교통 개발을 연구하기 위해 시베리아를 방문한 후 시베리아에 관한 사회지리학 개관 '수필과 단편집'(1895)을 출판하였다.

의사이자 작가였던 *안톤.P.체호프*(1860-1904)는 1890년에 사할린에 다녀갔다. 수감자들과 유형수들에 관한 체호프의 논평은 그의 작가적 권위 덕분에 러시아 사회의 양심을 일깨우는 계기가 되었다 수감자들의 위생 환경과 의료관리에 대한 그의 비판은 시베리아 수용소의 구금 여건이 급격히 개선되는 데 기여했다. 그러나 그 외에도 그의 기행문 '*시베리아로부터*(1890)'와 '*사할린섬*(1894)'의 의의는 무엇보다도 예술적 가치에 있다. 이 작품들의 가치는 위대하고 고전적인 모범이 된 시베리아 지형과 자연에 대한 묘사에 있다.

> ...에니세이에서의 삶은 울음소리로 시작해 우리가 꿈도 꾸지 못한 대담함으로 끝난다. 적어도 드넓은 예니세이강변에 서서 무서운 속도와 힘으로 험난한 극지의 바다로 달리는 강물을 욕심에 차 바라보던 나는 그렇게 생각했다. 예니세이강변은 좁다. 높지 않은 둑들이 비좁게 서서 서로를 누르며 나선의 원을 그리고 있다. 아직 강변이 씻겨 내리지 않고 바닥에 구멍이 뚫리지 않았다는 것이 이상하게 느껴진다... 예니세이를 지나면 이윽고 타이가가 시작된다.... 타이가의 힘과 매력은 거목들이나 죽음과 같은 고요함이 아닌, 대체 타이가가 어디쯤에서야 끝이 나는지 오로지 철새들이나 안다

는 점이다. 첫 날은 타이가에 관심을 갖지 않다가, 둘째 날과 셋째 날에는 놀라고, 넷째 날과 다섯째 날에는 이 지구상의 괴물로부터 절대 벗어나지 못할 것만 같은 기분을 경험하게 된다. 숲으로 뒤덮인 높은 구릉에 오르고, 길이 난 동쪽을 바라보고, 아래에 있는 숲으로 뒤덮인 구릉 너머 산을 보고, 그 너머에 또 그렇게 덥수룩한 구릉이 있고, 그 너머에는 세 번째 구릉이 있고, 그렇게 끝도 없는 것이다. 다음날 또 구릉에 서서 앞을 보노라면 또 똑같은 풍경이 펼쳐지고 있는 것이다....

그러나 비판적 사실주의 작가들의 최대 관심사는 문화에 내재된 사회적, 경제적 특성이었다. 그것은 문학 주인공들의 성격 유형을 결정짓는 요인이기 때문이다. 지형이나 자연, 민속학적 특징과 같은 현실적 측면들은 사회적 문제들에 비해 부차적인 것이었다. 현지 작가들의 작품에서 공통된 '시베리아 주제'는 '죽음의 집'이라는 은유를 통해 표현되었다. 이것은 유형제도에 대한 구체적이고 생생한 증언이었다.

40년간 유배 생활을 한 *이폴리트.I.자발리신*(1808-?)은 3부로 된 단편소설집 '*시베리아 기록*(1865-1867)'에서 '시베리아 방랑자'의 보잘것없는 운명을 묘사하면서 주인공을 이상화하였다. 토볼스크의 유명한 화가이자 데카브리스트들의 제자였던 *미하일.S.즈나멘스키*(1833-1892) 역시 '*사라진 사람들*(1872)'이라는 의미가 바로 이해되는 제목의 수필에서 유형수들의 운명을 그려냈다. 니콜라이.G.포먈롭스키의 '신학교 기록'과 같은 스타일로 징집식 기숙 학교의 삶에 관해 서술한 (비록 미완성이나) '*대학원생*(1876)'은 최초의 사실주의 시베리아 소설로 *미하일.V.자고스킨*(1830-1904)의 작품이다.

저명한 시베리아 사실주의 작가 *니콜라이.I.나우모프*(1838-1901)는 작품에 고향 시베리아의 다양하고 다면적인 면모를 녹여냈다. 토볼스크의 관료 가정에서 자란 그는 페테르부르크 유학 당시 '대지와 의지'라는 조직에 가입했고, 시베리아에서 다양한 공직을 맡다가 이후 페테르부르크로 이주해 인민주의 작가들(니콜라이.N.즐라토브라츠키, 에두아르드.N.우스펜스키)과 가까워졌다. 그는 수필 '*산골 전원시*(1880)'에서 경제적으로, 숫적으로, 그리고 문화적으로 우월한 '국민'에 '이민족'이 동화돼야 하는 시베리아 민족들의 절박한 생존 문제를 촌철살인의 통찰력으로 제기했다.

작가 *이반.A.쿠셉스키*(1847-1876)는 비중있는 시베리아 최초의 낭만주의 작가로 불린다. 그는 예니세이현 아친스크의 가난한 하급 문관의 집안에서 태어나 7세에 천애 고아가 됐다. 바르나울 광업학교에 다녔던 그는 이후 톰스크 김나지움의 국영 기숙학교로 전학했다. 졸업 후 페테르부르크로 떠나 그곳에서 학업을 계속한다. 힘든 상황에서 입에 풀칠하기 위해 돈을 벌어야 했고, 삶의 가장 '밑바닥'을 살아본 그의 전기가 청년 시절 '거리의 부랑자'였던 막심 고리키의 전기와 비교되는 것은 우연이 아니다. 건강을 잃은 이반.A.쿠셉스키는 29세의 젊은 나이에 요절했다. 그가 쓴 '작은 이야기들'은 집과 의탁할 곳이 없었던 그의 삶을 짐작하게 해 준다.

페테르부르크 하류사회의 삶을 담은 이반.A.쿠셉스키의 수필은 네크라소프의 '조국의 기록'에 발표됐다. 미하일.Y.살티코프-셰드린의 풍자 방식을 따라서 쓴 뛰어난 소설 '*니콜라이 네고레프, 또는 행복한 러시아인*(1871)'도 '조국의 기록'을 통해 세상에 나오게 된다. 평단은 젊은 시베리아인 이반.A.쿠셉스키의 소설을 당대 러시아 문학의 최고봉들과 어깨를 나란히 할 수 있다고 평가했다.

'미래의 디킨슨'으로 불린 그의 소설은 삶을 표현함에 있어 흡사 '은판 사진술'과 같은 원리를 적용한 것처럼 '잘 찍은 사진'으로 평가받았다. 이것은 현실을 객관적으로 묘사하는 사실주의 예술가에게는 최고의 찬사였다. 후일 소비에트 문학 연구계는 이반.A.쿠솁스키의 소설이 '새로운 사람들'에 관한 것이라고 규정하고 니콜라이.G.체르니솁스키의 선언문인 '무엇을 할 것인가?'와 비교하며 그의 소설을 사회심리소설 장르에 포함시켰다.

이반.A.쿠솁스키는 작품 주인공인 네고레프에 관한 이야기를 통해 인간이 어떻게 형성되는지는 환경보다 자라나는 개인의 도덕성과 신념에 의해 결정된다고 보았다. 그의 소설은 러시아 생활양식과 풍습의 백과사전이라 말할 수 있을 정도지만 저자가 무엇보다 가장 주안점을 둔 부분은 개인의 형성과 발전이었다. 바로 이것이 디킨슨의 '성장소설'의 전통이었다. 특히 이반.A.쿠솁스키의 작품은 '김나지움' 시절의 이야기에 상당 부분을 할애하는데, 이를 통해 그의 모교인 톰스크 김나지움의 환경이 어땠는지 알 수 있다.

시베리아 텍스트와 관련해 특별히 주목해야 할 것은 이반 A. 쿠솁스키의 수필 '*시베리아의 그리 멀지 않은 곳들*'(1875)과 네크라소프의 '조국의 기록'에 최초로 발표된 수필들이다. '수필...'에서는 빠르게 '정복'되고 있던 시베리아의 생활상이 생생하게 묘사되어 있다. 당시 시베리아는 사기꾼들과 투기꾼들에 의해 온갖 자원들이 탈취되고 있었다. 이 수필들은 수감자들 무리와 함께 톰스크 수용소로 떠난 유형수의 이름으로 쓰였다. 이반.A.쿠솁스키 본인은 시베리아인이었지만, 중앙러시아 거주민의 입장에서 기술해 시베리아의 자연, 생활양식, 풍습을 러시아 주변의 유사 지역과 비교할 수 있도록 했다. 저자는 서술을 개인적(수필의 특정 주인공의 운명과 작가 본인의 인상) 차원과 일반유형적(각각의 생활양식과 풍습의 예시를 시베리아의 보편적 기준으로) 차원이라는 두 가지 방식으로 담아내는 데 성공한다.

'수필...'에는 톰스크 '골드러시' 시대 당시 상인들과 수공업자들, 유형수들, 금광 광부들과 매점자들의 도시였던 톰스크의 1860년대 시대상이 그려진다. 톰스크는 수용소에서 이미 노예 상태로 주인들에게 팔렸거나, 직접 구직 활동을 하는 유형수들의 도시로도 소개된다. 유형수들을 주인에게 인계하는 장면은 소설에서 가장 인상적인 장면이다. 중개인들은 모든 유형수들을 톰스크의 수공업자들과 상인들이 자리한 수용소 안의 넓은 마당에 한데 모아 직종별로 필요한 이들을 모집하기 시작한다. 그들은 능숙하게 자신의 '상품'인 유형수들의 용모를 극찬하고, 말싸움을 하면서 그들의 개인적, 직업적 특징을 아주 정확하게 가려낸다.

이반.A.쿠셉스키는 시베리아를 많은 민족이 서로 뒤섞이고 융화되는 가운데 새로운 관습과 풍습을 배우는 독특한 증류기로 정의한다. 저자는 작품 전체에 걸쳐 시베리아인들의 공통점과 '초민족'을 구성하는 각 민족의 성격적 특성을 이야기한다. 그는 예술적 시베리아 남성상을 설득력 있게 만들어내기 위해 노력했다. 그는 이를 러시아 농민과 대조하고 예컨대 집, 외형, 러시아인의 초미의 관심사인 음주에 대한 태도와 같은 몇몇 지표를 가지고 독창적인 민족지학적 비교를 했다.

시베리아인들의 집에는 러시아 농민들의 통나무집 같은 것이 전혀 없다.

> ...방은 천장이 높다. 얇은 널빤지로 덧대어진 벽들은 모두 파란색이나 초록색 유성 페인트로 칠해져 있다(때로는 주인의 개인적 취

향에 따라 새, 공작새, 온갖 화려한 것들이 전면에 그려져 있기도 하다). 시베리아 여인의 페치카에는 고양이 같은 산뜻함이 있다. 페치카 밑에는 언제나 석회가 담긴 물통이 있고, 매번 불을 때고 나면 연기로 까매지는 눈에 잘 보이는 모든 곳들은 굴뚝을 막는 즉시 빠르게 하얘진다.

시베리아 남자의 용모에 대해서는 시베리아 남자를 러시아 농민과 비교하면 귀족 같다고 했다. '시베리아의 남자는 덩치가 더 크고 더 품위 있다.' 시베리아 사람은 지적으로도, 행실 면에서도 더 뛰어나다. "시베리아 남자는 움츠리지 않고, 비굴하게 굴지 않고, 절대 겁먹지 않는다. 그는 당당하게 이치와 용무를 말하고, 어떤 관리의 권위 앞에서도 고개를 숙이지 않는다." 시베리아 사람은 손님을 환대하고 선량하다는 특징을 갖는다. 시베리아 남자는 자신의 집을 찾는 모든 이를 대접한다. 그에게는 토지와 숲이 많고, 누구든 필요한 이들을 위하여 밭에는 건초를, 숲에는 장작을 종종 준비해 둔다.

수필에서 표현된 시베리아 사람의 주요 특징 중 하나는 음주에 대한 태도다. 저자에 따르면 토종 시베리아인은 절대로 술주정을 부리는 법이 없다.

그는 점심 식사 전에 술을 마시고, 추위에 술을 마시고, 가족 행사 자리에서 술을 마신다.... 종종 보드카를 진탕 마시는 러시아 농민과는 달리 시베리아 남자에게 보드카는 놀라운 것이 아니다. 시베리아에서 남자는 적당히 마시고 절대로 꼴사납게 흥분할 정도로 마셔대지 않는다.... 나는 술에 취한 시베리아 남자를 본 적이 없다. 페테르부르크의 기술공들이나 러시아 남자들이 종종 그러하듯 술에 취해 이성을 잃을 수도 있을 것이라고는 믿기지 않을 정도로 그들은 강인하다.

저자가 좋아하는 주제는 시베리아를 항상 러시아와 비교하고 이주민들에게 다시 돌아가지 말라고 조언하던 시베리아인들이 시베리아를 받아들이는 방식이었다. 시베리아인들에게 시베리아는 자유로운 삶을 위한 비옥한 땅으로, 황금 상인부대와 함께 러시아로 떠날 수 있도록 그를 도와준 이반 미하일로비치처럼 사람들은 아직 인정을 잃지 않고 곤궁한 이들을 사심 없이 도울 준비가 되어 있는 곳이었다.

19세기 후반의 지역주의적 시베리아 산문

시베리아 문화사에서 19세기는 자치주의 관점이 형성돼 문학과 문학비평에도 전파된 시기였다. 시베리아 자치주의자들은 시베리아 문학이 바로 그들로부터 시작한다고 생각했다. *그리고리.N.포타닌*은 이에 대해 "나는 니콜라이.M.야드린체프에게 시베리아 문학은 아직 존재하지 않고 미래에나 생겨날 것이며, 아직까지는 그가 내게 보내는 편지만이 시베리아 문학이라고 그에게 편지를 썼다(시베리아의 문학 유산, 6권, 196쪽)."라며 매우 독창적인 의견을 제시했다. 시베리아 자치주의자들이 가장 먼저 주목한 것은 신문과 잡지 저널리즘이었다. 시베리아 자치주의자들의 문학비평은 어떤 의미에서는 예술 작품보다 먼저 등장해 많은 면에서 비평이 창작을 규정했다.

시베리아 자치주의자들은 "시베리아 문학은 없다. (시베리아 문학은) 미래에나 존재할 것이다."라는 그리고리.N.포타닌의 논리에서 출발해 시베리아 문학계에 대한 문제를 최초로 제기했다. 이 주제는 *니콜라이.M.야드린체프*의 논문인 '*러시아 문학의 심판대 앞에 선 시베리아*(1865)'와 그리고리.N.포타닌의 '*시베리아의 장편소설과 단편소설*'(1875)을 통해 알려졌다. 먼저 시베리아 자치주의자들은 문학연구 관점에서 '시베리아에 관한 문학'과 '시베리아 문학' 자체의 개념을 공유한다. 시베리아 자치주의 의식은 서방이 아닌 동북아시아의 관점에서 역사를 바라보고자 했다. 바로 그 때문에 '아시아 민족자결주의자'들은 시베리아 문학이 유럽과 페테르부르크의 모델을 모방하지 않고 새롭게 시작돼야 한다고 여겼다. 20세기 초 시베리아 자치주의자들의 문학 세계는 형성 단계에 있었으나, 다음 단계인 예술로 발전하는 것은 혁명으로 인해 단절되고 말았다. 시베리아 자치주의자들은 볼셰비즘을 강하게 배척했다. 소비에트 사회주의 평론가들은 그들을 '반동주의자들'이라는 말 이외에 달리 부를 수 없다고 하였다.

시베리아 문학연구학에서는 시베리아 자치주의자들과는 시베리아 문학이 형성되기 이전의 역사만 논할 수 있다는 의견이 지배적이었다. 자치주의 문학의 의미상 핵심은 시베리아 문화의 내부 경계를 설정하여 시베리아의 식민지적 지위를 수용하지 말자는 것이었다. 애향심이 투철한 이들은 시베리아를 자원의 보고와 유형의 땅이라는 외부의 공리적, 소비적 시각을 대체하는 관점을 들고나왔다. 그것은 중앙 지역으로부터 먼 위치와 혹독한 기후 때문에 시베리아는 자신만의 역사를 가지고 있으며 미래에는 독창적인 문화를 만들어나갈 것이라는 관점이다. 인민주의의 파고 속에 등장한 자치주의는 모든 민족의 권리와 모든 문화의 동등함을 주장했다. 문화적 다형성(polymorphism) 사상은 그리고리.N.포타닌과 후일 유라시아인들이 지지하는 N.다닐렙스키를 하나로 묶어준다. 이 접근법은 개념적으로 새로운 문화·역사 유형으로서 러시아적 시베리아 유형에 관해 서술한 O.슈펭글러에 의해 완성됐다. 알렉산드르.Y.노보셀로프와 *그리고리.G.그레벤시코프*의 '서양의 몰락'과 시베리아 소설들이 동시에 등장한 점도 주목할 만하다. 그리고리.G.그레벤시코프는 혁명 이후에도 총 7권으로 이루어진 가족 일대기 '추라예프가(家)'를 통해 자치주의 문학을 지지했던 아마도 거의 유일한 거물 산문작가일 것이다.

자치주의 저널리즘은 새로운 유형의 '시베리아' 주인공을 명확히 설정하고 '어떤 캐릭터'로부터 '자치적' 문학을 만들지에 대한 답을 찾아야 했다. 시베리아 자치주의자들은 시베리아에는 귀족들의 대저택 문화가 없기 때문에 '오네긴' 유형의 소설 플롯을 위한 토대가 없다는 문제가 있다며 러시아 고전 문학의 경험을 거부했다. 새로운 시베리아 주인공을 다루는 문학적 전기가 탄생하게 된 결정적 요인은 대학이 있는 수도 페테르부르크로 이주한 이후 스스로의 자각을 통해 시베리아로 돌아오는 이른바 '탕아의 귀환' 주제였다. 이런 식으로 시베리아 자치주의자들은 애향심이 투철한 시베리아적 주인공이라는 독자적인 개념을 만들고자 했다.

이러한 창작 이론은 니콜라이.M.야드린체프와 그리고리.N.포타닌의 합작 소설인 '*타이가 사람들*(미완)'에서 실현됐다. 주인공 바니킨의 이미지는 자치주의자의 전기를 그대로 투영한 것처럼 만들어졌다. 바니킨은 대학교 학비를 벌기 위해 금광으로 떠난다. 이 상황은 '이상적인' 자치주의자의 인생의 초기 단계와 다소 유사하다. 그리고리.N.포타닌이 자신의 '회고록'에서 서술한 것처럼 젊은 시절 그리고리.N.포타닌이 교육을 받기 위해 길을 떠난 젊은 시절을 그대로 재현한 것이다. 주인공으로 하여금 시베리아를 떠나도록 견인하는 욕구와 외부로 나가고자 하는 갈망은 많은 자치주의 텍스트가 갖는 플롯의 출발점이다. 동시에 돌아가고자 하는 동기 역시 자치주의 의식에 필수적인 부분이다.

시베리아 자치주의 문제는 '시베리아 텍스트'의 구조와 역사에서 가장 중요한 문제 가운데 하나이자, 어쩌면 시베리아 텍스트를 이해하는 데에 가장 두드러지는 요소일 수 있다. 그리고리.N.포타닌, 니콜라이.M.야드린체프, 세라핌.S.샤슈코프, 알렉산드르.V.아드리아노프, 아파나시.P.샤포프의 비판적, 사회 평론적 유산을 통해 우리는 시베리아적 자의식의 특별한 철학을 알게 된다. '시베리아 사상'의 형성은 바로 이들과 연관된 것이라고 할 수 있다.

S I B E R I A

4.6 토볼스크 크렘린과 시베리아 소피아 성당

라리사.V.드미트리예바

우랄 너머 지역에서 유일한 요새인 토볼스크 크렘린과 시베리아 최초의 석조 건축물인 소피아 성모 승천 성당은 지역 전체를 통틀어 규모 면에서 가장 독보적인 기념물이라고 할 수 있다. 학술원 회원 알렉세이.P.오클라드니코프는 이 성당의 탁월한 건축학적 조화에 대해 "시베리아의 광활한 공간 위를 부유하고 있는 듯한 토볼스크와 토볼스크 크렘린은 러시아의 위엄과 힘을 눈에 보이게 체현하고 시베리아와 본국 루시와의 뗄 수 없는 관계를 구체적으로 증명한 것이었다."라고 하였다.[68]

소피아 성당과 토볼스크 크렘린의 지리문화적 가치는 시베리아 자연 속에서 러시아 문화가 구현된 결과물로, 시베리아의 강인하고 엄혹한 풍토에서 스스로를 '만물의 영장'이라 주장할 자격이 있는 러시아 사람의 끈기를 상징한다. 러시아인들은 이교도들 사

68) Окладников А. П. Вступительная статья к книге Кочедамова В. И.《Первые русские города в Сибири》// Кочедамов В. И. Первые русские города в Сибири. - М., 1978. - С. 8.

이에서 기독교와 러시아의 영원한 불멸성을 상징하는 감동적인 형상을 만들어냈다. 크렘린이 세워진 장소는 토볼스크에서 기능적으로 가장 안정된 곳이다. 세월에 따라 수 차례 자연재해를 입었지만 그때마다 원 상태로 회복되었다.

시베리아의 모든 도시들은 담장으로 둘러싸인 요새에서 도시로 발전되었다. 러시아 근위대장 다니엘 출코프의 카자크인 부대가 숲에서 자재를 모아 1587년에 지은 첫 번째 토볼스크 요새는 임시 구조물이었다. 1594년 군사령관 메르쿠리 세르바코프와 미하일 볼콘스키는 '도시를 전부 베고 교외에 작은 요새를 축조했다.'[69] 이반.M.카피로프-로스톱스키는 1606-1609년에 더 큰 규모의 도시를 지었다. 1621년에 건립된 시베리아 주교구는 최초의 요새가 있던 장소에 터를 잡았으며, 토볼스크 주교직에 임명된 대수도원장 키프리안은 소피아 성당을 건립했다. 건설의 두 번째 단계는 1644년에 시작되었지만, 역사상 최초로 도시를 쓸어버린 화재가 일어난 뒤 러시아에서 다섯 번째로 목조탑을 9개 갖춘 독특한 도시 토볼스크가 건설되었다. 1646-1648년에는 첨탑 13개를 갖춘 소피아 성당이 건축됐다.

새로운 토볼스크 소피아 성당은 러시아 역사에서 700년이라는 시간이 각인된 노브고로드 소피아 성당의 형태를 재현하였다. 노브고로드 소피아 성당은 본래 키예프 소피아 성당을 모티브로 한 것이다. 1000년을 복고한 러시아 소피아 성당의 원형은 가장 중요한 기독교적 상징 중 하나로 *순종-인내-집단주의-영성*을 모델로 대변되는 러시아의 문화적 전통의 기본 가치를 나타낸다.[70] 성소

---

69) Кочедамов В. И. Первые русские города в Сибири, - М., 1978. - С. 74.
70) Основания регионалистики. Формирование и эволюция историко-культурных зон / Ред. А.С.Герд, Г.С.Лебедев. - СПб., 1999. - С.128-130.

피아 성당은 1040년대에 '바랴그인으로부터 그리스인에 이르는' 연대기적 길목의 중심 지점에 건립되었다. 무엇보다 단일한 문화와 중심적 가치를 공유하는 민족의식이 지역적으로 통일되고 동일하다는 것을 보여준다. 그것은 러시아의 지정학적, 문화적 공간이 완전무결하게 통일되어 있음을 나타낸다. 이러한 문화적, 역사적 맥락에서 토볼스크 소피아 성당의 건축 형태는 시베리아에서 '러시아 사상'의 예술적 실현으로 해석되며, 성당의 의미는 시베리아 땅에서 러시아적 의식의 확립이라는 점을 상징한다는 데 있다.

시베리아 주교구 설립의 목적 중 하나는 '토착 이민족들을 기독교로 개종'하는 것이었다. 특히 밝고 높은 석조 교회들은 시베리아 원주민들을 놀라게 했다. 9개의 목조탑이 있던 토볼스크를 파괴한 1680년의 화재 이후 토볼스크에서는 시베리아 최초로 석조 건축이 시작된다. 러시아 도시 역사에서 최초의 석조 건축물들은 일종의 새로운 삶의 질의 시작을 알리는 것이다. 러시아에서 석조 성당 건축은 성스러운 일로 존중받았으며 종교적·상징적 의미를 가졌다. 정교 교회는 그 신앙과 마찬가지로 튼튼하고 영원해야 했다. 기독교의 은유적 관념은 굳건하고 흔들리지 않는 믿음을 보여주는 석조 예배당 축조로 실현됐다. 토볼스크와 시베리아에서 이 같은 '시간의 압축물'이 바로 석조건물인 소피아 성당이었다.

시베리아 최초의 석조 성당은 당시 건축계의 최신 유행이었던 모스크바 경향을 따른 것이 아니라('전문세공', '나리시킨식 바로크'), 보다 이전의 건축물의 복제라는 수 세기에 걸쳐 증명된 수준 높은 전통적 방식으로 세워졌다. 토볼스크 군사령관 알렉세이.S.쉐인과 이반.V.프리클론스키는 1680년 4월 28일 성당 건물을 '모스크바 크렘린, 수녀원에 있는 예수 승천 교회와 대립되도록' 건축하라는 차르의 칙령을 받았다.[71] 소피아 성당의 원형인 모스크바 *예수 승천 교회*(1519)는 세워진 지 150년 이상 지난 오래된 건물로, 크렘린 소보르나야 광장의 아르한겔스키 대성당을 지은 이탈리아 건축가 알레비즈 노브이(프랴진)이 지었다.[72]

모스크바 크렘린의 새로운 성당 건축은 아르한겔스크 대성당을 모티브로 하되, 추가로 자유로운 해석이 곁들여졌으며, 그 형태가 그대로 인용되기도 했다. 아르한겔스크 대성당의 모티브는 보즈네센스키(예수 승천) 수도원의 전면 장식에도 나타나 있으며,[73] 이는 우연이 아니다. 16세기에 건축은 자신의 위치를 단순한 신하가 아니라 *공동 통치자*라는 것을 강조했던 보리스.F.고두노프의 국가 정책의 하나였다. 보즈네센스키 수도원에서 아르한겔스크 대성당의 형태가 반복되는 것은 차르의 계승자로서 보리스.F.고두노프가 자신의 지위를 공고히 하는 일종의 상징이었다. 그 어떤 성당도 이보다 완벽하게 권력의 관념을 표현하지 못했는데, 크렘린 소보르나야 광장의 우스펜스키(성모 승천) 사원은 대주교 관구의 보루이고, 아르한겔스크 대성당은 *제왕다움*의 상징이다. 문화에너지 역학의 법칙에 따라[74] 아르한겔스크 대성당과 보즈네센스키 수도원이 가지는 의미는 시베리아의 주요 성당들이 구상되고

---

71) Баландин С.Н. Каменный Софийский собор - памятник архитектуры Тобольска // Памятники истории и архитектуры Сибири. - Новосибирск, 1986. - С. 64.

72) Козлов В. Исчезновение Первопрестольной // Отечество. Краеведческий алманах. 1990. Вып. 1; Беляев Л. А. Древние монастыри Москвы по данным археологии. Т.6. - М., 1994.

73) Баталов А.Л. Собор Вознесенского монастыря в Московском кремле // ПКНО. 1983. - Л., 1985. - С. 46-58; Бондаренко И.А. Идея царственности в архитектуре Москвы XVI-XVII вв. // Архиектура мира. - М., 1992. - С. 73-83.

74) Основания регионалистики. - С. 42.

건축될 때도 계속 이어졌다고 보는 편이 논리적일 것이다. 토볼스크와 시베리아에서의 소피아 성당은 모스크바와 러시아에서의 모스크바 크렘린의 성당들과 같은 이념적 의미를 지녔으며, 그 의미는 계속해서 유지되었다.

1681년 7월 3일에 시작된 성당 건축은 극적인 역사를 지나보내고 '신의 지혜 소피아의 이름으로, 성모승천일을 기념하며' 1686년에 마무리됐다. 소피아 성당은 모스크바식의 화려함이나 특유의 패턴을 취하지는 않았다. 토볼스크 성당은 더 단순하다. 동시에 기념 조각물의 느낌을 더 준다. 그래서 단정한 스타일의 노브고로드 성당에 더 가깝다. 성당의 건축사를 완성하는 마지막 작업은 1710년 대주교 필로페이 레쉰스키가 봉헌한 '기적의 성상단 조각'이었다.

소피아 성당에 이어서 *소피아 성당* 안뜰에 돌벽과 탑이 지어졌다. 이곳은 시베리아의 러시아 정교 주교좌가 되었다. 소피아 성당과 더불어 요새를 구성하는 마지막 건축물은 세묜.U.레메조프가 구상해 1699년에 시베리아령으로 승인된 신규 석조 요새 프로젝트였다.[75] 토볼스크가 러시아에서 가장 면적이 큰 현의 중심지가 된 18세기 초 무렵 성당의 흰 실루엣과 높은 종탑이 만든 파노라마는 토볼스크의 건축 상징이 됐다.

지리문화적 가치를 형성하는 과정에서는 역사적 상징성이 드러난다. 목조 건물인 첫 번째 토볼스크 소피아 성당은 *노브고로드 출신의* 키프리안이 지었다. 성당의 최종적인 모습은 키예프 출신 필로페이 레쉰스키에 의해 완성되었다. 소피아 성당이 가지는 가

75) Кириллов В.В. Постройки С. Ремезова в Тобольске (Приказная палата и Д митриевские ворота кремля) // Архитектурное наследство. 1962. № 14; П олевой Б.П. С.У.Ремезов // Первпроходцы: Сборник. - М., 1983.

장 중요한 기독교적 원형의 힘은 키예프 루시와 노브고로드 루시에서 근원을 찾을 수 있는데, 이 힘은 시베리아 대주교들의 의례를 통해 토볼스크 땅의 주요 지역문화로 구체화되었다.

소피아 성당과 크렘린(역자 주: 크렘린은 본래 '요새'를 의미하는 보통명사)이 역사적으로 가져온 불변의 기능 가운데 특히 두드러지는 것이 바로 *도시 공간의 편성 기능*이다. 이들 건축물은 수 세기 동안 도시 건축의 핵심으로 다른 건축물들의 구심점 역할을 했다. 크렘린에는 구도시의 주요 거리가 모여 있다. 이르티시강으로 향하는 방사형 거리들은 트로이츠크 곶의 구릉 지점으로 모인다. 교구 건물들도 도시 건축의 핵심(소피아 성당과 크렘린)을 복제한다. 이 건축물들의 수직선들은 목조 건물 중심의 토볼스크에서 공간 구조의 포인트가 되었다.

시베리아 지역학 연구로 축적된 종교 건축사와 관련한 매우 방대하고 상세한 건축물 연구 자료는 주로 예술이론분석으로 국한된다.[76] 따라서 토볼스크 교회 건축과 크렘린의 건축 기념물들을 예술적 도시상을 형성하는 수단으로만 볼 것이 아니라, *문화 간 교류를 표현한 예술적 형태*로 보는 것이 적절하다.

시베리아의 러시아 문화는 무엇보다 *서유럽*과 *중앙·유럽 러시아* 전통이 지향하는 방향을 따라 형성되고 발전했다. 토볼스크의 건설작업을 주도하면서 석조 크렘린 프로젝트를 기획하고 실행한

76) Ретунский В.Ф. Памятники Тобольска и его окрестностей. - Тюмень, 1960. - С. 72; Кириллов В.В. Тобольск. - М., 1984; Барабанова Л.П. Этюды о заповедном городе. - Свердловск, 1986; Кочедамов В.И. Тобольск (как рос и строился город). - Тюмень, 1963; Баландин С.Н. Культовое каменное зодчество в Сибири в XVIII в. - Новосибирск,1994; Славолюбова Л.Д. Размышления о Тобольске. - Свердловск, 1972; Заварихин С.П. В древнем центре Сибири. - М., 1987; Заварихин С.П., Княжев В.В. Экология зодчества: О некоторых объективных основах《второй природы》: (На примере Тобольска). - СПб., 1995.

세묜.U.레메조프는 모스크바 크렘린궁의 오루제이나야 팔라타(역자 주: '무기고'를 뜻하지만, 장식미술품 중심의 보물창고)에서 프랴진이 쓴 *이탈리아* 교재로 공부했다. '페트로프 둥지'의 화가들인 로만과 이반 니키틴 형제는 토볼스크에서 유배형 형기를 마친 후 *이탈리아*에서 그림을 공부했다. 현지 향토연구자들에 따르면 형제는 소피아 성당의 프레스코 벽화 작업에 참여했다. 크렘린의 드미트리예프 성문은 *스웨덴* 포로들이 축조했다.

18세기의 시베리아 교회 건축은 *우크라이나인* 필로페이 레쉰스키(1702-1768년도에 토볼스크의 주교들은 모두 우크라이나 출신이었다)의 후원 하에 이뤄졌다. 필로페이 레쉰스키가 성화미술을 위해 키예프의 장인들을 '제적시켜' 토볼스크로 보낸 사실은 잘 알려져 있다.[77] 토볼스크 소피아 성당의 벽은 *모스크바*의 장인들이 쌓아 올렸다. 기둥 4개와 첨탑 5개가 있는 정육면체 모양의 성당은 동쪽면에 3개의 애프스(역자 주: 직사각형 건물의 평면에서 입구의 맞은편 마구리 벽면에 설치된 반원형 혹은 다각형의 돌출부)가 있는 16-17세기 모스크바 공국의 성당과 유형적으로 유사하다(트로이체-세르기예프 수도원 우스펜스키(성모승천) 성당, 로스토프 벨리키 우스펜스키(성모승천) 성당, 카르고폴의 블라고베쉔스카야(성모수태) 교회와 보스크레센스카야(예수부활) 교회, 볼로그다 소피아 성당).

토볼스크 크렘린의 건축 유형은 많은 면에서 *스몰렌스크 요새*(1595-1602)를 복제하고 있다. 이 요새의 구조적 특성은 모스크바와 툴라의 성벽 건축술(1514-1521)과 공통점이 많다. 모서리마다 '연마된' 정방형의 기둥꼴이 있는 스몰렌스크 탑, 난간의 '쌍각' 날, 총안 설치 등이 소피아 성당 안뜰의 벽과 탑의 실루엣에서도 읽히

---

77) Болдырев-Казарин Б.А. Народное искусство в Сибири. - Иркутск, 1924.

지만, 형태는 축소됐고 기념비적 과장성이 덜 하다.[78] 스몰렌스크 성벽은 레치 포스폴리타(역자 주: 폴란드-리투아니아 연합 왕국)와의 국경 지역에 있는 모스크바 공국의 전초기지이자 당대의 뛰어난 방어용 구조물로, 주 건축가인 표도르.S.콘은 러시아 축성 체계의 창시자로 불린다.[79] 문화·역사적 의미에서 해석되는 건축학적 형태는 사상적 내용과 대표적 기능에 있어서도 공통성을 보인다. 그 의미는 스몰렌스크 요새가 '*전 정교도 루시의 목걸이*'며, 토볼스크 크렘린은 '*시베리아의 왕관*'이라는 시적 비유를 통해서 드러난다.

토볼스크는 예술적 형태를 차용하는 과정에서 특히 역사적으로 협력해 온 *러시아 북부 도시*들과의 교류 경험이 필요했다. 교회 연대기에 따르면, 시베리아가 정복됨에 따라 *볼로그다*와 *우스튜크*로부터 성직자 열 명이 시베리아로 파견됐다. 건축 작업에 이들이 참여함으로써 토볼스크가 생긴 해에 토볼스크에는 이미 최초의 교회인 트로이츠카야(삼위일체), 보즈네센스카야(예수승천), 스파스카야(구세주) 교회가 생겨났다. 소피아 성당 안뜰의 벽과 탑은 우스튜크의 벽돌공 게라심 샤리핀과 가브릴라 튜틴이 세워 올렸다. 우스튜크 출신 신자들의 '노력'으로 1735년에 토볼스크에는 블라고베쉔스카야 교회의 기반이 마련됐는데, 이 교회의 기원은 17세기의 우스튜크의 벨리키 카멘니 교회 건축으로 거슬러 올라간다.[80] 18세기에 토볼스크 저지대 근교의 거리 두 곳이 우스튜즈스키라는 이름을 갖게 된 것은 이런 연유 때문이다. 한편 우스튜크

78) Баландин С.Н. Культовое каменное зодчество в Сибири в XVIII в. - Ново сибирск, 1994.
79) Косточкин В.В. Старым смоленским трактом. - М., 1972; Свистелин В.Г. Ф едор Конь, озаривший камень. - Смоленск, 1996.
80) Баландин С.Н. Культовое каменное зодчество...

의 교회 건축은 *로스토프*와 *야로슬라블*의 전통 건축술로 거슬러 올라간다.[81] 토볼스크의 벽과 볼로그다의 *스파소-프릴루츠키 수도원*의 형태적 유사성은 상당히 잘 눈에 띈다. 1805-1811년 이 수도원의 주임 사제가 볼로그다 신학교 총장이자 토볼스크 대주교로 종교적 직무를 마친 대수도원장 *암브로시 베셰제로프*였다는 사실은 잘 알려져 있다.[82]

현지 색채가 분명히 드러나는 독창적 건물에서 보이는 17-18세기 토볼스크 건축 작품들은 유럽과 아시아, 우크라이나와 러시아-모스크바, 스몰렌스크, 우스튜크, 로스토프, 야로슬라블, 페테르부르크의 형태를 예술적으로 융합한 독자적인 건축 문화가 존재했음을 알 수 있게 해 준다. 새로운 사회·문화적 지역 환경을 만들고 개척해 나가는 사람들의 열정적 에너지와 주변 자연의 엄숙함과 장엄함으로 강조되는 이런 요소는 도시 건축에 독특한 예술적 전통이 형성되는 데 기여했다. 시베리아 각 도시의 다양한 계층의 사람들은 다양한 민족적, 신분적 전통에 입각해 특정 생활 질서 모델을 따라야 했다. 건축은 이런 상황에서 높은 소통성을 가지는 예술 체계였다.

토볼스크 소피아 성당과 크렘린, 그리고 토볼스크 도시를 재건하는 작업은 성당과 도시를 역사와 문화의 대화에 포함시키는 중요한 요소들이다. 마틴 부버에 따르면, (건축을 포함하여) 예술은 *본질적으로 대화를 기반으로 한다*.[83] 가능성과 대화를 통해 역사와 시간의 영속성을 바탕으로 건축가들은 관련된 주제들을 인격화

81) Шильниковская В.П. Великий Устюг: Развитие архитектуры города до сеpед. XIX в. - М., 1987.

82) Савваитов П. Описание вологодского Спасо-Прилучкого монастыря. - СПб., 1844.

83) Бубер М. Диалог // Бубер М. Два образа веры. - М., 1999.

해 가는 과정에서 지역문화적 색채를 구현한다. 이 '고고학에 영감을 주는' 인격들은 완전히 그 자체로 지역문화적 색채를 '운명의 총체'(게르만.S.레베데프의 용어)로 정의하게 해 준다.[84] 토볼스크 소피아 성당의 '전기(傳記)'를 구성하는 '운명의 총체'에서는 많은 분량이 토볼스크 대주교 *필로페이 레쉰스키*와 토볼스크 공직자 *세묜.U.레메조프*, 이 두 시베리아 계몽가의 활동에 할애된다.

키예프 종교 대학을 졸업한 '시베리아의 사도' 필로페이 레쉰스키는 고등 교육을 받은 최초의 시베리아 주교이자 선교사로서 러시아인은 물론이고 토착 민족들을 대상으로 적극적인 계몽활동을 펼친 인물이었다. 군사령관 미하일.Y.체르카스키는 1701년 가을에 토볼스크 크렘린에 *초등학교* 건물을 세우는데, 이는 러시아 제국 초등학교(역자 주: 표트르 1세의 칙령으로 18세기에 등장해 1744년에 전부 폐교함)와 군 주둔지 학교를 능가하는 시베리아와 러시아 최초의 교육기관 중 하나였다. 이 학교에서는 그리고리, 바실리 드로브닌 형제가 '토볼스크 귀족과 관료들의 자녀'를 가르쳤다. 필로페이 레쉰스키가 1702년 토볼스크에 온 뒤 크렘린의 학교 건물에는 대주교가 분리한 주교 학교가 자리 잡았다. 이는 하급 성직자를 양성하는 러시아 최초의 지방 교육시설 중 하나였다.[85]

18세기의 첫 사반세기에 러시아에서는 러시아 국립 극장 건립을 위한 여건이 마련됐다. 시베리아 역사상 최초의 극장 창립도

84) Лебедев Г.С. Регенерация топохрона: проблемы освоения исторического наследия в современном урбанизме // Художественная культура на рубеже веков: состояние, противоречия, перспективы. - СПб., 1998.

85) Юрцовский Н. С. Очерки из истории просвещения в Сибири. Новоникол аевск, 1923. Вып.1; Шахматов Ф. Ф. Первые школы в Западной Сибири // Ученые записки ТПИ. 1949. Т.7; Копылов А. Н. Очерки культурной жизн и Сибири XVII - нач. XIX вв. - Новосибирск, 1974; Скипина И.В. Церковн ое образование в Тобольской губернии // Религия и церковь в Сибири. Те зисы и материалы научной конференции. Вып.1. - Тюмень, 1990.

필로페이 레쉰스키의 이름과 연관이 있다. 주교 학교에서 대주교는 *교회 부속 학교 극장*을 세웠다. 토볼스크에서 극장 공연은 학교 개교와 동시에 시작됐다. 선생과 학생들이 필로테이 수도원 극장의 배우로 나섰다. 극장 레퍼토리 중에는 시메온 폴로츠키의 '탕아에 관한 잠언의 희극'과 페오판 프로코포비치의 작품, 현지 성직자 I.A.플로롭스키의 희곡 '예르마크'가 있었다.[86]

토볼스크에는 시베리아 주교구 설립과 함께 특히 시베리아 계통의 스트로가노프 양식으로 분류되는 현지 화풍을 가진 *성상화가*들의 조합이 생긴다. 17-18세기 토볼스크 주교청은 시베리아 성화 미술을 관리하고 통제하는 구심점이었으며, 토볼스크 장인들은 서시베리아 최고의 성상화가들과 조각가들로 꼽혔다.[87] 18세기 초 소피아 성당 내부에서는 토볼스크 대성당 부주교이자 *아발라츠크 기적의 성모 성상*의 작가인 마트베이가 창작 활동을 했다. 시베리아의 성물인 이 성상 덕분에 토볼스크 근교의 아발라츠크 남자 수도원(소피아 성당의 뒤를 잇는 시베리아의 두 번째 석조 건축물)은 오늘날까지도 유명한 순례 성지이다.

시메온 폴로스키, 카리온 이스토민, 페오판 프로코포비치, 필로페이 레쉰스키 등 러시아 계몽 운동을 이끌었던 학자와 작가들의 대표자 명단에는 '시베리아의 로모노소프' 세묜.U.레메조프도 포함된다. 세묜.U.레메조프는 계몽 운동에 동참함으로써 크로아티아 범슬라브주의자로서 토볼스크의 유형수였던 유리 크리자니치와의 교류도 가능했다. 학자이자 군인, 행정가, 외교관이던 그는

86) Копылов А. Н. Очерки культурной жизни Сибири XVII-XVIII вв. - Новосибирск, 1974.
87) Велижанина Н. Г. К истории иконописания в Западной Сибири // Традиционные обряды и искусство русских и коренных народов Сибири / Отв. ред. Л.М. Русакова, Н.А. Миненко. - Новосибирск, 1987.

'다양한 학문의 철학'을 이해하고자 부단히 노력해 제도학자, 지리학자, 건축가, 화가가 될 수 있었다. 세묜.U.레메조프가 제작한 러시아 최초의 *시베리아 지도*가 17세기 후반에 학습용으로 도입되면서 러시아 학계는 17세기 중반부터 18세기의 첫 사반세기까지의 지리학과 제도학의 역사와 민족학의 새로운 원천을 얻는 역사적 분기점을 맞이했으며, '*시베리아 지리도면*' 역시 전 세계적으로 명성을 얻게 되었다.[88]

시베리아 최초의 석조 요새 건축가이자 석조 건축에 필요한 기술을 모스크바 크렘린 오루제이나야 팔라타(무기고)에서 배운 세묜.U.레메조프는 시베리아와 러시아 최초의 공학도면 창시자 가운데 한 명이다. 천문학자이자 시베리아 역사학자, 시베리아 최초의 민속학자였던 세묜.U.레메조프는 실로 당대의 지성이었다고 할 수 있다. 그는 전방위적인 교육을 받은 덕분에 비범한 작가도 될 수 있었다. 러시아 문학사에서 세묜.U.레메조프는 '*시베리아 역사*'의 작가로 잘 알려져 있으며, 역사, 지리, 민속 관련 저서와 운문 등 다수의 문학 작품과 시를 썼다. 우주학과 '기행(역자 주: 중세 러시아 문학에 유행하던 장르로, 여행가들이 외국을 여행하며 쓴 기행문 형태의 글을 쓰는 장르)'이 특징이었던 16-17세기에 시베리아에 관한 통상적인 판타지 소설 쓰기를 거부하고 세묜.U.레메조프는 '*시베리아 국가들의 비교*', '*기적의 글 : 토볼스크시의 유사성*', '*시베리아 묘사*'를 집필하며 예술 지리라는 장르를 개척한다.[89] 세묜.U.레메조프가

88) Гольденберг Л. А. Изограф земли сибирской. (Жизнь и труды С.Ремезова). - Магадан, 1990; Гольденберг Л. А. С. У. Ремезов - сибирский картограф и географ. - М.,1965.

89) Дергечева-Скоп Е. И. Из истории литературы Урала и Сибири XVII в. - Свердловск, 1965; Дергачева-Скоп Е. И. С. У. Ремезов и его《Исотрия Сибирская》: Автореф. дисс... докт. филол. наук. - Л., 1965; Ремезов С. У. Чертёжная книга Сибири: сост. тобол. сыном боярским Семёном Ремезовым в

남긴 창작물들은 연구가 미진한 17세기 후반-18세기 초의 지리학적 지식, 제도학의 역사와 시베리아 민족들의 역사에 관한 귀중한 자료들을 묶은 것으로 러시아 과학 및 문화의 국가적 유산이 되었다.

소피아 성당의 후원 하에 시베리아인들과 계몽가들의 염원이던 세속적, 종교적 계몽 활동을 위한 공식적 기반이 마련됐으며, 예술 창작 전통이 형성됐다. *시베리아 최초*의 교육, 연대기 편찬, 미술, 연극, 석조 건축은 토볼스크 크렘린에서 시작되었다. 소피아 성당은 토볼스크와 시베리아 지역의 문화적, 역사적 잠재력의 '생성 기지'이자 '전달 매체'로서의 역할을 하였다. 소피아 성당의 지역문화적 의미와 그와 관련된 조경, 생태, 역사, 도시 구조, 건축, 예술을 포함하는 모든 문화적 의미는 토볼스크의 역사와 문화의 영속성, 지역적 통일성, 지역의 중요성, 국가적 기여라는 측면에서 토볼스크의 가치를 보여주는 것이다.

1701 году: в 2 т. Т. 2: Исследования. Перевод. Коментарии. Указатели / ред. Л. В. Семёнова. - М.: Обществен. фонд《Возрождение Тобольска》, 2007.

[사진자료]

시베리아의 자연

1. 산악 타이가
2. 야말 툰드라
3. 오비강과 이르티시강 사이의 바슈간 습지
4. 서시베리아 남부의 곡물밭
5. 자바이칼산의 눈잣나무, 사진: L.드미트리예바
6. 바이칼의 빙산
7. 시베리아 삼나무
8. 바이칼 청정수
9. 알타이산맥 초원의 다양한 아고산대 식물, 사진: L.드미트리예바
10. 바이칼 오물(역자 주: 바이칼호에 서식하는 연어과 물고기), 사진: L.드미트리예바
11. 튜멘 타이가의 봄 사진: L.드미트리예바
12. 바르구진 흑담비

시베리아의 풍경과 민족

1. 알타이 산악지역, 사진: I.제르노센코
2. 우코크고원, 사진: I.제르노센코
3. 사얀산맥 동부
4. 투바 소년
5. 후레시(역자 주: 투바의 전통씨름)
6. 알타이 민족 축제 엘오이인에서, 사진: L.드미드리예바
7. 민족 축제에서, 투바
8. 이볼가 사원, 사진: L.드미드리예바

9. A.A.유가트킨, 시베리아 오비강. S.G.하차투랸 개인 갤러리, 카르민

10. V.G.추쿠예프, 성스러운 알타이. S.G.하차투랸 개인 갤러리, 카르민

원시 시베리아

1. 나무와 뱀 상징이 있는 신석기 시대 도자기(기원전 6천 년~4천 년 전). 바르소바산, 수르구트
2. 말타 인류 유적지에서 발굴한 새 조각, 기원전 2만2천~2만1천 년 전
3. 말타 인류 유적지에서 발굴된 목걸이
4. 여인상, 기원전 2만3천~1만9천 년 전, 말타, 후기 구석기 시대
5. 말타 인류 유적지에서 발굴된 매머드 그림
6. 달력으로 쓰인 말타 유적의 천문표(볼록한 면과 오목한 면), 구석기 시대
7. 시시킨 암각화
8. 톰스크 암각화

고대 시베리아

1. 사슴 암각화, 사진: L.드미트리예바
2. 스키타이 장군, 파지리크 문화 복원 작업
3. 아르잔 2호 쿠르간, 고고학 복원 작업
4. 볼셰레첸스크 문화, 산양 형태의 꼭지 장식, 스키타이 시베리아 동물의장
5. 청동 표범, 사르가트, 철기 시대
6. 쿨라이 문화, 주물 공예
7. 누워있는 양 조각상
8. 그리핀, 바샤다르 지역
9. 웅크린 표범 모양의 가슴 장식품, 사카 문화 (기원전 6-5세기)
10. 카라콜의 태양 머리 신, 산지 알타이의 온구다이군
11. 사간 자바, 바이칼 암각화

12. 칼박타쉬 암각화, 산지 알타이, 온구다이군

중세 시베리아

1. 훈족 군인, 복원
2. 오르혼-예니세이 석비, 돌궐2제국, 키질 지역 박물관
3. 킨투스의 불의 영 (북부 및 동부 한티족), 11-12세기 살레하르트, 토볼스크 국립 역사 건축 박물관
4. 군무, 한티족, 은. 10-13세기. 토볼스크 국립 역사 건축 박물관
5. 소피아 성모 승천 성당, 시베리아 최초의 석조 성당 (1621-1686). 토볼스크. 사진: L.드미트리예바
6. 이스케르. 시베리아 칸국 수도. 복원
7. 예르마크의 초상. 작가 미상. 18세기

근대 시베리아

1. 시베리아의 키예프, 토볼스크
2. 시베리아의 페테르부르크, 바르나울. 은 제련 공장 전경. 1850년대 중반-후반
3. 시베리아의 아테네, 톰스크 국립대학교
4. 시베리아의 모스크바, 옴스크
5. 목각 장식, 베르흐네우딘스크, 사진: L.드미트리예바
6. 톰스크의 목조 레이스 장식, 사진: D.타옙스키
7. 시베리아 정복자 예르마크 기념비. A.P.브률로프. 토볼스크
8. 구교도파 정교 교회, 세메이스키예. 자바이칼 민족지학 박물관. 사진: L.드미트리예바
9. 시베리아의 바로크, 토볼스크의 자하리와 엘리자베타 정교 교회. 사진: L.드미트리예바
10. 시베리아의 화폐

11. 콜리반 화병, 에르미타주

현대 시베리아, 20세기

1. 콤소몰 건설 현장 업무 발령장
2. 툰드라 구조 연구. A.로파틴. 매머드 엄니. 1930년대. 토볼스크 국립 역사 건축 박물관. 사진: L.드미트리예바
3. 독서하는 오이로트인. 국민경제 달성 박람회. 나돌스키
4. 바이칼-아무르 철도 건설
5. 울란우데 블라디미르.I.레닌 동상. 조각가: 게오르기.G.네로다, 유리.G.네로다, 1970. 사진: L.드미트리예바
6. 전 소비에트 건설사업. 브라츠크
7. 안가라강의 범람
8. 처녀지(옴스크). 알렉세이.N.리베로프
9. 처녀지 개간
10. 크라스노야르스크 수력 발전소
11. 시부르, 톰스크
12. 사모틀로르, 사진: M.엡스타피예프

현대 시베리아, 21세기

1. 토볼스크의 데카브리스트 부인들을 위한 로톤다. 2008년. 사진: L.드미트리예바
2. 크라스노야르스크의 '시베리아의 얼음' 축제
3. 토볼스크의 P.예르쇼프 동상. 조각가: M.페레야슬라베츠. 2008년. 사진: L.드미트리예바
4. 부랴트족 어머니 상. 조각가: A.미로노프, 울란우데. 사진: L.드미트리예바
5. 부랴트 서사시의 영웅 게세르 동상. 조각가: A.미로노프, 2006

6. 성모 승천 성당. 옴스크. 2007년 복원.

7. 부랴티야. 이볼가 사원. 불멸의 함보 라마 이티겔로프의 궁. 2008년. 사진: L.드미트리예바

8. 석비 '북극권(폴랴르니 크루그)'. I.야쿠셰프. 살레하르트. 2003년

9. 오비강의 사장교, 수르구트

제5장

20세기~21세기 초 시베리아 문화

S I B E R I A

5.1. 시베리아의 소비에트 문화의 형성

E. I. 발라키나

20세기는 시베리아의 문화 발전에서 특별한 의미를 갖는다. 두 번의 강력한 과도기를 거치며 20세기는 그 자체로 거대한 도약의 시대가 되었다. I. 일린은 이것을 '위대한 부상(浮上)'이라고 비유하였다. "이것은 심원의 위대한 부상, 빛에 대한 갈망, 하늘을 향한 돌진, 창조 의지의 분출이었다. 새롭고 가장 완전한 형태에 대한 꿈, 존재의 새로운 부에 대한 꿈, 땅이 하늘에 가까워지는 것에 대한 꿈이었다." 유명한 러시아 철학자의 책 '노래하는 심장'에서 인용한 이 문구는 그의 단편소설 '산'에 나오는 것이다. 하나의 시각으로 바라보고자 한다면, 부침이 예측 불가능하고, 평평한 경사가 가파른 낭떠러지로 변하는 거대한 산줄기처럼 20세기의 시베리아 문화는 나타났다. 여기서 분명한 것은 교육의 사다리를 타고 오르려는 거듭된 시도, 엄혹한 시베리아의 '벽지'에서의 새로운 문화 형성, 사회적, 경제적, 문화적 발전에서 예기치 않은 좌절과 반동이 있었다는 것이다. 그것은 때론 의도적으로, 때론 인위적으로 국가지도자들에 의해 조종된 '저 높은 곳을 향한' 민중 운동이었다. 그러나 의심의 여지 없이 그것은 '창작 의지의 분출'이기도 했다.

20세기에 시베리아에서 일어난 과정들은 '역동의 꿈', 즉 새로운 국가에 대한 꿈, 새로운 프롤레타리아 문화에 대한 꿈, 새로운 인간과 사회주의 건설에 대한 꿈, 이루어질 수 없는 공상과 같은 공산주의 생활방식에 대한 꿈을 문화적·역사적으로 실현하고자 하는 갈망이었다. 꿈은 태어나 무르익고 강해지면 실현을 요구한다. "이것은 격렬한 반란이었다. 무섭고 혼돈스러웠다. 그러나 그것은 최후의 오지에서 나왔다. 그것이 간절한 것이었기에 그 불꽃이 하늘을 향해 날아갔다. 그것은 거센 불길로 타올랐고, 그 불길은 창조주에 대한 기도였다. 그러자 이 불로 인해 깎아지른 암벽이 녹아내리고 태고의 돌들이 급류처럼 굴러내렸다."[1)]

19세기에서 20세기로 넘어가면서 시베리아, 러시아, 그리고 인류 전체의 문화적·역사적 발전의 유형학적 공통성이 나타난다. 그러나 그 성격과 속도는 모든 단계에서 확연히 구분되는 특성들을 갖는다. 이 시기에 시베리아 문화는 새로운 국면으로 접어드는데, 문화학에서는 이것을 '모더니즘' 개념을 통해 규정한다. 20세기 초 이미 문화에 내재된 많은 모순들이 첨예화되고 있었다. 두 번에 걸친 세계대전과 혁명이라는 강력한 사회적 격변들이 20세기의 문화 발전 노선을 결정하는 조건이 되었다.

이전에는 시베리아 문화에서 안정적 상태와 과도적 상태가 차례대로 교체되는 것이 꽤 선명하게 눈에 띄었다면, 20세기에는 그 속도가 압축되었다. 그 결과 한 세기 전체를 전 세계적 과도기로 볼 수 있으며, 이 과도기 안에도 수준이 서로 다른 상대적인 안정

1) Ильин И. А. Поющее сердце. Книга тихих созерцаний. - М., «Мартин», 2006. - С.140.

기들이 관찰된다.

모더니즘 문화의 가장 중요한 특징은 새로운 것을 추구하는 경향과 과거의 부정이다.[2)] 20세기 초 시베리아 전역에서 과거와의 급진적이고 타협 없는 단절이 문화의 결정적인 특징이 된다. 문화의 진화에서 새로운 주기의 시작 시점은 시베리아횡단철도이다. 이것은 지나간 시대를 거대한 변혁의 시대와 분리해주는 영원한 경계선이다. 변화들은 문자 그대로 20세기 초부터 지체되지 않고 그대로 나타났다.

농업사회에서 산업사회로의 이행이 시베리아 발전의 주요 방향이다. "바로 이 과정이 국가의 주요 작동 메커니즘이었고, 그 밖의 경제, 사회, 정치 과정들은 기본적이고 본질적인 역사의 흐름에서 파생된 것들이었다. 러시아 각 지역에서 산업사회가 형성되는 과정이 기본적으로는 전(全) 러시아적인 요인들에 의해 결정됨에도 불구하고, 지역마다 고유의 특수성이 있었다."[3)] 필자는 이 경로에 따른 진화에서 모든 사회가 반드시 통과해야 하는 3단계로 농업사회, 산업사회, 탈산업사회를 규정한다. 농업사회에서 산업사회로의 이행은 근대화라는 용어로 불린다. 이것이 문화 진화에서 가장 중요한 과정이다. 왜냐하면 생존기술의 발달 수준을 보여주고, 환경 조건에 대한 인간의 의존도를 결정하기도 하기 때문이다. 새로운 기법과 기술 습득은 사회 진화 역학의 긍정적 동인이다.

시베리아의 발전 단계를 규정하는 문제에 대해서 학자들의 견

---

2) См.: Каган М. С. Эстетика как философская наука. - СПб.: Петрополис, 1997. - С. 501.

3) Зиновьев В. П. Особенности перехода Сибири от аграрного общества к индустриальному // Сибирь в контексте мировой культуры. Опыт самоописания: Коллективная монография. - Томск: АНО «Издательство "Сибирика"», 2003. - С. 19-20.

해가 갈린다. V. 지노비예프, A. 비시넵스키, I. 이노젬체프는 시베리아라는 문화 공간의 모순성을 지적한다. 시베리아에서 활발한 근대화가 시작된 시기는 러시아 전체의 근대화 시기와 같은 20세기 첫 4반세기이다. 그러나 심지어 때로는 시베리아와 중앙아시아의 미개간지와 휴경지를 개간하는 현대적인 형태의 대규모 농업 식민지화 시기인 1950~1960년대가 '시간을 질질 끄는 농업 개척' 시기로 정의되기도 한다(V. 지노비예프). 농업 발전 과정을 완성하지 못한 채 시베리아 사회는 러시아 전체와 함께 산업사회로 이행하기 시작했다. 이것은 시베리아의 문화적 동인의 불균일성과 불안정성을 부분적으로 설명해줄 수 있다.

1890년대에 산업 발달과 철도건설로 시작된 시베리아 경제의 활력은 1900~1903년에 급격한 부진을 겪게 된다. 러·일전쟁 동안 특히 시베리아 동부 지역에서 불황이 심해졌다. 그러나 1905년 혁명 이후에는 이미 여기서 또다시 산업이 가파르게 성장하기 시작한다.

시베리아 문화의 혁신적이고 창조적인 방향은 20세기에 개혁 풍조를 바탕으로 하여 생활 형태와 활동 전 분야에 실질적인 영향을 미쳤다. 19세기 말부터 20세기 초에 대규모 역사적 사건들이 교대로 발생하고, 이로 인해 정신적 탐구 분위기에 불이 지펴졌다. 시베리아와 러시아 전역에서 활발하게 진행된 혁명적 개혁 과정은 세계관이 상당히 바뀌고 있음을 보여주는 것이었다. 주민의 종교적 소양과 더불어 교육이 더 중요한 비중을 차지하기 시작한다.

연구자들은 아무르주와 연해주와 사할린 주민의 문자 보급률이 유럽 러시아 지역들보다, 특히 칼루가주나 니즈니노브고로드주처럼 발전된 지역들보다 높았다는 점에 주목한다. 시베리아에는 군인, 상인, 관리 등의 타지에서 온 일시적 거주민이 많았다.

시베리아 토착민의 문자 보급과 문화 발달에 특별한 영향을 미친 요인은 정치적 유배형(流配刑)이었다. 17세기 후반부터 정부는 강제적인 영토 개간('유형식민지화')을 위해 범법자들을 이곳으로 이주시켰다. 1860년대에 시베리아 유배형은 집단적 성격을 띠게 된다. 그 뒤로 '정치범' 유입이 꾸준히 증가했다.

유형수들이 시베리아의 내적 삶에 폭넓게 미친 영향에 대해 지리학자 V. A. 오브루체프는 다음과 같이 표현했다(1894). "일반적으로 정치범들은 전반적인 호감을 산다. 특히 이런 유형의 죄수들은 조국의 문화를 시베리아에 옮겨오고 민중사상을 일깨우고 학교를 설립하고 가내공업과 수공업 발달을 촉진하고 국가 연구에 종사한다."[4] 시베리아 지역 최초의 '인텔리 상륙부대'(데카브리스트)는 순수하게 계몽 활동에만 국한되었다. 후에 유형수들은 이 지역의 계몽과 문화생활의 기초를 닦았다.

시베리아의 어떤 지역은 상주하는 러시아인 주민 전체가 문맹인 경우도 있었는데, 안가라주를 실례로 들 수 있다. 20세기 초에 소수 시베리아 민족들의 정신문화는 씨족사회 수준이었다. 그들 중 일부는, 예를 들면 코략크족은 전부 문맹이었다. 1917년 이전에는 러시아의 소수민족 중에 110개 민족이 문자가 없었다. 여기에 해당하는 민족은 알타이족, 투바족, 하카스족, 북부와 동부의 소수민족들이었다. 이곳에서는 모든 점에서 경제적, 문화적 후진성이 두드러졌다. 1926~1927년의 자료들은 1920년대에도 유목주민은 여전히 문맹이었음을 보여준다. 가르칠 인력이 부족했다.

4) Батура А. И. Развитие кооперации и коллективизация сельского хозяйст ва Забайкалья в годы НЭПА // Из прошлого Сибири: Москва. сб. науч. тв. Вып. 2. Ч. 2. - С. 123.

그러나 이미 19세기 중엽부터 시베리아에는 이 인력을 충원할 독특한 보급원이 존재했다. 바로 정치 유형수들이었다. 그중에는 G. S. 바텐코프, N. A. 베스투제프와 M. A. 베스투제프, M. S. 루닌, V. F. 라옙스키 등의 데카브리스트들도 포함된다. 그들은 랭커스터 학교, 즉 상호교육 학교 설립을 지지하고, 시베리아 계몽과 문화 발전 계획안을 마련했다. 초등학교와 중등교육기관 네트워크 구축, 유형수들에게 아이들을 가르칠 권리 부여, 시베리아 지역 중학교 졸업생이 수도의 교육기관에서 공부할 수 있도록 국비를 지원할 것을 주장했다.

시베리아 애국지사들의 구상들 중 많은 것들이 점차 현실화되었다. 19세기 말에 서시베리아에는 이미 수십 개의 시립 학교가 있었고, 토볼스크, 이르쿠츠크, 톰스크에 신학교가 활동하고 있었으며, 중등교육이 발달되었다. 도시 자체도 끊임없이 성장하고 주민수가 늘어났으며, 사람들의 세계관과 기대에 질적인 변화가 일어났다. 19세기 말 ~ 20세기 초 시베리아 지역의 철학은 예술, 학문, 사회생활, 문화 전반의 주요 변화 노선을 결정했다. 바로 이 시기에 N. M. 야드린체프, G. N. 포타닌, S. S. 샤시코프 등이 지지한 시베리아 대학 구상이 탄생했다.

시베리아의 도시 일곱 곳이 대학의 유치를 희망했다. 당시 인구 증가가 가장 활발했던 톰스크가 선택되었다. 톰스크대학은 1888년 학생 수 72명의 의학부에서 시작되었다. 훌륭한 학자들이 이 대학에서 가르쳤다. 시베리아횡단철도 건설과 관련해 엔지니어가 절실히 필요해짐에 따라 1900년 가을 톰스크에 엔지니어 양성을 위한 공과대학(오늘날의 톰스크 국립공과대학)도 문을 열었다. 바로 이 시기에 최초의 고등교육기관인 상업대학이 옴스크에 문을 열었다. 좀 더 지나 혁명기에는 시베리아 전역에서 1918년에 이르쿠츠크 대학을 설립하기 위한 재원모금이 벌어지게 된다.

시베리아 최초의 대학은 시베리아 상인계급의 관심 덕분에 생겨났다. 유명한 기업가 M. 시도로프, P. N. 데미도프, 톰스크의 금광업자 Z. M. 치불스키가 대학 설립을 위해 거액을 투자했다. 시베리아 고등교육 발전에 큰 역할을 한 사람은 톰스크 대학과 톰스크 공과대학 조직위원회 위원 *D. I. 멘델레예프*였다. 그는 공대에 새로운 학과를 설립하도록 도와주고, 시베리아 정신문화와 물질문화의 발전에 관심을 기울였다. 바로 그가 우랄 지역의 광석과 쿠즈네츠크의 석탄 생산을 이용하여 시베리아의 생산력을 높이는 계획안을 만들었다. 이 안은 소비에트 시대가 되어서야 실현되었다. 그는 1904년부터 톰스크 대학과 톰스크 공과대학의 명예회원이었다.

톰스크 대학은 시베리아 전역에 상당한 정신적, 계몽적 영향을 미쳤다. 톰스크 대학의 교수진은 지역 문제를 연구했다. V. V. 사포즈니코프는 알타이에 대한 중요한 저서들을 저술했고, M. N. 소볼렙스키 교수는 시베리아 경제문제에 대한 일련의 연구서들을 썼다. 톰스크 지역의 고등교육기관 교수들은 주민들을 위해 대중강연을 하고, 계몽단체에서 활동하고, 지역의 문화사와 천연자원 연구에 대한 학술 탐험을 진행했다.

1901년 1월 28일 크라스노야르스크에 P. P. 세묘노프-탄-샨스키의 협조로 러시아 지리학회 동시베리아 지부가 개설되었다. 그는 예니세이 지역의 지리학적, 민족학적, 통계학적 연구를 위해 열성적인 향토학자들을 모았다.

19세기 말에서 20세기 초의 매우 적극적이고 직접적인 외국 자본의 참여로 시베리아 경제 발전이 이루어진다. '풍부한 천연자연, 공업·상업·농업 분야의 현대적 자본기구의 장기적 부재, (극동지역의) 자유무역 상황, 지역의 낮은 경제화 수준'이[5] 외국 기업가들을 이 살기 힘든 땅으로 끌어들인 부수조건이었다. "추콧카, 캄차카, 오호츠크해 연안에는 지방행정부의 무력함을 틈타 물물교환을 핑계로 원주민을 수탈하는 교묘한 방법을 쓰는 미국 사업가와 투기꾼들이 매우 성행했다."[6]

유럽 러시아 지역과 비교할 때 시베리아는 도시 역사가 꽤 짧다(B. P. 안드레예프). 공업과 상업의 성장은 여기에서도 도시의 성장을 수반했다. 그러나 시베리아에서는 거주 지역이 주로 철도노선을 따라 형성되었다. 전통적으로 세계의 도시들은 과거에 탄탄한 수공업 중심지였던 곳에서 성장했으며, 기계화 과정에서 수공업이 점차 공업으로 발전했다. 훨씬 나중에 가서야 도시들이 정치, 군사, 정보와 그 밖의 기능들을 갖추게 되었다. 시베리아에서는 이 모든 것이 반대로 진행된다. 시베리아 최초의 산업 중심지는 군사·방위 기능을 갖는 요새들이었다. 그것들은 톰스크(1604), 쿠즈네츠크(1617/18), 마코보(1618), 예니세이스크(1618/1619), 멜레츠크(1621), 타르한, 리빈스크(1628), 이심(1629), 브라츠크, 일림스크, 키렌스크, 바가이, 테벤다(1631), 비스크(1709), 옴스크(1716)이다. 독특한 시베리아 도시화의 시작은 수 세기에 걸쳐 군수산업을 주요 산업 분야로 만들었다. 특히 이러한 특징은 소비에트 시대에 확연히 드러났는데, 이 시기에는 군대화된 시베리아 도시 기초 위에 유형적으로 유사한 사회주의 문화가 덧입혀졌다.

5) Дорожник А. Г. Сибирская экономика конца 19 - начала 20 в. как объект деятельности иностранных предпринимателей (к освещению вопроса в современной германоязычной историографии). - С. 65-71 // Роль Сибири в истории России: Бахрушинские чтения. 1992 г.- Новосибирск: изд-во Нов ос. гос. ун-та, 1993. - С. 66.

6) История Сибири с древнейших времен до наших дней. В 5-ти т. / Гл. ред. А. П. Окладников. - Л.: Наука, 1968. - С. 194.

20세기 초 시베리아의 산업 발전 수준은 아주 낮은 단계에 머물러 있어서, 가장 피상적인 분석조차 호의적이지 않았다. "산업과 관련해 시베리아는 아직 손도 대지 않은 페이지를 선보인다. 지금은 인간의 기술력을 인간이 가진 기계에너지의 양으로 측정하는 것이 가장 정확하다. 기계에너지 최고의 표현형식은 전기이다. 전력보급에 대한 자료는 이렇다. 1킬로와트가 시베리아에서는 500인분에 해당되고, 아프리카에서는 400인분이지만(아프리카에서!), 미국에서는 5인분이다. 그런데, 만약 잠자는 에너지 비축량을 거둬들인다면, 시베리아는 대단히 풍부하다."[7] 철도 건설이 시베리아를 그에 걸맞은 발전 단계로 끌어올려야만 했다. 철도 건설 이전에는 마차가 주요 교통수단이었다. 그래서 시베리아의 교차 중심지들은 37개의 마차 길을 연결하고 있었다.

시베리아의 특이성은 문화 시스템의 현대화라는 독특한 논리에서도 나타났다.

1. 러시아 중앙에서는 산업혁명이 경공업에서 시작되어, 그다음 중공업, 교통, 통신, 농업으로 뻗어 나간 반면, 시베리아의 현대화는 역순이었다. 수상교통과 철도교통에서 시작되어 이것이 다른 산업 분야의 산업혁명을 위한 조건을 조성했다.[8]
2. 1890년대에 러시아 전체적으로 산업혁명이 성공을 거둔 반면, 시베리아에서는 이때 첫걸음을 뗐다. 여기서는 기본적으

7) Троцкий Л. О Сибири. Речь на вечере сибиряков 28 февраля 1927 г. (из ра нее закрытых архивов госбезопасности, спецхран) – Новосибирск: ИИЦ «Инфопринт», 1990 (Репринтное издание – М.: 1927 г. Из серии «Дешевая библиотека» журнала «Северная Азия». – С. 10.
8) Дамешек Л. М., Ремнев А. В. и др. Сибирь в составе Российской империи. - М.: Новое литературное образование, 2007. - С. 252.

로 광산업 분야의 기계화가 이루어진 이후 1930년대가 되어서야 산업혁명이 완성된다. 그러나 산업 발전이 결정적으로 이루어지는 것은 19세기 말~20세기 초였다. 그래서 학자들은 20세기 초를 시베리아 수공업 시대가 끝나는 것으로 간주한다.

제1차 세계대전이 발발하기 전 시베리아에서 충분히 발전된 것은 석탄산업뿐이었다. 그러나 생산과정은 거의 기계화되지 않았다. 이 시기 시베리아를 현대화시키는 주요 분야는 제재업, 채금업, 가공산업이었다. 외형적으로는 기업 소유 형태에 변화를 꾀하고 노동 집약도를 높이고자 했음에도 불구하고, 원재료 산업의 성격이 유지되었다. 러시아 경제에서 시베리아의 역할은 이전 수세기와 비교할 때 20세기 초에도 예전 그대로였다. 시베리아는 기본적으로 원료 공급자 역할로 충분했다(V. P. 지노비예프). 농업이 주요 산업이었다. 1913년에 농업이 시베리아 지역 전체 경제 활동의 3분의 2를 차지했고, 공업은 4분의 1밖에 되지 않았다.

19세기에서 20세기로 넘어가면서 시베리아 농업 분야도 기술 사용과 농업의 응용에서 혁신이 시작되었다. 시베리아 농산물이 세계 시장으로 나가게 되었다. 그 덕분에 영세한 생산에서 자본주의적 생산으로 이행되고, 최초의 공장들이 설립된다. 쿠르간 지방과 옴스크에는 수출용 버터 생산 공장, 이르쿠츠크에는 제염공장이 세워진다. 튜멘, 크라스노야르스크, 바르나울에서는 제분업과 양조업이 발달한다. 1894년 안트베르펜 국제박람회에서 예니세이스크현 미누신스크의 알렉산드롭스키 양조공장에서 만든 V. A. 다닐로프의 보드카가 금메달을 땄다. 빵 제품, 생선, 소금, 포도주, 살로, 구리, 밀랍, 가죽이 톰스크에서 그 이웃 지역으로 갔다. 잣과 모피 제품이 유럽 러시아 지역과 외국으로 나갔다.

이런 사실들은 시베리아 농업이 발전하고 있다는 인상을 준다. 그러나 전체적으로 시베리아 농업은 진지한 재검토가 필요했고, P. A. 스톨리핀의 개혁도(1906) 그것을 지향했다. 스톨리핀의 개혁은 유럽 러시아 지역 농민들을 대규모로 시베리아로 이주시킬 것, 농민들을 공동체의 압박에서 벗어나게 하고 땅을 개인 소유로 돌릴 것을 규정했다. 당시의 사람들은 농업 운영 방식에 있어서 그처럼 본질적인 변화만이 농촌의 경제 상황을 본질적으로 변화시킬 수 있다고 믿었다. 그것은 바로 농업 혁명이었다. 1917년 혁명 이전의 시베리아 문화는 이미 불안정한 상태에 있었음이 분명하다. 시베리아는 그 당시 러시아와 세계 다른 나라들에서 시작된 변화에 대한 갈망에 휩싸여 있었다.

시베리아 모더니즘은 또 다른 분명한 특징도 보였다. 세계적인 모더니즘 문화의 유형학적 특징인 다채로운 세계관이 중앙아시아 지역에서는 철학적, 예술적 경향의 다양성으로 나타났다기보다는, 오히려 주민의 민족·사회적 절충주의, 그리고 믿기 어려울 만큼 다양한 문화들이 동시에 존재하는 것으로 표현되었다.

토착 민족들과 러시아 농민 간의 문화수준 차이는 매우 컸다. 어떤 연구자들은(A. F. 아니시모프, M. N. 쿨리코프, L. V. 호미치, I. A. 타라소프, B. O. 돌기흐) 10월 혁명이 일어날 때까지 북방 주민들 사이에 원시적 공동체적인 관계가 우세했다고 생각한다. 문화 발전 수준은 한 민족 내의 유목민과 정착민 간에도 서로 달랐다.

소수민족 거주지에서 일어나는 일은 기본적으로 자기 민족의 대표자들에 의해 처리되었다. 언어 구성면에서도 시베리아 문화는 확연한 다양성과 이질성을 띤다. "고르노쇼르스키 지역은 구역집행위원회 간부의 50%가 쇼르인이며, 주민과 관련된 대중적인 일들은 쇼르어로, 사무는 러시아어로 처리한다. 서시베리아의 다른 지역들에는 순수 민족(다른 민족과 섞이지 않은) 농촌소비에트가 86개에 달했다(에스토니아인 8개, 카자흐인 21개, 타타르인 20개, 독일인 15개, 추바시인 12개 등). 사무는 러시아어로, 대중적인 정치, 문화·계몽 활동은 소수민족어로 이루어졌다."[9]

이 모든 것이 시베리아에서 높은 수준의 혼종을 설명해준다. 여기서는 지금도 다른 종족과의 혼인이 흔하다. 이러한 지역문화의 특수성 속에서 미래 시베리아의 의미 있는 태아로서 포스트모더니즘 경향이 이미 예측된다. 더 정확히 말하면, 유형론적인 관점에서 포스트모더니즘은 시베리아의 특성으로 내재되어 있었다. 연구자들은 포스트모더니즘의 기본적인 특성들 중 하나로 '엘리트 문화와 대중문화, 실제적인 것과 비실제적인 것 사이의 경계 해체 문제'를 든다(L. 피들러). 20세기 시베리아 문화 발전 전체로 볼 때 사실상 모든 단계에서 경계 해체 경향이 드러난다. 혼종, 이것은 서로 다른 것을 새로운 전체성으로 융합하고 통합함으로써 민족의 경계를 극복하는 수단의 일종이기도 하다. 여기에서 이 민족과 저 민족의 민족문화 자질들이 하나로 통합된다. 시베리아에서 이런 과정이 발전한 결과 특별한 하위민족들이 형성되었다. 예를 들면, 시베리아 카자흐인, 시베리아 구교도, '알타이 폴란드인', '자바이칼리예 구교도' 등이 그들이다.

시베리아의 놀라운 민족적, 종교적 관용에 대해 20세기 초에 R. 프리스는 자신의 '아무르 생활 회고록'에 다음과 같이 썼다. "먼 옛

9) Красильников С. А. Национально-культурная политика и практика ее реализации в Сибири в первой половине XX века. - С. 64-91 // Советская культурная политика и практика ее реализации в Сибирском регионе: очерки истории. - Новосибирск: изд-во Новосиб. Гос. ун-та, 2006. - С. 72.

날에 이 사람들이 최고의 축복, 곧 자유를 누렸기 때문은 아닐 것이다. 우리에게는 완전한 자유가 있었다. 말의 자유이다. 하고 싶은 말을 해, 아무도 널 방해하지 않아. 그러나 출판의 자유는 없었다. 왜냐하면 인쇄가 없었기 때문이다. 양심의 자유는 있었다. 시베리아에서는 민족과 종교에 전혀 의미를 두지 않는다. 러시아인이든, 폴란드인이든, 독일인이든, 분리파 신자이든 상관없다. 그가 좋은 사람이기만 하면 되니까."[10] 이러한 특수성은 또다시 '돼'와 '안 돼' 사이의 경계, 민족 간의 경계와 종교 간의 경계를 지우는 경향을 드러낸다. 300년에 걸친 시베리아 유배형의 역사는 사회관계에서도 차별을 없애는 결과를 가져왔다.

"1870년에 시베리아를 방문하여 징역수와 이주민의 삶을 알게 된 유명한 독일인 학자 알프레드 브렘에 의하면 시베리아에서는 범죄자들을 모욕하거나 유형수를 경멸하거나 범죄자의 마음에서 인간적인 악감정을 찾아내려는 의도는 찾아볼 수 없다. 시베리아에서는 범죄자들을 교정하는 최고의 수단이 선행이라고 생각했다. 죄에 빠진 자를 경멸하고 욕하는 것은 어떠한 교정 수단도 되지 못한다고 여겼다. 브렘은 '우리한테 그런 시베리아가 없다니 유감이다!'라고 탄식했다."[11]

시베리아의 생활 조건에서는 토박이와 이주민 사이의 경계, 선량한 사람과 유형수들 사이의 경계를 없애는 정신적, 사회적 토대가 성숙되어 있다. 이런 포스트모더니즘 경향이 이후에도 계속 전개된다. 그것은 시베리아에서 특별한 유형의 인격 형성을 촉진한다. 이 인격은 자연조건, 역사적·문화적 시대, 민족들의 경계 공간

10) Дамешек Л. М., Ремнев А. В. и др. Сибирь в составе Российской империи. - М.: Новое литературное обозрение, 2007. - С. 67.

11) Там же. - С. 283.

에서 형성된다.

사람들은 그들이 살고 있는 장소가 가진 환경의 일부이다. "외적인 형태적 자질들은 인간의 의지를 초월하여 수 대에 걸쳐 조상들로부터 내려오는 유전적 유산으로 얻어진다. 그런데 사고 유형, 행동, 성격은 인간 개개인에게서 직접적으로, 인간의 육체가 생겨나고 인격으로 형성된 그 장소 고유의 특정한 생활 조건에 대한 구체적인 반응으로 형성된다. 구체적인 조건, 즉, 육지와 물, 산과 평지의 비율, 총 거주면적, 기후, 빛, 동식물 구성과 비율에 적응하면서, 사람들은 그들이 어디에서 생겨났든지 간에 함께 모인 후에는 닮아 가게 된다."[12)]

공동의 거주 조건은 종족적·사회적으로 차이를 보이는 민족들의 '문화적 평준화'를 초래하고, 형성된 인격 유형 속에 '시베리아인'이라는 공통적 특징을 발현시키기 위한 조건을 만들어 왔다. 시베리아인은 시베리아의 기본적인 특수성을 흡수했으며, 생물학적, 문화적 특질로 볼 때, 그리고 생활양식과 인식 유형으로 볼 때, 경계적인 인격의 특성들을 획득했다. 이처럼 시베리아에서는 불같은 변화 속에서 소비에트 유형의 문화가 준비되고 형성되었다.

증폭된 정치적·경제적 위기, 두 번의 혁명(2월 혁명과 10월 혁명)과 내전은 시베리아 문화에 본질적인 영향을 미쳤다. 유형론적으로 과도기적인, 처음부터 가변적이고 불안정했던 시베리아 문화는 내적 균형을 유지하기 위해 역사가 폭발하는 순간에는 관망 자세를 취한다. 예를 들면, 제1차 세계대전과 1917년 혁명기에 시베리

12) Мордкович В. Г. Сибирь в перекрестье веков, земель и народов: очерки этно-экологической истории региона. - Новосибирск: ИД «Сова», 2007. - С. 125.

아의 조직 대부분이 보호조치를 취한 후 기본적인 활동을 중단했다. 내전 기간 동안 정치적 사건들의 진앙지에 있었던 러시아 지리학회 서시베리아 분과는(옴스크) 자료 수집과 연구, 전쟁문서 보관서 설립, 서시베리아 땅에 있는 옛 유적과 문화재 등록과 보존 작업에 매달렸다.

시대의 전환기에 중요한 문화적·역사적 임무를 담당한 것은 인텔리겐치아였다. 문화 시스템이 발전하는 성격은 전반적으로 모든 주체들이 하는 활동의 결과에서 나타난다(M. S. 카간). 바로 인텔리겐치아가 시베리아 문화의 주요 세력이 되었다. 시베리아의 문화 사업에서 중요한 자취를 남긴 활동을 한 사람들로는 이르쿠츠크와 톰스크에서는 S. M. 키로프, 자바이칼리에 지방에서는 M. V. 프룬제, 크라스노야르스크에서는 P. P. 세묘노프-탼-샨스키, 유명한 체코인 작가 Ya. 가셰크, 시베리아 연구자협회 회장 A. R. 시네이데르가 있다. 바로 여기 크라스노야르스크에서 1910년 압크센티예프 형제에 의해 민속악단이 창단되고, 화가 M. A. 룻첸코가 1890년대에 자기 집에서 미술 학교를 열었다.

시베리아에서 소비에트 정권의 수립은 1917년 말부터 1918년 2월까지 진행되었다. 1918년 5월에 백군파 체코슬로바키아 부대가 반(反)볼셰비키 폭동을 일으켰다. 시베리아의 소비에트 정권이 무너졌고, 이것은 소비에트 질서의 파기와 소비에트 문화 정책에 대한 거부를 의미했다.

최초의 사회주의 문화 혁명은 시베리아에 전형적인, 그리고 본질적으로 포스트모더니즘적인 목표를 세웠다. 즉, 사회에 존재하는 칸막이를 없애는 것이다. 이것을 가능케 한 것은 전(全)러중앙집행위원회의 명령 '신분과 문관 철폐에 대하여', '양심과 교회 및 종교의 자유에 대하여', '러시아 민족 권리 선언'이었다. 새로운 정부의 첫 법령은 기존의 초등교육 제도의 기본원칙을 재검토했다. 여학생과 남학생의 공동 교육 실시, 교회와 학교의 분리, 단일 노동 학교 설립 등에 대한 법령을 제정했다.

문화 체계의 가장 중요한 특성으로서 그것을 결정하는 변수는 정부에 의해 재가되는 국가사상이다. 소비에트 시대에 이것은 공산주의의 이상적 사회 건설이었다. 이것을 실천할 수 있는 사람들은 오로지 정당한 사람들이다. 따라서 소비에트 시대 문화의 주 목표는 높은 신체적, 지적, 도덕적 자질들을 갖춘 새로운 유형의 인간을 만드는 것이다. 이러한 목표를 위해 소연방의 모든 문화 시스템이 작동해야 했다. 이것은 모든 지역에서 예외없이 적용되어야 했다. 이데올로기도, 특별한 형태의 사회 구조도, 사회의 선언적인 윤리-도덕 규범도, 생산과 생활 형태에 대한 국가의 기준도, 예술도 시대의 정신적 가치를 구현하는 수단이 되어야 했다.

1910년대 말 대규모 사회 개혁이 진행되는 상황에서 시베리아의 고등교육기관은 자치를 바탕으로 발전해갔다. 20세기 첫 10년 동안에는 러시아의 고등교육기관, 특히 시베리아의 고등교육기관에 대한 '위로부터의' 통제가 약화되는 감이 있었다. 혁명 후 정부에 의한 사유재산의 국유화 정책은 관리기구와 집행기구의 공조 스타일에 변화를 가져왔다. 시베리아의 국립 고등교육기관(톰스크 대학과 톰스크 공과대학)이 임시정부 산하의 국민계몽부 관할로 이관된 1917년 2월 이후 시베리아 고등교육기관의 관리방식이 변화하기 시작했다. 지방의 고등교육기관 상황은 중앙에 있는 학교들보다는 잠시 동안 더 독립적으로 일할 수 있었다. 1918년 5월까지 국내의 모든 고등교육기관은 러시아 소비에트 연방 사회주의 공화국(RSFSR) 교육부 관할로 이관되었다. 단기간에 생겼던 비정부 고등교육기관('자유 고등교육 학교')은 사라졌다.

시베리아의 먼 농촌지역은 혁명 후 첫 몇 달 동안은 소비에트 정권의 영향을 체감하지 못했다. 그 영향력은 일시적인 성격을 띠었다. 왜냐하면 그것은 보통 신문이나 선전물, 공산당 선동가들이 농촌 집회에서 하는 연설에 주로 나타났기 때문이다. 1918년 여름 시베리아에 백군파 정권이 견고하게 세워졌다. 2년 동안 그 체제 내에서 시베리아의 문화와 생활이 정비되었다. 백군 체제 하에서 시베리아 문화에서는 중요한 발전적 변화들이 있었다. 그럼에도 불구하고 소비에트 시대의 사료에는 이에 대한 언급이 없다. 오늘날 이 문제는 수없이 제기되고 있다. 그러나 글라스노스트(개방) 시대의 특수성 때문에 정치적, 이념적 신비화로부터 진실을 분리해내기가 어렵다. 이런 의미에서 문서보관국의 문헌 연구에 기초한 학술 출판물이 더 믿을만하다.[13)]

시베리아에서 문화적 변화는 혁명후 '문화전선' 형태로 시작되었다. 계급적 대립에서 다양한 이데올로기와 조직의 원칙들이 충돌하였다. 이것은 문화에 관한 신구정책에서 본질적 차이를 드러냈다. 더 나아가 시베리아 문화의 군사적 특성은 제일 먼저 요새 건설 시기에 모습을 드러내기 시작하여 여러 가지 형태로 나타났다. 그것은 내재화되어 있던 관용성과 새로운 소비에트 문화의 군사적, 공격적 스타일 사이에서 갈등을 유발하여 시베리아 문화에 긴장을 조성하였다.

---

13) Бучко Н. П. Автореферат диссертации на соискание ученой степени кандидаты исторических наук по теме «Военная элита Белого движения в Сибири и на Дальнем Востоке: идеология, программы и политика: 1917-1922 гг.» – Хабаровск, 2006; За спиной Колчака: Документы и материалы / Сост. и науч. ред. Квакин А. В. – М.: Аграф, 2005. – 512 с.; С Колчаком – против Колчака: краткий биографический словарь, указатель учреждений и организаций, краткий указатель литературы по истории Гражданской войны в Сибири / Сост. и науч. ред. А. В. Квакин – М.: Аграф, 2007. – 448 с.

1920년대에 새로운 체제의 권위주의적인 본질이 ‘군사 사회주의’ 정권으로 나타나 모든 시베리아 문화 체계를 자기 세력 하에 두었다. 이 시기의 ‘군대화된’ 어휘는 매우 특징적이어서 즉시 관심을 끈다. 지도부의 민주적 성격은 군대 스타일의 통수 관계로 대체됐다. “새로운 인간 유형은 전선에서의 전투행위 속에서, 후방에서의 고된 노동에서, 새로운 체제의 여러 적들과의 끊임없는 투쟁 속에서 ‘단련’되는 것이었다. 교육 체계는 마치 ‘강철이 단련되는’ 거대한 ‘혁명의 용광로’ 같은 것이었다.”[14)]

1920년대는 시베리아 문화의 강력한 분기점이 되었다. 시베리아 문화는 모든 다른 지역에서와 마찬가지로 특별한 정신적, 사회적 모순 속에서 그 분기점을 지났다. 러시아 전체에 소비에트 정권을 수립하는 일 자체가 세계적인 사건이었다. 시베리아에서는 혁명의 진행 과정에서 내적으로 저항함으로써 문화의 과도기적 성격이 강해졌다. 시베리아는 이 거대한 국가에서 유일하게 자신의 영토에 ‘백군 정부’를 만든 지역이 되었다. 이로 인해 오랫동안 지방과 중앙의 관리들은 시베리아를 더욱 불신하게 되었다. 1920년에 톰스크에 있는 시베리아연구소가 폐쇄되었다. 그 이유는 A. 콜차크 산하에 설립된 이 연구소가 소비에트 체제에 적대적인 인텔리겐치아의 피난처가 될 것이라는 정치적인 우려 때문이었다.

1921년에 시베리아에 신경제 정책(NEP)이 수립되었다. 소비에트 정권 수립 후 첫 몇 년간 시베리아의 거의 모든 문화기관들이 국가의 지원을 받고 있었다. 신경제 정책을 세울 당시에는 국가가 모

14) Соскин В. Л. Советская культурная политика в Сибири (1917-1927 гг.) - С. 11-63. // Советская культурная политика и практика ее реализации в Сибирском регионе: очерки истории. - Новосибирск: изд-во Новосиб. Гос. ун-та, 2006. С. 30.

든 문화 부문들 사이에 재원을 균형 있게 분배할 수 없었다. 국가는 경제적으로 곤궁해졌다. 이것은 문화 발전에 치명적이었다. 물질과 정신의 우선순위 문제는 세계 문화의 영원한 문제 중의 하나이다. 소비에트 정권 수립기에 이 딜레마는 물질 우선으로 해결되었다.

내전으로 인해 새로운 문화 유형을 형성하는 과정이 압축되고 집약되었으며, 급격한 발전을 위해 내몰렸다. 정신과 세계관에 관한 구성 요인들이 극단적으로 강조되었다. 내전의 비극적인 사건들에서 옳은 사람들과 잘못한 사람들을 가릴 수 없었고, 희생자들의 수를 셀 수 없었다. 문화 발전의 두 경로의 장점과 단점을 완전히 공정하게 평가할 수도 없었다. 내전은 마치 원자로처럼 강력한 에너지 분출을 야기했고, 그 후에는 약간의 소강기와 문화 전 영역에 균일하게 힘을 분배하는 시기가 찾아왔다. 이러한 비극적 대립으로부터 시베리아 문화가 발전하는 평화기가 다시 찾아왔다.

전후(戰後) 극한적인 내분은 문화 복구에 힘의 집중을 요구했다. 시베리아는 '이념적으로' 준비된 일꾼이 심각하게 부족한 상황이었고 수도로부터 단절되어 있었다. 이 시기에 영리한 행동과 결정을 할 수 있는 계급으로서 인텔리겐치아에게 특별한 역할이 맡겨졌다. 학식이 풍부하고 발전 가치가 높기 때문에 주로 재능 있는 인물들이 인텔리겐치아 범주에 들어간다. 이것은 인텔리겐치아가 교육받은 사회계층뿐 아니라 집단의식의 형성에도 영향을 미칠 수 있는 역량을 지니고 있다는 것을 말해 준다. 문화가 국가 제도의 일부로 성장하고, 예술이 '어떠한 예외도 없이 언제나 효과적이고 직접적인 선동'으로 여겨졌던 소비에트 시대에 시베리아의 인텔리겐치아는, 특히 예술 인텔리겐치아는 "국가 정책 선전 과정에 포함된다. 인텔리겐치아 전체와 특히 예술 인텔리겐치아의 가중 중요한 기능 중 하나는 인민의 역사적 기억을 만드는 것이다."[15] 바로 전후 시베리아에서 활동한 이들은 작곡자 겸 민속학자 A. V. 아노힌, 엔지니어 겸 작가 V. Ya. 시시코프, 옴스크의 시인 L. N. 마르티노프와 P. 바실리예프, 작가 G. 그레벤시코프, 화가 G. I.초로스-구르킨, 여행가, 지리학자, 민속학자, 작가인 V. K. 아르세니예프, 위대한 소비에트 학자이자 구비문학자 M. K. 아자돕스키 등이 있다.

1930년대에 포스트모더니즘의 경계 해체 경향이 시베리아에서는 특별한 성격을 띠게 되었다. 농업집단화와 산업화가 공표되었다. 이 두 과정은 많은 차이점도 있지만, 둘 다 개별 부분들을 하나의 총체로 통합, 연합, 강화하는 공통된 경향을 가진다. 시베리아 산업화의 주요 난제 중의 하나는 인력과 관련된 문제로, 많은 공장의 건설과 운영에 채용된 인력이 기술 교육을 받지 못하고 직업교육과 문화 수준 향상이 필요한 사람들이라는 점이었다. 천연자원에 대한 지식 부족, 공업중심지에서 먼 거리, 자동차 및 항공 교통로의 부재, 발달된 해상교통의 부재도 산업화에 영향을 주었다. 혹독한 기후 조건도 부정적인 영향을 미쳤다."[16]

1927년 제15차 소연방공산당 전당대회에서 농업집단화에 관한 결의가 채택되었으나, 이때는 농민에 대한 어떠한 강제 조치도 전제되지 않았다. 처음에는 경제적인 수단을 이용해 부농계급(쿨라

---

15) Левина Ж. Е. Художественная интеллигенция Западной Сибири (конец 20-х -30-е годы XX века). Автореферат диссертации на соискание ученой степени доктора исторических наук. - СПб., 2007. - 28 с.

16) Тармаханов Е. Е. Формирование и развитие отрядов рабочего класса в автономных республиках Сибири // Сибирь в прошлом, настоящем и будущем. Вып.11. - Новосибирск, 1981. - С. 35.

크)을 단계적으로 밀어내는 과제가 제시되었다. 그러나 급속한 산업화를 추구하는 국가의 방향성 때문에 집단농장 건설과 부농계급 청산이 정치적 과제로 떠올랐다. 시베리아 농촌에서 가장 생산적이고 가장 노동력 있는 부분을 몰아내고 없애는 정책이 여러 해에 걸쳐 전개되었다.

시베리아 문화에서 변화의 본질을 이해하기 위해선 부농 청산 문제를 담당한 전권대표들의 보고서를 살펴야 한다. 케메로보주 보롭스크 마을의 보고에 따르면, 부농 청산 문제를 논의하는 총회에서 농민들은 그들의 마을에는 부농이 없고 근로자만 있을 뿐이라고 밝혔다. 전권대표가 상황을 설명한 뒤에는 부농 18명이 '발표되고' 그들의 재산 몰수 결정이 내려졌다. 농촌은 부농들을 지지했지만, 끈질기고 치밀한 이념 작업의 영향을 받아 이미 1931년에는 마을의 열성분자들이 '이웃을 면밀히 감시하고 보고해야 할 곳에 보고하겠다'는 약속을 했다. 겁을 먹은 민중들에게 감시와 밀고가 생활 규범이 되었다.

시베리아 문화사에서 이 사건은 소비에트 인간의 의식 수준과 가치관의 발달에서 가장 중요한 전환점이 되었다. 그 수준이 낮아져 물질적 관계와 사회적 관계에서 행위는 비밀스러워지고 굼띠어지는 특성을 갖게 되었다. 피상적으로 보면 이러한 요소는 이차적인 혹은 비본질적인 요인으로 평가할 수 있다. 그러나 정신적 가치는 문화 체계를 형성하는 핵심 요소이다. 정신적 가치의 저하는 문화를 구성하는 모든 시스템을 장기적으로 퇴화시키는 과정을 초래한다.

모스크바의 지령에 따라 시베리아 지방에서 1930년에만 부농 5만 명이 북쪽으로 추방되었다. 농민계급 중 가장 노동력 있는 부분이 농업 생산에서 쫓겨났다. 농촌에서는 이전에 없던 경향이 생기기 시작했다. 집안을 먹여 살리는 가장으로서 땅에 대한 애정이 사라졌다. 무보수 노동이 강제화되면서 빈곤을 당연하게 수용하는 심리적 경향이 강해지고, 세대 간의 유대도 약화되었다. 이로 인해 많은 시베리아인들이 농촌을 버리고 도시로 떠났다. 옛 전통은 잊히고, 사회는 주변화(marginalization)되었다. 정권은 '잠재적인 반동분자'를 '예방' 차원에서 제거하기 위해 무소불위의 징벌 조치를 사용해서 국민을 관리하려고 했다. 본질적으로 이것은 승리한 소비에트 권력이 문화 속에서 계속한 내전의 한 형태였다.

시베리아 문화가 내적으로 이행되는 과정은 안정기일 때나 과도기일 때나 다 잘 드러난다. 1930년대의 산업화는 시베리아 문화 발전에서 평화적이든 아니면 탄압적이든 새로운 주기의 '국민 이주'를 시작한 엄청난 변혁이었다. 거대한 공장들, 시베리아 최초의 고등교육기관들, 부농 청산, 시베리아 굴라크(교정노동수용소)라는 공존할 수 없을 것 같은 현상들이 시베리아 문화 공간에 실제로 동시에 존재했다. 시너지 이론은 과도기에 자유롭고 독자적이고 의식적인 선택이 중요하다는 것을 강조한다. 사회주의의 승리는 시베리아에 권위주의적인 지도부를 세우고 문화의 기본 동력으로서의 권리를 빼앗아버렸다. '선택'은 '상부에서', 중앙 권력자들이 하는 것이라는 논리 자체가 시베리아 문화의 자연스러운 자기 계발 논리를 무너뜨렸다. 소비에트 정권 내내 문화의 진행방향은 국가 지도부의 이데올로기에 의해 인위적으로 결정되었다. 이것은 지역의 자연스러운 발전 욕구를 왜곡하여 문화의 운명에 부정적으로 나타났다.

시베리아 문화에 수 차례 이주의 물결이 일었다. 이주는 추가적인 창조력과 노동력을 필요로 하는 발전하고 있는 지역의 자연스러운 요구에서 비롯되었다. 소련의 민족정책 논리를 검토해보면,

그 속에서 주민의 보편화와 인종과 민족의 차이를 균일화하려는 일관된 움직임을 볼 수 있다. 민족정책 발전에 대한 S. A. 크라실니코프의 논문에 A. A. 샷트가 연구한 독창적인 시대 구분이 인용되어 있다.

"1917~1924년. 지방의 민족 집단들에 의한 다양한 형태의 정부 조직(공화국, 주) 창립을 전제로 한 '민족 자결권'의 실질적 실현 시기이다.

1925~1934년. 때로는 같은 행정구역(공화국) 범위 내에 종족이 다른 집단들을 강제로 합치는 것을 전제로 한 인위적인 자치화 과정이 이 시기의 특징이다.

1935~1940년. 1930년대 말 소규모 자치제(민족자치구, 농촌 소비에트)의 폐지, '소수' 민족 집단의 강제적 동화, 민족 강제추방과 유배형을 광범위하게 사용한 시기이다.

1950~1960년. 소련의 민족적·문화적 공간 단일화를 위한 정권의 목표 지향적 활동 시기이다."[17] 1960년대에는 민족적·문화적 통합이 민족 정책의 주요 방향이 된다. 시베리아의 '민족적인' 것은 모두 점차적으로 그리고 집요하게 '소비에트적인' 것으로 대체되었다. 언어, 영토, 경제, 교육의 단일화는 이념적, 문화적 동일성을 만들어 내기 위한 토대를 구축했다.

제2차 세계대전은 시베리아 문화 발전에서 정기적인 대변혁을 가져오고, 시베리아의 막대한 예비자원을 필요로 했다. 그것은 가치 체계를 즉각 바꾸어 놓고, 집단적 형태의 시베리아 문화의 발

17) Красильников С. А. Национально-культурная политика и практика ее реализации в Сибири в первой половине XX века. - С. 64-91. // Советская культурная политика и практика ее реализации в Сибирском регионе: очерки истории. - Новосибирск: изд-во Новосиб. Гос. ун-та, 2006. - С. 82.

전을 위한 개인주의의 극복이라는 이념적 문제들을 해결했다. 전쟁이라는 불행을 극복해야 한다는 과제는 시베리아의 정신을 바꾸고 '소비에트 인민'이라는 단일 공동체로 주민을 효과적으로 단결시켰다. 이 '소비에트 인민' 개념 아래 중앙아시아 지역의 다민족 영토뿐 아니라 소련의 모든 공화국들이 통합되었다. 전쟁은 시베리아에 소비에트 문화가 형성되는 데에 비극적 정점이 되었다. 치명적인 수단에 의해 소비에트 문화의 주요 목표, 즉 모든 형태의 물질적, 정신적 문화를 사회주의의 이상에 맞춰 재편하는 것이 실제적으로 달성되었다.

이 경우 두 개의 '카테고리'가 전시(戰時) 문화발전 논리를 결정했다. 바로 전방과 후방이다. 시베리아는 이 둘 모두에 적극적으로 참여했다. 시베리아 땅에서는 내전 때와 마찬가지로 전투가 벌어지지 않았다. 그러나 다른 지역들과 동등하게 인적, 물적 보급원으로 전쟁에 참가해야 했다. 시베리아의 일부 지역에서는 징집된 사람의 수가 20~25%에 달했다. 시베리아 사람 셋 중 하나는 전사하거나 장애인이 되었다. 소련의 영웅들, 즉 드네프르 방어전투 참가자들 중에는 200인 이상의 시베리아인이 있었는데, 그중에는 러시아인, 부랴트인, 야쿠트인, 하카스인, 알타이인, 나나이인, 에벤키인 등도 있었다.

후방으로서 시베리아는 물질적·기술적 발전에 전환기적 역할을 하고, 학문, 산업, 예술 발전의 도약대 기능을 수행했다. 주요 피난처 중의 하나가 된 시베리아는 강력한 공업, 문화, 교통·에너지 중심지로 변모했다. 시베리아의 농업 근로자들은 전선과 국가에 필요한 최소한의 식량과 원료를 공급하기 위해 모든 힘을 기울였다. 집단농장원들의 헌신적인 노력 덕분에 시베리아는 국가의 가장 중요한 식량기지로서의 지위를 되찾았다. 많은 극단과 직업 예술

단체들이 시베리아로 철수했다. 그들은 지역 단체들의 창작 활동에 참여하였다. 시베리아는 예술적 기량을 닦는 위대한 학교가 되었다. 예를 들면, 1941~42년에 바르나울에 드네프로페트롭스크에서 피난 온 러시아 드라마 극장이 공연시즌을 개막했고, 1943년 3월부터 가을까지 A. Ya. 타이로프가 지도하는 모스크바 카메르니 극장이 여기에 있었다.

시베리아 금속산업이 특히 중요하고 어려운 과제를 해결했다. 우랄 지방 대신 이제는 시베리아가 군수산업에 양질의 금속을 공급했다. 급격한 시베리아 경제 발전은 노동자 계급의 수적 증가를 동반했다.

제2차 세계대전 동안 유럽 러시아 지역에서 일련의 섬유산업 기업들이 신생 도시인 칸스크로 철수해 이곳에 면방직 콤비나트와 가수분해 공장이 세워졌다. 2만 명 이상의 칸스크 주민이 전선에 나갔고, 그중 7천 명 이상이 고향에 돌아오지 못했다. 전쟁 첫해에 30개의 공장이 톰스크로 철수했다. 이 공장들이 톰스크 산업 발전의 초석을 놓았다. 전쟁 기간 동안 톰스크의 총 공업생산량이 3배로 늘었다. 전기공학산업, 광학기계산업, 고무기술산업과 같은 새로운 산업 부문이 생겨났고, 기계제조, 금속가공, 경공업과 식품산업이 현저하게 발전했다.

산업뿐 아니라 음악가, 작가, 미술가들의 창작활동도 전시 체제로 개편되었다. 시베리아의 창작 인텔리겐치아가 전쟁 초기 수 개월간 대규모로 전선에 나갔다. 다른 사람들은 후방에서 전선을 지원하고, 최전방을 다니며 음악회를 열었다. 알타이의 드라마 극장 단원의 상당수가 전선에 나갔는데, 승전 후 그들 모두가 돌아온 것은 결코 아니다. 남아있던 배우들은 악단을 조직하여 100회 이상 최전방에서 음악회를 했다. 배우들은 전선 기금 마련을 위해 공연을 해서 14만 루블을 소비에트 방위 기금에 넣었다. 시베리아와 소련 전역에서 이와 같은 일들이 있었다. 전쟁이 끝난 후 전국민적 사회주의 사상 확립이라는 과제는 최종적으로 되돌릴 수 없이 해결되어 있었다. 승리에 대한 갈망이 시베리아와 소련 전체의 다양한 민족들을 단결시키는 자연스러운 동기가 되었다. 승리는 그 사실 자체로 그토록 긴 시련 속에서 매우 깊은 진정한 애국심을 형성하기 위한 담보가 되었고, 국가는 그 애국심을 에너지로 삼아 또 그다음 수십 년을 살아갔다.

전후 시베리아에는 전시에 가동되던 공장들이 마저 다 지어졌다. 산업 생산에 신기술 도입과 발전이 눈에 띄는 성과를 올렸고, 석탄 산업, 광산업, 철광과 비철금속 산업, 기계제조, 에너지 산업, 건축재료 산업과 그 밖의 다른 산업 부문에서 기계화가 이루어졌다. 실무 및 직업·기술 교육 체계가 확립되었다.

1960년대 초부터 시베리아 문화에 전 국가적 의미를 갖는 부문이 확대된다. 대중 정보 매체 덕분에 변방 지역에서 민족문화와 러시아 문화의 합성이 통합이 지속되었다. 사회 환경이 점차 개선되고 많은 소수 민족들의 생활양식에 유럽 문물이 유입되었다. 시베리아 동부와 북부 소수민족들의 문자보급률 증가는 1930년대에 레닌그라드에 북방민족연구소가 문을 연 것과 직접적으로 연관이 있었다.

1990년대 소련에서는 특히 소수민족 관구의 산업화가 계속 진행되었다. 산업화 과정 초기에는 어로, 수렵, 순록사육과 같은 전통적 산업 부문에서의 기계설비화가 과제였다면, 이제는 더 큰 가공기업들이 생겼다. 유용 광물 산지가 광범위하게 개발되고, 대규모 연료·에너지 복합단지가 세워졌다. 그러나 소수민족 지역의 많은 선도적 기업에서 지식집약적 직무와 고급기술직은 러시아인들이 차지했다. 이것은 1980~90년대에 분쟁을 초래했다.

초기에는 소비에트 시대의 문화에서 내적 불일치와 사상적 분열은 없었다. 지역과 민족 간의 복잡한 경제·생산 관계, 채취기업과 가공기업 간의 이격은 페레스트로이카 시대(역자 주: 고르바초프 집권기, 1985-1991) 최악의 경제 위기를 불러왔다. 소련 산업계의 기본 구조는 발전 범위를 광역화하는 것이었다. 광대한 영토, 풍부한 지하자원 덕분에 원료와 인적 자원은 고갈되지 않을 거라는 환상이 만들어졌다. 화물수송차가 전국을 누비며 원료를 조달하고 돌아오는 길에는 완제품을 수송했다. 강제 수단과 보장된 환경 체계가 무너지자 대기업은 모두 사실상 멈춰서고 말았다. 오늘날 시베리아 산업계에는 약간의 활기가 돌고 있다. 생산자와 공급자 사이에, 산업과 소비자 사이에는 새로운 유형의 관계가 만들어지고 있다.

물론, 모든 복잡한 현상들과 마찬가지로 러시아와 시베리아의 근대화 과정에서는 부정적인 면도, 상당히 긍정적인 결과도 있었다. 특히 물질적으로나 기술적으로 시베리아 지역이 혁명 전과는 비교할 수 없을 정도로 발전한 것은 사실이다. 특히 소수민족과 변방 지역 민족의 문화적 전통에 많은 변화가 일어났다. 그러나 국가가 이념적으로 필요한 지표를 얻기 위해 무자비한 수단을 동원하여 소비에트 사람들의 인식에 집단적 변형을 초래했다. 그로 인한 부정적인 결과는 얻어진 성과에 비해 말할 수 없이 크다.

시베리아 문화에서 페레스트로이카 시대에 절정을 이룬 민주화에 대한 이상은 건강하고 생명력 있는 문화의 토대가 되는 초월적인 이상을 거부하고 숭고한 가치를 쇠퇴시키는 결과를 가져왔다. 시베리아 문화가 존속할 수 있는가 그리고 21세기에 세계와 러시아 문화 속에서 새로운 자리매김이 가능한가는 시베리아 문화가 새로운 가치를 자각할 수 있는가 그리고 시베리아 주민의 정신적, 지적, 신체적 발전과 관련된 새로운 문제들을 해결할 수 있는가에 달려있다. 시베리아 문화가 잃어버린 균형을 회복하고 그 속에서 물질적 토대와 정신적 토대가 공존할 수 있는 최적의 법칙을 찾아내는 것이 단기적으로도 그리고 장기적으로도 시베리아와 러시아에 가장 중요한 과제가 되었다.

S I B E R I A

5.2. 20세기~21세기 초 소비에트 시베리아에서 물질·기술, 농업, 조직 문화 발전의 특수성

E. I. 발라키나

20세기에 시베리아는 농경사회에서 산업사회로 옮겨가는 복잡한 이행기를 겪었다. 이것은 국가의 주요 작동 메커니즘이 되었다. 이와 비교할 때 그 밖의 경제적, 사회적, 정치적 과정은 모두 파생적인 것이었다. 러시아 각 지역에서 산업사회가 확립되는 것은 전체적으로 전 국가적 요인들에 의해 결정되었지만, 지역으로 볼 때에는 저마다의 특징을 가졌다.

시베리아는 러시아와 유기적으로 연합되어 있는 것과 동시에 고유의 특색을 갖는 거대한 초지역(超地域 superregion)이다. 국가적으로 시베리아의 위치는 분명하다. 시베리아는 지리적으로 개방되어 있으면서 개발은 중심 지역들보다 훨씬 늦었다. 20세기 초에 시베리아는 90%가 농업인 변방의 농경 지역이었다. 이곳에서는 농업발전 속도가 공업발전 속도를 훨씬 앞질렀다. 거대한 러시아 영토는 국가의 모든 사업과 개혁을 시행하는 기간을 상당히 지연시키는 원인이 되었다. 중앙에서 시작된 사업과 개혁이 변방 지역까지 퍼져나가는 데 긴 시간이 필요하다. 시베리아는 크기에 있어서도 다른 지역들과는 다르다. 따라서 개발을 위해서는 그 이상의 힘이 필요하다. 시베리아에서는 모든 과정과 사건들이 늦게 진행되었다. 그래서 시베리아 문화는 전통적으로 러시아 문화의 메아리로 여겨져 왔다.

일례로, 서시베리아 농민들은 1879년에, 동시베리아는 1882년에서야 자치정부 구성 권한을 받은 반면, 러시아 중앙에서는 1866년에 자치권이 도입되었다. 중앙 지역들의 농민들이 1866년에 토지 매입권을 받은 반면, 시베리아에서는 1898년에 받았다. 1782~1784년 조사 자료에 따르면 시베리아 상인은 러시아 전체 상인계급의 총 2.02%를 차지했다. 시베리아의 산업혁명은 지연되었다. 1890년대 말에 가서야 철도 건설이 지역 발전을 앞당기는 초석이 되었다. 이것은 사실상 시베리아 지역을 러시아 중앙의 경제 수준으로 끌어올리는 것을 의미했다. 국가적 차원에서 시베리아 지역이 시간적으로 뒤처지는 것은 국가의 경제정책과 자본의 투자에 대한 의존성을 심화시키는 일이었다.

19세기에서 20세기로 넘어가면서 세계 문화는 '모더니즘'이라는 새로운 발전 국면에 들어갔다. 이것은 문화의 모든 모순이 논리적 한계에 봉착한 특별한 상황이다. 두 번의 세계대전과 두 번의 혁명과 같은 강력한 사회적 대변혁은 이 사건들이 '문을 연' 20세기 전체의 문화 발전의 성격을 규정했다. 20세기 초부터 1930년대까지의 시기는 모든 경제 부문의 산업혁명과 산업화의 시작으로 정의된다. 시베리아에서도 산업혁명이 일어났다. 게다가 이 지역에서는 더 급격하고 대규모로 더 눈에 띄는 효과를 갖고 일어났다. 20세기 초까지 시베리아는 채취 부문이 가공 부문보다 더 발전했는데, 그중에서도 금과 석탄 채취가 가장 큰 부문이었다. 시베리아는 러시아 전체 금 채취량의 4분의 3을 차지했다. 그 대신 가공산업은 소기업들로 이루어져 있어서, 큰 제조소와 공장이 거의 없었다.

1891년 5월 19일 블라디보스토크에서 시베리아 철도 기공식이 성대하게 열렸다. 당대의 가장 거대한 철도 공사인 시베리아횡단철도 건설이 우수리스크 지선에서부터 시작되었다. 이 철도는 총길이가 8천 킬로미터가 넘었다. 시베리아횡단철도의 건설은 시베리아 삶의 리듬과 성격에 큰 변화를 가져왔고, 특별한 경제적, 기술적 수요를 창출했다. 레일, 침목, 시멘트 등의 막대한 양의 건설자재를 유럽 러시아 지역에서 수송해오는 것은 비용이 많이 들고 비합리적이었기 때문에, 이와 관련해 현지의 가공산업을 발전시키기로 결정이 내려졌다. 20세기 초 해외 언론에서 프랑스의 한 작가가 시베리아 철도 건설을 아메리카 대륙 발견에 비유했다. "아메리카 대륙의 발견과 수에즈 운하 건설 이후 시베리아 철도 건설보다 더 뛰어나고, 직간접적 결과가 더 많은 사건은 역사에 없었다."[18]

철도 교통의 발달은 시베리아가 러시아 전체 시장과 세계 시장에 포함될 가능성을 열어주고, 석탄 산업 발달과 러시아 동부 지역의 노동계급 성장을 촉진했다. 유럽 러시아에서 아시아 러시아로 자본이 이동하기 시작했다. 높은 투자 수익 때문에 여기에 투자하는 것이 더 유리했기 때문이었다. 튜멘, 톰스크, 노보니콜라옙스크, 크라스노야르스크, 이르쿠츠크, 베르흐네우딘스크, 치타, 하바롭스크, 블라고베셴스크, 블라디보스토크 등 일련의 시베리아 도시들은 대규모 목재 산업 중심지가 되었다. 1890년대 말

18) Саблер С. В., Сосновский И. В. Сибирская железная дорога в ее прошлом и настоящем. - СПб., 1903. - С. 443.

시베리아의 목재가 세계 시장에 진출하고, 1900년대에는 외국 자본이 시베리아에 적극적으로 유입되기 시작했다. 영국 주식회사 '예니세이 구리'는 예니세이주 미누신스크의 구리광산 시굴 및 개발권을 얻었다. 1902년에 당국의 협력하에 '네르친스코예 졸로토'와 '카르스크 금 산업회'가 영국 채굴권자들에게 개발권을 넘겼다. 이러한 형태의 외국자본과의 협력은 시베리아를 러시아 원료 식민지로서의 편중성을 심화시켰다.

그와 동시에 시베리아의 산업 생산이 활성화됨에 따라 인구 유동성이 높아졌다. 주로 농촌 지역에 거주하던 이주민들의 이동이 광범위해지기 시작했다. 자우랄리예 지역의 농지 개간이 전보다 더 빠른 속도로 진행되었다. 이주민들은 러시아 쟁기, 탈곡기, 키의 유입을 촉진하고, 토착 품종과 교배하여 축산업 생산성을 현저히 높인 우크라이나 우량품종 가축을 시베리아에 가져왔다.

혁명 전 온 나라는 전민족적 위기를 향해 계속 가고 있었다. 유럽 러시아와의 상거래 구조는 시베리아 지역 산업의 낙후성을 보여준다. 철도를 이용해 시베리아에서 많은 화물이 반출되었다. 그 중에 농작물이 거래 금액의 58%, 축산물이 19%, 광산업 생산물이 23%를 차지했다. 그런데 반입 화물은 공산품이 99%였다(시베리아 역사, 1958, 3권, 340쪽). 생산과정이 기계화되지 않아서 곡괭이로 석탄을 채취했다. 1906~1910년 동안 약 100만 명이 러시아에서 이민을 떠났다. 시베리아의 영토도, 주민도 변했다. 1912년에 투바가 만주-중국의 영향력에서 벗어나 1914년에 러시아 보호령의 지위를 얻고 우랸하이 변강처럼 예니세이주의 일부로 들어갔다. 학술 자료에서 한 줄로 지나가는 이 사건이 동시베리아 주민에게는 심각한 충격이었고, 큰 불안과 긴장을 낳았다.

1914년 세계대전에 38개국이 개입했다. 러시아는 함께 참전한 모든 동맹국들보다 수적으로 인명 손실을 더 많이 입었다. 지정학적 특징으로 인해 시베리아는 비극적인 전쟁 현상을 덜 겪었다. 유럽 러시아에서 인구가 감소한 반면, 1914~1917년 동안 시베리아는 인구가 훨씬 늘어났다. 시베리아인들도 제1차 세계대전 전선에서 싸웠다. 그러나 피란민들과 전쟁포로들의 희생으로 시베리아는 손실을 재빨리 복구했다. 그 당시 이곳의 출생률이 국가 전체보다 더 높았으며, 젊은 연령층 인구도 더 많았다. 시베리아 역시 심각한 위기의 문턱에 있었음에도 불구하고 여기에서는 인구 증가가 뚜렷하였다. 시베리아의 많은 도시에서 주민의 소득이 빠른 속도로 증가했다. 19세기 말~20세기 초 시베리아의 가장 큰 중심지역들의 사회생활, 경제, 일상생활에서 산업화와 도시화로 가는 초기 현상들이 새로운 특징으로 나타나기 시작했다. 1913년 생활 수준에서 옴스크가 1위를 차지했고, 그 뒤로 이르쿠츠크, 톰스크, 블라디보스토크, 노보니콜라옙스크, 바르나울, 크라스노야르스크, 하바롭스크, 치타, 튜멘, 비스크 등의 도시들이 뒤를 이었다.

시베리아의 경제 구조는 복잡했다. 그 안에는 가내공업도, 수공업도, 순수하게 자본주의적인 공장도 있었고, 독점도 시작되었다. 그러나 소상품 생산이 주를 이뤘다. 러시아 동부에 있는 일련의 산업부문들(야금업과 방직업)은 서부와 비교하여 경쟁력이 없었다. 이미 1917년 이르쿠츠크에서 열린 제1차 시베리아 소비에트 회의에서 시베리아가 풍부한 자연자원으로 중공업 발전의 모든 기반을 가졌음에도 불구하고 많은 점에서 소련의 중앙 지역들보다 낙후되었기 때문에 조속한 산업화가 필요하다는 의견이 수 차례 제기되었다. 산업화를 시베리아 경제 발전에서의 비효율성을 극복하고 제품의 질을 향상시키면서 생산 원가를 절감할 수 있는 방법으로 여겼다.

시베리아는 외국자본 유치에 특별한 관심을 보였다. 외국자본은 상품 생산과 농업 발전을 촉진하고 시베리아 주민의 생활 여건을 개선하는 결과를 가져왔다. 예를 들면, 미국의 '싱거(Singer)'사가 시베리아에 진출한 결과, 1914년경에는 모든 농가에 '싱거'사가 생산한 재봉틀이 있었다. 서시베리아 역시 러시아에서 가장 선구적인 치즈 제조 장비를 들여왔다. 비스크에서 가까운 시투키 형제의 치즈 제조 공장 12곳은 기계 시설 면에서 핀란드의 가장 현대화된 치즈 제조 기업들을 능가했다. 유럽 러시아에서 러시아 산업에 대한 외국 자본가들의 투자가 수십 년에 걸쳐 진행된 반면, 시베리아에서는 훨씬 더 압축된 기간에 이루어졌다. 국가 경제 정책은 최빈곤층 지원에 방향이 맞춰져 있었다. 신용대출과 대부가 제공되고 협동조합이 발달했다.

시베리아에서 민족자치 지역들의 낙후된 경제를 사회주의적으로 재건하는 데에는 큰 어려움이 있었다. 북부의 소수민족들에게는 또 다른 행정 구조가 형성되어 있었다. 그것은 토착 농촌소비에트 혹은 유목 농촌소비에트와 같은 부족 소비에트가 있는 민족자치구였다. 민족 농촌소비에트를 구성하기 위해서는 그 영토에 80% 이상의 토착민이 거주해야 했다. 톰스크 관구에는 라리얀스크 민족자치구(오스탸크족)가 형성되었고, 크라스노야르스크 관구에는 바이키트 민족자치구(퉁구스족)가 있었다. 시베리아 지역위원회에는 소수민족 협력위원회라는 특별한 기구가 활동하고 있었다. 시베리아의 자치공화국과 자치주에 사회주의가 자리를 잡은 이후로는 소비에트 사회 전체와 동일한 유형의 사회구조가 점차 형성되기 시작했다.

러시아 북방지역 토착민과 관련해 사회주의 건설의 가장 복잡한 사회·경제 문제 중의 하나는 유목민들을 정착시키는 문제였다. 한티족, 만시족, 네네츠족, 셀쿠프족, 그 밖의 북방 민족들은 몇몇 경제 부문에 종사하고 있었다. 기술과 노동 조직은 낙후되고 원시적이었다. 사람들을 만족시킬 만한 수공업도 없었다. 그래서 그들은 보조적인 생활 수단을 찾았다. 사냥과 어로, 잣과 산딸기 채취에 종사했다. 오비강 이북 지역 토착 민족들의 경제에는 원시적 기술의 가내 공업이 있었는데, 수제 기구를 이용하여 재료를 가공했다. 이런 상황에도 북방 민족들의 제품은 좋은 품질, 청결함, 섬세함이 특징이었다. 그들의 물질문화는 먼 옛날부터 타이가와 툰드라의 척박한 생활 조건에 적응되어 있었고, 툰드라의 혹독한 추위에서 그들을 구해준 주거지의 구조에도, 특별한 의복과 신발에서도 실질적인 지혜가 드러나 있었다.[19]

러시아인들이 오비강 이북 지역에 새로운 노동 기구들과 농업, 목축업, 통나무집, 집안을 꾸미는 새로운 장식, 직물, 밀가루를 가져왔다. 러시아인이 토착민들에게 세수하고 머리를 빗고 속옷 입는 법을 가르쳐주었다. 토착 민족들이 러시아인들과 섞여 살던 촌락에서 러시아인들의 영향력이 더욱 강해졌다. 오비강, 이르티시강, 콘다강, 이르티시 하류 지역, 아간강 기슭에서 이런 현상이 관찰되었다.[20] 북방 촌락에서 이러한 상호작용이 일어난 결과 어로 활동의 모든 단계가 기계화되고, 합성재료들로 만들어 기술적으로 개량된 어구가 개발되었다. 이로 인해 어획량이 수십 배 늘었다. 오비강 하류의 어장에서는 선상에서 산물을 가공하는 대규모 수산업이 발달하기 시작했다. 그러나 이곳의 주요 노동 형태는 작업조였다. 수렵과 어업은 농업만큼이나 집단성을 요한다. 정착생

19) Сергеев М. А. Народы обского Севера. - Новосибирск, 1953. - С. 43.
20) Там же. - С. 48.

활로 넘어온 집단농장에 경제적인 원조를 제공하고, 이로써 나머지 주민들도 그런 선택을 하도록 동기를 부여했다.

탈산업주의 이론에 따르면 모든 사회는 최소한 3단계의 진화 과정을 거친다. 농업사회, 산업사회, 그리고 탈산업사회 또는 정보사회이다. 유목민족들이 정착 생활로 전환하는 과정은 그들에게 원칙적으로 다른, 문명적 의미에서 더 높은 수준의 문화로 즉 진화의 첫 단계인 농업 단계로의 진입을 의미했다.

원주민들의 채취업은 순차적이고 점진적으로 집단화되었다. 가장 단순한 직업 조합이 생기고 협동조합이 형성되었다. 외적으로는 모든 것이 꽤 성공적으로 보였다. 그러나 이 과정은 부정적인 결과도 있었다. 수 세기에 걸쳐 형성된 북방 특유의 문화가 붕괴되었다. 이 때문에 타이가와 툰드라의 거대한 영토가 사람이 살지 않는 곳이 되어갔고, 그 풍부한 자연자원을 이용할 가능성을 상실했다. 모든 유목민 가족이 정착생활 양식을 받아들인 것은 아니다. 인민위원회 야말-네네츠 관구 소비에트의 자료에 따르면, 1980년 6월 1일 현재 1,880 가구(9천명 이상)가 유목생활을 영위하고 있다. 이 시기에 정착생활로 전환하는 속도가 현저하게 둔화되었다. 정착생활을 받아들였던 가구들이 유목생활 방식으로 돌아가는 경우도 드물지 않았다.

농업의 집단화가 과제로 삼은 것은 농민계급을 단순한 협동조합에서 집단농장과 코뮌으로 이행시키는 것이었다. 1920년대에는 코뮌이 협동조합의 최고 형태로 여겨졌다. 페트로그라드와 모스크바의 노동자들이 시베리아에서 최초의 코뮌을 만들었다. 시베리아에서는 소비에트 정권이 좀 더 늦게 수립되었기 때문에 토지 개혁 초창기까지 아직 권력 기관이 형성되지 못했고, 전(全) 농민소비에트가 창설되지 않았다. 농업에서 집단적 경영 형태가 대수롭지 않은 위치를 차지하고 있었다. 시베리아 농촌의 빈곤, 척박한 자연·기후 조건으로 인해 농민들은 부득이하게 힘을 합쳐야 했다. 그래서 1928년부터 집단화 작업이 활기를 띠게 되었다. 1930년대 초에는 시베리아 농가의 50%가 변화하는 문화 여건 속에서 가장 접근하기 쉽고 필요한 협동조합의 형태로서 생활협동조합에 가입했다.

시베리아 농촌 발전을 위해 가장 중요한 과정은 농기구와 농기계 공급이었다. 농촌에 트랙터가 등장한 것은 근본적으로 새로운 현상이었다. 정부가 운영하는 농기구·농기계 판매소와 기계장비 임대소가 만들어지고 급속히 그 수가 늘어났다. 농민에게 낮은 가격과 외상으로 임대해주는 임대소가 1924년에 시베리아에 이미 425곳이 있었다. 많은 농가들이 농사 지도와 수의학 지도를 처음으로 받을 수 있게 되었다. 농업 부문 발전이 국가적 수준의 과제로 제시되었다. 문제 해결을 위한 많은 진지한 조치들을 시행한 결과 이미 1923년에 모스크바에서 개최된 제1회 전 연방 농업전시회에서 시베리아와 극동 전시관이 큰 주목을 받았다. 1929년경에 농촌에서 부정적인 경향이 생긴 것은 근본적으로 온갖 종류의 이념적 편향성을 보인 '빈농 찬양' 정책과 '부농 청산'과 농민해방으로 왜곡된 '특별 조치들'과 관련이 있다.

시베리아를 농-공업 지역으로 만들기 위해서는 산업화 속도를 높여야 할 필요성이 있었다. 내전을 겪은 후 특히 어려운 상황에 있었던 것은 철도 수송이었다. 대부분의 차량들이 운행이 불가능하였고, 연료도 부족했다. 1921년 12월 시베리아 혁명위원회는 레닌에게 전문을 보내 승객 운행을 중단하고 화물 수송도 축소할 것을 요청했다. 수송용량을 늘려 중앙으로 식료품을 보내는 작업은 철도 노동자들뿐만 아니라 시베리아의 모든 노동자들에게 주어졌던 전시 과제였다.

공동의 노력으로 운송은 재개되었다.

시베리아에서 중공업은 거의 맨땅에서 이루어졌다. 노동자들과 기술·기계 인력을 다른 지방에서 고용해야만 했다. 산업화가 더디게 진행된 요인들은 공업 중심지에서 멀리 떨어져 있는 지역성, 육상과 항공 교통로의 부재, 발달된 해상 수송로의 부재, 혹독한 기후 조건이었다.

1920년대에 극동지역에서는 기업 국유화가 활발하게 진행되고 오래된 산업 기지의 이용 가능성이 적극적으로 연구되었다. 재정 상태가 열악한 시기에는 재정 긴축과 기업의 내부 예비자산을 완전히 투입할 것을 요구했다. 시베리아 혁명위원회의 결정에 따라 향후 산업집중화가 시작되었다. 그에 따라 다른 곳들로부터 더욱 고립된 곳에 위치한 기업들은 경제적 판단에 의해 재정 감축을 위해 폐쇄되었다. 그렇게 해서 이르쿠츠크현의 '안가로메탈' 트러스트, 아바칸 제철소가 가동을 멈추고, 시베리아의 야금공장 다섯 곳 중에서 두 곳, 쿠즈바스에 있는 구리예프 공장과 페트롭스크·자바이칼스키 공장만 남게 되었다. 극동지역에서는 가장 큰 금속 가공 기업 세 곳 중 두 곳, 극동 기계조선소와 하바롭스크 농기계 공장이 문을 닫았다. 시베리아 지도부의 대부분은 지역의 산업화가 요원한 미래의 일이라고 생각했다. 정기적인 위기의 순간에 다시 외국 기관들의 도움을 받게 되었다. 일례로, 1923년에 케메로보의 기업들에 300명 정도의 외국 노동자들이 초청을 받아 와서 일했다. 석탄 산업의 어려움은 시베리아산 석탄 가격 상승과 수요 감소를 초래했다. 정부는 이 문제에 대해 유연하게 대처했다. 수송에 프로코피옙스크·케메로보의 석탄 사용량을 조정하라는 지시가 전국적으로 내려졌다. 이것은 즉시 연료 수요와 판매량을 증가

시켰다.

시베리아의 산업화는 매우 빠르게 진행되었다. 짧은 시간에 수백만 명이 이곳으로 이주되었다. 특히 쿠즈네츠크 제철 콤비나트 옆에는 신도시들과 노동자 주택단지가 건설되었다. 농촌 주민들은 막노동꾼이 되었다. 또 하나의 노동시장 보급원이 있었다. 그것은 시베리아 교정노동수용소였다. 조금 더 지나 20년대 말에서 30년대 초에는 시베리아 소수민족에 대한 인력 양성 프로그램이 활발해졌다. 부랴티야, 야쿠티야, 하카시야에서는 이 과정이 기본적인 두 단계로 진행되었다. 제1차 국민경제 5개년 시기에 농촌 지역과 중심적 주 출신의 건설노동자들이 중심이 된 노동자 계급이 양적으로 괄목할 만하게 증가했다. 1938년부터는 노동자 구성에서 현격한 질적 변화가 일어난다.

시베리아 산업 생산의 효율성을 저해한 요인은 기술 기반이 낙후되어 있기 때문이라기보다는 교육과 문화 수준, 노동자의 숙련도, 기술 전문가 부족이 훨씬 더 심각했다. 생산 관리, 선진적 경험의 도입, 노동 생산성 향상을 위해서는 폭넓은 지식과 고등 직업교육을 받은 노동자들이 필요했다. 옴스크에 있는 시베리아 유일의 농업연구소는 숙련된 인력에 대한 지역의 수요를 충족시키지 못했다. 중등 및 고등 실무능력을 갖춘 노동자를 양성하기 위하여 톰스크, 케메로보, 노보시비르스크에 새로운 고등교육기관과 기술전문학교가 생기고, 오스트리아, 미국, 독일 전문가들이 기업에 초청되고, 러시아 노동자들이 해외 연수를 받았다.

1930~60년대에 시베리아에서는 오비강 북쪽의 민족자치 지역에서 석유와 가스 매장지가, 투바, 하카시야, 알타이, 추콧카에서는 석탄과 비철금속 매장지가 개발되고, 새로운 다이아몬드 산지들이 발견되었다. 세계 최대의 발전소와 거대 산업 단지가 건설되

고, 수백만 헥타르의 땅이 새로 개간되고, 수백의 신도시, 노동자 주택단지, 기술 시설들이 생겼다. 전국의 청년들이 추곳카의 에그베키노트 항구와 미르니 도시 건설에 참여하고, '콤소몰스키' 광산 건설을 지원했다.

민족자치 지역에서는 매년 기술 노동자의 비중이 늘어났다. 일례로, 1940년에 부랴티야에서는 기술노동자들이 전체 근로자의 5.6%를 차지했다. 다른 지역들에서는 더 낮았다. 타지에서 온 엔지니어들과 기술공들이 주요 핵심 인력을 이루었다. 그러나 점차 원주민 출신의 기술 인텔리겐치아 인력이 늘어났다. 제2차 세계대전 초에 이르러 시베리아 대부분의 지역에서 노동자 계급의 형성이 실질적으로 완료되었다.

제2차 세계대전은 시베리아 문화를 발전시킨 강력한 역사적 동인이었다. 전 국민적 비극은 국가의 노력을 한 방향으로 통일하고 최대한 집중시켜 시베리아 발전에 방향성을 부여하는 '자석 사상'을 성숙시키는 원동력이 되었다. 그리하여 "모든 것은 승리를 위하여!"라는 사상이 태어났다. 목표를 향해 움직이는 국민의 강력한 내적 단합 하에 전쟁을 승리로 마감하는 것은 자연스러운 단계의 역사 발전 논리로 인식된다(이 '자연스러움'을 위해 생명과 건강으로 값을 지불한 사람들에게는 이것이 아무리 모욕적으로 들릴지라도!). 돌간족, 에벤키족, 한티족, 만시족, 셀쿠프족, 네네츠족, 축치족 등의 시베리아 소수민족 대표자들이 수백 킬로미터를 헤치고 군정치위원부에 갔다. 네네츠족 사냥꾼이 살레하르드 군정치위원부에 호소했다. "군 책임자에게 큰 부탁이 있습니다. 사나운 개와 싸우도록 나를 보내주시오. 나는 다람쥐 눈을 쏘아 맞춥니다. 내가 저 파렴치

한 개의 심장을 쏠 겁니다."(«옴스카야 프라브다», 1941.7.17.)[21]

전쟁은 국가의 물질적, 산업적 자원을 재분배하는 계기가 되었다. 러시아 중앙과 서부는 전쟁의 중심에 있었기 때문에 경제, 산업, 문화의 중심지 역할은 시베리아로 넘겨졌다. 고도로 발달된 제조기업들과 수도의 문화 시설이 시베리아의 도시들로 철수했다. 이것이 시베리아 근대화의 중요한 요인이 되었다. 모스크바와 레닌그라드에 있던 '엘렉트로람포비', '프레제르', '엘렉트로실라' 등의 공장이 톰스크에 자리를 잡았고, 알타이에는 기계프레스, 열차차량제조, 트랙터와 농기계 제조, 보일러 공장이 자리를 잡았다. 룹촙스크에는 철수 시설 기지에 트랙터 공장이 설립되었는데, 이 공장은 1943년에 트랙터를 생산하는 국내 유일의 기업이 되었다.

소련 각지의 공화국에서 시베리아로 철수한 400개 이상의 생산 공장이 시베리아의 대규모 산업구조 개편의 기반이 되었다. 이 공장들을 기반으로 전후 중공업, 제철 산업, 가공 산업, 화학 산업 분야의 거대 기업들이 성장했다. 이로 인해 시베리아가 산업과 교통·에너지의 중심지로서의 지위를 갖게 되었다. 시베리아의 산업혁명은 1942년에 완성되었다. 이제 시베리아는 잘 조직되고 빠르게 성장하는 군수산업을 갖게 되었으며, 국가의 최대 무기 생산지가 되었다. 후방 지역의 농민계급도 전선과 국가에 필요한 최소한의 식품과 원료를 조달하기 위하여 특단의 노력을 했다. 전쟁 기간 동안 시베리아는 사실상 국가의 주요 군사기지이자 식량기지였다. 나중에 이 공장들 중 일부는 전국적인 기업으로 손꼽히게 되었다. 크라스노야르스크 증기기관열차 수리 공장, 이르쿠츠크의 쿠이비셰프 중장비 기계 공장, 하바롭스크의 '달셀마시' 농기

21) Цит. по История Сибири ..., Т. 5, 1968/ - С. 75.

계 공장 등이다. 새로운 여건에서도 인력 양성 문제는 여전히 난제로 남아 있었다. 이 문제를 일부 해결하기 위해 시베리아의 기업들(노보시비르스크의 '시베리아 농기계', 옴스크의 '자톤', 쿠즈네츠크의 제철 공장 등)에서는 일주(5일)에 두 번 기술 훈련시간을 도입했다. 이것은 새로운 형태의 자질향상 제도였다. 시베리아에서는 1950년대가 되어서야 석탄 산업, 광산업, 철강 및 비철금속 산업, 기계제조, 에너지산업, 건축자재 산업, 그 밖의 다른 부문들에서 노동집약적인 작업에서 기계화가 도입되고 직업·기술 교육 체계가 확립되었다.

시베리아 지역이 근대화되는 중요 요인은 도로망과 교통수단의 발전이었다. 전반적인 생활 수준, 도시와 변방 지역 문화의 유형적 특성은 많은 점에서 그것이 러시아 전역의 사회문화와 경제 시스템에 포함되는가에 달려 있다. 오늘날 대부분의 시베리아 도시는 광범위하고 다양한 교통망을 갖추었다.

시베리아는 거주지가 전통적으로 크고 작은 강을 따라 형성되었다. 오늘날에도 많은 도시들(바르나울, 비스크, 이르쿠츠크, 케메로보, 크라스노야르스크, 노보쿠즈네츠크, 노보시비르스크, 옴스크, 톰스크)에 내륙항이나 선착장, 발달된 도로교통망이 갖추어져 있다. 환경문제가 심각하게 나타나기는 하지만 수자원 상황도 좋다. 이르티시강, 오비강, 예니세이강, 안가라강, 레나강은 교통로일 뿐 아니라, 거대한 에너지원이기도 하다. 1960년대에 크라스노야르스크 지방에만 세 곳의 수력발전소가 가동되고 있었고, 두 곳이 더 완공을 앞두고 있었다. 케메로보주, 노보시비르스크주, 부랴티야, 하카시야, 야쿠티야, 알타이 공화국에도 수력발전소가 있었다.

시베리아의 경제적, 지리적 중심이 노보시비르스크가 된 것은 우연이 아니다. 노보시비르스크는 대규모 교통요지에 있다. 복합적인 교통망을 통해 톰스크, 케메로보, 그리고 동부 지역들과 연결되어 있다. 오비강을 따라 운행하는 수로교통로들은 여기에서 합류된다. 이 모든 것이 도시가 발전하는데 유리한 점들이었다.

소련에서 도시화 과정은 방대한 성격을 띠었다. 특히 서시베리아와 동시베리아에서 두드러졌다. 풍부한 유용광물 매장지가 있는 시베리아는 개발과 채굴, 그리고 가공산업의 발달을 필요로 했다. 광산이 있고 현대적인 도시들과 바로 접하고 있는 케메로보와 노보쿠즈네츠크가 최초의 석탄산업 중심지가 되었다. 현재 러시아 석탄의 약 40%가 여기에서 생산된다. 치타, 부랴티야, 크라스노야르스크 지방에서 대규모 석탄 채굴이 계속되고 있다. 1927년 알타이 지방의 삼림스텝 한가운데 산업적인 목적으로 룹촙스크시가 건설되었다. 1975년에는 야쿠티야에 석탄 산지 개발과 관련하여 뉴룽그리시가 세워졌다. 1959년 다이아몬드 매장지 발견과 채굴은 야쿠티야의 도시 미르니를 건설하는 기반이 되었다.

1960~1980년대 소련에서는 국가 권력이 무소불위의 힘을 휘둘렀다. 제1순위는 국가의 물질적, 산업적 기반을 조성하는 것이었다. 생산력을 계획적으로 배치하기 위한 종합 계획서가 수립되었다. 개인이나, 민족, 문화적 전통, 그리고 자연은 경제적 '자원'으로 간주되었다. 지역의 요구와 혁신은 통일된 국가 계획을 이행하는데 방해되는 요소로 취급되었다. 생산에서부터 인구정책까지, 모든 것이 경제적 전체주의 논리로 결정되었다. 60년대에 200년 전처럼 국가의 결정에 따라 상당수의 전문가들이 중앙 러시아에서 서시베리아와 동시베리아 지역으로 이주되는 일이 벌어졌다.

주민이 다민족으로 구성된 시베리아에서 러시아어와 러시아 문화가 주도적인 역할을 하고, 소수민족의 생활 여건과 민족 간의 이해관계에 대해서는 별 관심을 기울이지 않았다. 이것은 후에 시베리아 지역의 인구학적 불균형을 초래하는 원인이 된다. 현재 하카사야에는 주민의 79.5%가 러시아인이고, 하카스인은 11.8%이다. 야쿠티야에는 러시아인 50%, 야쿠트인 33%, 부랴티야에는 러시아인 69%, 부랴트인 24%, 케메로보주에는 러시아인 90.5%, 원주민인 쇼르인 0.4%와 텔레우트인 0.01%, 알타이 공화국에는 러시아인 60.4%, 알타이인 31%가 거주하고 있다. 인용된 수치는 현대 시베리아 영토 내의 소수민족 문제의 심각성을 잘 보여준다.

시베리아의 근대화와 산업화에서 중요하게 고려된 것은 황무지와 휴간지의 개간이었다. 동부와 북부의 대규모 건설에 젊은이들이 참여하여 많은 역할을 했다. 이것은 국민 통합의 상징이 되었다. 인구 밀도가 높지 않고 건설 규모가 광범위한 시베리아 영토에서 장엄한 사회주의적 과제는 현지의 노력만으로는 이루어질 수 없었다. 젊은 힘을 끌어들이고 건설 속도를 높이기 위해 국가에 가장 중요한 건설사업은 콤소몰(공산청년동맹) 돌격 건설 현장으로 선포되었다.

'콤소몰 돌격 건설 현장'이라는 개념은 오늘날의 교재에서는 사라졌다. 이 명칭은 사회주의 이념에 따라 청년층과 국민들을 단일대오로 만들기 위한 국제적 명분으로 수십 년간 이용되었다. 다른 많은 건설 현장들 중에서 이 지위를 얻은 것은 노보쿠즈네츠크의 서시베리아 제철 콤비나트, 안가라강 유역의 이르쿠츠크 수력발전소, 브라츠크 수력발전소, 옴스크의 정유공장, 알타이 지방 자린스크의 콕스 화학 콤비나트 등이 있었다. 우스티일림스크에서는 동시에 세 곳(도시, 수력발전소, 목재산업 단지)의 콤소몰 돌격 건설 현장이 있었다.

당시의 사회주의적인 구호는 장엄했다. 언급된 것 외에도 약 150곳의 특별히 중요한 건설 현장이 콤소몰 돌격 건설 현장으로 선포되었는데, 콤소몰 여행증명서로 80만 명 이상의 젊은 애국자들이 소련 각 도시에서 이곳으로 향했다. 이러한 조치는 '조건부 자발적' 조치의 범주에 속했다. 왜냐하면 열성당원뿐 아니라 고등교육기관 졸업생들도 배당받은 대로 이 건설 현장에 왔는데, 이것은 이미 직업을 얻기 위한 의무조건이 되어 가고 있었기 때문이다.

1962년 혹한의 12월에 최초의 건설노동자 상륙부대가 안가라강 기슭에 상륙했다. 우스티일림스크와 그 지역 세 곳의 콤소몰 돌격 건설 현장(도시, 수력발전소, 목재산업 단지)도 그렇게 시작되었다. 불가리아, 헝가리, 독일, 루마니아 등 세계 20개국 이상의 대표들이 건설 현장에서 일했다. 우스티일림스크 수력발전소는 러시아에서 가장 경제적인 수력발전소 중의 하나로 계획되고 건설되었다.

좀 더 나중에는 브라츠크가 바로 그러한 세 개의 전 연방 돌격 건설 현장이 있는 도시가 되었다. 이르쿠츠크주의 사람이 살지 않는 구역에 브라츠크 수력발전소가 건설되었다. 이 장소들을 개간하기 위해 새로운 일손이 많이 필요했다. 전 연방 레닌주의 청년 공산주의자 동맹 중앙 위원회가 콤소몰 돌격 건설 현장을 발표했다. 소련의 군부대에서 제대하는 군인들이 건설 현장으로 오고, 극동지방에서 해병들이 왔다. 건설 현장은 콘크리트공, 용접공, 목수, 조립공, 그 밖의 전문가들이 필요했다. 건축 전문지식 교육을 위해 '브라츠크 수력발전소 건설' 산하에 전문 훈련·생산 콤비나트가 문을 열었다.

시베리아에서 7년 동안 세 번째 소련 제철기지 건설의 기초가 닦였다. 1960년에 쿠즈네츠크 제철 콤비나트에서 (제5) 콤소몰 용광로가 가동되었다. 바로 이 시기에 노보쿠즈네츠크에서 15킬로미터 거리의 콤소몰 돌격 건설 현장에 서 시베리아 제철공장이 건립된다. 1964년 7월 27일 첫 번째 용광로가 가동되었고, 다음 해에 서시베리아 제철공장이 강재(鋼材)를 생산했다. 어려운 조건에서 '아바칸-타이셰드' 철도가 건설되었는데, 이 철도 역시 청년들에 의해 부설되었다.

이 시기에 농업에서는 곡물생산량과 축산품의 발전이 지속적으로 요구되었다. 이를 해결하는데 시베리아가 중요하였다. 수백만 헥타르의 황무지와 휴간지를 개간하고 곡물기지와 축산품 기지를 확대하는 계획이 세워졌다. 1953년 1월 1일 기준으로 시베리아에는 1,810만 헥타르의 미개간지, 휴간지, 유휴전답과 4,280만 헥타르의 건초지, 목초지, 방목지가 있었다. 1954~1956년까지 3년 동안 콤소몰 여행증명서로 13만 명이 시베리아에 왔다. 이것은 국가의 미개간지 개척에 참여한 숫자의 3분의 1이 넘는 수이다. 미개간지의 개척은 1954년 봄에 알타이 지방(270만 헥타르), 노보시비르스크주(160만 헥타르), 옴스크주(150만 헥타르), 크라스노야르스크주(120만 헥타르)에서 시작되었다. 이르쿠츠크주, 치타주, 투바주, 아무르주에서 40만 헥타르 이상이 개간되었다. 이 작업의 성공은 수치가 말해준다. 개간사업이 시작되기 전 40년 동안 시베리아에서 파종 면적은 1,130만 헥타르였다. 콤소몰 돌격대가 조직된 후 5년 동안 950만 헥타르의 면적이 증가했다.

전설적인 시베리아횡단철도가 건설된 지 거의 100년이 지난 1974년 통신부와 교통건설부 앞에 영웅적 과제가 제시되었다. 그것은 총연장 3,145킬로미터의 바이칼-아무르 철도(BAM) 건설이었다. 새로운 시베리아 철도는 몇 개의 노선으로 구성되었다. 첫 번째는 우스티-쿠트('레나'역)에서 콤소몰스크-나-아무르까지 니즈네안가르스크, 차라, 틴다, 우르갈을 경유하는 노선이다. 두 번째는 BAM의 서부로 길이 680킬로미터의 '타이셰트-레나' 철도, 그리고 1974~1979년에는 400킬로미터의 'BAM-틴다-베르카키트' 단선철도 건설이었다. BAM 철도를 건설하는 10년 동안 매년 철도 건설의 북방 한계가 갱신되었다.

전국에 있는 수백 개의 기업들이 '세기의 건설'에 참여하여 기계, 부품, 자재를 공급했다. 이바노프, 칼리닌, 보로네즈, 도네츠크, 코스트로마에서 건설을 위해 굴착기를 보냈고, 첼랴빈스크에서는 불도저를, 모스크바, 크레멘추그, 민스크에서는 트럭을, 레닌그라드에서는 트랙터 '키도베츠'를, 카미신, 오데사, 칼리닌그라드, 키로프, 발라시하에서는 기중기를, 보로네즈와 울란우데에서는 인공구조물을 위한 부품을, 쿠즈네츠크 제철 콤비나트에서는 레일을 보냈다.

1984년 10월 27일 국내의 모든 신문이 철도 본선이 완공되어 전체 구간에 걸쳐 열차 운행이 개시된다는 소식을 전했다. 건설노동자들이 철도 건설에 10년간 5억 7천만 세제곱미터 이상의 토목공사를 수행했고, 강과 하천을 가로질러 4,200개의 다리와 배관을 설치했다. 5천 킬로미터의 선로를 부설하고, 수십 개의 철도역을 건설하고, 총면적 57만 제곱킬로미터가 넘는 주택을 건축하고, 새로운 학교, 병원, 유치원, 탁아시설을 열었다.

1970~1980년대의 시베리아는 문화의 전성기로 발전의 정점을 찍고 자연과 인적 잠재력이 최대한 활용되었다.

시베리아 산업의 중심은 도시이다. 서유럽과 동유럽에서는 도시들이 가까이 도로망으로 연결되며 경제적으로 서로 의존되어 있다. 시베리아에서는 도시가 2배 더 적다. 그러므로 자급자족적이어야 하고, 이웃 도시 없이도 살아갈 수 있어야 한다. 도로의 밀도에 있어서 러시아는 유럽보다 33배가 뒤지고, 시베리아는 333배가 뒤진다. 시베리아의 철도 밀도는 서유럽보다 335배 낮다. 인구 1만 명 당 도로 밀도는 시베리아가 3.1로, 서유럽의 53과 비교된다. 인구 1만 명 당 도로 길이는 시베리아가 8.2킬로미터, 유럽은 10.9킬로미터이다. 이 수치들은 시베리아가 더욱더 산업화가 진행되어야 한다는 것을 보여준다.

시베리아 산업화의 또 하나의 특성은 도시들이 매우 빠른 속도로 건설되고 있다는 점이다. 시베리아의 도시들은 서로 멀리 떨어져 분산되어 있어 도시들을 연결해주고 통합해주는 도로와 나란히 성장한다. 그러므로 시베리아 도시들은 유럽처럼 조밀하게 분포되어 있지 않고, 유럽 러시아처럼 큰 무리를 이루고 있지도 않고, 선으로, 사슬처럼 분포하고 있다. 중세 시대에 시베리아 최초의 요새도시들이 그렇게 선형으로 형성되었다. 이러한 사실은 20세기 시베리아에서 문화와 물적 자원에 현저한 변화가 있었음에도 불구하고 심층적으로는 세계와 러시아의 다른 지역들과 비교해 볼 때 이전과 거의 같은 위치에 그대로 머물러 있는 것으로 보이는 이유이다.

자연자원과 유용광물 자원의 특수성은 시베리아 지역을 위기에 강한 체계적인 조직으로 만든다. 석탄과 갈탄 산지, 다양한 철광과 비철금석 산지는 사회주의 시대에 시베리아의 주요 산업부문을 형성했다. 중공업, 금속가공 산업, 온갖 종류의 기계 제조업도 커다란 발전을 이루었다. 이를 대표하는 도시들과 특성 산업들은 다음과 같다. 크라스노야르스크, 톰스크, 노보시비르스크, 이르쿠츠크, 바르나울의 공작기계 공장들, 이르쿠츠크, 노보시비르스크, 옴스크의 기구제조와 무선전자공학 산업, 케메로보와 크라스노야르스크, 투바, 톰스크주, 부랴티야, 하카시야, 야쿠티야의 채광산업과 금속가공 산업, 알타이 지방, 옴스크, 크라스노야르스크의 농기계, 보일러, 타일러 생산, 이르쿠츠크, 케메로보, 톰스크의 채굴 산업용 용광로와 제철 장비, 노보시비르스크, 부랴티야의 항공기 제조, 부랴티야, 하카시야, 알타이, 크라스노야르스크의 기관차·열차제조, 조선업, 부랴티야의 축산업과 사료생산용 기계 생산, 알타이의 가전제품 등이 있다. 알타이와 크라스노야르스크, 노보시비르스크, 톰스크, 옴스크, 이르쿠츠크, 케메로보의 화학 기업들이 다양한 산업 부문 발전에 중요한 의미를 갖는다. 알타이, 이르쿠츠크, 야쿠티야의 금 채굴, 톰스크, 케메로보, 이르쿠츠크, 알타이, 크라스노야르스크, 야쿠티야, 하카시아, 부랴티야의 임업과 목재가공 산업이 있다.

이 선별적인 사실들만으로도 시베리아는 하나의 초지역(超地域)이라는 것이 분명해진다. 여기에 축적된 에너지, 경제, 생산과 관련된 기술 잠재력은 많은 과제들을 종합적으로 해결할 수 있게 해준다. 예를 들면, 시베리아의 금 매장지 개발은 금 채굴 전문 기업들에 의해서만 이루어지는 것이 아니다. 이르쿠츠크는 금 채굴과 다이아몬드 채굴용 드릴 생산이, 야쿠티야는 기념품 생산이, 크라스노야르스크는 비철금속과 금 국립아카데미가, 바르나울은 다이아몬드 연마를 담당한다. 항공 분야에서도 이와 비슷한 광경이 관찰된다. 비행기 제조와 로켓 제조 분야 기업들에서부터 항공사, 군대 및 민간 조종사 인력 양성 분야의 특수 교육기관(크라스노야르스크에 있는 방공협회 고급간부대학과 시베리아 우주항공아카데미)의 발달된 시스템에까지 이른다. 그럼에도 불구하고 오늘날의 상황은 시베리아를 완전한 지역 산업 복합단지라고 부를 수 없다.

러시아 경제가 개별 부문에서는 높은 성과를 이루었음에도 불구하고 시베리아는 오늘날에도 원료 보급원으로서의 지위에 머물고 있다. 시베리아의 발전 방향은 사실상 언제나 정부의 의지와 유럽 러시아 지역의 필요와 이해관계에 달려 있다. 자원 재고 현황이 이미 좋지 않음에도 불구하고 시베리아는 지금도 숙련된 인력과 재원의 부족을 겪고 있다.

시베리아는 오늘날 미래에 대한 목표가 분명하고 사회를 높은 문화 수준으로 이끄는 현대화가 빠르게 진행되고 있음에도 불구하고 노동가능 연령층, 청년과 아동의 수가 감소하고 연금수령자 수가 증가하는 인구통계학적 불균형이 심화되고 있다. 이것이 시베리아가 부딪히고 있는 현재의 상황이다.

1990년대에 시작된 국가 기반의 재편(페레스트로이카)은 시베리아에서도 중요한 것들을 붕괴시켰다. 기업들과 산업 부문들 간의 체계적인 협력 그리고 유용광물 생산, 원료 가공, 완제품 생산, 분배, 소비의 각 단계들 간에 기존에 존재하던 공고한 체계적인 연계가 무너져 버렸다. 많은 기업들이 어쩔 수 없이 일을 중단하거나 전문분야를 바꾸어야 했다. 국가의 중앙 권력의 와해는 시대의 요구였다. 대신 지방에서의 생산과 경제 능력은 확대되었다. 그러나 시베리아의 자원에 대한 정부의 통제 약화는 심각한 부정적인 결과들을 초래했다.

이러한 경향은 점차 전 세계적인 성격을 띠기 시작했고, 이에 대해 오늘날 학자들이 불안감을 느끼고 있다. "자연과 인간 사이에 심오한 대화가 필요하다는 것을 이해하지 못했기 때문에 우리는 또다시 아주 위협적인 새로운 생태학적 위기의 문턱에, 새로운 분기점에, 인류 진화의 성격을 갖는 새로운 파멸적 재편의 문턱에, 인류기원의 새로운 순환 주기의 문턱에 서게 되었다. 사회는 이미 일종의 금지된 선에 다가갔고, 그 징후들 중 하나가 자연 속에 흐르는 일련의 과정들이 안정성을 상실한 것이다. 인간은 생물권의 자연스러운 순환 주기에 들어가는 법을 다시 배워야 한다."[22]

22) Моисеев Н. Н. Расставание с простотой. - М.: Аграф, 1998. Региональные процессы в Сибири в контексте российской и мировой истории. - Новос

대립과 충돌에 대한 대안으로 원칙적으로 평등한 파트너 관계에 입각한 주체들 간의 특별한 관계로서 문화 간의 대화가 필요하다. 시베리아 지역에서 이러한 생각은 아직 약간 시기상조로 보인다. 이를 위해서는 모든 민족들이 정체성에 대한 의식을 새로이 하고 문화와 역사에 대한 특성을 먼저 인식해야 한다. 오늘날에는 지역 문화의 연구, 정신, 문화, 예술 분야에서의 계몽과 복원이 가장 중요한 과제가 되었다. 이러한 과제를 긍정적으로 해결한다면, 지역 발전의 주체인 인간의 모습도 바꿀 수 있게 될 것이다.

오늘날 위기가 너무나 길어졌다. 위기를 조속히 극복하기 위해 자발적이고 상호호혜적 협력에 기반을 둔 새로운 유형의 중심주의체제(centralization)를 확립하는 노력이 필요하다.

ибирск: 1998. - С. 226-227.

S I B E R I A

5.3. 20세기~21세기 초 시베리아 민족들의 정신문화

E. I. 발라키나

시베리아 문화의 세계관을 파악하기 위해선 영적, 정신적 측면을 이해하는 것이 중요하다. 정신적인 요소는 문화의 유형을 결정하며, 발전의 목표와 형태, 성취 수준, 더 나아가 문화의 지속성까지도 좌우한다. 이것은 가장 핵심적인 특성으로, 이것을 보존해야 문화도 보존된다. 그래서 정신적 기반은 과격하게 새로워져서는 안 된다. 왜냐하면 개혁으로 인한 급격한 변화는 그것을 토대로 성장한 문화를 붕괴시킬 수 있기 때문이다.

20세기에 시베리아의 정신문화는 바로 그러한 근본적인 개조를 두 차례 겪었다. 첫 번째는 1917년 혁명 분위기 속에서 혁명 전 이루었던 러시아의 성취들이 폐기되었다. 100년의 거리를 두고 보면, 이러한 파괴는 유토피아로 가는 비극의 길처럼 보인다. 이 유토피아는 정부도 국민도 준비되어 있지 않았다. 게다가 방향도 잘못되었던 것처럼 보인다. 20세기 시베리아 문화사 연구에서 "이것은 잘못된 결정으로 판명되었다", "문제 해결에 명백한 편향성이 있었다", "그러한 수단이 결과의 저하를 초래했다는 것을 시간이 보여주었다"와 같은 구절들이 지나치게 자주 보인다. 그 어떤 형식이나 방법도 모두 정당화되지 못했다.

두 번째로 시베리아의 정신적 가치에 완전한 변화가 일어난 것은 페레스트로이카 시기였다. 사회주의적 생활 규범은 약 100년 전 소비에트 정부의 첫 법령으로 공표되어 시행되었던 것처럼 바로 그렇게 단숨에 폐지되었다. 이 개혁의 주된 차이는 이번에는 기존의 사상을 대체할 다른 가치 있는 목표가 문화에 제시되지 않았다는 점이다. 그래서 오늘날 시베리아의 학자들이 해야 할 일은 그러한 사상을 추구하여 만들어내는 것이다.

시베리아 문화는 자연, 사회, 민족, 종교, 이념과 같은 모든 요소들이 하나로 통합된 현상이라는 것이 현대적 관점이다. 시베리아 문화는 과거의 문화층들을 새로운 형태로 독창적으로 해석하여 다양한 형태로 통합하고 있다. 문화의 정신적 축을 결정하는 데 가장 중요한 것은 출발 순간, 탄생, 형성, 즉 시작이다.

'정신적인 단초', 이러한 구성양식이 학문에서 우연히 정립되는 것은 아니다. 정신적인 구성요소는 바로 이 단초에서 생겨나 숙성되고 규정되어 문화의 단계별로 재구성되는 것이다. 한 단계에서 형성된 사상은 뒤이어 오는 문화의 발전에 품격과 방향을 부여한다. 시베리아 문화를 형성하는 초기의 사건들을 살펴보는 것은 시베리아 문화의 현 상황을 진단하고 전망할 수 있는 가능성을 제공해 준다.

최근 출간된 V. G. 모르드코비치의 연구 '시대, 땅, 민족의 교차로에 있는 시베리아: 민족·생태적 지역사 개관'은 시베리아의 기원에 대해 매우 독특하게 접근하고 있다. 그는 지역 발전의 특수성을 지질학적 기원에 입각하여 고찰한다. 이 내용이 주제를 벗어나는 것 같지는 않다. 아래에 인용된 자료가 우리가 오늘날 '시베리아 문화'라고 일컫는 현상의 본질을 더 깊이 이해하기 위해 필요하기 때문이다(아래는 요약 발췌문이다).

"사람의 손으로 만들지 않은, 자연 자체에 의해 창조된 건축 구조물 중에서 가장 견고한 것을 지질학과 고문서학에서는 대륙괴(大陸塊)라고 부른다. 대륙괴는 15억~30억 년 전에 형성된 단단한 토대이다. 지구상에는 모두 11개의 대륙괴가 있다. 이들은 지표면의 다양성을 나타내는 가장 중요한 블록이다. 예를 들면, 유라시아 대륙은 다섯 개의 대륙괴, 즉 유럽 대륙괴, 인도 대륙괴, 중국 대륙괴, 아프리카 대륙괴의 일부, 시베리아 대륙괴가 함께 합쳐져서 형성되었다.

시베리아 대륙괴는 가장자리가 약간 올라온 바닥이 평평한 사발이 뜨거운 난로 위에 올려져 있는 것과 비슷하다. 바로 이 사발이 시베리아라고 불리는 특수한 장소의 토대가 된다.

강을 바다에서 수원 쪽으로 살펴본다면 가장 길고 유량이 많은 강은 오비강, 예니세이강, 레나강이다. 수백 개의 지류를 갖는 이 강들은 강기슭을 따라 세 개의 땅을 형성한다. 분수계 선들을 따라 있는 거미집 같은 빽빽한 이 땅들은 하나의 단일한 시베리아·북극해 집수역(集水域)을 형성하며 정확하게 시베리아 대륙괴의 범위에 들어간다. 이러한 점에서 시베리아 대륙괴는 나머지 10개의 대륙괴와 비교할 때 유일하게 단일체이다. 나머지 대륙괴의 땅은 몇 개의 집수역들 사이에 나뉘어 있다."[23)]

모르드코비치의 연구는 자연적·우주적 차원에서 만들어진 지질학적 토대, 지리적 지형, 그리고 이 영토 위에 거주한 민족들 사이에 문화적, 역사적으로 깊은 상호관계가 존재한다고 생각하게

---

23) Мордкович В. Г. Сибирь в перекрестье веков, земель и народов: очерки этно-экологической истории региона. - Новосибирск: «Сова», 2007. - С. 35-39.

한다. 지구의 윤곽이 지질학적으로 완성되는 시기에 이미 시베리아 영토는 단일한 토내 위에 형성되었다. 여기에서 단일하다는 것은 시베리아가 위치한 대륙괴의 전체성과 집수역의 단일성을 의미한다. 시베리아 지역의 독특함은 토대의 전체성과 이 지역에서 형성된 자연·문화 공간의 단일성이 시베리아 지역에서 운 좋게 합치되었다는 점에 있다. 세계적으로 이러한 완전무결함은 매우 드문 예외적인 경우이며, 더 정확히 말하면 유일한 예이다. 예를 들면, 유라시아 대륙은 다섯 개의 대륙괴로 형성된 반면, 다른 대륙괴의 영토에는 종류가 다른 작은 조직들로 결합되어 있다. 시베리아 지역의 단일성은 다음과 같은 요인들에 의해 강조된다.

"시베리아의 기후는 그 광대한 영토 전체에 걸쳐 동일한 요인들에 의해 결정된다.

1. 북극해의 얼음층의 영향.
2. 지역의 대부분이 바다에서 멀리 떨어진 아시아의 중심부에 위치하고 있다. 시베리아 남부, 키질(투바공화국의 수도)에 아시아의 기하학적 중심이 위치한다. 여기에서부터 태평양과 북극해까지는 각각 3,000km, 대서양까지는 4,500km이다.

오늘날 시베리아라고 불리는 땅은 지각구조 상으로 단일하고, 공통적인 지붕은 시베리아 고기압(1년에 약 6개월)이다."[24]

시베리아는 처음부터 자연이 문화를 지배하는 지역이다. 그곳에서는 사람이 살지 않는 공간이 문명의 싹과 인간의 숨결을 삼켜

24) Мордкович В. Г. Сибирь в перекрестье веков, земель и народов: очерки этно-экологической истории региона. - Новосибирск: «Сова», 2007. - С. 39-43.

버리려 한다. 이러한 조건에서 토착민은 오래전부터 생활 조건과 형태를 자연환경에 적응해 왔다.

모르드코비치는 대륙괴와 그 대륙괴에 살고 있는 부족 간의 의존성에 주목하고, 각 민족의 정신문화와 물질문화 형성에 대한 자연조건의 영향력을 기술하고 있다. 저자의 견해에 따르면, 육지와 물, 산과 평지의 비율, 총 주거 면적, 기후가 민족의 행동 유형을 만든다. 사람들은 지역 생태계의 일부이다. 사람들은 생물학적, 사회적, 문화적 순환 체계의 하나로서 생태계를 효과적으로 유지하거나 회복이 불가능하게 파괴하기도 한다. 이러한 상황은 사회주의 시대에 시베리아에서 일어난 변화들과 관련하여 시베리아에 거주하는 주민들에게 중요한 문화학적 의미를 갖는다.

오늘날 시베리아는 러시아 영토의 약 60%를 차지하지만, 여기에 사는 인구는 러시아 인구의 16%이다. 유럽 러시아 지역의 인구 밀도가 1㎢에 17명인데 비해, 시베리아는 2명에 불과하다. 천 년 전의 유물들이 유일하게 시베리아에만 보존되어 있는 주요 원인이 희박한 인구에 있다는 견해가 있다. 오늘날 대부분의 민족들은 수적으로 최저 한계점에 달하고 있다. 그러나 이 민족들이 모두 생존해 있고 인구통계학적으로 민족 수는 늘어나고 있다. 결과적으로 시베리아는 '사람은 적은데, 민족은 많은' 인구통계학적으로 보기 드문 상황이 벌어졌다.

시베리아 문화에 지리적-지질적 조건이 영향을 끼친 것은 시베리아 역사의 특성이다. 아마도 바로 이것이 여러 세기에 걸친 비극적인 문화-역사적 대변혁기마다 심각한 행정적 변화를 겪었음에도 불구하고, 시베리아가 여전히 전체성을 잃지 않고 단일 지역으로 계속 발전한 이유일 것이다. 시베리아의 발전사에서 개혁성이 높았던 20세기에도 다양한 형태의 변화를 통합하는 정신적 핵심을 뽑아낼 수 있었다. 20세기에서 그것은 '문화혁명'이었다. "'근본적인 변화'로 이해되는 '혁명'이라는 단어는 문화에 대한 개념을 변화시켰다. 이제는 문화 개념이 국가와 그곳에서 살고 있는 민족들의 변화된 정신, 수 세대에 걸쳐 지탱해 온 종교적 신앙과 도덕적 가치의 근거가 되는 전통의 개념으로 바뀌었다. 볼셰비키들에 의해 수행된 정치 혁명은 경제에도 문화에도 대변혁을 가져왔다."[25]

소비에트 정부는 국가가 새로운 삶으로 점진적으로 원만하게 이행되고 있다고 수없이 많이 선언했다. 그러나 실제로는 과거와 관련된 모든 것들이 지속적으로 파괴되었다. 20세기 이것은 지역을 막론하고 러시아에서도, 시베리아에서도 적용되었다. 새로운 당 이데올로기로 무장한 사람이 모든 변혁의 중심이 되어야만 했다. 발전된 사회주의 시대를 향한 1920년대 노동자 정부의 첫 이념적 행보는 '공산주의 건설자 윤리강령'이라는 체계적인 개념으로 작성되었다. 이것은 문화혁명의 연대기적 경계를 훨씬 넘어선 인격에 대해 요구한 엄격한 시스템이었다.

1917년에 문화혁명이 시작되고, 1930년대 초에 전국적으로, 이어서 시베리아에서도 문화혁명의 승리가 선포되었다. 소비에트 이데올로기의 주요 강령은 단결과 일치였다. 이것이 국가 체제와 정부 시스템을 관통하는 사상이었다

혁명 전 제정 러시아의 문화정책도 권위주의적이었다. 그러나 소비에트 시대에는 정신적 삶에 대한 중앙의 통제가 더 강화되었

25) Соскин В. Л. Советская культурная политика в Сибири (1917-1927 гг.) // Советская культурная политика и практика ее реализации в Сибирском регионе: очерки истории. - Новосибирск: изд-во Новосиб. Гос. ун-та, 2006. - С. 5.

다. 지역적 발의와 민족적 전통은 거부되고 중앙 권력에 의해 정밀하게 조정되었다. 거대 국가의 이념적인 문화생활은 공산당에 의해 조직되고 조종되었다. 시베리아 토착민과 관련된 지역적 특수성은 인종과 민족 정책에서 나타난 것이 아니라 오히려 시베리아의 특별한 자연조건, 지리적 상황, 경제적 낙후성으로 나타났다. 거대한 영토, 다민족으로 구성된 주민, 유럽 문화 중심지로부터의 단절, 낙후된 교통과 통신수단, 다수의 농촌 주민, 이 모든 요인들이 문화 발전에서 시베리아를 러시아 중앙 지역보다 뒤처지게 만들었다.

20세기 초 시베리아 주민의 기반은 러시아인이었다. 지역 전체적으로 정교가 주요 종교가 된 것은 아주 자연스러운 일이다. 일부 학자들은 16세기에 예르마크의 친위대가 시베리아 영토를 정복한 진짜 목적을 시베리아에 정교를 전파시키는 것에 있었다고 본다. 그때는 아직 추가적인 영토 확장에 대한 이야기가 없었다. '러시아를 시베리아로 확장하는 것'에 대해서는 훨씬 더 나중에 이야기된다. 연대기에는 예르마크 친위대의 활동이 정신적, 도덕적 업적으로 제시된다. "그래서 그들의 신이 사도를 보내 성물이 있는 장소를 정화하고, 이교도 황제 쿠춤을 무찌르고, 믿음 없고 추악한 그들의 사원과 사당을 부수게 했다."[26] 시베리아로 이주한 러시아 주민은 수 세기의 정교 전통과 성상과 책들을 함께 가져갔다. 다양한 경로로 시베리아에 오게 된 책들 중에는, 물론, 성당과 가정에서 예배를 드리기 위한 성서와 예배서가 가장 많았다.

1917년 무렵에 시베리아는 이미 외진 지방이 아니었다. 톰스크, 옴스크, 이르쿠츠크, 바르나울과 같은 오래된 시베리아의 도시

---

26) Полное собрание русских летописей. Т. XXXVI. - СПб.-М., 1841-1989. - С. 120.

에는 고등교육기관을 포함하여 다양한 수준의 문화시설들이 있었다. 혁명 전 톰스크에서 문화적으로 큰 역할을 한 것은 대학교(1878)였다. 자선활동을 목적으로 1899년에 조직된 예술 전시회가 이 대학의 계몽 활동의 모범적인 예로 여겨질 수 있다. 모든 모금액은 찻집 수익금까지 흉작으로 고통받던 베사라비야 주민을 위해 쓰였다. 시베리아에서 소비에트적 문화의 건설은 주로 지역 재원으로 지역 활동가들에 의해 주도되었다.

혁명 초기에 이미 수많은 개혁들이 실시되었다. 그것은 정치개혁, 경제개혁, 교육개혁, 러시아어 철자법 개혁, 국가 정치에서 교회와 종교의 지위 변화 등이었다. 시베리아 문화 혁명의 특징은 개인보다 집단을 우선하는 것이었다. 그 결과 시베리아 문화는 점차 비인간화되었다. 목적의 대상이 된 개인과 사회진보 사상은 장엄한 돌격 캠페인에 용해되었다. 형식이 본질을 집어삼키고, 형식적인 지표가 문화 발전의 척도가 되었다. 시베리아의 '지방자치주의'와 같은 정신적 주장은 소비에트 정권 하에서 완전히 불가능했다. 시베리아 문화는 국가적 프로젝트의 범주 내에서만 허용되었다.

소비에트 정권 초기의 시베리아 문화는 전반적으로 다채로웠다. 혁명 후 러시아 중앙 지역에서 교육받은 많은 사람들이 피난민으로 시베리아에 왔다. 그들의 참여로 시베리아 연구소가 시작되었다. 종교, 사회주의 이데올로기, 학문과 예술의 발전이 여기에서는 일종의 문화적 예방접종처럼 진행되었다. 옛것과 새것이 사회에 대한 영향력 투쟁에서 충돌하고, 가끔은 나란히 존재하며 사이좋게 지내기도 하고, 또 가끔은 서로 없애버리거나 상당히 변화시키기도 했다. 내전 기간에는 소비에트 문화정책 자리를 반(反)소비에트 정책이 차지하기도 했다. 적어도 시베리아가 20세기 초에는 문화적 '기면 상태'에 있었다고 단정해서는 안 된다.

시베리아에서 소비에트 문화가 형성되는 데에 붉은 군대가 특별한 역할을 했다. 아마도 이 때문에 특별히 군병영적 성격이 있었던 것 같다. 붉은 군대는 제일 먼저 주둔한 도시와 농촌 주민에게 문화적 원조를 제공했다. 시베리아는 모든 것이 중앙으로부터 소외되어 있었다. 지역 활동가들은 구체적인 명령서가 필요했다. 시베리아인들이 '인쇄된 지시 자료를 한 현에 차량 한 대 분씩, 여덟 차량분을' 보내달라고 중앙에 요청하는 것이 거의 상징적으로 들렸다.[27] 새로운 이데올로기 상황에서 대학생들과 주민들에게 잘못된 정치적 영향력을 미칠 것을 우려하여 혁명 전에 세워졌던 고등교육기관들을 폐쇄하였다. 대신 무료 공연을 실시하고, 극장들을 국유화하였다. 대중들은 아마추어 예술 활동 단체에 열심히 가입하였다. 이 시기 시베리아의 문화·계몽 기관의 개설에 대한 자료는 수천을 헤아린다.

1920~30년대 시베리아 문화에 뚜렷한 결과를 만든 정책 중 하나는 소수민족의 '현지주민화'이다. 토착 민족들은 교육과 문화시설, 정부기구와 경제기구 활동에 적극적으로 참여하기 시작했다. 그들은 언어와 생활양식을 알았고, 자기 민족의 행동방식과 심리를 알고 있었다. 이것은 소수민족의 적극성을 키우고 자율성을 고무시키는 자극제가 될 수 있을 거라고 여겨졌다. 서시베리아의 민족자치 지역들에서 인텔리겐치아 그룹을 형성하기 위하여 지역 인력 양성 프로그램이 강화되었다. 그럼에도 불구하고 시베리아 전역에서 농촌의 인텔리겐치아가 도시의 인텔리겐치아보다 수적

27) Соскин В. Л. Советская культурная политика в Сибири (1917-1927 гг.). - С. 11-63. // Советская культурная политика и практика ее реализации в Сибирском регионе: очерки истории. - Новосибирск: изд-во Новосиб. Гос. ун-та, 2006. - С. 34.

으로 많았지만, 심각한 문제는 토착 민족 출신의 기계·기술 전문 인력이 부족한 것이었다.

소수민족 문제에서 최우선 과제는 주민과 직접적인 관계가 있는 관리 분야를 현지주민화하는 것이었다. 그것은 회계원, 모피 전문가, 교관, 서기, 의장, 기능공, 작업반장, 의료보조원 등의 직책이었다. 인력 확보에서부터 자질 향상을 통해 더 책임 있는 자리로 승진할 수 있도록 하는 모든 조치가 취해졌다. "현장에서 드러났듯이, 집단적인 현지주민화 계획은 질적 수준을 보장할 수 없었다. 수준급의 지역 인력이 충분하지 않았다는 점을 고려해야 했다. 그러므로 현지 주민화가 순전히 기계적으로 일정 비율의 토착민을 직원으로 충원하는 방식으로 자주 실시되었다."[28] 1930년대 말 지방에서 현지주민화의 기본 목표가 달성되자, 반대 과정으로 '부르주아 민족주의'와의 투쟁이 시작되었다. 1934년에 오이라트 자치주, 하카스 자치주, 서시베리아 지방의 고르노-쇼르 민족구에서 민족 인텔리겐치아 대표들이 대거 체포되었다. "피고인들은 자주적 부르주아 민주주의 튀르크공화국을 세울 목적으로 반(反)혁명적 민족주의 기구 '시베리아 튀르크인 동맹'을 창설하고, 반(反)소비에트 활동을 적극적으로 전개한 혐의로 기소되었다. 피고인 대부분이 헌법 제58조에 따라 2년에서 8년까지의 자유 박탈형을 선고받았다."[29] 1930년대 말 민족자치구에서 벌어진 탄압은 소수민족들에게 엄청난 비극이 되었다. 인텔리겐치아에 대한 탄압으

28) Харунов Р. Ш. Формирование тувинской интеллигенции путем выдвиже ния- коренизации кадров // Новые исследования Тувы. № 1-2. 2009 (Элек тронный информационный журнал).

29) Карлов С. В. Дело «Союза сибирских тюрок» // Политические репрессии в Хакасии и других регионах Сибири (1920-1950-годы). - Абакан, 2001. - С. 64.

로 민족 문화의 발전 성과도 함께 파괴되었다. 언어, 문자, 출판은 거의 마비되었다. 이러한 손실은 오늘날까지 복구되지 않고 있다.

시베리아 지역에는, 극동지방을 제외하고도, 러시아인들이 오기 전까지 40개 이상의 민족이 있었었다. 그들 대부분은 현재까지도 존속하고 있다. 종족과 민족의 관점으로 볼 때 시베리아의 민족 개념은 상당히 포괄적이다. 알타이, 하카스, 야쿠트족이 그런 예를 보여 주고 있다. 전통적으로 알타이인이라 불리는 알타이 민족들은 사실은 많은 종족이 통합되어 있다. 하카스인도 바로 그런 집합적인 성격을 갖고 있다. 시베리아 토착 민족 중 가장 대표적인 민족 중 하나인 야쿠트(사하)인도 종족 구성으로 볼 때 한 종류가 아니다. 오늘날 평균적인 시베리아 도시에는 러시아 중앙 지역보다 1.7배 더 많은 민족이 살고 있다. 유럽 러시아에는 민족 구성으로 볼 때 단일 민족 도시들과 다민족 도시들이 있다. 시베리아는 어디나 바빌론이다! 그러나 그 어느 민족도 자기 종족 속에 나머지 종족을 섞지는 않았다. 부랴트인은 그대로 부랴트인으로 남았고, 야쿠트인은 야쿠트인으로, 타타르인은 타타르인으로, 러시아인은 러시아인으로 남았다.

시베리아 토착 주민의 인종적 다채로움 외에도 내적으로 민족의 다양성을 확대시키는 또 하나의 원천이 있었다. 국가가 수백 년간 어떤 이유에서든 유럽 러시아에 적합하지 않은 주민을 자우랄리예 지역으로 보냈다. 그렇게 해서 시베리아에 민족 마을이 생겼다. 리투아니아인 마을, 폴란드인 마을, 핀란드인 마을, 스웨덴인 마을, 에스토니아인 마을, 체첸인 마을, 오세틴인 마을, 칼미크인 마을, 독일인 마을, 고려인 마을이 생겨났고, 물론 러시아인 마을도 있었다.

전체주의 시대에 시베리아에서 가장 무서웠던 곳은 교정노동

수용소(Siblag)라는 이름의 형벌기관이다. 소비에트 시대 사람들의 인식 속에서 나림(Narym)은 콜리마, 마가단, 보르쿠타와 같은 선상에 있다. 민족이 다른 수십만 명의 사람들이 여기에서 '형기'를 마치거나 견딜 수 없는 상황으로 인해 죽었다. 18㎡ 넓이의 토굴에 불빛도 전혀 없이 오직 난로 하나로 19명씩 살았다. 토굴은 마르지 않아서 천장과 벽에서 물이 흐르고, 침구와 옷은 항상 젖어 있었고, 바닥에는 눈과 얼음이 있었다. 노보니콜스크 생선 공장에서 최고의 어획 작업반은 여름과 가을 내내 맨발로 물고기를 잡았다. 사람들이 감기에 걸리고, 독감, 말라리아, 피부병을 앓았다. 강제추방 명령을 가장 많이 받은 사람들은 비 러시아인 민족 집단의 대표들이었다.(특히 나림의 생선 수공업은 독일 문화에 속한 인종이라는 이유로 강제노동형에 처해져 이곳으로 이주된 시베리아 독일인들의 노동으로 발전했다.)

시베리아 교정노동수용소(Siblag) 역시 20세기 시베리아 정신문화의 한 단면이다. 그것은 무섭고 터무니없이 잔혹하지만 인간 정신이 얼마나 크고 깊은 것인가를 증명하는 것이었다. 이 교정노동수용소에서는 모든 것이 하나가 되었다. 시베리아의 혹독한 자연조건, 사람이 살지 않는 척박한 땅, 변방의 생산력 부족, 잔인한 기질, 유배형과 강제이주 전통, 극도의 국가 권위주의, 이념적 편향, 자신의 무죄를 확신한 사람들의 영웅적인 강직함, 비극적으로 파괴된 그들의 삶. 시베리아 역사의 모든 단면들이 여기, 시베리아 교정노동수용소라는 하나의 솥 안에서 똑똑히 드러났다.

시베리아 주민의 민족 밀도는 민족과 문화의 상호 접촉을 빈번하게 하였다. 접촉 과정에서 그들의 전통, 생활 조건, 관습은 수정되거나 변화되었다. 다른 지역들과 달리 시베리아 농민들의 생활방식은 개방적이었다. 시베리아 농촌 마을에 있는 집들은 창문과 문이 거리 쪽으로 나 있었다. 담장은 높지 않았고, 집들은 보통 문이 잠겨있지 않았다. 시베리아에서 러시아 주민과 다른 민족들 간에는 관계가 친밀하였다. 러시아인들은 민족적 관용으로 러시아 전통을 유지하면서 토착 민족들의 문화 요소들도 많이 차용하였다.

문화적인 접촉과 함께 시베리아에서는 혈통의 혼합도 일어났다. 오래전부터 시베리아에서는 다른 민족 간의 결혼이 러시아의 다른 지역들보다 더 자주 이루어졌다. 이로 인해 러시아인의 민족적 특질도 점차 변화되고 있다. 머리색이 더 어두워지고, 얼굴은 더 거무스레해지고, 광대뼈가 더 넓어지고 있다. 자신도 모르게 다른 방언의 특징을 따라 하여 발음도 변하고 있다. 그 결과 시베리아의 외딴 마을에서는 독특한 민족 자질을 가진 특수한 집단이 출현하기 시작했다. '알타이 폴란드인', '구교파', '자바이칼리에 구교도', '카림인', '마르코보인', '혼혈인(볼디리)' 등이 있다. '혼혈인'은 다양한 외모뿐 아니라, 행동 스테레오타입이 없다는 점에 있어서도 순수 민족 사람들과 다르다. 이들은 다른 민족을 형제 민족으로 여기며 관용적 태도를 취한다. 시베리아 문화 발달 과정에서 *'시베리아인'*이라는 특별한 유형이 만들어진 것은 이 지역이 태초부터 하나라는 사상과 관계가 있다.

토착 시베리아인의 기질적 특성은 넓은 마음, 손님 환대, 헌신적인 용기, 조국애, 자긍심과 독립적 성격, 자유 애호, 다른 사람들을 돕는 마음, 진취성, 숙련된 일처리에 있다. 여기에 강인한 생활력과 시베리아에서는 거의 일상적으로 일어나는 힘든 시련에도 절망하지 않는 성품을 추가할 수 있다.

시베리아 문화의 정신적 기반은 파도치듯 조성되었다. 새로운 사상을 의욕적으로 보급하고 외부로부터의 문화에 대해 권위를 부여하였다. 이것을 국가가 정책적으로 주도하였다. 예를 들면, 1920년대에 시베리아와 북방 지역들에 대한 과학아카데미의 관심이 러시아 정부의 학술 정책에 결정적인 역할을 했다. 1928년경 시베리아와 극동지방에는 정부의 지시에 따라 이미 19개의 학술 단체들이 활동하고 있었다. 1920년 시베리아 혁명위원회에 의해 설립된 북극항로 위원회의 협력하에 1928년에 시베리아 연안과 섬들에 14개의 수상기후관측소가 설치되었다. 북극지방의 황량한 땅에 산업과 교통 관련 기반시설들이 건설되기 시작했다. 카라해와 추콧카해에서 북극항로 개발을 위한 일련의 대규모 탐험이 실시되었다(탐험대장 - N. N. 예브게노프, O. Yu. 슈미트, I. D. 파파닌). 한동안 시베리아와 북부 지방들은 소비에트와 세계 사회의 관심을 집중적으로 받았다. 이로 인해 시베리아 사람의 이미지에서 영웅적·창조적 개혁자 이데올로기가 크게 강화되었다.

인텔리겐치아는 항상 극소수였고 광활한 시베리아 땅에 분산되어 있었다. 그러나 이 지역 문화에서 인텔리겐치아의 비중은 여전히 아주 컸다. 바로 이것이 시베리아 정신문화가 소련 전체 상황과 다른 차이 중의 하나이다. 러시아 중앙에서는 학문과 창작 분야의 인텔리겐치아가 수 세기의 역사를 가진 대도시에서 형성되었다. 학문은 깊은 전통을 가지고 있었다. 이는 수 세대에 걸친 러시아 귀족들의 활동과 주요 고등교육기관과 문화 중심지에 인텔리겐치아가 집중적으로 모여듦으로 인해 가능했다.

제2차 세계대전 이전까지 시베리아는 경제에서도 정신문화에서도 러시아 중앙에 비해 상당히 낙후되고 뒤처져 있었다. 전쟁은 이것을 거의 동등하게 만들었다. 유럽 러시아에서 시베리아로의 대규모 철수는 시베리아 지역의 문화·역사적 역할, 지위, 사회 구성원을 변화시켰다. 전쟁 기간 학문, 산업, 예술의 중심은 유럽 러시아 지역에서 시베리아로 옮겨졌다. 작업은 낡은 시설에서 이루어졌지만, 국가의 중심 도시들에서 이곳으로 피난 온 300명 이상의 학자가 시베리아에 대한 연구를 도왔다.

이렇게 하여 1940년대에 20세기 후반기 시베리아가 급격하게 발전하는 초석이 놓였다. 전쟁 기간에 시베리아로 철수한 시설과 피난민들을 중심으로 유력한 학파와 창작 기관들뿐 아니라 대규모 공장, 학술 센터, 산업 부문들, 심지어는 도시 전체가 성장했다. 군수사업과 관련된 기술들이 정부의 지원을 받았다(M. S. 고로호프의 초고속속사포 개발, A. G. 사비니흐 교수의 새로운 외과적 환자 치료법 등). 시베리아 외과의사 학파를 만든 노보시비르스크 의과대학의 블라디미르 미시 교수의 '외과 진단학 개론'은 세계적인 명성을 얻었다. 전쟁 기간 동안의 시베리아 학문 발전을 단적으로 보여주는 지표는 1944년 2월 8일 노보시비르스크에 A. A. 스코친스키를 수장으로 하는 소련 과학아카데미 서시베리아 지부가 문을 연 것이다. 시베리아에서 학문 활동이 눈에 띄게 폭넓어지고, 연구 주제는 특히 국방과 관련이 있었다. 이것이 소비에트 시대에 시베리아 정신문화의 발전이 전(全) 국가적 과제에 의해 주도되었다는 것을 보여주는 예이다.

국민 경제 부문에서 평화적 건설을 위한 기술이 요구되었다. 이와 관련해 시베리아에서는 기초 이론 연구를 중시하였다. 정부는 시베리아에 소련 과학아카데미 산하의 새로운 학술 기관들과 부문별 연구소와 실험실을 설립하고 고등교육기관들이 연구를 수행하도록 지원했다. 톰스크 종합기술대학은 이미 1947년에 자동차 서른 대 정도 분량의 기구와 학술연구 장비를 중앙으로부터 공급받았다. 1949년에 소련 과학아카데미 극동 기지가 소련 과학아카데미 V. L. 코마로프 극동지부로 개편되고, 소련 과학아카데미 야쿠트 지부가 개설되고, 이르쿠츠크에 소련 과학아카데미 동시베리아 지부가, 극동에는 소련 과학아카데미 사할린 지부가, 크라스노야르스크에는 소련 과학아카데미 물리학연구소가, 그리고 부랴트 종합 학술연구대학이 설립되었다.

1960년대에는 학문이 사회주의와 자본주의의 경쟁에서 중요한 지표가 되었다. 국가는 학자들에게 세계에서 주도적인 위치를 점하라는 과제를 부여했다. 이 과정에서도 시베리아는 특별한 지위를 차지했다. 소련 과학아카데미 회원 M. A. 라브렌티예프, S. A. 흐리스티아노비치, S. L. 소볼례프가 모스크바와 레닌그라드에 있는 일반이론 분야의 학술기관들을 시베리아로 이전해서 대규모 학문 센터를 만들자는 제안을 했다. 많은 학자들이 시베리아로 가는 것에 찬성했다.

소비에트 시대 수십 년 동안은 시베리아 민족들의 종교 생활에 가장 비극적인 기간이었다. 새로운 국가 체제의 유물론적 성격은 러시아 정교와 여타 종교들의 전통적 견해와는 반대방향이었다. 마르크스·레닌 공산주의 사상이 소련의 주요 '종교'가 되었다.

혁명기와 혁명 이후 수십 년 동안 시베리아의 종교 공동체 수는 약 2,800개에 달했다. 그중에는 천 개 이상의 종파가 있었고, 성직자가 천 명 이상이었으며, 교회 소비에트의 열성분자가 15~20명, 신도는 약 250만 명에 달했다. 과거에 시베리아가 구교도들의 이주지였고, 내전이 끝난 후에는 백군 부대의 대표들과 박해받은 성직자들의 상당 부분이 여기에 숨어서 살아남았다. 여기에는 정교, 이슬람교, 루터교, 유대교, 라마교 등의 모든 종교와, 침례교, 복음주의 기독교, 몰로칸교, 멘노나이트교, 여호와의 증인 등의 모든 종파가 있었다.

이 시기에 노보시비르스크에 러시아 정교 혁신파의 대주교 지도부, 구교의 교구 지도부, 티혼 주의자들, 시베리아 침례교도 연맹, 시베리아 복음주의자 연맹, 제칠일안식일예수재림교 중부 시베리아 연맹 등, 거의 모든 종교 조직의 지도부가 있었다. 종교의 본질적인 사상과 유물론적 사회주의 세계관의 명백한 모순 때문에 이념적으로 교회는 어떤 순간에라도 소비에트 체제를 전복시킬 채비가 되어 있는 반혁명 조직의 중심으로 여겨졌다.

모든 반체제에 대한 혹독한 억압 정책은 시베리아에 탄압의 파도를 수 차례 일으켰다. 1917년 10월 혁명 초기부터 교회와 새로운 정권의 비극적 대립이 발생했다. 볼셰비키들은 국가에서 교회를 분리하고, 교회에서 학교를 분리했으며, 수도원과 교회의 토지를 몰수했다. 1920년에 크라스노야르스크 즈나멘스크 공동생활 부락과 투루한스크 트로이츠키 수도원의 자산을 국유화하고, 예니세이 이베르스키 여자수도원과 예니세이 스파스키 남자수도원 자리에 농업협동조합을 만들었다. 그 당시 시베리아 전역에서 벌어진 이와 유사한 수많은 조치는 1918년 1월 20일 자 '양심과 교회와 종교 모임의 자유에 관한' 법을 직접적으로 위반하는 것이었다. 이 법령에 따라 수도원 재산의 국유화가 허용되고, 그 후 신도들에게 이것을 일시적으로 사용하도록 인계했다. 수도원 폐쇄가 법적으로 허용되지는 않았으나, 실제적으로는 도처에서 수도원이 폐쇄되었다.

1922~1943년에 합동국가보안부 전(全) 러시아 반혁명 태업단속 비상위원회에 의해 러시아정교회 교회혁신 분리파를 몇몇 적대적인 종파로 나누는 계획을 세워졌다. 이 계획의 기초를 마련하고 주로 활약한 세 기구는 '교회 부흥 연맹', '고대 사도 교회 공동체 연맹', '살아있는 교회'였다. 마음에 들지 않는 주교들을 체포하고 추방하고 사람들을 분열시켰다. 이 시기에 국가정책으로 '투쟁적

무신론'의 형태를 채택하여 억압적이고 전면적인 세속화를 시도하였다.

혁명과 내전 상황에서 사회에는 공포감이 조성되고, 이로 인해 주민의 의식 속에 비극이 감지되었다. 예측불가능한 이념적 고발로 인한 부조리, 진술을 받아내는 방법의 잔학성, 선고의 신속성과 절대성은 1920~30년대 시베리아를 사실상의 종교적 신비주의로 몰아넣었다. 사람들은 모든 사람의 발걸음을 엄중히 감시하는 '*만물을 꿰뚫어 보는 눈*'의 존재를 항상 느꼈다. 이러한 과정에서 시베리아는 또다시 강제노동과 유형지라는 전통적인 역할을 떠맡게 되었다.

당국은 종교를 약화시키고 사회 내의 반(反)종교 분위기를 증대시키기 위해 일련의 차별법(1929)을 채택했다. 억지로 꾸며낸 죄목으로 정교회 성직자가 체포되는 경우가 빈번했다. 주민들은 당국의 이러한 행위에 번번이 반대했고, 교회 교적부 몰수와 교회 재산 목록 작성에 반대했다. 시베리아 농촌의 농민들은 학교에 성상이 없다는 것과 성서 과목 폐지에 분개해서 자녀들이 학교에 가지 못하게 했다.

1922년에 전(全) 러시아 중앙집행위원회가 '몰수로 인해 종교 자체의 이해관계가 본질적으로 침해되지 않는 모든 금, 은, 보석 귀중품 강제 공출'에 대한 결의를 채택하였다. 이후 교회 보물에 대한 몰수 캠페인이 대대적으로 시작되었다. 시베리아의 지역위원회들은 당 최고 기관의 지령을 받았다. 지령은 점진적이고 분쟁 없는 캠페인 대신, 신속하게 교회의 귀중품을 몰수하고 교회를 괴멸시킬 것을 요구했다.[30] 미누신스크, 예니세이스크 등 동시베리

30) Петров С. Г. Секретная программа ликвидации русской церкви: письма, записки и почтотелеграмма Л. Д. Троцкого в Политбюро ЦК РКП(б) (1921-

아의 많은 도시에서는 공산주의자들도 교회 귀중품 몰수에 반대하기도 했다. 칸스크의 군부대는 캠페인에 참여하기를 거부했다. 그러나 캠페인이 어디에서나 그러한 반대에 부딪힌 것은 아니다. 신도들과 성직자의 저항은 무력으로 진압되고 사원은 약탈당했다. 러시아 정교회는 존립의 기로에 놓이게 되었다.

이슬람교는 국내에서 약간 다른 위치에 있었다. 이슬람은 공산주의적 박해에 가장 효과적으로 저항할 수 있었다. 이슬람교는 소비에트 시대에 수가 현격히 증가한 튀르크계 주민들의 민족관습을 잘 유지했다. 게다가 튀르크계 민족들은 중동에서 동맹국을 찾으려는 소비에트 정부의 대외정책을 지지했다. 이슬람교는 사는 곳과 관계없이 지역적·민족적 단절을 극복하면서 전 세계적인 무슬림 공동체의 종교로 나섰다.

소비에트 시대에 라마교도 근대화를 겪었다. 1950년대에 부랴티야에서 러시아정교회 혁신파가 불교는 종교가 아니라 철학적 가르침이며 보편적 성격의 독특한 도덕·윤리 이론이라고 선언했다. 스탈린 시대에 불교는 러시아 역사에서 지워졌다. 모든 라마교 수도원과 사원이 폐쇄되고 상당수가 없어졌다. 불교 성직자(라마승)들은 탄압을 받았다. 1946년에야 종교 생활 활성화와 함께 불교에 대한 정부 정책이 바뀌고 라마교 사원(이볼긴스키 사원, 아긴스키 사원) 복구가 시작되었다. 국제 불교 기관들과의 관계도 다시 복원되었다.

불교는 시베리아 남부(부랴트인, 몽골인, 소요트인)에서, 이슬람은 서남지역(키르기즈인, 바라빈스크 타타르인 등)에서 더 널리 퍼져 있었다. 기독교는 혁명 전까지도 북쪽 지역이 주된 선교지였다. 동쪽과 동

1922 гг.) // Сибирская провинция и центр: культурное взаимодействие в XX веке. - Новосибирск, 1997. - С. 25, 26.

북쪽으로 더 멀어질수록 이 종교들의 영향력은 더 약해졌다. 극동북지역 주민(축치인)에게는 전통적으로 샤머니즘이 강력한 지위를 점하고 있었다. 소비에트 시대에 샤머니즘은 대단한 유연성과 생명력을 보여주었다. 샤먼 의식 수행은 시간과 장소가 정해져 있지 않고, 특별한 건물이 필요치도 않았다. 샤먼들의 생활은 겉으로 보기에 다른 사람들의 생활과 다르지 않았고 그들의 활동은 비밀리에 행해졌다. 그런데 외모마저 다른 사람들과 구별되는 정교회 성직자나 라마승의 활동은 뚜렷하게 공개되었다.

샤머니즘과 그 밖의 다른 우상숭배 형태들은 소비에트 시대에도 옛날 형태를 그대로 유지했다. 게다가 정교회가 더 이상 국교가 아니었을 때, '개종한', 즉 기독교화된 민족들(마리족, 모르드바족 등)은 공식적으로 기독교에서 자기 민족 고유의 종교와 신앙 형태로 옮겨가기 시작했다. 유형론적으로 공통적인 특징들을 갖는 이교적 세계관은 각 민족마다 차이점을 강조하며 내용적으로도 매우 다르다. 민족이나 국가의 통합 시 세계적 종교들 중 하나를 선택하려는 작업이 시작되는 것은 우연이 아니다.

19세기에 정교가 바로 그런 경로로 시베리아 땅에 뿌리내리게 되었다. 선교사들은 정교를 정착시키는 데에 큰 어려움이 있었다고 인정한다. 선교사들의 활동 결과로 신앙의 교체가 이루어진 것이 아니라, 옛 종교와 새 종교의 상호작용 결과로 생긴 종교적 혼합주의가 형성되었다. 정교는 시베리아 토착 민족들에게 새로운 이데올로기이었다. 정교는 토착 민족의 문화 속으로 들어갔다. 그러나 민족 문화의 일부가 되지는 못했다. 민족적으로 유의미한 모든 문화적 요소들은 전과 마찬가지로 정교 외부에 그대로 있었다.

정교의 수용은 많은 점에서 시베리아 민족들에게 진보적인 의미가 있었다. 예를 들면, 최초로 글을 읽고 쓸 줄 알게 된 알타이인, 쇼르인, 텔레우트인들이 알타이 정교 선교회의 울타리 밖으로 나가서 정교회에서 배운 대로 자신의 민족 문화를 재생산하고 전파했다. 선교사들은 그들의 알파벳을 고안하고 민족 문자를 만들었다. 이것은 이들 민족 문화에 안정성을 부여했다.

그럼에도 불구하고 소수 민족에 대한 기독교 신앙의 정신적인 영향력은 기본적으로 표면적인 수준에 머물렀다. 그들의 종교 관념을 깊이 건드리지는 못했다. 때때로 소수 민족의 전통적인 이교 신앙이 기독교의 대상물로 문자 그대로 이동하는 현상이 일어났다. 19세기 말에서 20세기 초의 선교사들은 토착 북방 민족들의 종교의식 유형을 이중신앙으로 정의했다. '이교적 기독교'라는 명칭이 더 자주 사용되기 시작했다. 코랴크족과 축치족은 민족 고유의 이교적 뿌리를 포기하지 않았다. 라마교나 불교를 받아들인 몇몇 동쪽 민족들의 종교는 삼중신앙의 성격을 띠었다. 1930년대에 시베리아에서 종족과 민족의 차이는 본래의 의미를 거의 상실했다. 소비에트 정권이 이교적인 것이나 기독교적인 것이나 똑같이 '종교적 세계관의 망상'으로 단호하게 근절했기 때문이다.

종교가 더 이상 사회 인식의 중심적 역할을 하지 못하게 되었음에도 불구하고, 소비에트 시대에도 종교는 민족 문화를 구성하는 일부분으로 계속 남아 있었다. 새로운 상황에서 종교의 지위와 사회에 대한 영향력의 정도만 변했다. 급진적 국가 개혁의 시기에 교회는 도덕적 권위이자 민족 전통과 민족의 역사적 기억의 보유자로 남아 있었다. 이러한 현상은 제2차 세계대전 시기에 강화되었다. 이때는 비극적 상황으로 인해 국가가 애국심과 승리를 담보할 수 있는 민족적, 정신적 힘의 원천으로 종교를 이용할 수밖에 없었다.

'종교 부흥'과 페레스트로이카 시기의 다원주의가 시베리아에서는 반대의 경향을 드러냈다. 러시아 정교회는 국가가 선언한 '양심의 자유'에 대해 교리적 주장을 표했다. 양심의 자유 원칙이 출현한 것은 현대 사회에서 종교가 '전체의 일'에서 인간 '개인의 일'로 변화하고 있다는 증거이며, 이 과정 자체가 국가적으로 통일된 정신적 가치체계의 붕괴를 의미한다는 것이다. 현대 시베리아에서 종교의 지위에 중요한 급변이 일어난 것은 1988년 루시의 세례 1000주년 기념과 관련해서이다. 이때부터 시베리아 민족들에게서 '역사적' 종교의 부흥과 '전통 신앙'의 재건이 시작된다. 그와 동시에 '철의 장막'이 걷히고 이 지역에 외국 선교사들이 들어올 가능성이 열렸다.

'양심과 종교의 자유'에 대한 연방법의 채택(1997년 9월)이 현대적 단계의 시작을 알렸다. 이 법은 러시아 역사와 전통에서 정교의 특별한 역할을 인정하고, 일정한 종교 위계를 정하고 있다. 종교와 관련해 문화·역사적 역(逆)과정이 시작되었다. 1990년대 초에 러시아 정교회는 소비에트 시대에 폐쇄된 사원 건물을 일부 돌려받았다. 당국은 시베리아에 옛날부터 존재하던 신앙들과의 연계를 확립하는 쪽으로 점진적으로 방향을 전환하고 있다. '신(新)이교' 단체들, 외국의 종교 기관들은 암묵적인 지지를 받고 있다.

시베리아의 다중 신앙적이고 다민족적인 주민 구성은 이 지역의 종교적 관용 보장을 어렵게 한다. 예를 들면, 부랴티야 자치공화국(ASSR) 영토에만 116개 이상의 민족들이 살고 있고, 독자적인 8개 종교인 샤머니즘, 고대정교, 정교, 불교, 유대교, 이슬람교, 가톨릭교, 개신교의 159개의 종교 단체가 공식적으로 등록되어 있다. 부랴티야의 전통 종교는 불교, 샤머니즘, 그리고 기독교의 러시아 정교회와 고대정교이다. 이들 종교들 간에는 심각한 불화가 존재하고 때로는 분쟁 형태를 띠기도 한다. 부랴티야의 종교 상황은 시베리아의 대다수 민족들 사이에서 세계관의 분화를 보여주는 전형적인 예이다. 예컨대 한티족과 만시족에는 다른 종교적 신앙들과 함께 이교적인 전통도 유지되어 지속되고 있다.

현대 시베리아의 정교회는 교육사업, 새로운 사회 도덕의 정신적 기반과 윤리의 통제 역할을 강화하기 위한 기독교적 사회 윤리 개발에 참여하고 있다. 오늘날 시베리아에서는 이른바 '종교 부흥'에 다른 비용들이 수반되기도 한다. 그것은 강화된 교회의 권위가 때때로 사업 의욕이 큰 지방의 지도자들의 사리사욕을 위해 이용되거나 종교 기관이 시베리아 지역의 정치와 민족들 간의 불화와 분쟁에 개입되는 일들이다. 다른 사회단체들도 외견상 종교성을 띤다. 많은 신도들은 종교적 이념, 교리, 의례에 대해서는 관심 없이 호기심에 유행을 따르듯이 외적으로만 신앙심을 보여준다. 이러한 부정적인 현상은 '종교 부흥'과 같이 복잡하고 다원적인 과정의 일부이다. 여기에 더 한 문제는 내적 자유를 잃어버렸던 인간이 시민적 자유를 얻게 된 점이다. 이것은 많은 민족들과 사회 조직들을 완전히 당황하게 만드는 일이다.

페레스트로이카 시기에 시베리아 정신문화의 발전은 긴장감을 주고 심지어는 분쟁의 성격도 띠었다. 오늘날 신앙의 자유는 많은 소수민족들에게 전통적인 세계관을 복구할 수 있게 해 주었다. 그러나 현 상황에서 이 과정은 다소 인위적이고 표면적이다. 그 결과 높아진 민족 자의식은 다양한 형태의 민족주의나 쇼비니즘으로 대체되고 있다.

현재 시베리아에는 일련의 공통적 세계관이 형성되고 있다. 이와 유사한 현상이 전 세계에서 관찰되고 있으며, 차이점은 다양한 종교들이 형태적으로 융합되는 과정에서 나타나고 있다.

글로벌리즘은 경제, 민족, 언어, 문화와 같은 많은 분야에서 차이를 없애고 있다. 이것은 세계적 경향이다. 민족과 문화 자치단체들은 자주성을 지키기 위한 투쟁을 다양한 형태로 계속하고 있다. 오늘날 시베리아에는 세계화의 결과들이 조금씩 감지되고 있다. 그런 예를 언어의 수가 줄어들고 있다는 데에서 찾아볼 수 있다. 20세기에 산업화와 초지역의 도시화로 인해 집중적인 이주가 일어나면서 대중문화가 일상생활에 적극적으로 침투하고, 이런 상황 속에서 박물관 유물 같지만 그래도 도시와 농촌에서 자주 볼 수 있던 인종적 특성들이 부분적으로 소실되는 일이 점차적으로 진행되고 있다.

시베리아 문화의 정신적 기반은 전반적인 불균형 속에 경계적인 성격을 드러내고 있다. 20세기 말에서 21세기 초에 걸쳐 민족의 존립과 정신문화의 유지 문제에 직면한 시베리아의 소수민족들과 종족들이 적극적으로 목소리를 내기 시작했다. 1990년 3월 니브흐족 작가 블라디미르 산기의 주도하에 소수민족협회 제1차 대회가 열렸다. 이 협회의 활동 목적은 시베리아 소수민족들의 문화, 전통, 생활양식을 보존하는 것이다. 1992년에 소수민족 국제연맹이 창설되고, 나나이족 여성 예브도키야 가예르가 의장이 되었다. 이 협회가 목적을 이루기 위해서는 민족들이 민족의식과 그들이 처한 문화적, 역사적 특수성에 대해 먼저 자각을 해야 한다. 이러한 자각은 정신적으로 변형된 현재의 러시아에서 시베리아가 자신의 숨겨진 뛰어난 능력을 발휘할 수 있게 될 것이라는 기대를 갖게 해 준다.

러시아 민족은 다민족으로 구성되어 있는 만큼 문화적 원천도 복잡하다. 이러한 '러시아 민족'의 민족적 전통 복원도 중요한 문제이다. 시베리아는 민족들의 자기계발이라는 내적 필요성에 의해 또는 국가의 정책에 의해 러시아의 여러 지역으로부터 활발한 이주의 물결이 들어오는 '들끓는' 공간이다. 러시아 문화 내에서도 시베리아는 매우 독특한 정신적 발효의 장을 대표한다. 여기에서는 마치 증류기 속처럼 다양한 가치와 의미들, 민족적 풍습과 전통들이 용해된다. 통계 자료에 따르면 2010~2011년에 알타이 지방에만 100개 이상의 다양한 민족들이 살고 있다. 주민의 92%가 러시아인, 그다음으로 수가 많은 민족은 독일인(3.05%), 우크라이나인(2%)이며, 그 외 나머지가 3%이다.

비선형적 발전이라는 포스트모더니즘 문화 시대에 단일성과 완전성 위에 문자 그대로 '뒤섞인' 시베리아 문화의 다양성 보존은 체제의 안정성을 유지하기 위한 필수조건이다.

20세기 초 유명한 러시아 철학자 게오르기 페도토프는 1917년 이후 러시아에서는 문명이 문화에 '손을 댔지만', 진보를 위해서는 무게 중심을 기술에서 정신으로 옮겨야 한다고 썼다. 오늘날 정신, 물질, 예술 문화 분야에서 연구와 계몽과 복원 작업이 최우선 과제이다. 이 과제들을 긍정적으로 해결한다면 지역의 미래 발전을 위해 중심 자원인 인간의 위치를 고양시키는 변화를 이끌어낼 수 있을 것이다.

제6장

20세기~21세기 초 시베리아 예술 문화

S I B E R I A

6.1. 20세기~21세기 초 시베리아 예술문화 형성과 발전

E. I. 발라키나

매우 복잡하고 다면적인 시베리아 예술의 발전 과정을 다룬 개론서가 전무하다. 심지어 시베리아의 주, 구, 지역들에 대한 개괄서도 없다. 소비에트 시대의 출판물에서 예술 유형을 전체적으로 개관하거나 그중 한 장르를 개관한 연구서를 찾아볼 수 있는 것이 그나마 가장 좋은 경우이다. 작가 개개인의 창작활동에 대한 학술논문들이 있다. 그러나 자연과 사람과 역사가 창작 의욕이나 시적 영감을 주는 혹독하고도 풍요로운 시베리아 땅의 예술에 대한 전체적인 그림을 보여 주는 것은 없다. 다른 분야들과 마찬가지로 20세기 시베리아의 예술 문화도 많은 점에서 이전 시대에 이미 준비된 것이다. 20세기 시베리아 예술 문화의 기반은 혁명 전의 길지 않은 과거의 전통에 있다.

시베리아 지역의 예술 문화는 상당히 젊다. 이것은 19세기에 확립되었다. G. N. 포타닌과 N. I. 야드린체프는 시베리아 문화에서 가장 중요한 사건을 '개인적 에너지의 기적'이라고 했다. 온 지역에 '여기저기에서 생각하는, 관심 있는 사람이 생겨났다'는 것이다. 이것은 1917년 혁명 전 시베리아 사회의 본질을 간단히 보여주는 말이다. 혁명 전에는 국가가 분명한 목적을 가지고 잘 다듬어진 예술정책을 마련할 여건이 되지 않았다. 그 당시 러시아에는 기부와 후원이 매우 발달해 있었다. 문화 분야에서 이룬 모든 성취들은 높은 비전을 가진 개인들에 의해 준비되고 실현된 것들이다. 이러한 맥락에서 시베리아 예술 문화의 발전은 러시아 전체와 같은 방향으로 나아간다. 예를 든다면, 이르쿠츠크 최초의 예술학교들이 민간인 주도로 설립되었다. 1906년에 모스크바 회화·조각·건축학교의 학생 A. F. 리트네프, 1910년에는 파리 줄리앙 스튜디오를 막 졸업한 I. L. 코필로프의 노력으로 예술학교가 설립되었다. 시베리아 최초의 미술관도 상인 V. P. 수카쵸프의 개인적 기획이었다. 1885년 톰스크에 상인 코롤료프의 자금으로 3단 관람석, 특별석, 일반석, 반원형식 관람석, 갤러리를 갖춘 대규모 극장 건물이 지어졌다.

19세기 말 시베리아는 시베리아횡단철도 노선을 따라 위치한 도시들의 중요성이 커진다. 문화 분야에서 옴스크, 톰스크, 노보니콜라옙스크, 이르쿠츠크, 크라스노야르스크가 점차 두각을 나타냈다. 바로 여기에서 시베리아 최초의 스케치와 회화 교실이 열리고 미술 전시회가 개최된다. 이르쿠츠크에는 상인 V. P. 수카쵸프의 미술관이 개관되었다. 러시아의 많은 문화 현상들이 시베리아에서 기원한다. V. I. 수리코프(크라스노야르스크), M. A. 브루벨(옴스크)이 여기에서 태어났다. 시베리아는 화가들에게 매력적인 곳이었다. 시베리아는 러시아 문화에서 전망이 밝은 지역이기도 하고, 교육과 직업적 활동을 하기에도 유리하였다. 창작활동의 모티브로도 매력적이어서 어떤 화가들은 모든 작품의 주제가 시베리아였다. 일례로 체르노고리야 출신으로 사회 민주 운동에 참가한 예술아카데미 이반 시시킨의 제자 블라디미르 드미트리예비치 부치체비치가 1905년에 시베리아로 유배되었다. 후에 그는 부치체비치-시비르스키라는 예명을 썼다. 그는 시베리아에 정착한 후 이 지방을 깊이 연구하고 사랑하게 되었다. 길지 않은 일생을 이 지역의 예술 발전에 바쳤다. (그는 1919년 부농들에 의해 가족과 함께 잔인하게 살해당했다.)

10월 혁명 직전 우랄산맥 너머에서 가장 인구가 많은 도시는 톰스크였다. 서시베리아 전체가 거의 다 톰스크의 관할에 있었다. 톰스크는 학문과 예술 분야에서 주도적인 역할을 하며 '시베리아의 아테네'라고 불렸다. 대규모 문화 및 상공업 중심으로서 톰스크는 혁명과 학문의 중심, 교육의 중심이었으며, 음악과 연극이 특히 발달해 있었다. 1909~1914년 이곳에 시베리아 최초의 미술협회 '톰스크 미술애호가 협회'가 있었다. 톰스크와 알타이 지역의 조형예술을 대표한 화가는 이반 시시킨의 제자 두 명이었다. 한 사람은 V. D. 부치체비치-시비르스키다. 그는 예술아카데미를 졸업한 후 톰스크를 비롯한 시베리아 여러 도시에서 살았다. 시베리아에 희귀한 자연과 보호지역들이 잘 보존되어 있기 때문에 풍경화 장르가 실제로 발달할 수 있는 유일한 장소라고 여겼기 때문이다. 다른 한 사람은 알타이족 화가 G. I. 구르킨이다. 그는 천재적인 풍경화가에게 개인적으로 사사받고 알타이의 예술적 형상을 완전하게 창조했다. 그는 자기 민족의 전설적인 민족 전통을 회화에 재현했다.

오래전부터 시베리아 예술 문화의 중심이자 러시아 동부의 주요 행정 중심으로 여겨진 이르쿠츠크에 1870년 V. P. 수카쵸프가 미술관을 연다. 이것은 소비에트 시대의 최대 규모 미술박물관의 기초가 되었다. 1900년부터 일리야 레핀, 바실리 폴레노프, 발렌틴 세로프, 콘스탄틴 소모프, 므스티슬라프 도부진스키, 레온 박스트, 레오니드 파스테르나크 등 훌륭한 거장들이 이 박물관 전시회에 작품을 보내왔다.

이르쿠츠크 최초의 예술학교를 설립한 화가 겸 교육자 I. L. 코필로프(1881~1941)도 이르쿠츠크의 예술에 헌신한 사람이다. 그는 '참된 러시아 지식인', '열정가', '애향인', '계몽사상에 사로잡힌 몽상가'라 불린다. 코필로프 일가는 많은 복지사업의 원조가 되었다. 병원, 학교, 도서관을 짓고 가장 외딴 지방까지 가서 일을 했다.

1910년대 건축계는 시베리아 도시들의 특별한 분위기를 만들었다. 민간 부문의 비중이 높은 상황에서 시베리아의 대도시에 그 당시의 시대정신과 스타일에 따라 지어진 건축물이 생겨났다. 이 건축물들은 문화적으로 중요한 상징이 되었다. 20세기 첫 수십 년 동안 시베리아의 건축양식은 러시아 전체의 스타일과 나란히 발전한다. 모더니즘, 절충주의, 벽돌 양식이 그 근간을 이룬다. 시베리아의 주택들은 보통 벽돌 양식으로 지어졌다. 옴스크 사령관 V. I. 볼코프의 주택, 옴스크의 유명한 작가 겸 화가 안톤 소로킨의 집, 바르나울에 있는 I. I. 폴랴코프의 상점 등이 벽돌 양식으로 지어졌다. 1910~1911년 이르쿠츠크에 페테르부르크의 건축가 요한센의 설계에 따라 모던 스타일의 건물들이 지어지는데, 그중에는 러시아·아시아은행 지점 건물도 있다. 구성주의 요소들을 갖고 지어진 건물들의 모놀리스 철근 콘크리트 골조는 당시 시베리아 도시들의 변덕스러운 역사·정신 공간에 불변의 견고한 세계를 구현하였다.

1917~1919년 시베리아 문화계는 발전하기 어려운 환경에 처해 있었다. 문화혁명을 선포한 뒤 새 정부는 어려운 과제에 직면했다.

그것은 쥐꼬리만큼 지원을 하는 경제적 지렛대로 예술을 이념적 틀에 맞추게 하는 것이었다. 실제로 예술 창작은 다채롭게 나타났다.

이르쿠츠크에서 퇴폐주의 사조의 시인단체 '바르카 포에토프(시인들의 돛단배)'가 생겼다. 이들은 부두에 정박한 범선에 근거지를 두고 있었다. 주로 붉은 군대 부대와 파르티잔 부대에서 문학작품이 나왔다. 바로 이 시기에 I. 슬라브닌, V. 크루치나, 파르티잔 대원 레브로프 데니소프와 같은 젊은 시인들의 시가 폭넓은 인기를 얻는다. 파르티잔 신문 지면에 미래의 소설가 P. 페트로프와 시인 T. 라고진이 글을 싣는다. 내전은 몇몇 작가들의 활동을 정체시켰다. 산문작가 F. 베레좁스키와 A. 올레니치-그네넨코는 붉은 군대에서 싸우며 틈틈이 글쓰기를 계속했다. 시인이자 '프라브다'지 기자 I. 예로신은 전투행군을 하며 시를 썼다. 헝가리의 사회평론가이자 시인 K. 리게티는 사형을 앞두고 자신이 쓴 최고의 시 중의 하나인 '나의 유서'를 감옥 벽에 남겼다. 크라스노야르스크에서 발행된 잡지 '시베리아 수기'는 백군 장교들의 기사와 소비에트 정권에 반대하는 정치평론을 게재하고, 러시아에서 독립된 '고향 시베리아'를 옹호하고 시베리아자치주의의 백-녹 깃발을 찬양했다.

혁명 후 시베리아 문화의 사회 계급적 경향이 바뀌었다. 이것을 가장 먼저 체감한 것은 건축이었다. 건축술은 세계관의 주요 사상을 표현하기에 가장 적합하고 기념비적인 예술 양식이다. 어떤 작가들은 새로운 형식을 적극적으로 찾았고, 어떤 작가들은 학술적 전통을 고수했다.

1920년대 시베리아에서 고전주의 유파를 주도한 건축가들은 러시아 최고의 예술학파 전통 속에서 교육을 받은 구세대를 대표하는 사람들이었다. A. D. 크랴츠코프 교수는 1923~24년 노보니콜라엡스크에 고전주의 양식('앙피르 양식')으로 영화관과 국가수출입사무소 건물을 건축했다. K. K. 리긴 교수는 톰스크에 '유럽르네상스' 양식의 중앙우체국 건물의 건축을 주도했다. 1927년 크라스노야르스크에 고대이집트 건축 형식으로 레닌 향토박물관이 건축되었다. 새로운 것의 탐색은 절충주의와 구성주의로 나타났다. 공공건물에는 특별한 요구사항이 제시되었다. 건축양식이 사회주의 사상을 표현하는데 유효한 선동수단 중 하나여야 한다는 것이었다.

"이 시기에 레닌의 '기념비 선전' 계획에 따라 시베리아 도시들에서 혁명 기념비와 정권 투사들의 동상이 세워진다. 시베리아의 기념비와 동상들은 지역적인 경향을 띠었다. 콜차크의 반(反)소비에트 쿠데타 시기에 사망한 영웅들의 동상과 기념비가 세워졌다. 그것들 중 대부분은 지역주민에 의해 수명이 짧은 재료로 형태와 구성이 매우 단순하게 만들어진 직각형의 돌이나 목재 피라미드 등이었다. 대도시의 기념비 제작에 모스크바의 힘이 보태졌다. 이 시기의 모든 기념비는 사상적 리얼리즘 정신에 따라 혁명의 감격과 낭만적인 요소로 가득한 감동적인 형상으로 만들어졌다. 이것은 민중이 다가갈 수 있는 기념비적 예술 언어로 혁명적 세계 변혁에 대해 말해주는 시베리아 최초의 조형물이었다."[1)]

혁명 후의 시베리아 예술 문화는 발전 속도가 불규칙하고 구조가 불안정했으며 세분되고 단편적인 성격을 띠었다. 아직 완전성과 독자성을 띠지 못하고 기본적인 경향과 형태가 성숙되는 시기이었다. 20세기 초 시베리아의 도시들과 건설 현장에는 낭만주의, 상징주의, 구성주의 경향이 번갈아 바뀌며 절충주의와 혁명 전의

---

1) Бортников С. Д. Художественная интеллигенция Сибири (1961-1980) – Барнаул, 1999. – С. 99.

전통적 건축양식이 결합된다. 이 시기에 공공도서관, 인민의 집, 극장 같은 사회·문화적 용도의 건물들이 지어진다. 민족적 특수성을 예술 속에 구현하려는 시도로 이른바 시베리아 양식이 확립된다. 1920년대의 용어로 '시비리카'라고 불리는 이것은 문학과 조형예술에서 나타난다. "이르쿠츠크의 화가들이 부랴트족의 장식과 성상화 기법을 연구하고, 크라스노야르스크, 옴스크, 톰스크의 화가들이 북방민족들의 장식물과 하카스족과 키르기스족의 공예품을 수집했다. 바르나울 사람들은 미술 작업장에서 예기치 않게 알타이족 출신의 독학자들과 마주칠 수 있었다. 이 독학자들은(그들 중 가장 재능 있는 사람은 체발코프였다) 그들의 동족 G. 구르킨과는 거의 닮지 않았다. 구르킨은 이동전람화가들의 예술적 사유를 무조건적으로 따라 했다. 스승들의 양식을 따라 작업하고 싶은 마음에도 불구하고 그들은 자신의 민족 전통을 극복할 수 없었다. 이따금 그들은 확연한 절충을 시도하여 새로운 예술미를 만들어냈다. 유럽 예술과 아시아 예술의 복잡한 혼합에 의해 그때까지 보지 못한 창작법이 생겨났다. 어떤 이들은 이것을 '원시주의'라 부르고, 어떤 이들은 '시베리아 양식'이라 부르고, 또 어떤 이들은 '표현주의'라 부른다. 그러나 이것은 시베리아 민족들의 예술적 혁신의 발현이었으며, 러시아 문화와 민족문화의 창조적 만남의 징표였다."[2)]

사실 시베리아 양식과 시베리아 문화의 본질적인 자질은 제2차 세계대전 이후, 1950~60년대에 전반적으로 문화가 도약하는 시기에 경제적으로나 정신적으로 안정되고 예술 엘리트들이 배출되는 한편, 폭넓은 대중문화가 형성되는 결과로 나타났다.

---

2) Муратов П. Изобразительное искусство Томска. – Новосибирск: Западно-Сибирское книжное издательство, 1974.

시베리아 문화에서 공산주의 이데올로기가 절대적 지배권을 가지게 됨에 따라 학문과 예술 활동의 모든 생활 형태가 공산주의 이념에 종속되는 결과를 가져왔다. 시베리아라는 초(超)지역의 예술 영역에서 소비에트 국가의 이데올로기에 적합한 현상과 사조만이 생존할 수 있었다. 이 시기의 시베리아 예술계에는 정점으로 여겨질 수 있는 눈에 띄는 중요한 현상이 나타나지 않았다. 오히려 작가와 작품의 수가 문화 발전의 가시적인 주요 지표가 되고, 그 속에서 예술적 탐구의 장이 허용되었다.

시베리아의 일상 생활에서 새로운 것들이 나타났다. 그 징표는 창작활동에 청년층이 적극적으로 참여하고 예술계의 구성이 바뀌었다는 것이다. 시베리아 예술계에 새로운 참여자들이 나타났다. 그들은 1차 세계대전의 전쟁포로 출신 화가들이었다. 시베리아에서 생활이 불안정했지만 이것은 많지 않은 직업화가와 아마추어 화가들이 연합하여 그들의 생활과 예술을 지원해줄 수 있는 동지를 찾을 필요성을 야기했다. 그 결과 몇몇 시베리아 도시들에서는 혁명 직후 예술협회가 조직되었다.

1920년 초 크라스노야르스크에서 화가들이 직업동맹 '*라비스*'를 결성한다. 이곳에는 저명한 러시아 화가 B. 요한손, 트레티아코프 미술관에 전시되어 있는 '파르티잔 대원의 크라스노야르스크 입성'을 그린 N. M. 니코노프, 후에 국가상을 수상하고 모스크바 수리코프 미술대학에서 가르친 화가 P. V. 말코프를 비롯한 많은 풍경화가들이 살고 있었다. 어떤 이들은 내전을 피해 유럽 러시아 지역에서 이곳으로 왔고, 또 어떤 이들은 굶주림을 피해 여기로 왔다.

1915년에 전시회를 개최할 목적으로 이르쿠츠크 화가협회가 등록되었다. 이 전시회들은 기능적인 성격을 가졌다. 전쟁 기간에는 부상병과 전사자 유족들을 위해, 소비에트 시대 초기에는 기아에 시달리는 포볼지에 지역 주민들을 위해 그림 판매·전시회를 개최하기도 했다.

혁명기 동시베리아 문화에서 혁명 구호 포스터, 지역 작가들의 삽화가 실린 책과 잡지가 중요한 층을 이루었다. 전쟁시(戰爭詩)가 대중적인 성격을 얻었다. 이것은 일종의 살아있는 내전 연대기로서 역사 기록에서도 찾아볼 수 없는 세밀한 것들을 묘사한 경우도 종종 있다. 전쟁시와 더불어 선동적인 시에는 “적군 흡혈귀에게 총검을 겨누어라” 등의 어구가 사용되었다. 시베리아 파르티잔의 시는 주로 사본으로 유포되었기 때문에 1919년의 인쇄본이 거의 남아있지 않다.

1917~1919년 시베리아 문학의 복잡성은 문화 중심지였던 옴스크에서 가장 많이 나타났다. 이곳에서 프세볼로트 이바노프, 페옥티스트 베레좁스키, 표트르 드라베르트, 레오니드 마르티노프, 작곡가 비사리온 세발린, 화가 빅토르 우핌체프 등이 활동했다. 게오르기 뱌트킨, 유리 소포프, 게오르기 마슬로프 등이 백군파 출판물에 협력했다. 그들은 시베리아의 ‘최고 통치자’ A. B. 콜차크를 찬미했다. 이 시기 바르나울의 작가들의 활동이 매우 특이했다. 여기에서 문학협회 아굴리프로크(AGULIPROK: 알타이현 문학·식량 위원회)가 활동했다. 이 협회의 구성원은 볼셰비키에서부터 사회혁명당원에 이르기까지 폭넓었다. 이념적 방향성과 이상한 명칭은 재미난 의미가 있었다. 아굴리프로크의 저녁회합이 다과회를 곁들여 진행되었는데, 이를 위해 알타이현 식량위원회가 샌드위치를 나눠주었고, 아굴리프로크는 지역 출판물에 문학적 ‘식량’을 공급했다.

시베리아의 화가들은 혁명적 개혁의 본질을 보았다. 그러나 새로운 사상을 예술 양식에 반영하는 것은 쉽지 않았다. 새로운 형식과 새로운 예술 언어를 이해하고 익히기 위한 시간이 필요했다. 게다가 지역 주민 중에는 화가 자체가 아직 많지 않았다.

1920년대에 프롤레타리아 문화혁명이 높이 도약한다. 그 과정 속에 시베리아 화가들도 시위나 거리와 광장을 예술적으로 치장하는 대중 선동 작업에 어쩔 수 없이 동원되어야 했다. 일례로 1920년 3월 붉은 군대가 이르쿠츠크에 도착하는 것을 맞이해 포스터, 삼나무 가지와 색종이 장식으로 만든 화환, 바이칼호수의 투명한 얼음으로 조각한 기념비 조각품으로 도시를 꾸미라는 과제가 이 지역의 화가들에게 주어졌다. 이 작업에는 내전 때문에 이르쿠츠크에 온 페트로그라드의 화가들(M. 아빌로프, L. 라구티나, B. 레베딘스키)과 1차 세계대전 후 포로로 잡혀 온 외국 화가들(독일의 화가이자 이젤화의 대가 R. 세인, 독일인 그래픽 아티스트이자 기념비 조각가 M. 말리츠, 헝가리 화가 K. 조테레, O. 케벨리, 슬로바키아인 F. 레이헨탈)도 참여했다.

시베리아에서 새로운 문화가 발전하는 초기 단계의 예술은 응용적인 성격을 띤다. 이념적, 정치적, 사회적 과제가 결정적인 것이었고, 예술적 관심은 뒷전으로 밀려났다. 1920년대 서시베리아 문화의 주요 문제점은 자원 부족이 아니라 귀중품으로서의 예술에 대한 몰이해였다. 직원들의 임금을 박물관의 귀중품으로 지불했다.[3)]

민족적·인종적 다양성은 시베리아 예술문화 전체에 내적인 이질성을 부여했다. 예를 들면 부랴티야의 조형예술은 시베리아와

3) Левина Ж. Е. Художественная интеллигенция Западной Сибири (конец 20-х - 30-е годы XX века). Автореферат диссертации на соискание ученой степени доктора исторических наук. – Спб., 2007.

극동지역의 다른 민족들의 예술과 긴밀하게 연관되어 발전했으며 오랜 기간 동안 라마교의 영향하에 있었다. 유목생활 양식의 특수성과 혹독한 기후 조건은 부랴트족 공예예술의 독특한 성격을 결정했다. 1923년 부랴티야 자치공화국이 형성된 후에야 여기에서 사실주의 예술이 발생하고 러시아 문화와 유럽 문화 전통에 부랴트족이 참여하기 시작했다.

야쿠티야와 북방의 여타 민족들은 전쟁 전까지 직업 예술이 아직 없었다. 그러나 그들에게는 공예 창작기법, 사실적이고 예술적이며 은유적인 세계관이 매우 잘 발달되어 있었다. 작가 수오룬 오몰론이 쓴 것처럼 야쿠트인은 키르기즈인과 카자흐인들과 같은 뿌리를 갖는 남방 기원의 민족이다. "무더운 태양 아래에서 유년기를 보내며 이 민족은 자신의 기억 속에 무더운 남방의 화려한 색채와 형상을 간직하고 그것을 북방 고유의 특성과 엮어 짰다."[4] 야쿠트 예술은 종족적 모티브도, 내용도, 옛 장인들이 만든 공예품의 형태 구조도 현대 작품으로 옮겨오며 민족 전통과의 연계성을 최대한 간직했다. 민족 전통 축제 으스아흐(역자 주: 하지축제), 민족 전통 원무(圓舞) 오수오하이, 씨름대회, 마유주 빚기, 의례와 풍속 등을 예로 들 수 있다.

튜멘주 북부에 사는 한티족과 만시족은 오래전부터 그림을 잘 그렸다. 풍속화 외에도 겐나디 라이세프 같은 유명한 직업화가들도 있었다. 한티족과 만시족의 음악은 곰 축제와 관련이 있다. 축제 참가자들은 배 모양의 치트라(나라스-유흐, 역자 주: 비파와 비슷한 현악기) 또는 백조, 학, 거위 같은 새 모양의 하프(토롭-유흐)와 같은 현

4) Радуга на снегу. Культура, традиционное и современное искусство народов советского Крайнего севера. Сб. ст. к 50-летию образования СССР / ред-сост. Г. Сальникова – М.: Молодая гвардия, 1972. – С. 200.

악기를 연주한다. 예술 교육이 발달하고 직업 예술가가 출현했음에도 불구하고 이 민족들은 오늘날까지 전통적 문화 기반을 보존하고 있다.

시베리아의 소수민족들은 예술 창작에서 재능을 발휘하였다. 러시아 동북부 지역의 토착 민족들의 심리 상태는 독특한 자연적, 문화적 조건에서 형성되었다. 그 결과 그들은 기능적 시스템 활동에서 우뇌를 이용하는 탁월한 능력을 보여준다. 반면 타지에서 온 교육받은 주민들은 논리적 교육을 받아 좌뇌를 더 많이 사용한다.[5] 시베리아 변방 지역에서 산업화가 지체된 원인은 바로 이 때문일 수도 있다. 대신 소수민족의 예술 창작에서 독특한 색조와 민족 고유의 색채로 눈을 끄는 선명하고 흥미로운 작품들이 상당히 만들어졌다.

시베리아 도시의 문화에 특별한 영향을 미친 것은 극장이다. 19세기 말에 직업 극단이 형성되기 시작한다. 1885년 톰스크에 석조 극장 건물이 지어지고, 1905년에는 옴스크에서 극장이 개관한다. 1901년에는 바르나울에서, 1915년에는 비스크에서 인민의 집이 업무를 시작한다. 극장의 레퍼토리에는 오락물뿐 아니라 A. M. 고리키, A. P. 체호프, A. N. 오스트롭스키, G. 입센의 진지한 희곡도 있었다. 아마추어 배우들은 매주 톰스크 초등교육 후원협회의 도서관에서 연극을 공연했다. 그리고 시베리아 지역 도시의 큰 공원(옴스크의 '아크바리움' 공원, 노보니콜라옙스크의 알렉산드롭스키 공원과 '알함브라' 공원, 톰스크의 고로츠코이 공원과 라게르니 공원)에서 여름 축제 기간에 연극공연을 했다.

5) Кряклина Т. Ф. Диалог культур народов Сибири (этносоциологический аспект): Монография. – Барнаул: Изд-во Алтайской академии экономики и права, 2000. – С. 111.

1920년대에 공표된 극장 국유화에 관한 레닌의 법령으로 인해 그들의 활동은 주정치계몽부와 지역 신문의 지속적인 감시의 대상이 되었다. 정부는 선전선동 작업을 위해 극장예술을 이용했다. 1921년 2월에 옴스크에서 주 예술 지부로 선동적인 레퍼토리를 공연하는 몇몇 소규모 극단을 조직할 필요성이 있다는 전문이 왔다. 프롤레타리아 축제에 큰 관심이 할애되고 극장들도 의무적으로 거기에 참여해야만 했다.

1920년대에 몇몇 극장이 문을 연 옴스크에는 오페라단과 연극 극단을 가진 시베리아국립극장이 있었다. 유능한 거장 V. A. 로슬라블레프가 수장을 맡은 주립 시범극장은 실험혁명극장으로서 사실주의 예술과 고전주의 유산에 반대하며 기존의 연극을 대중극과 집단적 웅변으로 대체하면서 프롤레타리아 문화 노선을 발전시켰다.

제1차 5개년 계획 시기는 시베리아 예술이 소비에트 문화 내에서 자기 자리를 찾고, 사실주의 방법론을 '유일하게 옳고 진보적인' 방법론으로 삼는 시기였다. 시베리아인들의 창작 관점은 모스크바에서 만들어지고 혁명러시아화가협회의 리얼리즘 원칙에 입각한 정신 속에서 형성되었다. 1926년부터 시베리아에는 화가들의 사회적 활동성을 높일 목적으로 '예술 활동가들의 이념적·정치적 교육' 사업이 진행된다. 직업교육본부의 의장 A. Ya. 비신스키의 지휘 아래 예술교육기관(예술 아카데미, 국립 예술 과학 아카데미, 옴스크 예술·산업 기술학교)의 늙은 전문가들을 몰아내려는 투쟁이 시작된다. 그 결과 서시베리아에서 '비(非) 프롤레타리아' 출신의 경험 많은 교육자와 교사의 수가 줄어들었다. 일례로 1934년경 옴스크 예술 기술학교에서 그들의 수가 반으로 줄어들었다.

1920~30년대에 시베리아의 문화와 예술에는 통합 경향이 나타

난다. 소비에트 문화에서 이 시기는 집단화와 산업화의 시기, 국가의 물질적 자원과 창작 에너지를 통합하는 시기였다. 시베리아 예술문화에도 통합 움직임이 감지되었다.

이 시기 시베리아 직업 예술 발전의 중심은 노보시비르스크였다. 바로 그곳에서 1926년에 전(全)시베리아 대표 화가 회의가 전시회와 함께 열렸다. 시베리아 화가들의 작품 중 가장 훌륭한 작품 30점이 성황리에 전시되었다. 그 결과 '노바야 시비리(새로운 시베리아)'라는 화가협회가 조직되었다. 이 협회의 회원증에는 다음과 같은 선언문이 인쇄되어 있었다. "근로 대중과의 친밀, 그들과의 단결, 그들을 위한 작업 — 이것이 우리 협회의 기본 슬로건이다. 붉은 깃발 아래 프롤레타리아 혁명에 발맞춰 혁명의 성취에 기뻐하며 모든 난관을 극복하며 용맹하게 나아가는 것 — 이것이 우리의 길이다."[6] 심지어 미누신스크와 아친스크처럼 작은 도시들에서도 '노바야 시비리'의 지부가 세워졌다. 곧이어 이르쿠츠크에서 소비에트 화가 동시베리아 지역연맹이 결성된다.

1930년대 시베리아 문화의 성취는 시베리아 도시의 건축술과 건축에 대한 새로운 접근법에서도 나타난다. 이 시기의 대표적 현상으로 여겨질 수 있는 것은 노보시비르스크 오페라 발레 극장이다. 파노라마 유형의 새로운 설계기술로 건축된 이 건물은 1931년에 지어질 당시에는 원래 학문과 문화의 집으로 지어졌다. 장엄한 외관과 거대한 규모의 이 건물은 대중극 공연과 대규모 민중집회 개최를 고려하였다. 1945년 5월 12일 오페라 발레 극장으로 재건축되었다.

1920~1930년대 노보시비르스크에는 건설 붐이 일었다. 이 시

6) Давыденко И. М. Художники Красноярска. – Красноярск: Красноярское книжное издательство, 1978. – С. 15.

기에 이곳에서는 페테르부르크 니콜라이 1세 토목공학대학을 졸업한 재능 있는 건축가 A. D. 크랴츠코프가 활동한다. 야로슬라블 지역의 러시아 농민 가정 출신인 그는 톰스크에서 31년, 노보시비르스크에서 17년을 살아 시베리아 사람이 되었다. 그는 시베리아의 모든 도시에서 유명했다. 시베리아 도시들에는 그가 설계한 건물이 여럿 지어졌고, 1937년 파리에서 열린 국제 예술·기술 박람회 그랑프리를 비롯해 22개의 건축상을 수상했다. 가장 유명한 건축물 중에는 노보시비르스크의 주집행위원회 건물과 지방집행위원회 노동자 주택(건물 전면이 프랑스 신고전주의 양식으로 지어진 '스토크바르트티르니 돔'), 톰스크의 과학기술회관, 종교 아카데미 등이 있다.

전쟁은 소비에트 문화 발전에 매우 급격하고 새로운 수정을 가했다. 1941년부터 시베리아 전역에서 예술활동이 전시체제로 개편된다. I. 보이코, A. 지바노프, A. 자키로프, L. 잘레토프, E. 코네프, S. 말리첸코 등을 비롯한 대규모 화가집단이 전선으로 떠났다. 후방에 남은 작가들은 새로운 주제와 장르를 개척한다. 반(反)파시즘 포스터와 풍자화이다. 일례로 이르쿠츠크 화가 단체가 타스(TASS)사의 선동 포스터를 발행할 때처럼 창작활동이 고양되고 물리적 긴장을 느꼈던 적은 결코 없었다. 전쟁 기간 동안 그들은 약 600개의 포스터를 만들었다. 포스터 발행 작업실을 지휘한 사람은 러시아 소비에트연방 사회주의 공화국(RSFSR) 명예 예술가 D. 시테렌베르크, 그다음에는 A. P. 마디손이었다. 동원 해제된 화가들과 피난을 온 화가들이 여기에서 활동했다. V. 토밀롭스키, S. 라즈보자예프, G. 라코프, M. 그라납체바, D. 칼라치코바, N. 샤발린, A. 자르코프, A. 스미르노프가 있었다. 주제를 조명하는 깊이에 있어서 이르쿠츠크의 미술 작업장은 지방에 있는 최고의 작업장 중의 하나로 여겨졌다.

'모든 것은 전선을 위하여, 모든 것은 승리를 위하여!'라는 슬로건이 국가의 경제와 정치에만 효력을 미친 것은 아니다. 그것은 문화 전반에, 그리고 시베리아의 예술 창작에 결정적인 방향을 부여했다. 이 시기 시베리아 화가들의 이젤화는 전방과 후방의 영웅들을 묘사하고, 노동자와 집단농장원의 근무일을 그렸다. 화가들은 병원에서 일하며 스케치했다. 전쟁이 끝난 후 화가동맹 구성원이 상당히 새로워졌다. 비극적인 전쟁이 당과 국가의 이데올로기가 수십 년 동안 노력한 것을 완성했다. 국민 통합이 이루어지고 시베리아와 소련 전체에 애국주의와 창조성에 기반한 문화 양식이 형성되었다.

1950~60년대에 시베리아 예술 창작활동에서 눈에 띄는 변화가 일어난다. 급격한 도시 건설로 인해 시베리아의 신생 도시이자 문화와 산업의 중심지인 노보쿠즈네츠크와 크라스노야르스크에서 기념비 장식예술이 발달했다.[7] 그러나 선도적 역할을 한 것은 여전히 노보시비르스크였다. 20년간 중앙의 예술학교 출신 화가들과 음악가들이 50명 이상 이 도시로 왔다. 본격적인 학문예술 복합체가 생긴다. "1945년 5월 12일에 (즉, 2차 세계대전이 승리로 끝났다는 선언이 있은 지 3일 후에) 국내 최대 규모의 노보시비르스크 국립아카데미 오페라 발레 극장이 완공된다. 1955년 11월에 그 당시 수가 많지 않던 시베리아 작곡가들을 규합한 러시아 소비에트연방사회주의 공화국(RSFSR) 작곡가동맹 시베리아협회 제2차 총회가 개최된다. 1956년 1월 1일부터 노보시비르스크 국립 필하모니 심포니 오케스트라가 활동을 시작하고, 같은 해인 1956년에 노보

---

7) Откидач В. Художники Кузбасса. – Л.: «Художник РСФСР», 1984. – С. 167.

시비르스크 국립음악대학이 개교한다. 노보시비르스크의 학문적 잠재력이 집약적으로 형성되었다. 1957년 5월 소련 장관회의가 '소련 과학 아카데미 시베리아 지부 창립에 대한' 결의를 채택했다. 1958년 여름에 노보시비르스크 아카뎀고로도크 건설 계획이 확립되고, 1965년까지 건설이 대략 마무리된다. 훌륭한 학자들이 노보시비르스크에 오고 사실상 모든 현행 학문 경향이 연구되기 시작한다. 노보시비르스크의 고등교육기관이 급속하게 성장하고 전례 없는 속도로 예술·창작 단체와 학술 단체가 생긴다."[8] 강력한 동력이 유입되는 동시에 이념 통제는 약화되었다. 이로 인해 예술 창작 활동이 격렬하게 분출될 수 있게 되었다.

1960년대는 시베리아 예술의 성격과 경향, 수준이 러시아 전체와 수도권에 필적하게 된 시기이다. 이를 가능하게 한 것은 5년에 한 번 정기적으로 옴스크부터 이르쿠츠크까지 포괄하는 지역적 규모의 대중 전람회를 개최하기 시작한 것이었다. 옴스크(N. 바바예바, F. 부가엔코, N. 니키틴), 이르쿠츠크(S. I. 타볼잔스카야, K. I. 포메란체프), 바르나울(A. B. 이예블레프, L. 로블료바) 등 일련의 시베리아 도시에서 조각예술 학교가 설립된다. 1961년 노보시비르스크에서 러시아 소비에트연방 사회주의 공화국(RSFSR) 작곡가동맹 시베리아협회 제4차 총회가 개최된다. 이 총회에 D. D. 쇼스타코비치가 참석했다. 그는 시베리아의 음악 문화를 평가하면서 '소비에트 음악 예술에 시베리아 작곡가들의 음악을 포함'시켰다.[9]

---

8) Курленя К. М. Парадигмы развития региональной отечественной культуры (на примере репрезентативных явлений музыкального искусства Новосибирска 70-х начала 90-х годов XX столетия. Диссертация на соискание ученой степени доктора искусствоведения по специальности 24.00.01. – теория и история культуры – Новосибирск, 2008. – С. 21-22.

9) Курленя К. М. Парадигмы развития региональной отечественной культуры (на примере репрезентативных явлений музыкального искусства Нов

시베리아 전역의 문화에 기념비화(monumentalization)와 특별한 예술양식이 형성되는 경향이 생긴다. 대형 규모, 구도의 정태성, 예술 언어의 간결성, 형태의 경직성 등이 이른바 '간결한 화풍'의 유형적 특성으로 두드러진다. 이것은 성숙한 사회주의의 시기, 독특한 소비에트식 고전주의 또는 '스탈린 앙피르 양식'이었다. 이 시기에는 공산주의 건설 이념이 소비에트 인민 문화의 정신적 기반이자 세계관의 구성요소가 되었다. 주민 대다수의 인식 속에 이념적 '이중 세계'가 팽배했다. 사회주의의 예술적 형상은 주위의 삶과 실제 여건과는 거리가 멀었다. 이 시기의 작품들은 예술과 미술 산업에서 정확히 정해진 '허락된' 범위 내에서 창작되었다. 무엇보다도 교육적인 목적을 가졌다.

그럼에도 불구하고 건축에서 바로 이 시기에 주요한 사업이 시작된다. 이것은 안정적인 상태로 접어들어 숙성된 사회주의 문화의 한 변종으로서 이후 수년간 시베리아 문화의 발전을 결정지었다.

1960~70년대 시베리아에서 주민과 함께 하는 문화·계몽사업을 활성화하는 새로운 형태의 전시 활동이 생긴다. 시베리아의 주요 철도 분기점인 노보시비르스크 지역에서 열차전시회가 인기였다. 교외선 열차 안에서 전시회가 열리고 외딴 지방에서 예술을 대중화하기 위해 역에서 역으로 옮겨 다녔다. 배가 다닐 수 있는 톰강 유역에 위치한 톰스크에서는 물 위를 떠다니는 문화기지들이 활동했다. 이들은 강을 따라 톰스크주의 북부 지방으로 이동하며 전시회를 열었다. 농촌에 화랑이 생기고 화가들의 기증 전시회가

осибирска 70-х начала 90-х годов XX столетия. Диссертация на соискание ученой степени доктора искусствоведения по специальности 24.00.01. – теория и история культуры – Новосибирск, 2008. – С. 37.

열렸다. 지역 전시회 '소비에트 러시아'가 정례화되고 안정화되었다. 이것은 시베리아의 화가, 그래픽 디자이너, 조각가들이 자신의 작품을 다수의 관객에게 보여주고 국내의 주요 화가들과 예술학자들의 평가와 조언을 받을 수 있는 기회를 열어주었다.

평화기 예술의 주요 주제는 노동하는 인간이다. 시베리아 화가들은 수많은 노동자들의 초상화를 그리며, 여기에 개인적 특성뿐 아니라 노동하는 인간의 전형적인 특성도 표현한다. 그들은 혁명가, 노동자, 국경수비대원, 포경선원, 청년의 모습을 특히 많이 그린다. I. 포포프의 '대장장이의 초상화'(노보시비르스크), A. N. 키르차노프의 '국영농장의 마부', '텔레우트족의 결혼식'(쿠즈바스), V. I. 비첸스키의 '기계공의 초상화'(옴스크) 등이 대표적이다. 예술 창작활동에 소비에트 문화가 확립되는 과정에서 일어난 다양한 역사적 사건들에 대한 관심이 투영되기도 했다. A. 비축자닌의 '공산주의자 I. 옙스트로포프' 초상화, A. 유르킨의 '코뮈나르', T. P. 코즐로프의 '조국 전쟁 지도 옆에서'(옴스크) 등이 있다.

미술작품에서 긍정적인 소비에트 인간상은 영웅적인 강인한 성격을 보여주는 것이다. 시대성을 보여주는 작품들 중에 우랄 지역의 화가 I. 시모노프의 산업노동자를 주제로 한 작품들 '주물공', '강이 뒤로 흐를 것이다', '공장 실험실', '터파기', '나의 영웅들', 노보시비르스크 화가 L. 세르코프의 '북방의 석유산업 노동자' 연작, S. 린치노프의 '바이칼-아무르 철도. 점심시간'(부랴티야), V. P. 토밀롭스키의 연작 '건축', '노바야 바이칼스카야', '폭포 위에서. 브라츠크 수력발전소', '시베리아의 건축장에서. 우스티 일림'(이르쿠츠크) 등이 있다. 화가들은 인간을 노동 과정의 주인공으로 만든다. 건축용 목재가 인간을 대신할 수 없고, 모터 소음이 인간의 목소리를 막을 수 없다. 이 경우 예술에서 시베리아 사람들과 시베리아의 모습이 주된 형상이 된다. 이제는 이미 작품 구성의 주제와 내용만 '시베리아 재료'로 채워지는 것이 아니다. 시베리아의 정신, 시베리아 역사와 문화의 특별한 분위기를 재현하는 작품들이 나온다. A. 무로프의 '토볼스크 심포니'(1971), V. 발랴빈의 역사소설 '자바이칼 사람들', A. 체르카소프의 '취기', L. 크닙페르와 B. 얌필로프의 발레 '안가라의 미녀'가 있다.

1970년대에 얼마 전까지 화가라는 직업에 대한 개념조차 없던 그런 시베리아 오지에까지 조형예술이 들어간다. 모든 작품은 당의 정신, 민족성, 휴머니즘이라는 공통적인 특징을 갖는다. 이 작품들은 사회주의 현실의 아름다움, 자유로운 창작 노동을 행하는 강력한 힘을 보여주고, 목표를 가진 순수한 인간의 풍요로운 세계를 그린다. 역사적인 장르와 혁명적인 장르에 두 가지 경향이 나타난다. 하나는 간결함과 다큐멘터리성(documentality)을 지향하는 것이고, 다른 하나는 감정적으로 묘사하여 낭만주의적 풍으로 시대정신을 전달하는 것이다.

소비에트 예술에서 다큐멘털리즘(documentalism)의 개념 자체가 점차 변했다. 극장 무대에서, 영화관 스크린과 텔레비전에서, 문학 작품에서 정확하게 문서화된 사실이 점차 주도적인 지위를 차지한다. 영화상영에 앞서 기록 잡지, 다큐멘터리 TV 프로그램, 문화·역사 저널리즘이 시베리아의 성숙한 사회주의 문화, 고전주의 문화 유형의 주요 과제를 유지하고 발전시킨다. 그 과제는 인간에게 완성된 이상향을 보여주고 그것을 실현하기 위해 모든 수단을 동원하는 것이다. 자신의 국가와 민족의 운명을 책임지는 소비에트적 인간의 모습이 이러한 기록 스케치에서 다양한 역할을 보이는 능력 있는 근로자로, 예의 바른 가족으로, 창의력 있는 노동자로, 천부적인 재능을 가진 학자로 제시된다. 그러나 무엇보다도 그 속에서 소비에트 문화 사상에 대한 충성심과 헌신이 강조된다(V. 지노프의 '레닌의 청원자들', G. 조린의 '소비에트 권력을 위하여', G. 가예프의 '사회주의 혁명 만세!'). 비극도 소비에트 예술 형상들 속에서 충분히 표현되고 있다. 왜냐하면 예술은 비극 속에서 고매한 윤리적 이상을 발견하기 때문이다.

시베리아 예술 문화에서 영화의 지위와 중요성이 특별한 자리를 차지한다. 레닌은 "모든 예술 중에 우리에게 가장 중요한 것은 영화다"라고 썼다. 시베리아에서도 영화가 가장 중요한 예술 유형이었을까? 영화예술의 모든 기술적 복잡성에도 불구하고 시베리아 사람들은 모스크바의 러시아인들보다 그리 늦지 않게 영화예술을 접하게 되었다. 러시아 최초의 영화 상영은 1896년 5월에 모스크바와 페테르부르크에서 있었다. 이때 최초의 촬영은 바로 니콜라이 2세의 대관식이었다. 영화는 아직 예술이 아니라 재미난 신기술에 불과했다. 1897년 옴스크 신문 '스테프노이 크라이'에, 치틴스크 신문 '동쪽 변방의 삶'에, 크라스노야르스크, 블라고베센스크, 하바롭스크 등의 신문에 성황리에 진행되고 있는 영화 상영에 대한 기사가 실렸다. 1903년부터 시베리아횡단철도의 여러 구간에서 정기적 운행이 시작됨에 따라 시베리아에서 영화 상영이 더 잦아졌다. 시베리아 영화사에서 중요한 날짜는 1908년이다. 이때부터 사실상 시베리아의 모든 대도시에 영화 상영을 위한 특별한 상설 장소가 생긴다.

시베리아에서 영화의 운명은 특별했다. 영화는 예술, 미술적 재능, 작가의 천부적 재능이 기술과 긴밀히 통합되어 만들어지는 창작 유형이다. 영화는 작품을 광범위하게 무한대로 복사할 수 있고 복제품을 대량으로 유통할 수 있다. 문제는 관객의 관심을 유지하는 것이다.

사회주의 시대에 다른 예술 유형과 마찬가지로 영화에도 나름의 규칙과 예외가 존재했다. 소련에 일련의 영화사가 문을 열었다. 이로써 영화가 시베리아의 외딴 지방도 포함하여 사실상 전 국민과 모든 사회 집단과 연령대에 영향력을 미칠 수 있게 되었다. 영화는 그 영향력이 빠른 속도로 확산되고 실효성이 있기 때문에 소비에트 문화의 이상을 주입시키는 '전략적 수단'으로서의 지위를 갖게 되었다. 이에 따라 영화의 주제, 등장인물들과 윤리 문제가 결정되었다. 그런 다음 이야기 줄거리와 연출 방식이 정해졌다.

여타의 정신문화 현상들과 마찬가지로 예술은 공공연하게 또는 내밀하게 엄격한 검열을 받았다. 시베리아에서 예술은 사회주의가 형성되는 시기에 새로운 이데올로기의 선전 수단, 도덕 교육의 수단, 선동 수단, 고귀한 영웅적 열정을 고무시키는 수단, 소비에트 인간의 장점을 형성하는 수단으로 중요성을 확고하게 인정받았다.

시베리아에서 대중과 예술작품의 관계에는 나름대로의 특수성이 있다. 20세기 초까지만 해도 예술과의 체계적인 소통에 대해 특별한 관심이 없었다. 주민이 시베리아 예술문화를 누려야 한다는 특별한 전통도 없었다. 주기적으로 열리는 전시회에는 체계가 없었다. 대중들은 러시아 작품이든 세계 작품이든 고전을 선호한다. 지역 작가들의 창작품에 관심을 보이는 사람들은 주로 신비스러운 시베리아의 특성을 보고 싶어 하는 타지에서 온 사람들이다. 시베리아 사람들은 조형예술에서 정신적 성장이나 문화적 공백을 메워줄 자극제를 찾을 뿐이다.

페레스트로이카는 시베리아 문화 발전에도 심각한 결과를 초래했다. 구소련 영토에 확립되어 있던 조직망이 약화되고 거의 완전히 소멸되자 시베리아는 고립된 상태에 놓이게 되었다. 지도부의 폐지로 인해 문화 전체적으로 그리고 특히 예술 창작활동에서 한편으로는 시베리아 문화 내부의 예비자원을 발굴하기에 좋은 여건이 조성됐다. 그러나 다른 한편으로는 경제와 사회문화 영역 전반에서 심각한 문제를 낳았다. 페레스트로이카 초기 몇 년간은 창작 의욕이 분출되었다. 이것은 분위기가 1960년대의 '해빙'을 연상시켰다. 1990년대 초에는 문화 기관들과 시베리아의 예술가들이 국가의 재정지원을 아직 받을 수 있었다. 그 당시에는 장르, 예술 언어, 관객과의 소통 방식을 새롭게 하는데 재정지원을 이용하는 것이 허용되었다. 이와 동시에 예술 창작의 상업화라는 위험한 경향이 생겨난다.

1990년대 중반 시베리아의 예술문화는 자유로운 예술시장에 들어갈 길을 적극적으로 모색한다. 미술품 가게와 화랑이 문을 열고, 미술품 수집이 활발하게 되고, 판매 전시회가 열리고, 경매와 페스티벌 등이 열린다. 독립된 미학 체제를 기반으로 주류로부터 떨어져 있기를 지향하는 창작 청년들의 비공식 모임이 활발히 형성되는 것으로 예술의 민주화가 표현된다.

2000년대에 접어들면서 시베리아 예술문화에 그 본질과 발전 속도로 볼 때 현대 러시아에서 일어나는 급진적 변화와 유사한 과정이 벌어진다. 민주화와 개방은 예술 발전에 긍정적인 영향도 부정적인 영향도 주었다. 규범과 기한의 부재, 명확한 작업 계획의 부재는 시베리아 주민 대다수를 완전히 혼란에 빠뜨렸다. 성숙한 화가들은 이러한 상황에서도 창작활동을 계속한다. 그들은 확고한 삶의 원칙과 높은 목표를 가지고 있기 때문에 지나치게 강박적인 지침은 필요치 않다. 시베리아의 작가, 화가, 배우, 연극 감독 대부분은 페레스트로이카 초기에 진정한 쇼크를 경험했다. 글로벌한 변혁이 국가에 가져온 정치적, 경제적 혼란 속에 예술 창작을 위한 자리는 거의 남아있지 않았다. 국가 계획 시스템에 창작활동을 위한 재정은 전혀 없었다.

한 주기가 끝난 것이다. 시베리아는 마치 20세기 초 혁명 전의 상황으로 되돌려진 것 같았다. 그 당시 예술의 발전은 예술가 자신의 일이었다. 아니면 후원자를 찾든가...

"개인적 에너지의 기적!" 오늘날 우리는 또다시 시베리아의 예술뿐 아니라 문화 전체에서 일어나고 있는 일을 이렇게 규정할 수 있다. 최근 수십 년간 시베리아의 많은 도시들에 몇몇 개인 미술관이 문을 열고, 후원자들과 상업 단체들로부터 자금을 지원받아 자기 나름의 구상을 실현하려는 창의적인 집단들이 아직은 드물지만 생기고 있다. 그중 특별한 위치를 차지하고 있는 것은 바르나울의 기업가 *세르게이 그란토비치 하차투랸*의 미술관 '*카르민*'으로, 이것은 우랄산맥 너머에서 유일하게 규모가 큰 개인 미술관이다. 이 미술관은 박물관 국제표준에 따라 지어졌으며, 지역적, 러시아적, 국제적 차원의 자선 전시 활동을 하고 있다. 이것은 문화학적으로 쉽게 풀어 말하면 "문화에서 모든 것은 사람으로부터 시작된다"는 오랜 진리를 확증해주는 일례일 뿐이다.

"예술가는 문화에 적대적인 본능들을 화해시키고 개선하는 투쟁에서 인류의 리더에 속한다. 습관적으로 본능이 발현되는 형태들은 모두 낡은 것이 된다. 이것들은 문화 수준보다 밑으로 떨어져 인류가 앞으로 나아가는 것을 방해한다. 그러면 예술적 창작능력을 부여받은 개인들이 이와 관련된 해악에서 사람들을 해방시킨다. 그들은 낡은 본능을 새롭고 더 매력적이고 더 고상한 형태에 옮겨 담는다. 그들은 처음에는 무엇보다도 그들의 정신을 압박하는 중압감이 줄어드는 것을 느낀다. 대변혁이 생활에서 눈에 띄기 시작하기 전에 새로 얻은 예술의 자유를 이용하여 세계에 길을 제시한다."[10]

현대 시베리아에서 예술가는 매우 복잡한, 본질적으로 혁명적인 과정에서 일어나고 있는 변화와 자신의 역할에 대한 인식에 아직 그런 높은 수준에 다가가지는 못했다. 어쨌든 이 과정은 시베리아 문화의 장에서 정말 다양하고 그 결과가 눈에 띄게 될 정도의 힘을 아직 얻지 못했다. 미술가, 작가, 음악가들의 내적 당혹감은 견고한 역사를 이미 가지고 있는 예술동맹과 협회 내부의 정신적 불일치를 초래하고 있다. 예술동맹과 협회 대부분은 때로는 없어지고 때로는 새로운 유형의 조직으로 개편되면서 와해되고 있다.

전반적으로는 아직도 당혹감에서 헤어나지 못하고 있지만 시베리아 예술에서 새로운 과정의 싹이 성숙하고 있는 것을 볼 수 있다. 소비에트 문화에도 존재하던 문화에 대한 이중적인 태도가 2000년대로 접어드는 문턱에서 극도로 첨예화되었다. 한편으로는 독보적인 창작 능력을 가진 예술 명장들이 출현하고, 새로운 창작 대회와 페스티벌이 늘어났다. 다른 한편으로는 대다수의 지도자들이 예술의 광범위한 사회적 가치를 이해하지 못하고, 지방 도시들과 농촌 지방, 그리고 접근이 어려운 변방 지역의 예술 교육에 눈을 감고 있다. 20세기 초와 마찬가지로 오늘날도 예술 생활은 시베리아의 대규모 산업 및 문화 중심지에 집중되어 있다. 아직 희망이 있다면, 20세기에 축적되었던 문화에 대한 경험에 의해서 인간성을 고양하고 문화 시스템의 정신적 기반을 만드는데 예술이 그 원천이라는 원래의 의미를 복원하기 위해 조직을 만들고 교육활동을 전개해야 할 필요성이 제기되고 있다는 점이다.

---

10) Ранк О. Миф о рождении героя. – М., 1997. – С. 132.

S I B E R I A

6.2. 시베리아의 소비에트 음악 문화의 변형

K. M. 쿠를레냐

시베리아 작곡가협회 정기총회

러시아 음악 문화의 변형은 국가의 문화정책 저변에 놓인 문화 패러다임이 진화한 결과였다. 그러므로 국가의 문화공간에서 진화적 변화는 합법적인 성격을 띤다. 이것은 지역 예술·창작 단체들이 있던 지역들과 문화 중심지에서 벌어진 과정들이 역사적으로 일치했다는 점을 보여준다. 문화 공간 변화의 성격과 연속성을 평가하기 위해 1960년대 초 시베리아에서 음악 예술 분야의 창작 계층을 처음으로 한곳에 모음으로써 조성된 '출발 환경'을 살펴보자.

1961년 4월 23일부터 27일까지 노보시비르스크에서 러시아 소비에트 연방 사회주의 공화국(RSFSR) 작곡가동맹 시베리아협회 제4차 임원총회가 개최되었다. 본질적으로 이것은 노보시비르스크, 톰스크, 옴스크, 크라스노야르스크, 하카시야, 투바의 창작계층의 열병식과 같은 것이었다. 거기에 '중앙'에서 온 대표단이 처음으로 참석했는데, 러시아 소비에트 연방 사회주의 공화국(RSFSR)

작곡가동맹 제1서기 D. 쇼스타코비치, 서기 G. 셰팔린, 작곡가 A. 아브람스키, R. 보이코, 음악학자 M. 사비니나가 참석했다.

노보시비르스크 음악 학파

1960년대 노보시비르스크의 주요 작곡가는 G.N. 이바노프와 A.F. 무로프였다. 동시대인으로서 이 두 사람은 시베리아 클래식 음악의 리더가 되었다. 후에 두 사람은 노보시비르스크 국립음악대학의 교수가 되어 서로 다른 시기에 작곡과와 시베리아 작곡가협회를 이끌었다. 1971년에는 노보시비르스크에서 레닌그라드 음악대학과 '그네신' 음악대학 졸업생들이 이미 활동하였다.

1970년대 초 노보시비르스크 음악 문화에서 작곡가 활동이 전성기를 맞고 계층적으로 구성된 표준적인 장르체계가 확립됨에 따라 '중앙'과 '지방' 간에 상호관계의 성격이 변화되었다. 그 원인은 첫째, 시베리아 작곡가협회와 노보시비르스크의 음악 문화가 국가 전체의 창작활동 수준에 '도달'했다는 점에 있다. 1970년대에는 노보시비르스크의 작곡가 활동이 '중앙'의 창작활동과 비슷해지기 시작한다.

노보시비르스크 음악 문화 발전에 대한 투자의 속도와 양 또한 과거의 강도를 잃어간다. '중앙'으로부터의 하향식 지시문화의 영향으로 '문화'를 다의미적인, 극도로 포괄적인 개념으로 이해하며, 그 속에서 사회·정치 이데올로기 요소들을 분명하게 강조하기 시작한다. 지배 정치이념의 가치를 선전할 필요성을 분명하게 지시한다. 모든 예술가들이 이러한 경향에 개인적으로 참여한 것은 아니고, 창작 활동에서 의미의 중심축으로 삼은 것도 아니다. 이것은 전혀 놀라운 일이 아니다. 이 모든 것이 점차 노보시비르스크와 시베리아 지역의 음악 생활에 심도 있는 변형을 초래한다.

둘째, 예술적 기교를 습득함에 따라 개인적으로 내적 자유를 더 많이 체감하게 된다. 거기에 더해 '흐루쇼프의 해빙'이라는 민주적 과정으로 이런 경향이 더 강해진다. 이로 인해 과거 시베리아 지역의 문화에서 효율성을 강조했던 바로 그 공식적 문화·이데올로기 범위를 벗어나 개성을 추구하는 창작이 나타났다. 물론, 노보시비르스크 작곡가들의 주요 창작 방향은 여전히 소비에트 음악의 기본적인 경향에 따라 발전하고 있었다. 그러나 예술가들의 예술 개성과 세계관의 개성이 도제교육의 잔재와 도제교육으로 인한 평준화된 음악적 특성들에서 한 걸음씩 벗어났다.

시베리아 작곡가 아스콜드 표도로비치 무로프의 창작활동

예술가의 내적인 신념이 공식적인 사상·정치 교리와 대립되는 경우 갈등 상황이 연출되었다. 이와 관련하여 가장 논란이 되고 일관된 입장을 취한 사람은 *아스콜드 표도로비치 무로프*였다. 이 때문에 다른 작곡가들의 예술적 성취를 전혀 평가절하하지 않고도 그의 유산을 '건설 속의 실존'이라는 변형된 문화 패러다임에서 가장 모범적인 것으로 간주된다.

초기의 오라토리오 '건설과 삶'에서부터 1971년에 쓴 '토볼스크 교향곡'에 이르기까지 무로프의 세계관은 그가 살던 시대의 존재의 불평등을 근절하려는 열정적인 노력 속에서 발전했다. 그는 온 힘을 다해 이 세계를 개조하는 것을 자신의 과제로 삼고, 이 세계를 그 당시 그가 이해한 바 대로의 도덕적 이상향에 계속 접근시켜 갔다. 게다가 많은 동시대인들과 마찬가지로 그는 자신의 창작에서 음악 언어 분야의 신발견을 그가 '음악적 위선의 휴경지'라고 부른 구습, 전통적 음악 표현 형태의 교조화, 러시아의 많은 작곡가들이 작품에 표방한 도식주의적인 조음법과 극작법(dramaturgy)

에 반대하는 나름대로의 저항 형태라고 확신했다.

중요한 두 번째 요인은 무로프가 시베리아에서 소비에트 문화 건설의 기본 전제가 전망이 없는 것이라는 점을 일관되게 인식하고 있었다는 것이다. 더 정확히 말하자면, *개인적 창작 활동을 공산주의 건설이라는 사상에 대한 흐루쇼프의 수정주의와 일치*시키려는 시도에 대해 부정적이었다. 개인적 창작 현상을 마르크스·레닌주의와 결합하려는 시도는 대다수의 소비에트 작곡가들에 의해 시도되었다. 이러한 시도의 대표적인 것 중의 하나가 바로 쇼스타코비치의 작품이다. 일정 기간 동안 소련에서 이 모티브들이 많은 창작자들에게 매번 나름대로 중요한 것이었다는 주장은 과장이 아니다. 그러나 무로프는 1960년대에 활동한 매우 뛰어난 노보시비르스크 창작자들(셰스티데샤트니키) 중 아마도 자신의 작품 속에 정치체제가 공식적으로 선전하는 도덕적 이상향 밖에서 활동한, 그리고 그런 이상향에 반대되는 무언가 중요한 것을 찾으려는 노력을 보여준, 그리고 중요한 것은 작품을 통해 이에 대한 가능성을 보여준 유일한 예술가였을 것이다. 의심의 여지 없이 1971년에 쇼스타코비치에게 헌정한 '토볼스크 교향곡'이 그런 작품에 해당된다. 이 곡은 혼성 합창단, 세 명의 독창자, 낭송자, 기악단으로 구성된다.

'토볼스크 교향곡'의 의도와 그것을 대중에게 제안하는 형식은 반란 정신이라기보다 예술적 소통 자체의 다층성에 있다. 그 당시로서는 전위적인 음악 언어를 사용하고 시베리아 역사에서 일어났던 개별 사건들 사이에서 특별한 의미적 유추를 일으키는 텍스트를 선택한 것이 이를 보여준다. 그 결과 작품 속에서 사건들이 익숙한 역사적 파노라마로 배열되는 것이 아니라, 그게 누구든 누군가에 의해 저질러진 악행에 대한 도덕적 징벌을 분명하게 경고

하는 것으로 제시된다. 그리고 이 도덕법칙이 역사주의(historism) 원칙에 우선하고, 역사주의 원칙을 절대적이고 확고한 지위를 갖는 도덕법칙에 종속시킨다.

무로프는 그 시점의 소비에트 국가 역사에서 거의 실현 불가능한 과제, 즉, *잘 알려진 상황 때문에 소실되었지만 한때 러시아 문화가 가지고 있던 고유의 내적 관점을 재건하는* 과제를 해결한 많지 않은 사람들 중의 하나였다. 그는 역사적 유물론의 견지에서 세계를 인식했다. 그뿐 아니라 '혁명적 합목적성', '계급적 접근', 미래의 번영을 위한 혁명적 강압의 필요성을 논거로 들어 자주 기피한 윤리적 실존을 깊이 통찰하는 능력이 있었다. 그리고 혁명 신앙의 불합리성에 대해 자신의 윤리관을 열정과 확신으로 대비시키기 위해서 무로프는 자신의 교향곡을 강력한 영향을 주는 *감정적 정서*로 채웠다.

무로프는 역사적 과정의 합목적성을 의심하여 역사를 그와 같이 재단하지 않았다. 그는 역사적 윤리의 망각에 대하여 봉기하였다. 이 이러한 저항은 기성 질서 속에서 윤리적 문제에 무관심한 사람들에 대한 신랄한 풍자와 뒤얽힌다. 도덕적 불길은 역사 교과서의 익숙한 분류법을 집어삼키며 '토볼스크 교향곡'의 작품에서 고동친다. 러시아 역사에서 잃어버린 도덕적 이상향에 대한 향수, 교향악의 연출 공간에서 흘러넘치는 도덕적 진리에 대한 비애, 삶에서 도덕적 진리를 따르라는 호소가 영혼을 충만하게 하고 작품에 일관성을 확보해준다. '토볼스크 교향곡'은 *현대 인간의 역사적 인식의 전체성에 문제를 제기하고*, 역사적 경험에 우선하는 참된 영성을 추구하기 위하여 역사적 경험을 재평가할 필요가 있다고 주장한다.

그러나 1981년에 완성된 그다음 작품 교향곡 5번의 극작 논리는 다른 결론에 도달한다. 그것은 힘과 권력을 얻기 바라는 정치의 거짓된 가치를 둘러싼 인간 운명의 소용돌이가 부질없다는 것이다. 이것은 '토볼스크 교향곡'의 문제의식을 직접적으로 계승하고 있으나 시간과 작곡가의 영혼이 암시하는 또다른 원근화법을 발전시켰다.

무로프는 결국 역사 자체에서 역사의 도덕적 중심축을 찾으려는 시도가 무익하다는 생각에 이른다. 인간의 운명과 역사적 사건 차원에 고립된 이러한 계산법에서는 답이 미리 결정되어 있다. 교향곡은 구체적인 역사와 정치적 사건에서 멀리 떨어져 있어야 한다. *그 결과 역사를 개선하기 위해 역사 '내부'에서 봉기를 일으켜야 한다는 생각이 역사 자체를 반대하여 봉기해야 한다는 사상으로 바뀌게 된다.*

1991년에 완성된 교향곡 6번 '러시아 땅의 빛나는 성인들에게 바치는 음악 봉헌'은 역사법칙주의(historicism)에 대한 승리이자, 영원성의 예술적 구현으로 받아들여졌다. 그러나 작곡가가 시간 대신 영원성을 제안한 것은 결코 아니다. 그의 교향곡에서 사유적으로 바뀐 것은 영원이란 시간을 부정하는 것이 아니라 시간이 충만되어 있다는 것이다. 실로 교향곡 6번은 설득력과 깊이에 있어서 음악적 비유를 보여준 보기 드문 모델이다. 그에게 익숙한 전위적 예술적 표현들을 포기하고 무로프는 기본적인 감정들을 결합시키기 위해 아무런 기교없이 단순하고 솔직한 문체를 선택한다. 그는 주제를 섬세하게 전개하여 선명하고 단단한 감정선을 이끌어내는 데 한 치의 실수도 없었다. 덧없는 현세를 초월하여 펼쳐지는 명료하고 엄밀한 예술적 형상들은 역사든 사회든 자기확신과 거리가 먼 곳에서 지혜를 찾을 것을 주문한다.

무로프의 교향곡에서 추론되는 결론은 1970-90년대에 시베리아의 예술가들이 중앙집권화된 문화계 지도부의 사상에 비판적인 예술적 관점에서 예술적 사유를 새로이 할 수 있는 가능성을 보여주었다는 것이다. 소련사회의 침체와 퇴보는 국가 붕괴와 중앙집권적 문화 체제의 해체로 이어졌다. 그로 인해 사회 불안정과 갈등상황이 벌어졌다. 당시의 특수한 역사적 상황 속에서 발전 전략이란 것은 전혀 없었고 장기적 비전도 소멸되었다.

해석의 위기가 발생했다. 그 어떤 예술적 평가와 정치적 평가도 이미 설득력을 잃었다. 예술 분야나 사회 분야의 어떠한 예측도 근거가 없었다. 음악을 만드는 사람들이 내뱉는 감정적인 자기표출의 행렬도 끊임없이 바뀌었다. 그러한 것들이 바로 그들의 가치관과 역사과정론을 대신했다. *일상의 경험이 실존 철학의 지위를 주장했고, 한동안 그 자체가 이론이 되어갔다.* 벌어진 사건에서 나타난 사실이 사건을 일으킨 본질을 덮어버렸다. 70년 동안 혁명이 쌓은 가치체계라는 퇴적덩어리는 녹슨 이상을 밀어내었을 뿐만 아니라 새로운 이상향을 만들고 기존의 예술 사조들이 지속 가능하다는 믿음에 대해서도 의심을 품게 만들었다. 그러나 소멸되지 않고 아직 작동하고 있는 중요한 것이 남아 있다. 그것은 바로 예술가들이 간직하고 있는 개인적 자아정체성이다.

S I B E R I A

6.3. 20세기 시베리아 문학

L.V. 드미트리예바

20세기 초 시베리아 산문 속의 혁명과 내전

소비에트 정권의 확립은 시베리아에서 특히 힘들게 진행되어 1920년에야 사실상 완성되었다. 우랄과 시베리아를 지배한 반혁명 정부의 알렉산드르 바실리예비치 콜차크 제독이 이끄는 백군파 반혁명 세력의 중심들 중의 하나가 여기에 있었다. 소비에트 정권 초기의 시베리아 문학에서는 전시 공산주의와 내전이 반영되었다. 이에 속하는 가장 초기 작품들 중 하나는 *블라디미르 야코블레비치 자주브린*(1895~1938)의 연대기소설 '두 세계'(1921)이다. 자주브린은 처음에는 콜차크의 군대에 있었으나, 1919년에 볼셰비키 측으로 넘어가 시베리아 문학을 주도하게 되었다.

장편소설 '두 세계'는 콜차크 군대의 패배를 상당히 자유로운 형식으로 기술하고 있다. 내부적으로 서로 관련 없는 사실과 사건들이 연대순으로 배열되어 '문학적 몽타주 기법'을 통해 연결된다. 자주브린은 대비를 즐겨 사용하는 경향이 있었고 사디즘적인 잔혹성을 자연주의적으로 묘사하는 것도 주저하지 않았다. 세라피

모비치와 푸르마노프의 혁명 소설과 마찬가지로, 여기에는 격정적인 지면과 통속적인 장면이 많고 표현주의적 양식의 특성들이 분명히 드러난다. 자주브린은 '신경제정책'을 반대한 사람이었으나 스탈린의 문학 정책과도 부딪쳤다. 그를 후원하던 고리키가 죽은 후 자주브린은 체포되어 스탈린의 숙청에 희생양이 되었다.

가장 유명한 러시아 소비에트 작가 중의 한 사람 *프세볼로트 야체슬라보비치 이바노프*(1895~1963)의 재능 역시 시베리아에서 길러졌다. 내전 시기에 그는 콜차크 편과 볼셰비키 편에서 번갈아 일했다. 1920년에 고리키의 주선으로 페트로그라드에 가서 그곳의 작가단체 '세라피온 형제'의 회원이 되었다. 그의 첫 단편소설집 '파르티잔'(1922)은 시베리아에서 일어나는 드라마틱한 내전의 사건들을 매우 흥미롭게 기술한 작품이다. 자주브린의 소설과는 달리 개개인의 운명을 예로 보여주며 전체적인 경향성에서 자유롭게 기술한다.

내전의 잔혹성에 대한 묘사는 이바노프가 개인적으로 직접 겪은 일들에서 받은 인상에 바탕을 둔 것으로 생생하고 열정적이다. 특히 이것은 피, 더러움, 가난, 굶주림에 대한 잔혹소설이다. 전체적으로 여기에서 억제할 수 없는 문학적 재능의 위력이 발휘되었다. 이것은 그의 대작 장편소설 '장갑열차 14-69호'(1922)에도 해당된다.

*그리고리 그레벤시코프*의 7권짜리 연대기 '추라예프가의 사람들'은 대하소설(동일한 주인공과 관통되는 줄거리를 갖는 작품) 장르이다. 처음에는 기면 상태의 유기체적 삶 속에 있다가 그다음은 전쟁과 격앙된 혁명 상태에 있는 민중이 서술의 중심에 놓여있다. 시베리아의 구교도 가정의 가족 갈등이 점차 민족적 갈등으로까지 확대된다. 작가는 방대한 연대기적 유형을 선택하여 독자들을 세계적

인 갈등의 관찰자로 만든다. 러시아 문학에서 전형적인 부자갈등이 소설의 기저에 놓여있다. 이로 인해 평론가들은 도스토옙스키, 톨스토이, 은세기(Silver Age)의 철학, 그리고 특히 니콜라이 레리흐의 신지학(神智學)과 사상적으로 평행한 수많은 작품들을 생각할 수 있다.

주인공 바실리 추라예프는 도시에서 최신 비판철학을 맛보고 자기 가정과 조상들의 신앙을 버린다. 그는 아버지를 자살에 이르게 하고 형제의 가정을 파괴하는 장본인이 된다. 모든 새로운 것을 회피하는 비개혁파 구교도들은 유기적으로 자연과 하나가 되어있기 때문에 작가와 독자에 의해 비난받지 않지만, 그들은 끔찍한 탄압을 받는다. 혁명 후 시베리아의 탕자 바실리는 구교도의 고립주의를 극복하고 유혹의 길을 지나 스스로 찾은 새로운 종교적 진리를 얻음으로써 집으로 돌아온다.

40년 이상 미국에서 망명생활을 한 그레벤시코프는 시베리아의 가족 연대기에서 새로운 러시아, 소비에트 러시아가 확립되는 복잡한 역사 단계에 의의를 부여한다. 그러나 그는 전통과 조상의 신앙으로의 회귀, 그리고 신앙 속에서 완전한 민족적인 울림을 얻을 만큼 강해지는 것 이외에는 달리 민중을 구원할 방도를 찾지 못한다. 지역적인 줄거리 소재를 전민족적인 고차원적 일반화와 연결시킨 그레벤시코프의 산문은 러시아 문학 최고의 고전적 전형으로 여길 수 있다. 여기에서 훨씬 더 큰 유명세와 인지도를 얻은 *뱌체슬라프 야코블레비치 시시코프*(1873~1945)의 소설 '우그륨 강'(1933)과 비교해보고 싶다. 이것은 제1차 세계대전 직전의 시베리아 상인 가정의 퇴락을 그린 장편소설이다. 역시 가족을 주제로 한 시시코프의 소설은 외면적 주제만 시베리아 소설이다(막심 고리키의 '아르타모노프 일가의 사업'의 줄거리가 밑바탕에 놓여있다). 시시코프의 시베리아 출신 주인공들은 '쓸모없는 장소'라는 부정적인 시공개념을 경험한다. 시베리아 벽지를 이국적인 정취로 대하는 태도는 외부적, 표면적인 관점을 의미한다. 시시코프가 시베리아와 시베리아 사람들에 대해 쓰고 있다기보다는, 사회적 주문사항을 이행함으로써 소비에트 고전에 포함되기를 원한 것이다.

이처럼 혁명과 내전 시기, 그리고 소비에트 사회주의에 대한 실험이 시작된 시기에도 과거를 파괴되어야 할 문화로 보는 것이 시베리아 문학의 특징이다. 자연스럽게 바로 역사·혁명 서사소설이 1920~1950년대의 주요 '시베리아 텍스트'가 되었다. 이 텍스트는 토착민의 야만성과 이주 농민의 무지함을 들춰내고 이전 사회 체제의 계급적 불평등에 대한 개혁을 호소하는 것이다. 그러나 시베리아 문화공간의 탈신화화(demythologization)가 차별 철폐와 국제적 문명 건설을 지향하는 이념적 목표에 반하는 지배적인 문학적 경향이 되지는 않았다.

소비에트 시베리아의 산업화와 '생산소설' 장르

1930년대 스탈린의 이념통합 과정은 집단화 혹은 집단농장에 대한 문학과 생산소설에 대한 수요를 가져온다. 생산소설에서는 독자의 주된 관심을 농업과 산업생산 과정, 그리고 진부한 주인공들의 당 이념 교육과정에 집중시킨다. 시베리아에는 생산소설을 위한 훌륭한 실물 재료가 풍부했다. 유럽 러시아 지역의 작가들이 창작 소재를 얻기 위해 이곳, 수많은 전 연방 콤소몰 건설 현장으로 왔다. 시베리아 최초의 생산소설은 *이삭 그리고리예비치 골드베르크*(1884~1939)의 '*도자기 찻잔에 대한 서사시*'(1930)였다.

'시대의 요구'에 따라 창조된 생산소설이 전형적인 시베리아 주제와 소재들을 극히 적게 담고 있었음은 당연하다. 전통적인 소비에트 문화는 자랑거리가 된 기술적 성취를 열광적으로 찬양하는 것이었다. 예를 들면 (1965년 예브게니 알렉산드로비치 옙투셴코의 '브라츠크 수력발전소'가 찬양한) 브라츠크의 거대한 댐 건설이나 동시베리아에서 극동까지 길이 4,300㎞에 이르는 바이칼-아무르철도(BAM) 건설과 같은 것이다. 그럼에도 불구하고 작가 개개인은 생산소설 장르 내에서 시베리아의 특수성을 유지할 수 있었다. 여기에 속하는 작가가 알타이 지방의 구교도 농민 가정 출신의 *아파나시 라자레비치 콥텔로프*이다. 그는 장편소설 '*위대한 유목지*'(1935)에서 알타이 고원의 유목민의 삶과 소비에트 권력에 대한 그들의 저항을 묘사하고 있다.

시베리아의 과학·기술 혁명과 산업개발이 유럽 러시아와 아시아 러시아 사이의 문화적 경계를 없애고 새로운 시베리아 이주 바람을 일으켰다. 그러나 자발적인 시베리아 이주는 일시적인 것이었다. 계절노동자들에게 시베리아는 '타향'도 '고향'도 아니었다. 그저 일시적으로 머무는 장소였으며, 이주 동기는 돈벌이 또는 낭만이었다. 거대한 계획에 따른 집단적 건설(수력발전소, 거대한 콤비나트, 황무지 개간)이 자발적인 집단적 이주를 유발했으나 새로운 세계에서 개인의 자리는 없었다. 집단 건설 현장에서 하나의 '나사못'에 불과한 인간은 세계와의 만남에서 오는 고풍스러운 신화적 느낌을 잃어버리고 사회의 '나사못'으로 남겨졌다.

과학·기술 혁명은 문학에서 자유로운 지적활동 공간으로서의 시베리아에 새로운 신화소(mythologeme)를 제시했다. 이곳에서는 실증적 지식(과학)과 생산 필요성이 주요 기준이 된다. 1950~60년대 흐루쇼프 시대의 해빙기 산문 속에 지적, 사회적 자유의 공간으로서의 새로운 시베리아 상(像)이 생긴다. 이제 새로운 시베리아는 개인의 지적능력을 실현시키고, 자연 개척 과정에서 빈곤으로부터 해방시키는 공간이 된다. 그리고 자연에 맞서는 개인적 노동이 아니라 집단적 창조 행위에 참가하러 들어왔던 인간을 자유로이 사회화시키는 공간이 되었다.

'해빙'기 문학은 시베리아를 문화 이전(以前)의 공간, 주로 자연의 공간으로 보는 시각을 유지한다. 이 공간은 개조보다는 문화화, 즉 자연으로부터 숨겨져 있는 부를 끌어내는 것이 필요한 공간이다. 이 시기에 주인공-데미우르그(역자 주: Demiurgos, 플라톤이 생각한 세계의 창조자)에 의해 펼쳐지는 비밀스러운 자연의 기적에 대한 신화가 만들어진다. 사회주의 리얼리즘을 혁신한 '젊은 작가들의 산문'(*바실리 악쇼노프*의 '달로 가는 도중에', *블라디미르 막시모프*의 '우리는 땅을 개간한다', *알렉산드르 레켐추크*의 '젊고 푸르게', *블라디미르 치빌리힌*의 '클라바 이바노바에 대해', '알록달록한 돌', *알렉세이 아르부조프*의 '이르쿠츠크 이야기', *보리스 폴레보이*의 '야생의 가슴에서', *바딤 코제브니코프*의 '안녕하세요, 발루예프 씨!')에서 시베리아는 원초적 공간이다. 이곳에서 겪는 추위와 거대한 자연은 인간에게 시련이기도 하고 인간의 거대한 가능성과 잠재력을 보여줄 수 있는 기회이기도 하다.

이 시대의 문학 주인공은 문명의 사람이며, 지식을 보유한 사람(기술자, 학자)이다. 교육의 가치는 논란의 여지가 없고, 학식은 경건한 가치를 갖는다. 그러나 이 경건함은 자연의 삶을 실천하면서 그 의미를 찾는 주인공이 젊다는 사실에 의해 완화된다. 시베리아에 대한 혁명 소설의 이념적 주인공들은 메시아나 지도자 또는 아버지로 등장한다. 그러나 이런 주인공들과 달리 '해빙기' 산문에서 젊은 주인공은 이념화되어 있지 않다. 그는 실증적인 지식을 보유한 사람이다. 따라서 삶에 대한 자신의 관념을 수정하고 복잡한 삶을 개방할 수 있으며 집단 속에서 사회화될 수 있다.

이처럼 20세기 중엽 시베리아 문학의 주제와 이념적 캔버스는

'우정에 대한 신화'가 되었다. 여기에서는 '손을 맞잡은' 사람들이 프로메테우스의 사명을 수행하고 자연에 의미를 부여하고 집을 짓는다. 그러나 자기 자신을 위해서가 아니라 다른 사람들을 위해서이다. '*이르쿠츠크 이야기*'의 주인공이 미래의 삶을 구하기 위해 죽는 것은 상징적이다. 그러므로 예술 세계의 중심에는 '집 안의 인간'이 아니라 다른 사람들에게 행복을 주려고 시베리아에 잠시 오는 '길 위의 인간'이 있다. 그들은 다른 사람들에게 빛, 가스, 자연광물, 목재를 준다. 이 시기 시베리아 문학의 인도주의적 파토스는 '우주 창조' 과정에서 젊은 주인공이 자신의 개인주의적인 한계를 극복하고 원시 시베리아 땅에 생명을 창조하는 일이 고귀한 자기실현의 기회로 해석된다는 것이다.

알렉산드르 밤필로프의 희곡에서 시베리아 지방의 형상

러시아 극작가 *알렉산드르 발렌티노비치 밤필로프*(1937~1972)는 시베리아를 소재로 하지만 이미 사상적 맥락이 완전히 다른 젊은 세대의 문학('젊은 산문')을 창조한다. 그는 시베리아에서 작가로 등단했다. 그러나 35세의 나이에 바이칼호수에 빠져 일찍 삶을 마감했다. 의심의 여지 없이 전 러시아적인 재능을 가진 밤필로프는 자신의 희곡 곳곳에 시베리아에 대한 지리적 애착을 보인다. 그러나 그의 텍스트 속에서 시베리아의 예술적 의미는 지방이라는 신화소에 비견된다. 그것은 소외된 현대인이 밀려난 (혹은 자발적으로 멀어진) 인생의 주변부를 의미한다. 희곡 '*교외에서의 만남*', '*지방 일화*', '*지난여름 출림스크에서*'의 제목에 이미 주변성(변두리성)이 드러난다.

밤필로프에게 주변부가 의미하는 것은 첫째, 사회적 유토피아를 믿었던 '해빙기' 세대 사람들의 사회적 소외감, 둘째, 정신적인 무감각 상태, 진정한 가치에 대한 믿음의 상실, 그리고 결국은 자신의 힘에 대한 실망, 자신의 무능력에 대한 이해이다. 출림스크는 지방 도시를 보여주는 집합적 형상이다. 그곳은 나름의 문화를 가지고 타이가 한가운데 위치한 정착지이다. 그곳을 철도가 지나갈 것이다. 그러나 타이가는 이미 파괴될 것이 없다. 벚꽃동산도, 사람들이 돌아가고자 하는 낙원에 대한 노스탤지아도 없다.

이상을 꿈꾸지 않는 세계는 저속하고 야만스러운 상태가 된다. 큰 사회('중앙')에서의 패배는 존재를 모방과 제비뽑기에 맡기는 것을 정당화한다. 밤필로프의 희곡에서 문화는 등장인물들이 만드는 쇼, 광대놀음, 또는 대중사회의 수요를 충족시키는 물질 중심의 세계로 제시된다. 지방 도시는 이상을 향한 마지막 요구를 속물적인 것으로 만든다(현대의 '천사'는 20분간 지방 세계에 신의 계시가 아니라 코미디를 전한다. 여기서 탕자의 비유는 코미디의 소재가 된다.).

1970년대 V. 리파토프, L. 콘스탄티놉스키, V. 슈가예프, A. 체르노우소프의 시베리아 풍속 심리 산문과 마찬가지로 밤필로프는 현대 문명이 자연조건을 받아들이지 않았을 뿐 아니라(다양한 자연환경에 반하는 전형적인 도시들) 문화조건도 받아들이지 않았다(정보혁명은 대중에 의해 소비되는 문화상품도 획일화시켰다)는 것을 확인한다. 과학·기술 혁명에 의해 강화된 사회문화적 상황(시베리아는 중앙에 의해 잊힌 시골 벽촌이다)은 물질적 환경을 평준하게 만들었을 뿐 아니라 개인을 소외시켜 삶의 주체로서의 본질적 위치에서 벗어나게 했다. 이렇게 콤소몰을 '낙관적 유토피아'로 묘사한 산업소설과는 달리, 밤필로프의 작품들에서는 시베리아가 과학기술에 의해 정렬된 공간이 아니라 문명에 대한 이성적 신화가 공상이라는 것이 드러나는 곳이다. 이곳에서 야만적 사회를 개조하고자 하는 지혜는 역으로 부조리를 낳게 된다.

존재론적 리얼리즘 또는 시베리아 작가들의 '농촌산문'

1950년대 말부터 시작하여 바실리 슉신, 세르게이 잘리긴, 빅토르 아스타피예프, 발렌틴 라스푸틴 등의 '농촌 작가'들이 대도시 문화에 반대하는 일파를 이루었다. 이 경향을 대표한 작가들은 모두 시베리아 사람들이었다. 이 작가들의 문학에서 1960년대 말엽 시베리아는 민족정신의 수호자, 국가의 중앙에 반대하는 공간이라는 새로운 이념소(ideologeme)로 축소되었다. 결국 1970년대에 이러한 문학 경향 속에서 삶의 유기적 법칙에 대한 존재론적 신화가 형성되었다. 역사는 이 법칙을 따라야만 하는 것이다.

이 모든 사상은 새로운 문학 주인공에 적용되어 발전했다. 새로운 주인공은 러시아에서 참된 종교적(구교도적인), 윤리적(농노적 비굴함이나 노예적인 아닌), 문화적(귀족에 의해 서구에서 차용되지 않은) 가치를 얻고 지킨 시베리아 농민이다. 이러한 문학 주제는 농민에 의한 시베리아 개척의 실제 역사에 근거를 두고 있다. 시베리아에는 농노제에 의한 종속관계가 없었기 때문에 경제적 독립성으로 인해 친족 관계의 가치가 유지되면서 개인이 존중되는 성향이 형성될 수 있었다.

'농촌산문'의 이념에 기반을 둔 시베리아 신화 속에서 자연에 대한 관념은 (산업 소설에서처럼) 혼돈이나 우주 창조를 위한 미가공 재료가 아니라 우주였다. 자연이라는 우주 속에서 시베리아의 광대무변성은 인간에게 맞추어 정렬된 우주에 인간의 자리를 지정해준다. 또다른 한편 세상에 대한 인간의 사명을 법칙과 존통의 수호자로 높이고 그에게 절대적인 존재의 법칙을 부여한다. 그 법칙은 개인적인 차원도 아니고 역사에 따라 변하는 것도 아니다. 바로 이것이 시베리아인의 특성이며 그에 대한 믿음인 것이다. 라스푸틴의 다리야 할머니는 마툐라의 정신이고, 잘리긴의 우스티노프는 침엽수림과 논밭의 정신이며, 아스타피예프의 아가씨는 주변 세계의 정신이다. '농촌산문'의 이 주인공들 모두가 자연적 우주를 나타낸다.

이처럼 존재론적 리얼리즘 산문에서 시베리아는 더 이상 독특함과 이국적 정취로 흥미를 끄는 단순한 지리적 공간이 아니다. 이제 시베리아는 철학적 의미를 갖는 형이상학적 지형으로 나타난다. 이것은 시베리아의 실제 모습이라기보다는 예술적으로 형상화된 세계이다. 이러한 형상에서 시베리아는 거룩한 공간으로 나타난다. 여기에서 창조된 자연의 기적은 최고의 형이상학적 능력으로 인간에게 선물로 주어진다. 그리고 여기에서 인간은 데미우르고스적 건설자가 아니라 자연의 법칙을 실행하는 자가 된다.

존재론적 산문에서는 전면에 획득한 거룩한 장소가 제시된다. 그곳은 개인이 태어나거나 뿌리내린 다음 대우주의 모형에 따라 소우주를 창조하도록 예정된 장소이다. 개인과 친족들은 삶의 강에 기초를 놓아 작은 세계(마툐라 마을, 레뱌주카 마을, 옵샤카 마을)를 건설하고 그곳을 세상의 중심이라고 생각한다(소우주는 대우주의 법칙에 따라 건설된다). 둘러싸인 세계에서 인간 개개인은 자신의 거룩한 중심을 가져야 한다. 그렇지 않으면, 인간은 대우주에서 길을 잃는다. 마치 '마툐라와의 이별'의 퉁구스 여인, '물고기 황제'의 카샤카 부족, 아스타피예프의 '채찍'과 '여행자들'의 '집에 있는' 사람이 아니라 '길 위의' 사람들처럼. 이렇게 라스푸틴, 아스타피예프, 잘리긴, 슉신의 존재론적 산문에서 시베리아는 태어날 때부터 인간에게 선물로 주어진 약속의 땅 또는 대우주에 들어가는 소우주에서 존재하기 위해 인간이 선택한 땅으로 창조된다.

알타이의 작가 겸 영화감독 *바실리 마카로비치 슉신*(1929~1974)은 다방면에 걸친 창작활동에서 시베리아를 구체적인 공간으로 제시한다. 이 시베리아라는 공간에서 인간은 주변성과 같은 특별한 문제보다는 존재의 경계성(marginality)이라는 통상적이지만 무시할 수 없는 문제 앞에 서게 된다. 슉신의 주인공들이 모두 '시베리아 유형'이라거나 작가 자신의 개성이 지나치게 투영되었다고 생각해서는 안 된다. 그의 주인공들은 시베리아적인 성격을 포함한 수많은 인간의 갖가지 성격들을 가지고 있다.

슉신의 주인공은 개인적인, 그러나 모두에게 중요한 절대자를 찾는 과정에 있다. 시베리아라는 장소는 자기인식을 갈망하는 개인이 존재하는 구체적인 공간으로 나타난다(단편소설 '벌목', '수라즈', '알료샤 베스콘보이니', 영화 '페치키-라보치키', '*칼리나 크라스나야*', 장편소설 '류바빈 일가'). 외적인 갈등의 기저에 놓여있는 도시와 농촌의 대립은 슉신의 '세상에서 버림받은' 주인공 유형을 탄생시킨다. 슉신의 주인공은 자신을 도시에서도 농촌에서도 낯선 사람으로 느끼고, 반항하는 괴짜, 정해진 행동규범에 어긋나는 일을 하고, 우스꽝스러운 형식으로라도 체제의 기본적인 가치를 의심한다. 슉신은 이러한 '기행'을 통해 확실한 가치의 지향점을 상실하고 빠르게 변화하는 세계에서 운명의 인질이 되어가는 현대 인간의 무기력을 드러낸다.

시베리아 텍스트에 전통적인 '탕자'의 주제가 슉신에게서는 '귀향'이라는 고전적인 낙관적 결말과 아무런 공통점을 갖지 않는다. 거대한 대도시를 벗어나 시골의 아버지 집 지붕 밑으로 가려는 시도는 보통 비극의 주인공에게서 새로운 방향을 취한다. '*칼리나 크라스나야*'에서 죄지은 탕자를 기다리는 것은 벌이다. 그는 망치고 민족의 전설을 절반쯤 잊어버리고 게다가 배신했던 것이다. 수도 도시로 떠나버린 시골사람이 맞게 될 운명은 단절이다. 그들은 '부수적' 존재가 될 뿐이다. 그들은 하위문화의 정체성을 회복한다 하더라도 온전히 집으로 돌아갈 수 없다.

시베리아 토착 농민이 세상에서 내쫓기고 버림받은 '타인'이 되는 것이 장편소설 '*류바빈 일가*'를 비롯한 슉신 산문의 주요 주제이다. 줄거리의 중심에는 내전 상황에서 비극적 운명을 피할 수 없었던 온전한 개인(예고르 류바빈)이 있다. 사회에서 쫓겨나 돌아갈 곳 없는 강인하고 의지가 강한 사나이의 운명은 어디에 있을까? 예고르 류바빈은 알타이주의 경계에 주둔해 그곳에서 거의 1930년대까지 활동했던 운게른 남작의 군대 진영에 있었다. 그곳은 적진이었다. 그런 상황에서 탕자는 총살당할 수밖에 없었다. 시베리아 볼셰비즘 계보의 창조자들과 달리 슉신은 대대로 사람이었지만, 태어난 고향에서 자신의 자리를 잃어버린 강인한 농민상을 보여준다.

슉신은 자신의 주인공들을 '한 발은 강둑에, 한 발은 배 위에' 있는 상황에 놓으면서 단절된 세대 간의 연계를 회복할 것을 호소한다. 그는 민족 분열과 존재의 절연 문제를 중요하게 다룬다. 슉신이 '자신 속에서 끊임없이 고향을 느끼며', 반드시 시베리아로, 고향 마을 스로츠키로 영원히 돌아가리라는 확실한 믿음을 갖고 살았다는 것을 언급할 필요가 있다. "나에게 필요한 것은 내 속에 강인함이 살아있다는 것을 느끼는 것이다"고 그는 말했다.[11)]

빅토르 페트로비치 아스타피예프(1924~2001)와 *발렌틴 그리고리예비치 라스푸틴*(1937년생)의 창작활동은 시베리아에 대한 전통적인 소비에트 문학에서 선명한 대비를 이룬다. 현대 문학에서는 이들에 대해 '시베리아 산문의 마지막 고전'이라고 정의한다. 이 작가들의 창작적 자기인식은 모더니즘에 대한 반대처럼 보인다. 그 시

---

11) Шукшин В. Вопросы к самому себе. – М., 1981.

기의 주류 문학에서는 창작계의 보수주의 때문에 그들을 언급하지 않았다. 그들은 문학적 규범에 맞추기를 거부하는 길을 선택했고, 이것은 세계적인 유명세를 타는 길이 되었다.

아스타피예프의 '*물고기 황제*', '*마지막 인사*'에 나타난 시베리아 형상의 기저에는 자연환경, 자연계의 거대함에 비견되는 광활한 영토 관념이 놓여있다. 그러나 이 광활함은 인간의 정신을 강하게 할 뿐 아니라(포털리친 부족) 그것을 억압하기도 하고, 성공의 사람, 행운의 사람, 자신의 하찮음 때문에 존재에 대한 책임을 저버리는 밀렵꾼을 만들어낸다(파벨의 할아버지와 '아버지' 부족). 슉신이 '민중은 언제나 진리를 알고 있다'고 주장한 반면, 아스타피예프는 이 점에 대해 의심을 품었다. 아스타피예프에게 시베리아는 다채로운 인간상을 흡인한 다음 인간에게 파괴적인 거짓된 '파멸적 사회상'을 만들어내는 공간이었다. 이러한 사회에서 사회화란 유전적인 기억조차 억압하는 것을 말한다. 이곳이 바로 '물고기 황제'(추시 마을)와 '슬픈 탐정'에서 제시되는 시베리아이다.

빅토르 아스타피예프는 '*저주받은 자들과 죽은 자들*'에서 시베리아는 '악마의 소굴'이며, 인간 윤리를 파괴하는 지옥이다. 그러나 시베리아는 억압받고 착취당한 사람들의 구원이 되기도 했다. 그러므로 삶이 도살장이 되는 전쟁이라는 경계적인 상황에서 등장인물들의 의식에서는 무서운 고통과 편력을 겪으면서도 삶의 가치는 회복되는 것이다(자신과 타자의 대립이 반전되고, 낯선 시베리아가 자신의 시베리아가 된다). 이처럼 아스타피예프는 20세기의 실존주의 실험 속에서 존재론적 가치의 회복을 이끌어낸다. 그것은 낯선 공간을 얻기 위해 투쟁을 벌이거나 찾는 것이 아니라, 인간에게 주어진 공간으로서의 존재를 존중하고, 자신의 공간을 개척하는 법칙을 존중하는 것이다.

아스타피예프 작품의 줄거리 기반은 전통적인 시베리아 주제이다. 성숙한 주인공-화자의 귀향, 낯설어진 시베리아 공간에서 개인의 방향설정 문제가 주요 주제이다. 주인공에게 '맹수들의 향연'이 열린다. 그것은 밀렵꾼과 평생을 순례하는 여행자들의 세계이다. 밀렵꾼과 여행자들에게는 고향이라 할 것이 아무것도 없다. 작가 자신은 현대성을 참을 수 없는 광경이라고 불렀다. "시베리아에서 그리고 시베리아에 일어난 일과 일어나고 있는 일을 '글로 쓰려고' 한다면 미쳐버리거나 지레 죽을 것 같다. 용맹한 공산주의 건설자들이 사랑스럽고 강한 시베리아를 얼마나 괴롭히고 불구로 만들어 망치고 학대했는지..."[12)]

같은 맥락에서 발렌틴 라스푸틴은 20세기를 자연과 민족에 대한 살인적인 실험의 연속으로 이해한다. "우리에게 과학기술 혁명이란 정신적으로나 역사적으로 나약하고 반쯤 취한 상태에서 기억하지도 못하는 열정으로 이룩한 것이다." 시베리아의 산업화는 문화의 유기체적 기반을 뿌리 뽑으며 1917년 혁명 사업을 이어갔다. 라스푸틴의 견해로는 전통적 정신 가치들이 제거된 후 역사는 막다른 길로 들어섰다. 섬마을 마툐라(*'마툐라와의 이별'*)는 출산하는 땅을 의미하며, 애착을 느끼고 마음을 붙일 수 있는 살아있는 모든 것과 고향의 모든 것을 상징한다. 그러나 이 생각은 '어제의' 사람들에게만 해당되고 자연의 정복자들에게는 닫혀 있다. "우리의 마툐라는 전력 생산을 위해 사라질 것이다." 이것은 진보를 위해 치루어야 하는 대가가 잔혹할 정도로 크다는 것을 모티브로 하고 있다. 그러므로 작가에게 시베리아의 정복자는 누구든 모두 시베리아를 유린하는 사람들이다.

---

12) Цит. по: Казаркин А. П. Проза Сибири в XX веке. – Томск, 2003. – С. 97.

1980~90년대 포스트 소비에트 문학에서 시베리아는 파괴된 공간으로 형상화된다. 아스타피예프의 장편소설 '*슬픈 탐정*'과 라스푸틴의 중편소설 '*화재*'는 문자 그대로 1985년 소비에트 문명의 종말을 의미한다. 비록 그 사회 속에서 사람들이 5년 이상 페레스트로이카의 환상을 즐겼다 하더라도. '화재'의 주인공 이반 페트로비치 예고로프는 고향 예고로프카에서 추방된 경건한 사람이지만, 절망적인 상황에 처하게 된다. 여기에서 살 수도 없고 떠날 수도 없고 갈 곳도 없다. 그의 아들은 이미 고향으로 절대 돌아가지 않을 것이다. 자연스러운 삶의 규범은 되돌릴 수 없는 과거로 바뀌고, 20세기 말 작가-리얼리스트의 입장은 회고적 유토피아가 된다.

고향 땅을 유린하는 자는 그가 여기에서 성장했다 하더라도 '제삼자'이다. 고향을 낯선 곳으로 만들기가 20세기 러시아 문학의 기조이다. 시베리아 텍스트도 이에 포함된다. 20세기의 결말은 러시아 문학에서 '시베리아 테마'의 진화를 결산할 근거를 제공한다. 시베리아는 멀고 이국적인 미지의 낭만주의적 형상에서 안티모더니즘의 '건실한 수호자' 형상으로 바뀌어 시대에 반하는 이념이 되었다. 시베리아의 현실은 작가들에게 상호배타적인 충동을 위한 토양을 마련해주었다. 시베리아를 거대한 사업이 실현될 수 있는 벌거벗은 공간으로 느끼거나, 자연과 조화를 이루는 단순한 삶의 마지막 피난처로 느끼는 것이다.

'농촌작가'들은 시베리아인의 유형을 매우 풍부하게 묘사하고 하위민족 의식의 드라마를 표현했다. '소비에트 인민', '새로운 인간' 사상, 지구상에서 유일한 초민족(hyperethnos)이라는 사상은 모두 지역 문화의 유기적 발전에 똑같이 치명적이었다. 인류 앞에 제기된 문제는 현대의 문화 글로벌리즘 상황에서 민족성과 하위민족적 정체성을 유지하는 것이다. 유기적 문화들의 다채로움이 없다면 문명은 정신적으로 퇴보하고, 종국에는 파멸할 것이기 때문이다.

시베리아의 전통 민족 문학

'시베리아 텍스트'라는 용어를 가장 협소한 의미로 이해하면 시베리아 지역 토착 민족들의 문학을 의미한다. 그러나 이 주제는 20세기 시베리아 문학에서 아주 심오하고 독창적인 분야가 되었다. 그리고 최근 수십 년간 토착 민족들의 창작활동은 문학이론가들의 진지한 연구 대상이 되었다.

1920년대에 러시아어를 사용하는 소비에트 산문작가들이 시베리아의 민족들에 대해 썼다. 이들은 책을 통해 시베리아 민족들의 문화에 대해 알게 되었다. 게다가 러시아어를 사용하는 토착민들은 자기 민족의 문화를 소멸시키는 공산주의 노선을 찬양하는 것을 마다하지 않았다. 원시 상태에서 '최고의 선진 사회'로 '도약'하는 것이 소수민족에 대한 소비에트 문화의 중심 사상이 되었다. 그러나 전통으로부터 유리된 소수민족들은 앞서거니 뒤서거니 하면서 일상생활 속에서 '토양주의(土壤主義)' 운동을 일으킨다. 인간과 자연이 문명과 빚은 갈등은 지역적인 것일 뿐만 아니라 전 러시아를 포함한 글로벌한 것이다. 이 점에서 시베리아 소수민족의 문학은 유형론적으로 나란히 발전한 '농촌작가'들의 존재론적 산문과 같은 것이다.

유목민족이나 수렵민족을 단단히 죄고 있던 전통 풍속들이 신세대 작가들에게서는 뒤늦은 후회 속에 정당한 것으로 제시된다. 신화의 형상에서 드러나는 절대적인 올바름에서 드러나는 샤먼의 지혜를 책의 지혜보다 높은 곳에 놓는다. 이와 관련해 알타이족 작가 *그리고리 초로스-구르킨*의 문학작품이 시사하는 바가 매우 크다. 그의 작품은 다면적인 의미적 계층구조를 이룬다. 서사적으로 고양된 문체로 기술되는 신(新)신화학적(neomythological) 체계가 그 기반에 놓여있다. 이 체계의 수직 벡터는 칸-알타이로 보편적인 세계산 신화소와 같은 것이다. 수평 벡터는 세계강 신화소와 같은데 카툰이라는 지리적 명칭으로 형상화되어 있다. 삼원적 구조를 갖는 신화적 세계 모델(알타이 - 울겐(알타이족의 최고신) - 에를리크(엄정한 지하세계의 통치자))은 이미 초로스-구르킨의 첫 산문시 '*타향살이하는 알타이인의 애가*'(1907)에서 완벽하게 구현된다.

> 나는 세계의 첫날을 보는 것 같다! 영겁의 어둠이 끝나고 너 칸-알타이가 처음으로 떠오르는 태양 빛을 받을 때, 그때 너의 기묘한 바위산이 불타는 듯하고 너의 에메랄드빛 빙하가 빛나는 것 같았다! 주위에 꽃이 피기 시작하고 끊임없는 하나의 노래로, 하나의 끝없는 경이로운 화음으로 합쳐지며 전율하기 시작했다. 그러자 그때 너, 놀라운 칸-알타이가 자신의 창조자를 찬양했다. 자연도 환호했으며, 너의 창조자 울겐도 너의 아름다움에 감탄했을 것이다. 그때 현악기 같은 신의 노래가 울려 퍼져 너를 자연의 노래로 가득 채웠다. 그(울겐)가 사랑스럽고 귀한 모든 것을 알타이의 깊숙한 곳에 보관해 놓았다. 그리고 모든 산의 정령들을 다스리는 엄정한 에를리크를 이 비밀의 파수꾼으로 세웠다.

초로스-구르킨의 신화적 세계관에는 주위 환경에 대한 아폴론적 인식이 바탕에 깔려있다. 이것은 조화와 미, 질서와 균형 개념의 세계 구조에 있어서의 시원성과 영속성에 대한 관념에 기인한다.[13] 아마도 바로 이 때문에 작가는 혼돈과 대립의 요소들을 알타이 세계에 포함시키지 않는다. 알타이는 세계의 중심축이다. 그러므로 구르킨의 알타이 속에는 파괴의 힘을 위한 자리가 없다. 이 파괴의 힘은 주변적인 요소로서 '소음, 혼잡, 섬광'이라는 개념을 통해 의미되는 낯선 공간에 속하는 것이다. 이것이 대도시 문명에 대해 말한다는 것을 추측하기는 어렵지 않다.

이러한 맥락에서 칸-알타이는 삶의 중심을 형상화한 것이다. 그것은 살아있는 땅이다. 이와 똑같이 카툰은 살아있는 물을 형상화한 것이다. 그러므로 완전히 자연스러우며, 개념적으로 낭만주의적인 호소를 의미한다. 작가는 시 '*알타이와 카툰*'(1915)에서 먼지투성이의 숨 막히는 먼 도시에 사는 사람들에게, 죽은 땅의 공간에 사는 삶의 주변부에 존재하는 사소한 걱정과 일상적 소음의 노예들에게 이와 같은 낭만주의적인 호소를 한다.

> 모든 것을 내버려 두고 당신은 생각의 날개를 타고서라도 이 계곡으로 오시오. 알타이의 순결함, 황홀한 그의 미녀 카툰, 지치지 않고 앞으로 돌진하는 삶의 상징을 보시오. 당신은 카툰의 물결 속에서 삶의 박동을 느끼고 우주의 영혼이 우주의 창조 이래 그 속에서 밤을 새우고 있음을 느끼게 될 것이오.

'탕자'가 고향 집으로 돌아가는 모티브도 토착민 작가들의 많은 작품에 분명히 보인다. 다만 토착민들의 '회고록'이 주로 모국어가 아닌 다른 언어로 쓰여 심각한 언어학적 문화변용이 일어난다.

한티족 산문작가 *예레메이 다닐로비치 아이피*(1948년생)은 모국

13) Чащина Л. Г. Мифологема Алтая (литературное творчество Г. Чорос-Гуркина) // Сибирь в контексте мировой культуры. – Томск, 2003. – С. 66-75.

어로도 러시아어로도 작품을 썼다. 작가로서 아이핀의 '마음 아픈' 문학 주제는 서시베리아 북방 '개척' 테마이다. 개척 과정에서 생활양식, 세계관, 자연에 대한 태도에 관해 '자기의 것'와 '낯선 것'이 불가피하게 충돌한다.[14] 중편소설 '*첫 눈을 기다리며*'의 주인공 한티족 미쿨은 러시아인 석유업자들을 이해하지 못한다. 그는 굴착기사들이 좋은 숲을 함부로 베는 것에 진심으로 격분한다. 그는 어려서부터 나무와 풀을 소중히 여기는 데 익숙해져 있다. 젊은 한티족은 나무들에게 영혼을 불어넣고 그들에게 기억을 나눠준다. 그는 신음소리, 죽고 망가진 모든 나무들의 울음소리가 들리는 것 같다. 타이가에서는 사냥꾼만이 총을 가지고 다닐 권리가 있다. 사냥은 그의 생계수단이기 때문이다. 그는 굴착기사들과 달리 쓸데없이 짐승을 죽이지 않는다. 굴착기사들은 무지함으로 인해 '날지 않는 오리'를 죽이고 '아름다운 사슴뿔 때문에' '집에서 기르는 사슴'을 죽인다.

'개척자'들의 초상은 시사적이다. 요리사 조라는 자신의 요리 솜씨뿐 아니라 '다시바시'의 습관도 북방으로 가져왔다. 사향뒤쥐 모피로 만든 모자가 그에게는 때로는 집단이나 우정, 명예보다 더 귀하다. '소구경총의' 사냥꾼 디마의 형상이 처음에는 완전히 긍정적으로 보인다. 그러나 그의 마음도 소구경이라는 것이 밝혀진다. 백조에게 총을 쏘는 것이 디마에게는 아무것도 아니다. 어쨌든 그는 사냥꾼이니까. 그러나 그는 성스럽고 희귀한 새를 쏠 뿐 아니라 그와 가까운 사람의 마음에도 깊은 상처를 입힌다.

소설에서 미쿨은 상당히 유토피아적이긴 하지만 타협주의적인

---

14) Комаров С., Лагунова О. На моей земле: О поэтах и прозаиках Западной Сибири последней трети XX века. – Екатеринбург: Средне-Уральское книжное изд-во, 2003.

생각을 가진 인물이다. 굴착기사가 되겠다는 그의 선택이 '자아'와 '타자'의 내적 갈등을 통과한다.

만약 석유시추장의 소음이 사냥꾼의 주요 재산인 예민한 청각을 잃게 한다면, 기계의 매연 냄새가 후각을, 먼지가 좋은 시력을 빼앗아간다면? 그러면 어떻게 될까? 귀와 눈이 없는 사냥꾼은 사냥꾼이 아니다. 그러나 그 일로 인해 진정한 굴착기사가 될 것인가를 알게 될까? 그리고 미쿨이 이것을 할 수 있을까? 그럼에도 불구하고 갑자기 시추장이 네 안에 있는 사냥꾼을 죽인다면?

미쿨은 타지에서 온 개척자들에게 자신이 필요하다는 것을 깨닫게 됨으로써 결정적인 선택을 하게 된다. '그들이 타이가를, 자연을 알고 이해하는 것을 도와야' 한다. 그들이 짐승과 새들을 함부로 다루지는 않았나, 강과 호수를 훼손하지는 않았나를 살펴보고, 굴착기사들에게 언제 어떤 짐승을 사냥하는지 가르치도록 시추장마다 사냥꾼이 있어야 한다. 민족의 생활양식과 지방의 경제개발이 공존할 수 있는 길을 모색하는 것은 이러한 이상적인 모델로 귀착되어야 했다.

아이핀의 작품에서 기본적인 주제는 두 세계의 상호 관계이다. 하나는 전원적이면서 가부장적인 세계이고, 다른 하나는 테크노크라트적이면서 문명화된 세계이다. 이 두 세계의 충돌은 타협주의적 유토피아에서 점차 빠져나와 후기 작품들로 가면서 첨예화된다. 공격적인 문명이 거세게 닥치면서 '개척'이라는 약탈적 시스템이 개인이나 대중에게는 무관심하다는 것을 볼 수 있다. 아이핀의 단편소설 '*늑대들*'의 주인공은 시추장에서 도움을 받기보다는 죽는 것이 더 낫다는 각오를 한다. 장편소설 '*한티족, 혹은 샛별*'은 유그라의 자연과 그 주인들 그리고 땅속 깊은 곳까지 살아있는 모든 것을 약탈하는 광포한 임시노동자들 사이의 충돌을 다루고 있다. 여기에서 작가는 산업화가 타이가의 유그라에 던져놓은 강철 올가미를 그리고 있다. 한편에서는 석유시추자들이 유정을 파고, 다른 한편에서는 철도를 건설하고, 또 다른 편에서는 송유관을 부설한다.

개척, 즉 '타자'의 침투는 작가들로 하여금 '자기의 것'을 실현하도록 고무시킨다. 이 '자기의 것'은 '새로운 것'도 아니고 '낡은 것'도 아니지만, 언제나 필요하고 모두에게 중요한 것이다. 그 예로 들 수 있는 것이 슬픈 제목을 갖는 아이핀의 중편소설 '*꺼져가는 화덕 옆에서*'이다. 이 소설은 한티족의 역사적 과거로의 독특한 여행 이야기로 전설과 영웅서사시, 민족의 의례와 풍습 속에 이어져온 신화를 재창조한 것이다. 작가 자신은 중편소설 '한티족, 혹은 샛별'에 대해 "나는 내 민족을 위한 진리를 찾았다"고 말할 것이다. 이 소설의 주인공은 생각한다. "예로부터 한티족은 성스러운 땅이 거기에 살고 있는 모든 이에게 속한 동시에, 멀리 떨어져있는 사람에게는 그 누구에게도 속하지 않는다고 여겨왔다. 사람이 땅 때문에 싸움을 일으키는 것보다 더 큰 죄는 없다." 그러나 싸움은 일어났고, 그것은 *고통*을 낳았다.

예레메이 아이핀의 '마음 아픈' 주제들은 네네츠족 시인 *유리 벨리*의 서정시에서 메아리친다.

오, 타이가여!
타이가가 없다. 베어졌다.
오, 고향 땅이여!
땅이 남아있지 않았다.
그것을 끝없는 길로 바꾸어 놓고,
그것을 끝없는 채굴장으로 바꾸어 놓고,

그것을 끝없는 도시의 변두리로 바꾸어 놓았다.
불행히도 오늘 쫓겨난
나는 누구에게 의지해야 하나?
... 툰드라가 나를 맞이한다.
방사능의
오로라와
유독한
산성비로.
오, 지독하군!

광의의 문화학적 관점에서 자연의 생태환경에서부터 마음의 생태환경까지 아우르는 생태학적 주제가 유리 벨리의 시 세계에서 중심적인 위치를 차지한다. 시인은 "기쁨과 불행은 나란히 산다"는 네네츠 속담을 시 '*텔레비전*'의 에피그라프로 사용한다. 이것은 서정적인 주인공이 생활과 행동 규범을 민족의 지혜에 의지함을 보여준다. 시인이 "나의 할아버지가 춤(역자 주: 유목민의 이동식 천막)에 텔레비전을 묵게 하셨다"고 말하며 물질적 대상물을 의인화하는 것은 우연이 아니다. 텔레비전은 정말 살아있는 존재가 되고 특별한 가족의 일원이 된다. 눈썹을 찌푸린 할아버지를 제외하고는 모두가 그것으로 인해 기뻐한다.

할아버지가 공동의 즐거움에서 소외된 이유를 설명하는 결말에서 기쁨은 불행으로 바뀐다. "... 옆집에서 / 보름 전에 사라진 / 순록 두 마리의 머리 잘린 시체를 / 어제 / 시추장으로 가는 길옆 / 구덩이에서 할아버지가 찾아내셨다." 여기에서 불행(죽음, 파괴, 야만적 행위)이 '시추장으로 가는 길'(큰 세계의 기술의 도래)과 결부된다. 텔레비전은 춤에서의 삶이라는 '작은 세계'에 대한 '큰 세계' 기술이 침략하는 연장선상에 있다. 이것은 낯선 문명이 집이라는 거룩한 공간을 정복하는 것이며, 네네츠족 젊은 세대들의 이성과 가슴에 침투해 총체적인 영향력을 발휘하는 것이다.

네네츠족의 전통문화에서 자녀들은 상징적이고 성스러운 의미를 내포하고 특별한 위치를 차지한다. 아버지와 자식 테마는 전통적 정신의 집합체가 파괴될 때 비극적인 어조를 띤다.[15] 도시로 떠난 자녀들의 탈향(脫鄕), 친족 관계의 단절은 네네츠족 시인 *안나 네르카기*의 창작의 중심 줄거리이다. 현대 문학 비평은 안나 네르카기의 창작을 높이 평가한다. 그녀의 작품 덕분에 20세기 하반기의 네네츠 문학이 현대의 인류 공통의 긴요한 문제들을 제기하고 해결하는 깊이나 날카로움에 있어서 세계적인 수준으로 나아가는 강력한 미학적 잠재력을 갖게 된다. 네르카기의 중편소설 4편은 '*노고 부족 출신의 아니코*', '*일리르*', '*하얀 순록이끼*', '*침묵자*'는 예술적으로나 역사적으로 이정표의 성격을 갖는다. 시대적 중요성을 갖는 문제들을 해결하고 있기 때문이다.

네르카기의 예술 세계('노고 부족 출신의 아니코'(1974), '하얀 순록이끼'(1996))에서 문명과 전통문화 사이의 선택에서 젊은 아가씨들은 전자를 선택한다. 그리고 이 탈향의 모든 결과에 대한 주된 잘못은 딸들에게 있다. "여자가 죽어갈 때 그녀는 춤의 절반을 가지고 간다. 그리고 영혼의 일부도 가져간다." 네르카기의 나이 든 주인공들은 아내의 죽음을 이렇게 이해한다. 그러나 딸의 탈향은 춤 전체의 상실이며 영혼의 완전한 황폐이다. 네네츠족의 여자는 단순히 집안일만 하는 것이 아니다. 남자와 사슴과 물건들의 힘과 생

15) Ващенко А. Манифест этнического художника в эпоху глобализма: «Белый ягель» Анны Неркаги // Ненецкая литература: Сборник статей. – М.: Литературная Россия, 2003. – С. 100-112.

명이 모두 여자의 한 걸음 안에 있다. (그녀는 올가미, 사슴을 다루는 막대기, 남자의 옷, 마구를 타고 넘어서는 안 된다.)

여성-어머니는 예로부터 존재의 법칙이다. 그녀는 화덕의 주인이고 사슴과 대화를 하고 사슴의 말을 들을 권리를 갖는다. 네르카기는 어머니의 형상을 네네츠족의 최고신과 연관시키며 어머니를 땅과 동일시한다. 그로써 세계의 어머니(世界母) 형상은 신화적인 무게를 갖는다. 그러므로 바로 어머니가 최악의 경우, 즉 자신의 아들이 부족의 전통을 배반한 경우에 불을 부려서 무서운 판결을 내린다. "만약 내 아들이 너의 죽음을 기원하거든 ... 그를 불살라버려라!" 달리 말하면 만약 아들의 삶에 성스러운 것이 아무것도 남지 않게 된다면 그는 죽는 것이 더 낫다는 말이다.[16)]

네르카기 소설의 주인공인 툰드라의 네네츠족은 민족 문화의 든든한 수호자들이다. 그들의 일상생활과 정신생활에서 중심적인 요인은 네네츠인들의 경제에 가장 중요하고, 따라서 신성화되는 '순록'이다. 네르카기에게 순록은 네네츠인의 깊은 비애와 희망을 표현하는 가장 중요한 민족문화적 상징이다. 여기 독자 앞에 신혼부부가 툰드라의 아버지에게 오는 장면이 있다. 그러나 농장 일을 돕거나 어머니의 묘를 방문하기 위해서가 아니라 '법에 따라' 받을 재산 지분을 요구하기 위해서임이 밝혀진다. 그들에게 살아 있는 순록은 필요치 않다. 노동과 끊임없는 보살핌이 필요하기 때문이다. 자식들은 그것들을 즉시 돈으로 바꾸기를, 즉 동물들을 도살하기를 요구한다. 늙은 아버지는 가축 떼를 잃고 가난하게 되는 것보다 신성함에 대한 관념을 상실하고 정신적으로 타인이 되어버린 자식들을 영원히 잃어버렸다는 것을 깨달은 슬픔이 훨씬

16) Лагунова О. К. Феномен творчества русскоязычных писателей ненецев и хантов последней трети XX века. – Екатеринбург, 2007.

더 크다.

인간이 성스러움(양심)을 상실하면 전 세계의 종말에 이르게 된다. 문학비평에서 '북방의 묵시록'이라 불리는 안나 네르카기의 마지막 중편소설 '*침묵자*'는 바로 이것에 대한 증언이다. 이 소설의 시학은 '자동 기술(automatic writing)'이라는 초현실주의 원리에 기초를 두고 있다. 자동 기술은 글쓰기 과정에 이성이 개입하지도 않고 조절하지도 않으며, 저자는 예언자-영매의 역할을 한다. '북방의 카산드라'가 전하는 메시지는 충격을 안겨준다. "앞에 붕괴가 보인다. 우리의 영혼이 타락하기 시작했다." "순록을 잔인하게 죽이는 것에서 네네츠족의 붕괴의 시작이 보인다. 바로 그렇게 민족도 파멸하리라." "네네츠인은 더 이상 순록 속에서 살아있는 자기 형제를 보지 못한다. 다만 배고픔을 달래고 허영심을 만족시키기 위한 고기 조각일 뿐이다."

수 세기의 전통을 거부하는 것은 한 집단의 정신적, 육체적 사멸로 가는 길이다. 죽음, 살육, 살인의 모티브가 모든 소설을 관통하고 있는 것은 우연이 아니다. 작품의 중심에 집단의 형상이 있다. 작가는 이것을 창조하는 데에 자연주의적인 세부묘사를 아끼지 않는다.

이 끔찍한 집단은 오물을 먹고 나서 서로에게 달려드는 엄청난 수의 구더기 무리에 비유될 수 있다. 집단에서 가장 나이 든 사람들은 어떤 주거지에 산다. 그 주거지는 뭐라 이름 붙이기도 어렵고 불가능하기까지 하다. 집도 아니고 농가도 아니고 오두막도 아닌, 뾰족한 끝을 위쪽으로 해서 땅에 세운 원추형의 이상한 주거지이기 때문이다. 이 주거지의 주인들은 불쌍하고 가난하고 빈궁하다.

네르카기는 집단의 출현을 '혁명의 시기'와 연결시킨다. 그녀는 혁명을 탈영성화로 가는 길에서 만나는 인간이 벌이는 수많은 탈선 중의 하나라고 규정한다. 집단은 새로운 정권을 받아들이고 정권에 동냥하는 일부 네네츠인이다. 작가는 민족정체성의 상실에 대해 비애를 표현한다.

집단 안에서 사람들은 자유의 첫날도 마지막 날도 기억하지 못한다. 그들은 노예로 태어났다. 그들의 아버지들과 어머니들이 이미 집단 안에서 눈을 떴고 순록도, 긴 노래도, 자유로운 유목지도 알지 못한다. 그들이 평생 처음 보고 인식하는 것은 집단이다. 평생 마지막으로 보고 인식하는 것도 집단이다. 그 집단은 그들처럼 가난으로 영원히 굶주리고 원한에 묻힌 사람들이다.

독자 앞에 조지 오웰의 전형적인 안티유토피아가 있다. 안티유토피아는 장르의 법칙에 따라 폐쇄된 사회 내부로부터의 '폭발'로 마무리되어야 한다. 그래서 무서운 집단은 종국에는 천상의 불에 의해 소멸되고 만다.

안나 네르카기의 소설이 '야말어로 쓰여진 최초의 진지한 문학적 작품'으로 높이 평가받는 것은 우연이 아니다. 그녀의 타고난 기억력으로 재구성된 구비문학, 신화, 철학, 사회문화적 회고, 수많은 원형들, 세계문화의 줄거리와 형상들이 소설 전체를 관통하고 있다. 북방 민족 문학의 대표적인 작품으로서 '침묵자'는 지방주의, 민족적 폐쇄성, 협소한 지역적 문제성을 극복하고, 세계 문학의 맥락에서 인간이라는 현상에 대한 복잡하고 다면적인 이해를 제시하고 있다는 점에서 그 의미가 있다.

20세기 후반기 문화의 위기와 악, 파괴, 붕괴, 전횡의 글로벌화가 사회 내에서 증대되고 있고 전통문화와 문화 자체가 총체적으로 절멸될 위험이 커지고 있다. 민족뿐 아니라 인류 전체의 운명에 대한 경고, 이것이 시베리아 민족 문화를 대표하는 작가들의 작품 속에 담긴 심오한 인도주의적 요소이다.

***

특별한 러시아 문학 텍스트로서 시베리아 문학은 고유의 역사, 주제, 주인공, 운명을 지녔다. 그것은 러시아 문학 전체와 나란히 발전해왔지만, 교차로에서 색다른 과실을 맺는 '씨방'을 만들었다. 시베리아 텍스트는 러시아 문학과 비교나 대치 관계가 아니라 끊을 수 없는 상호작용과 합성 관계에 있다. 러시아 문화는 시베리아 문화와 상호작용하며 새로운 소재로 풍부해졌을 뿐 아니라 러시아 자체의 인류학적 공간을 확장해왔다. 그 속에는 시베리아의 광활한 공간, 자유로운 시베리아 스타일, 예속되지 않은 농민들, 징역과 유배로 파괴된 운명들이 있다. 시베리아 텍스트는 러시아 문학의 주제에 이러한 지역적 줄거리와 모티브를 들여왔다. 이런 식으로 지역 문학은 전체적인 것과 지역적인 것의 대화와 통합을 통해 자신의 경계를 자각하고 확장하면서 역사 과정에서 민족 문학으로 형성되었다. 작가들, 그리고 자신의 '작은 고향'을 느끼는 그들의 주인공들은 '세계의 작음'을 이해하고 이미 존재론적 의미에서 자신을 세계의 일부로 인식했다.

민족적 성격에 대해 뭔가 새로운 것을 말하기는 어렵다. 그러나 이미 지금은 '대표적인' 시베리아 작가들이 없는 러시아 문학을 생각할 수 없다. 그들의 작품은 고향 시베리아의 정신적 공간뿐 아니라 러시아 문화 전체에 귀중한 자산을 만드는 데에도 의식적으로 그리고 적극적으로 침투해 들어갔다. 아스타피예프, 라스푸틴, 슉신, 밤필로프, 네르카기의 작품 속에서 시베리아는 전체 러시아 문화의 유기적인 부분이 제시된다. 그들의 예술적 발견은 전 러시아적 문학 속에서 퍼져나가고 있으며, 발전 과정에서 본질적인 면을 차지한다.

S I B E R I A

6.4. 현대 시베리아의 조형예술: 민족적 요소

T. A. 쿠바노바

20세기 말~21세기 초 시베리아의 조형예술은 러시아 학파의 전통 안에서 두 가지 경향으로 발전하였다. 그것은 학술적 경향과 지역적(민족적) 경향이다. 학술적 경향은 상당히 연구되어 있는 반면, 지역적(민족적) 경향은 아직 통일된 해석이 없이 연구되는 과정에 있다. 민족적 요소는 긴 시간에 걸친 시베리아 지역 개발과 발전의 현안으로 남아있다. 현재 시베리아에는 전통적인 생활양식을 이어가고 있는 24개의 소수민족이 살고 있으며, 이들은 시베리아 전체 인구의 6분의 1을 차지한다.

1927년 노보니콜라옙스크(현재의 노보시비르스크)에서 열린 제1차 시베리아인 화가 회의에서 이르쿠츠크의 아틀리에 지도자 I. 코필로프는 이렇게 말했다. “예술은 민족 창작의 뿌리와 접변하며 늘 부흥해왔습니다. 화가 고갱은 마음이 의지할 곳을 찾아 프랑스를 떠나 타히티의 처녀지로 갔습니다. 외국에서는 (화가들이) 아프리카에 다녀오기를 꿈꿉니다. 그곳에는 아프리카 토인, 원시적인 것에 대한 동경이 있고, 그곳에는 유럽 생활의 단조로움에서 오는 피로

감이 있습니다. 그런데 여기, 우리 시베리아에는 손닿는 곳 가까이에 모든 원시적인 것, 아시아적인 것이 있습니다. 나는 시베리아가 미래에 베니스도, 플로렌스도, 뮌헨도 될 것이라고 생각합니다."[17]

'시베리아 스타일'의 문제는 1920년대부터 민속학자, 고고학자, 역사학자, 예술학자, 문화학자들의 관심을 받았다.

주요 연구 시기가 다음과 같이 구분된다.

- 1920년대: 제1차 시베리아 화가 회의 개최와 민족적 스타일의 특징을 규정하려는 시도를 한 시기. 레닌그라드 동방어대학 북방학부 개설, 그림과 조각 실습실 설립. 교사들 중에는 화가 I. 소콜로프, L. 메스, A. 우스펜스키, A. 마트베예프, 예술학자 N. 푸닌, E. 시네이데르, 민속학자 V. 보고라스, L. 시테른베르크, V. 체르네초프, 작가 G. 고르가 있었다. 레닌그라드에서 전시회 '시베리아 민족 예술'(1929년) 개최.
- 1960년대: 시베리아 예술의 민속학적 방향이 형성되는 시기(토착 민족들의 생활과 풍속 연구 분야의 박물관과 학술·연구 대학들이 조직한 민속학적 탐험에서 화가들이 활동). 화가들이 본 것을 기록으로 남기며 자신의 작품에 독특한 소재를 옮겨왔다. 이 시기에 아주 중요한 고고학적 기념비들이 발견된다. 그중에는 '애니멀 스타일'의 시베리아 판을 세계에 알린 알타이의 파지리크 고분도 있다.
- 1980~1990년대: 화가들이 시베리아 토착민의 거주지에서 오랫동안 작업한 시기. 이것은 민족의 정신문화가 자연스럽게 토착민의 삶으로 살 수 있도록 해주었다. 이 시기에 '기독교와 이교 사상의 합성'에 기반을 둔 '우랄-시베리아 추상화법' 개념

17) Тугендхольд Я. А. Изобразительное искусство СССР//Искусство народов СССР: Сб. ст. – М.-Л., 1930, – С. 52.

이 학술적 표현으로 도입된다(예술학자 A. I. 모로조프).

- 최근 20년 동안 시베리아에서 심포지엄, 콘퍼런스, 개념예술 전시회가 열리고 있다. 여기에서 시베리아 지역 조형예술의 기본 발달 경향을 논의하고 현대 러시아 예술 내에서의 자리매김을 시도한다. 시베리아 지역의 문화에 중요한 사건은 2008년 국립러시아박물관에서 열린 전시회 '시베리아의 신화. 영토의 목소리들'(20세기 말~21세기 미술가들의 조형예술)이었다.

소비에트 관객들이 시베리아 예술을 처음 만난 것은 1929년이었다. 국립 러시아박물관(레닌그라드)에서 전시회 '시베리아 민족들의 예술'이 열렸다. 이 전시회에 동방어대학 북방학부 학생들의 창작품이 전시되었다. 전시회는 관객, 평론가, 미술가들 사이에 센세이션을 불러일으켰다. 이 전시회에 대한 관심은 '부르주아 문화의 영향을 받지 않은 민족들의 단순하고 강력한 예술과의 접변을 통해 창작력을 회복하려는 희망'과 연관되어 있었다. '큰 예술이 발전하기에 가장 적합한 장소'로서 시베리아는 예술의 새로운 '혁명적 변혁'의 본보기가 될 수 있었다. 이러한 변혁의 근간에는 특별한 예술 언어 문체로 구현되는 민족 화가들의 세계관이 있었다.

전통문화의 인간에게 세계는 주로 세계수(世界樹)의 형상으로 제시되며, 상계, 중간계, 하계의 세 부분으로 구성된다. 인간에게 결정적인 관계는 인간 자신과 인간의 조상(동물, 식물)이 있는 지상 세계와 인간의 수호자들, 세계를 창조한 신들이 거주하는 천상의 세계 사이에서 성립된다. 인간은 자신의 행동과 생각을 하늘과 대조하며 하늘의 법칙에 따라 살아간다. 하늘은 특별한 사람, 즉 샤먼-화가에게 세계를 찬미하는 재능을 상으로 내린다. 바로 이 때문에 민족 화가들의 작품에서 자연을 살아있는 존재로 특별하게 대하는 태도가 보이고, 자연과의 유기적 관계가 확연히 드러난다. 레닌그라드 전시회를 주도한 러시아박물관 최신 경향 부서 주임 N. 푸닌은 다음과 같이 강조했다. "인간, 이것은 인간-동물, 인간-돌, 인간-나무, 인간-타이가이다." 장인은 자신의 작품 속에서 하늘, 숲, 순록, 곰, 강, 온 우주에 바치는 기쁨의 찬가를 창조한다.[18)]

조각가이자 교육가 L. 메스가 언급한 것처럼 보편적인 기쁨의 느낌을 창조하는 이 자연스러운 능력에는 재료에 대한 특별한 태도도 숨어있다. 북방의 화가는 재료를 "노예로 만들지 않는다. 그 반대로 능력을 최대한 사용하여 재료의 특성과 자질을 강조한다."[19)] 예를 들면, 민족 화가들은 공간의 깊이에 대한 환상을 만들어내는 것이 아니라 나뭇잎 자체의 표면 경계를 확장함으로써 공간 문제를 해결한다(K. 판코프, V. 우지).

북방의 장인에게 작업 재료는 그만이 이해할 수 있는 비밀을 간직하고 있는 끝없는 영토이다. 그에게 연필, 점토, 물감은 독특한 의례용 지팡이이다. 그것은 아주 차가운 물의 모습, 뻣뻣한 털을 가진 순록, 비단 같은 풀, 하늘에 떠 있는 가벼운 구름, 위력적으로 굽이치는 강, 눈 덮인 광활한 툰드라를 걸어가는 자신의 동족-사냥꾼의 모습이 간결하게, 그러나 매우 의미있게 표현되도록 도와준다. 화가가 알고 있는 이 다양한 북방세계의 형상화는 먼 옛날 태초의 창조부터 이미 주어진 우주 존재의 진본을 토대로 한다. 북방 장인들의 조형 언어에서 이러한 특수성을 포착한 민속학자 L. 시테른베르크는 1920년대에 앞으로의 예술 발전 방향이 '원

18) Пунин Н. Искусство примитива и современный рисунок // Искусство народностей Сибири. – Л., 1930. – С. 14.
19) Месс Л. Работа художенственных мастерских Севфака // Искусство народностей Сибири. – Л., 1930. – С. 46.

시적 리얼리즘에서 메타리얼리즘으로' 가게 될 것이라고 규정했다. 그는 "우리 예술은 전적으로 원시예술과 연관되어 있다. 우리 예술은 원시예술에서 나왔다. 원시예술로부터 분화되고, 발전하면서 멀어졌다. 그러나 그것과의 유전적 관련성을 숨기지 않았다"고 썼다(L. 시테른베르크의 기록에서 발췌함.).

태초의 것, '아시아적인 것'이 이전과 마찬가지로 20세기 말~21세기 초 시베리아의 많은 미술가들을 흥분시킨다. 선배들과 마찬가지로 그들도 세계의 문제에 무관심하지 않고 자신의 땅의 기억에 경의를 표한다. 화가들이 가장 선호하는 것은 우주를 형상화하는 알, 나무, 잔의 세계적 형상이다(S. 아누프리예프, L. 아르바차코바, A. 카프랄로프, T. 콜토치히나, V. 시소예프, L. 파스투시코바, N. 리바코프, S. 엘로얀 등). S. 디코프는 "모든 작품을 창작할 때 나에게 중요한 것은 영원의 정신, 경계와 공간 없는 시대의 정신을 포착하는 것이다"라고 말한다(화가와의 대화에서 발췌함). 형상들의 다의미성이 관객들을 세계의 근원으로 돌려보내며 자연적인 것과 인간적인 것을 최대한 통합하고자 한다. 화가가 창조한 형상들은 본질적인 정보를 담고 있으며 성스러운 의미를 얻는다(S. 디코프, A. 포즈데예프, G. 라이셰프, N. 리바코프, V. 스마긴 등). 화가가 창조한 간결한 형상은 세계의 에너지를 축적하고 인간과 하늘의 관계를 조율한다. 화가의 생각에 따르면 그 형상은 사람들의 문화 공간을 지켜주고 모든 것을 이기는 사랑의 힘으로 공간을 채우며 길들일 수 있도록 해준다. 많은 화가들의 작품 속 표식이 자족적이고 자존적인 형태가 되고, 드물게는 복잡한 구성의 중심이 된다.

대부분의 화가에게 작품을 창조하는 작업은 세계 창조의 비밀을 이해하는 것, 그 태초의 본질을 밝히는 것을 도와준다(L. 아르바차코바, T. 다시코바, E. 도로호프, N. 주코프, O. 코마로프, A. 코센코프, N. 롯코, N. 리바코프, V. 스마긴, V. 스페시브체프, N. 스페시브체바, V. 시소예프, V. 테플로프). 그들은 재능을 신이 주신 것이라고 확신한다(A. 안드루센코, E.-R. 비소츠키, A. 구랴노프, V. 옐리자로프, A. 코센코프, N. 리바코프, E. 스쿠리힌, A. 수슬로프, V. 시소예프, V. 토르보코프, V. 우리즈첸코). A. 수슬로프는 "신은 자기 자신을 주신다"고 말한다. 그러나 노력만이 이 성스러운 선물을 실현할 수 있도록 해준다.

대부분의 화가는 창작 과정을 조물주가 우주를 창조하는 것에 비유한다(L. 아르바차코바, E.-R. 비소츠키, E. 도로호프, N. 주코프, A. 코센코프, N. 리바코프, N. 롯코, E. 스쿠리힌, A. 수슬로프, B. 수라자코프, V. 시소예프, V. 테플로프). 화가는 창조자의 세계를 재창조한다(A. 아르바차코바, T. 다시코바, V. 돈첸코, E. 도로호프, O. 옐리자로프, N. 주코프, L. 이바노바, M. 레브첸코, N. 리바코프, N. 스페시브체바, A. 수슬로프, V. 시소예프, V. 흐로모프). 그리고 그들 중 일부는 이 과정에서 자신을 깨닫는다(L. 아르바차코바, T. 다시코바, L. 이바노바, N. 리바코프).

대부분의 화가에게 사랑은 창작 과정의 기반이다(S. 아누프리예프, L. 아르바차코바, N. 주코프, L. 파스투시코바, N. 리바코프, N. 스페시브체바, V. 시소예프 등). 그것은 세계 창조의 기저에 있다. N. 리바코프는 "자연은 사랑으로 짜여있다. 그리고 인간은 예전에도 지금도 태어날 때부터 살아있는 자연의 사랑을 받았다. (그러므로) 자연 안에서 살아남아 존재할 수 있었다"고 생각한다(화가의 일기에서 발췌함).

화가 개개인의 창작 과정은 샤먼의 행위에 비유된다. 그들은 마치 동물이나 곤충의 모습 속에 들어간 것처럼 놀라운 세계를 여행하고 보통 사람들은 접근할 수 없는 생명을 볼 수 있다. 예를 들면, 쇼르족 화가 겸 서사시 연구자 A. 아르바차코바는 말로 변해서 용사의 모험을 관찰하고 그가 적을 물리치고 땅을 악에서 해방시키는 것을 도울 수 있다. N. 주코프는 이곳저곳 날아다니며 푸른 숲의 느낌이나 꿀을 만드는 향긋한 풀 향기를 나뭇잎 표면에 옮겨놓는 나비와 자신을 연관시킨다. 부랴트족 화가 다시 남다코프에게 창작 과정은 조상을 섬기는 것이다. 샤먼이 젊은 다시에게 "너를 통해 조상들이 사람들에게 예술을 전해주기로 결정했다. 너는 정신세계에서 오는 정보를 지상 세계에 전달하는 연결고리일 뿐이다"고 말했다.[20] 이런 창작 트랜스 상태에서 화가는 보편적 창조 과정의 일부가 된다. 그리고 그에게 중요한 과제들 중 하나는 살아있는, 역동적인 우주 공간을 지키는 것, 눈에 보이는 세계의 한계를 뛰어넘는 우주 공간의 다차원적 제약을 유지하는 것이다.

현대의 미술가에게 창작 구상을 캔버스, 종이, 목재, 그 밖의 화포 위에 옮기는 행동을 *시작*하는 것은 창작 과정에서 성스러운 것이다(S. 아누피예프, L. 아르바차코바, A. 구랴노프, T. 다시코바, V. 옐리자로프, A. 코셴코프, V. 마르티노프, L. 파스투시코바, A. 피르코프, N. 리바코프, V. 시소예프, V. 흐롬초프, D. 추미토프, V. 샤프라노프). 이것은 '가장 아름다운 탄생의 느낌 중 하나'인 첫 선(S. 베스파먀트니흐), 유일한 선(A. 코셴코프, V. 우리즈첸코), 점(V. 마르티노프), 매듭(N. 스페시브체바), 선의 시작점이 되는 반점(N. 주코프, V. 샤프라노프), 붓놀림일 수 있다(V. 부가예프, I. 다닐로프, N. 주코프, V. 카르마노프, A. 코셴코프, N. 리바코프, V. 스페시브체프, V. 샤프라노프). V. 스페시브체프는 붓놀림을 하는 그 순간에 한편으로는 그 예측불가능성 때문에, 다른 한편으로는 작품 구상을 투사할 수 있는 위력 때문에 '전율' 하게 된다. L. 아르바차코바에게 창조의 근원은 각(角)이다. 자연의 형태(산, 전나무, 삼나무 열매, 물고기, 새) 속에서만 각을 볼 수 있는 것이 아니다. 각은 인간의 독특한 창

---

20) Даши Намдаков. Скульптура, графика, ювелирное искусство. – М., 2007. – С. 16.

작 형태이다. 각은 쇼르족의 전통 장식물의 기본 요소이다. 그것은 매우 다양하게 형상화할 수 있어서 유르타(역자 주: 유목민의 이동식 천막집) 구조의 기반이 된다. 많은 북방민족들의 가옥과 마찬가지로 쇼르족의 가옥도 피라미드 형태 덕분에 혹독한 겨울에는 온기가, 무더운 여름에는 시원함이 유지된다. L. 아르바차코바에게 각의 형태는 다양한 세계의 모습을 형상화하는 보편적 형태이다.

이처럼 화가에게 근원이 되는 것은 그림이라는 살아있는 역동적인 유기체를 창조하며 숨겨진 에너지로 가득한 태생적인 공허를 형상화하는 것이다(I. 다닐로프, N. 리바코프, B. 몰차노프, V. 스페시브체프, N. 스페시브체바, V. 시소예프). 에나멜 기법으로 작업을 하는 화가는 이런 감동을 전한다. “에나멜 속에서 공간의 심원이 나를 끌어당긴다. 그 속에 의식은 없다. 그러나 태초의 직관, 정연함, 조화, 설명하기 어려운 세계가 솟아난다. 너는 에나멜의 흐름, 이 세계적인 혼돈을 자신의 내적 질서로 길들인다. 그리고 이것에 대해 우주적 혼돈의 입자로서의 권리를 갖는다.”

계획한 것을 성공적으로 실행하기 위해 미술가에게 중요한 것은 재료와 대화를 하는 것이다. 창작 과정은 자연 재료 속에 그것의 내적 내용을 드러내는 능력이다(G. 바실례프, A. 구랴노프, I. 다닐로프, V. 옐리자로프, N. 주코프, O. 코마로프, V. 필립추크, V. 시소예프, V. 흐로모프). 조각가 V. 시소예프는 생각한다. “내가 작업에 사용할 모든 틀들은 실상에서 자주 보이는 것들이고 이것들에 대한 인상이 내 속에 각인되어 있다. 나는 그저 그 틀을 잘 살펴보기만 하면 된다. 때로는 그 틀이 무언지 이해가 될 때까지 오랫동안 작업실에 놓여 있을 수도 있다. 그러다 어느 순간 그것을 보면, 모든 것이 분명해진다. 말하자면 내 생각이 그 틀 수준까지 성장한 것이다. 그것이 나에게 가장 비밀스러운 것을 알려줄 수 있게 되는 것이다.”

많은 화가들에게 캔버스는 물감의 도움을 받아 성스러운 의식이 거행되는 '마법의 공간'이다. 투바사람 V. 옐리자로프는 캔버스를 준비하는 과정을 탬버린을 만드는 것에 비유한다. 그는 마치 탬버린 테에 가죽을 끼우듯 캔버스 틀에 캔버스를 팽팽하게 끼운다. 그리고 살짝 두드려보면서 캔버스의 탄력성을 점검한다. 그다음은 딱따기 치는 소리와 비슷하지만 붓이 내는 소리만이 작업하는 동안 그를 계속 따라다닌다.

작업에 사용하는 화포와 자연재료 그리고 인공재료에 대해 조심스러운 태도를 보이는 것에 대해 미술가들은 재료들이 영혼을 갖고 있기 때문이라고 설명한다. 창작된 작품이 때로는 소유자에게 부적이 되기도 한다(G. 바실례프, A. 구랴노프, N. 주코프, O. 코마로프, M. 렌첸코, V. 필립추크, V. 시소예프, V. 흐롬초프, D. 추미토프). 미술가들은 현대적인 목재 조각품을 만들 때나 전통적인 의례에 사용되는 조각품을 만들 때 목재의 심을 자르지 않는다. 그 안에 숨과 영혼이 깃들어 있다고 여겨지기 때문이다. 이와 유사한 생각을 인간이 땅, 나무, 점토, 동물, 풀에서 기원했다고 얘기하는 우주생성 신화에서도 찾아볼 수 있다. 현재까지도 이러한 애니미즘적 관념은 토착 민족들의 행동 윤리의 표준으로 작동한다. 애니미즘적 관념은 인간을 둘러싼 살아있는 모든 것에 대해 존중하는 태도를 갖게 한다. 그에 따르면 인간이 정상적으로 살아가는 데 필요한 만큼만 자원을 사용해야 한다. 이 법칙을 어기면 조상과 친척의 생명이 위협받는다. 예를 들면 필요한 것 이상으로 벤 나무, 죽인 동물, 잡은 물고기 하나마다 죄 없는 인간 한 명이 죽는다.

시베리아의 현대 화가들은 그림 작업을 할 때 점묘 화법, 모자이크 화법, 다방향적 붓 터치를 자주 사용한다. 이러한 기법들을 이용해 캔버스에 담긴 영혼의 내적 움직임을 영원히 살아있는, 맥박이 고동치는 우주의 입자처럼 부조(浮彫)스타일로 형상화할 수 있다(N. 베르시닌, M. 카자콥체프, L. 파스투시코바, N. 리바코프, V. 스마긴, N. 스페시브체바, N. 트레탸코프, A. 우카친, S. 엘로얀 등). S. 엘로얀은 "영성은 나의 모든 작품의 본질이다. 그림의 모든 부분이 나에게는 똑같이 소중하다. 조물주가 별이 빛나는 하늘이나 가장 작은 곤충도 똑같이 세심한 주의를 기울여 창조했기 때문이다"라고 생각한다.

어떤 화가들은 붓을 사용하지 않고 자주 손으로 그린다. 특별한 부조회화 기법을 사용하여 지두화(指頭畵)를 부흥시키고, 그런 기법을 '수공예'라 부르며, 손의 창조력에 주목한다(E. 도로호프, N. 주코프, N. 리바코프 등). 그들은 고대의 장인들의 토기와 암각화를 따라 하는 것 같다. 화가들은 이런 기법들을 사용하면서 '자신의 손을 믿고, 손의 의지에 몸을 맡기고, 손가락이 간직한 경험을 실현시킬' 수 있다.

이처럼 20세기에서 21세기로 넘어 오면서 시베리아 미술가들의 예술에서 민족적인 요소가 점점 더 적극적으로 드러난다. 영성화된, 맥박이 고동치는 유기체로서의 우주가 현대의 화가들에게 삼원적 구조의 모습으로 나타난다. 그 속에는 세계가 탄생하는 첫 단계들 중 한 단계에서처럼 인간의 세계와 하늘의 세계 사이에 기본적인 관계가 이루어진다. 화가 개개인이 강조하는 것처럼 창조과정은 조물주가 우주를 창조하는 과정과 비슷한 것 같다. 태초부터 인간에게 주어진 사랑이 이 창작 과정의 기반이다. 화가의 작품은 세계의 이상적인 그림이며, 여기에서 인간이 중요한 자리를 차지한다. 바로 인간이 조물주에 의해 창조된 세계의 전체성을 책임지고 있기 때문이다. 재료는, 주로 자연재료는 대다수의 화가에게 영혼이 깃든 존재이다. 창조과정은 재료에 숨겨진 비밀을 드러내고 살아있는 역사적 본질을 파헤치는 것이다. 미술가들은 새로운 기법들을 개발하면서 동시에 옛 장인들의 기법도 계속 사용한다. 이 창조적 잠재력은 장식을 위한 보편적 언어를 만든다. 이 언어를 통해 인간과 세계가 맺은 원초적 통합의 본질이 포착된다.

20세기 말 시베리아 미술가들은 개성을 최대한으로 드러내는 추상적 표현형식에 적극적인 관심을 보인다. 20세기 말 외적 발현에서 자연계 그리고 인간계와 함께 자기만족적이고 자존적인 새로운 개인 정서의 세계가 점점 더 집요하게 표현되고 있다. 1920년대 말 미술가들의 작품에서 자연의 외적 지각과 성스러운 의미를 반영하는 '사실주의적 요소'가 20세기 말~21세기 초에는 *위대한 조상의 기억*에 근거하여 이러한 세계를 정서적으로 이해하는 내적인 표준이 되었다.

S I B E R I A

맺음말

21세기 시베리아의 문화 자원

L. V. 드미트리예바

러시아 역사는 가장 극적인 시기를 유형, 징역, 굴라그(GULAG, 역자 주: 교정노동수용소)와 같은 역사적 사실로 채웠다. 이로 인해 시베리아는 자유사상가, 이단자, 성실하지 못한 학생들을 위협했던 곳으로 기억된다. 당시 대학생들은 졸업 후 시베리아 처녀지 개척에 지적으로나 육체적으로 참여하면 콤소몰(공산당 청년동맹) 증명서를 받을 가능성이 있었다. '시베리아'라는 단어가 가진 범속한 의미에 겨울 혹한으로 가사상태에 빠진 허허벌판, 새까만 모기떼와 드문인가, 수천 킬로미터에 걸친 울창한 타이가는 '문명의 변방'이라는 맹목적인 이미지를 더 확고하게 만들었다.

21세기는 세계 어디서나 삶이 역동적이고 빠른 속도로 현대화되고 혁신되고 있다. 사회 문화도 모든 부문에서 이러한 과정으로 수렴되고 있다. 이러한 21세기의 변화는 러시아에서 가장 넓은 지역에 대한 고정관념을 깨버린다. 오늘날 러시아와 세계에서 시베리아의 이미지는 야말의 석유와 가스를 통해서, 노릴스크 니켈, 시베리아 알루미늄, 쿠즈네츠크 탄전, 가즈프롬(구 시브네프티 석유회사), 시브우르 같은 거대기업을 통해서, 전략적 청정 자원인 고르니 알타이의 원시 자연과 바이칼 호수물을 통해 자리매김된다.

오늘날 시베리아 땅속에는 러시아 전체 유용광물 매장량의 약 70%가 집중되어 있다. 이 지역은 무한한 자연자원의 창고이다. 그 중에는 아주 독특한 것들도 있다. 특별한 자원으로는 오비강과 예니세이강 사이의 지역에 있는 세계적으로 유례가 없는 지하 지열함수호(地熱鹹水湖)를 들 수 있다. 이 지열함수호는 면적이 3백만 제곱미터, 온도가 70~90도인 온천수의 양이 6백만~8백만 입방 킬로미터이다. 학자들은 이 지열천이 시베리아 지역 지하자원의 중요도에서 석유와 가스 다음으로 두 번째라고 한다. 이것을 개발하면 시베리아에서는 에너지 혁명을 이룰 수 있다고 한다.[1] 또 다른 예는 세계 최대의 서시베리아 철광석 산지(1,180억 톤)인데, 이 중에서 현재 박차르스키만 시굴되고 있다. 수호이 로크(금), 우도칸(구리), 치네이스크(티탄 바나듐 광석)도 특별한 것으로 인정받고 있다. 사실상 연구되지 않은 기단반도, 카라해 대륙붕, 석유와 콘덴세이트가 풍부한 동부의 영토가 지질학적 탐사를 기다리고 있다.

시베리아 사회·경제발전 국가전략(2010)에[2] 2020년까지 시베리아 지역의 영토를 개발하는 계획이 포함되어 있었다. 여기에 도로망 확충, 새로운 석유와 가스 산지 발굴, 대학 연구에 투자가 계획

1) Сибирь — новая Центральная Россия или как Юг Западной Сибири станет экономическим центром планеты // www.idmrr.ru

2) См.: www.sibfo.ru/strategia/strdoc.php

되어 있다. 블라디미르 푸틴 러시아 대통령이 동부지역을 시찰하는 동안 공개연설에서 시베리아와 극동지방이 미래에 러시아 경제 성장을 책임져야 한다고 수차례 확인했다. 그러나 이 경우 시베리아 경제 구조는 과거의 원자재 중심의 산업구조에서 근세의 '부드러운 금'(모피)를 거쳐 근대의 '검은 금'(석유), 그리고 현대적 구조로 이행되어야 한다.

튜멘 지방 북부의 젊고 아름다운 유그라와 야말의 도시들은 1970~1980년대 단기간에 성장했다. 튜멘 지방 최초의 석유 산지이자 석유산업 도시 니즈네바르톱스크의 기반인 사모틀로르 유전이 발견된 이후, 끝없이 광활한 타이가와 툰드라 속에서 보이지도 않던 라비트난기, 나딤, 타르코 살레와 같은 소수민족 정착지가 현대적인 도시로 탈바꿈했다. 네프테유간스크, 노비 우렌고이, 노야브리스크, 무라블렌코, 굽킨스키, 란게파스가 문자 그대로 '깨끗한 들판'에 세워졌다. 이 중소도시들의 복지 수준은 모스크바에 뒤지지 않는다. 여기에서는 지역 민족문화의 전통이 유지되고 있으며 대규모 문화 사업이 시행되고 있다. 문화 사업 중에서 국제영화제 '두흐 오그냐'(불의 영혼)를 언급하지 않을 수 없다. 이 영화제는 한티-만시 자치구에서 이미 10년 이상 매년 열리고 있다. 현대 시베리아의 도시생활 중심에 대해 또 하나의 괄목할 성과를 언급하고 싶다. 러시아에서 생활수준이 가장 높은 도시 10곳 중 6곳을 시베리아의 거대도시들이 차지했다. 튜멘, 노보쿠즈네츠크, 크라스노야르스크, 케메로보, 노보시비르스크, 이르쿠츠크이다.[3]

3) Рейтинг составил журнал «Финанс» из расчета расходов на душу населения среди городов РФ, чья численность населения более 500 000 человек (www.ideas-of-business.ru/samyie-bogatyie-goroda-rossii).

도시화 이외에 발달된 문명의 표식은 길이다. 만족스러운 교통 인프라의 부재는 언제나 시베리아의 '천형'이었다. 알렉산드르 3세는 '대 시베리아 길의 건설자'라는 타이틀로 러시아 역사에 기록되어 있다. 페테르부르크와 블라디보스토크를 연결하는 '큰 대각선'의 시작점인 페테르부르크의 모스크바행 역 옆에 있는 광장에 그의 동상이 세워진 것은 우연이 아니다(조각가 P. 트루베츠코이). '트란스시브(시베리아 횡단철도)'는 가브르에서부터 블라디보스토크까지의(오늘날로 말하면 런던에서 도쿄까지라 할 수 있다) 유라시아 횡단철도의 일부로 생각되었다. 시베리아 영토 개발이라는 전략적 과제에서 강한 말을 탄 강력한 용사를 위한 기념비 스타일도 이해된다. "그처럼 강한 말을 탄 '선한 젊은이'만이 '암석 벨트', 타이가, 그리고 길도 없는 시베리아를 뚫고 대해(태평양)로 나갈 수 있었다."[4] 건설 기간(1891년~1903년까지 12년간), 길이(7,500 킬로미터), 건설의 난관, 수행된 작업량에서 대 시베리아 철도는 세계적으로 유례가 없었다.

오랜 시간동안 시베리아는 오직 시베리아 횡단철도로만 러시아와 연결되었다. 소비에트 시대에 이미 튜멘주 북부의 석유자원 개발을 위해 남시베리아에는 대규모 종단철도(튜멘 - 토볼스크 - 수르구트 - 우렌고이)가 그리고 동시베리아에는 바이칼-아무르철도가 건설되었다. 점차 시베리아 횡단철도 이북에 종단철도뿐 아니라 새로운 횡단철도 구간이 조성되었다. 21세기에 그것들을 연결하는 프로젝트가 세브시브(북시베리아철도)라는 이름을 얻었다. 북시베리아 철도는 러시아의 두 번째 대륙횡단 철도가 된다. 북부 교통회랑은 바렌츠해 연안에서부터 타타르스크만 연안의 바니노 항구까지 이른다.

4) Осипов Г. Хребет российского медведя (Великий Сибирский путь в контексте истории и геополитики) // Новое время. 1996. № 12. С. 40-42.

오늘날 세계적으로 '도전'이 일상화된 상황에서 유럽과 아시아·태평양 지역 사이의[5] 지리문화 공간으로서 시베리아가 자주 언급되고 있다. 이 공간은 세계적인 경제 시스템들의 '연결 고리' 역할이 기대되고 있다. 세계 공동체에서 시베리아의 미래는 유라시아의 지리적 중심으로 뿐만 아니라 지정학적 중심으로 간주된다. 최근 수십 년 동안 정치가들과 학자들(Z. 브제진스키, G. 스타로보이토바, S. 쇼이구)의 발언에서 러시아의 수도를 모스크바에서 시베리아로 이전하는 아이디어가 점점 더 힘을 얻고 있다. 토볼스크(역사적으로 행정·문화의 중심), 노보시비르스크(현재 연방관구의 수도) 같이 오래된 시베리아의 도시들이 새로운 수도로 언급되기도 하고, 수도의 기능을 갖춘 초현대적 신도시의 건설 가능성이 제시되기도 한다. 이민 및 지역 발전 사회통계연구소가 다음과 같은 설명을 붙여 흥미로운 신도시 건설 프로젝트를 제안한다. "새로운 수도가 될 도시는 새로운 러시아 발전의 중심이자 엘리트 집단을 긍정적으로 교체할 수 있는 메커니즘이 되고, 러시아의 지정학적 힘의 상징이 될 것이다."[6] 이러한 시베리아 발전 시나리오가 유토피아로 그칠 것인가 아니면 현실이 될 것인가는 역사가 보여줄 것이다.

모스크바는 이런 경향을 진지하게 인식하지 않을 수도 있다. 그러나 현대의 지정학적 상황에서 시베리아를 주변부, 지방, 식민지, 원료 공급자로 취급하는 것은 객관적으로 불가능하다. 시베리아는 세계 경제 파이에서 아주 군침 도는 조각이다. 그래서 최근 수

5) Геокультурное пространство — система устройчивых кульурных реалий и представлений на определенной территории, формирующихся в результате взаимодействия различных вероисповеданий, традиций и норм, ценностных установок, структур восприятия — то есть картин мира (Д. Н. Замятин).

6) Сибирь — новая Центральная Россия или как Юг Западной Сибири станет экономическим центорм планеты // www.idmrr.ru

십 년간 미국은 '합리적 이용'을 위한 시베리아 '민영화' 프로젝트를 아주 집요하게 추진하고 있다. 예를 들면, 1990년대에 세계정치 연구소(미국)의 선임연구원 월터 러셀 미드가 '우리가 시베리아를 사면 안 되는가?'라는 제목으로 쓴 일련의 기사들이 센세이션을 일으켰다.[7] 그는 "시베리아 엘도라도"의 가치를 3조 달러로 평가했다. 그의 구상은 동 시베리아와 극동지역의 영토를 일곱 지역으로 나누고, 각 지역은 주(state)의 자격으로 미국의 행정지역이 되고 천오백만 명의 시베리아인들은 미국 시민권자가 되는 것이다.

피오나 힐이 쓴 책 '시베리아의 저주'(2003)도 세계적으로 큰 반향을 불러 일으켰다.[8] 이 책에서 저자는 추운 기후와 낙후된 교통 인프라 상황에서 효율적인 생산이 불가능한 시베리아의 경제적 비효용성을 증명한다. 그러므로 시베리아의 인구를 여러 지역에 분산시키고 시베리아를 로테이션 방식으로 개발되는 원료 기지로 바꾸어야 한다고 주장한다. 미국의 전 국무장관 마들렌 올브라이트가 옴스크를 방문할 때 '가벼운 행성들'과 그토록 풍부한 자연자원이 사실상 그것을 사용하지 않는 러시아인들의 관할 아래 있다는 것에 대해 탄식했다.[9] 위에 언급된 것을 바탕으로 다음과 같은 결론을 내릴 수 있다. 시베리아의 미래에 대한 러시아의 프로젝트가 꿈같은 얘기라 할지라도, 야심적인 정치적 아이디어 차원에서라도 그것을 실현하도록 노력해야 한다.

---

7) Мид Уолтер Рассел. Не купить ли нам Сибирь? — Родина. 2004. С. 71-72.
8) Фиона Хилл — сотрудник Национального Совета по разведке США, до этого работала в Брукингском институте; в русском переводе: «Сибирское бремя. Просчёты советского планирования и будущее России». М.: Научно-образовательный форум по международным отношениям, 2007. — 328 с.
9) Доклад Мадлен Олбрайт на международном деловом форуме молодых предпринимателей в Омске, 2009 г.

21세기 초 여론조사 결과에 따르면[10] 시베리아의 지역 정체성이 확대되고 있다. 특히 전 러시아 인구조사(2010) 자료에 따르면 4천 명 이상이 자신의 민족을 '시베리아인' 범주에 넣었다. 사회단체들과 학술 공동체들이 새로운 시베리아의 이미지 전략을 모색하고 있다. 노보시비르스크의 '미래의 설계' 클럽의 '시베리아 - 2030' 프로젝트(세계 속에서 시베리아의 새로운 정체성 자리매김)가 흥미를 불러일으킨다.[11] 2010년에 시베리아 연방대학교(크라스노야르스크)를 기반으로 시베리아 전문가 클럽이 조직되었다. 이것은 시베리아 지역의 핵심 문제들과 전략적 전망에 관한 폭넓은 토론의 장이다.[12]

시베리아 전문가 클럽이 우랄에서 극동을 포함하여 태평양에 이르는 전통적인 역사적 경계 내에 있는 *거대지역*(megaregion)으로서 시베리아의 지리문화적 전체성을 기본 전제로 삼는다는 것은 시사하는 바가 크다. 창작 엘리트와 학술 엘리트를 포함한 시베리아 여론이 지역의 단일성에 대한 개념을 문화와 민족들의 공통적인 'Siberian house'로 규정하는데 일치했다는 점을 강조할 수 있다. 이러한 일치는 드문 일이다. 지역 사회 기금 '토볼스크의 부활'의 방대한 출간물 '토볼스크와 시베리아'는 튜멘에서부터 캄차카까지 토볼스크 현의 관할하에 있는 시베리아 땅 전체에 대한 내용으로 구성된 총서이다.

10) Мельников Е. А. Сибирь и сибиряки: в поисках идентичность // Судьба континента Сибири: Проблемы развития. — Красноярск: Сибирский федеральный университет, 2012.
11) www.siberia2030.ru
12) Сибирский экспертный клуб: проблемный дискурс «Имиджи Сибири» // Судьба континента Сибирь: Проблемы развития / Под ред. В. С. Ефимова. — Красноярск: Сибирский федеральный университет, 2012. — 160 с.

편집 책임자 Yu. 로시츠는 위에 언급된 시베리아 문화 연감의 개념적 근거로 "우리에게 시베리아는 아직 조금밖에 열리지 않은 또는 그냥 열리지 않은 나라이다. 지금 쓸모없이 아직 방치되고 있는 자원과 채굴되지 않고 있는 지하자원만을 말하는 것이 아니다. 시베리아의 정신적인 잠재력, 위대한 가능성, 아주 오랜 역사가 개방되지 않은 것이 당혹스러운 일이다."고 언급한다.[13] 하카시아, 투바, 고르니 알타이는 시베리아의 진정한 고고학적 메카로서, 오랜 역사의 노천박물관이라 할 수 있다. 이 공화국들에는 암각화, 축성물, 고대의 도시들, 고분, 묘, 사원 등의 수많은 유적이 있다.

시베리아 땅은 고고학적으로 센세이션을 불러일으킬 보물을 아직도 많이 숨기고 있다. 시베리아의 발견은 21세기에 계속되고 있다. 투바와 크라스노야르스크 지방에서는 이미 수차례의 필드시즌이 지났고, 2011년에 시작된 키질-쿠라기노 고고학 탐사는 가장 규모가 큰 국제 청년 자원봉사 프로젝트 중의 하나이다. 이 프로젝트에는 러시아 지리학회, 러시아 과학아카데미 물질문화역사연구소, 러시아공화국 국방부가 참여했다. 이 지역들에서 발굴이 끝나면 고대의 오솔길 경로를 따라 철도가 건설될 것이다. 이 길은 옛날에 투바와 하카스-미누신스크 고분을 이어주었고 여러 시베리아 민족들이 4천년에 걸쳐 사용한 길이다. 이것은 매우 의미심장한 일이다.

유감스럽게도 다른 문화적 보물들과 마찬가지로 시베리아 역사의 중요성도 학술 전문가들과 향토사학자들만의 자산으로 남는 경우가 종종 있다는 것을 언급해야겠다. 현재 러시아 역사 교

13) Лищиц Ю. Концепция альманаха «Тобольск и вся Сибирь» // nashsovremennik.ru/p.php?y=2004&id=12&id=9

재는 러시아 문화에 대한 '시베리아의 기여'가 예르마크의 원정에서부터 시작하여 러시아의 식민지 건설의 다음 단계에 대한 기술로 귀결된다. 울랄린카, 말타, 부레트 유적과 같은 세계적인 의미를 갖는 구석기 시대의 주거지에서부터 시베리아가 러시아 문화에 기여하기 시작되었다고 기술하는 역사 교재가 아직 쓰여지지 않았다. 대표적인 예를 하나 들어보자. 고고학계에 40개의 '구석기 시대의' 비너스가 알려져 있는데, 그 숫자의 딱 절반이 시베리아의 말타 유적과 부레트 유적에서 나온 것이다. 러시아인들을 포함하여 수천의 사람들이 특별히 빌렌도르프의 비너스를 보기 위하여 오스트리아의 빈 자연사박물관에 간다. 이들 중 누가 세계적으로 비슷한 40개의 유물 중 유일한 것, 예술적 관점에서 더 독특하지만 전혀 알려지지 않은 '모피 옷을 입은' 시베리아의 비너스를 보기 위해 이르쿠츠크의 향토박물관에 가겠는가? 여기에서 문제는 거리가 아니다. 빈 또는 모스크바에서 수천 킬로미터 떨어진 거리에 문제가 있는 것이 아니라, 시베리아의 문화유산이 처해 있는 정보의 진공상태가 문제이다.

시베리아에 있는 네 곳의 자연경관인 알타이 황금 산맥, 바이칼 호수, 웁수누르 분지(투바), 푸토라나 고원(타이미르)은 세계 공동체가 그 독특함을 인정하고 있으며 유네스코 세계자연유산에 등재되어있다. 그러나 시베리아의 보존 지역 단 한 곳도 세계문화유산에 등재되어 있지 않다.[14] 시베리아는 지역 문화정책 차원에서 독

14) В реестр ЮНЕСКО включены 14 культурных ландшафтов и памятников России; для сравнения: во Франции в подобной номинации значится 35 объектов, прочем 17 из них признаны шедеврами человеческого гения; в Италии — 44 памятника; в Великобритании — 27; в Китае — 38 и поданы заявки еще на 17 объектов, претендующих на статус «всемирного наследия».

특한 유물을 전인류의 자산으로 내세우는 잘 다듬어진 전략이 절대적으로 필요하다. 그렇지 않으면 시베리아는 세계 역사의 '빈 페이지'로 그대로 남을 것이다.

이 책의 필자들은 기존의 견해에 반하여 시베리아가 결코 '문화의 주변부'가 아니었음을 보여주려는 시도를 했다. 유라시아 대륙의 중앙에 위치한 시베리아라는 이름을 가진 땅, 이것은 인류발생론의 인도유럽 기원설의 출발지역이며, 핀-우구르 어군, 튀르크 어군, 몽골 어군에 속하는 대표적인 민족들의 요람이며, 이슬람교와 불교와 기독교 문명의 역사적 교차로이다. 러시아와 세계 문화에 D. 멘델레예프, A. 알랴비예프, M. 브루벨, V. 페로프, V. 수리코프. V. 아스타피예프, A. 밤필로바, E. 옙투센코, V. 슉신, V. 라스푸틴과 같은 시베리아 출신의 천재들과 뛰어난 재능을 가진 이들의 이름이 수세기 동안 쌓여왔다.

발렌틴 라스푸틴은 이러한 상황을 명료하게 설명하였다. "오늘날의 시베리아는 표트르 대제 시기에 가가린 대공의 지배하에 있던 그 시베리아가 결코 아니라는 것을 우리는 잘 알고 있다. 러시아 국가에서 시베리아의 역할은 수백 배 많아졌다. 이전에는 미지의 땅(terra incognita)으로 절반쯤은 알려지지 않은 지역이었지만, 연구되고 조사되고, '멍에가 씌워지고', 긴장으로 가득찬 땅이 되었다. 그러나 위대한 사람들과 위대한 정신적 도덕적 업적의 '산지'에 대해서, 오랜 도시들과 훌륭한 전통에 대해 우리가 아는 것 보다 금과 다이아몬드, 석유와 가스 산지에 대해서 훨씬 더 많이 알게 되도록 연구되고 조사되었다."[15] 시베리아의 문화유산은 지역의 안정적인 발전을 위한 중요하고도 실제적인 자원이 되어야 한

15) Из напутственного слова к выходу в свет первого выпуска альманаха «Тобольск и вся Сибирь», 2004.

다. 이미 '시베리아'라는 단어 안에는 자족성, 견실성, 기념비성, 그리고 에너지가 넘친다. 이 모든 것은 러시아가 안정된 국가로 발전하는 길에 탄탄한 기반이 될 것이다.

시베리아 문화

초판 인쇄	2019년 8월 24일
초판 발행	2019년 8월 31일
지은이	L. M. 모솔로바 외
옮긴이	강덕수 · 라승도 · 김연수 · 강규은
발행인	윤성우 Director, University Knowledge Press
편집장	신선호 Executive Knowledge Contents Creator
도서편집	이근영 Contents Creator
	장혜정 Contents Creator
재무관리	조아라 Managing Creator
	정윤경 Managing Creator
전자책 · 사전	장지혜 Contents Creator
발행처	한국외국어대학교 지식출판콘텐츠원
	02450 서울특별시 동대문구 이문로 107
	전화 02)2173-2493~7
	팩스 02)2173-3363
	홈페이지 http://press.hufs.ac.kr
	전자우편 press@hufs.ac.kr
	출판등록 제6-6호(1969. 4. 30)
디자인 · 편집	㈜이환디앤비 02)2254-4301
인쇄 · 제본	㈜케이랩 053)583-6885

ISBN 979-11-5901-607-3 03920 정가 24,000원

*잘못된 책은 교환하여 드립니다.

HUINE은 한국외국어대학교 지식출판콘텐츠원의 어학도서, 사회과학도서, 지역학 도서 Sub Brand이다. 한국외대의 영문명인 HUFS, 현명한 국제전문가 양성(International +Intelligent)의 의미를 담고 있으며, 휴인(携引)의 뜻인 '이끌다, 끌고 나가다'라는 의미처럼 출판계를 이끄는 리더로서, 혁신의 이미지를 담고 있다.